Flanderka/Stroetmann

Verpackungsverordnung

Verpackungsverordnung

Kommentar für die Praxis unter vollständiger Berücksichtigung der 5. Änderungsverordnung

von

Dr. iur. utr. Fritz Flanderka, Rechtsanwalt, Rösrath

und

Clemens Stroetmann, Staatssekretär a.D., Rechtsanwalt, Berlin

unter Mitarbeit von

Frank Sieberger

3. Auflage, 2009

C. F. Müller Verlag
Heidelberg

Bei der Herstellung des Buches haben wir uns zukunftsbewusst für umweltverträgliche und wiederverwertbare Materialien entschieden.
Der Inhalt ist auf elementar chlorfreiem Papier gedruckt.

ISBN: 978-3-8114-3247-5

Verlagsgruppe Hüthig Jehle Rehm GmbH
Heidelberg/München/Landsberg/Frechen/Hamburg

Satz: TypoScript GmbH, München
Druck: Druckhaus Köppl & Schönfelder, Stadtbergen

Vorwort

Die Verpackungsverordnung gehört nach wie vor zu den umstrittensten Vorschriften des deutschen Umweltrechts – diese Feststellung gilt nach der letzten Novelle mehr als jemals zuvor. Kernziel der größtenteils zu Beginn des Jahres 2009 in Kraft tretenden 5. Änderungsverordnung ist die Sicherstellung der haushaltsnahen Erfassung von Verkaufsverpackungen. Zu diesem Zweck ist vorgesehen, dass grundsätzlich alle Verpackungen, die an private Endverbraucher abgegeben werden, bei dualen Systemen zu lizenzieren sind. Zudem wurde mit der „Vollständigkeitserklärung" ein völlig neues Kontrollinstrument eingeführt. Um die notwendigen Rahmenbedingungen für die am Markt tätigen Systeme zu gewährleisten, ist u. a. die Einrichtung einer „Gemeinsamen Stelle" vorgesehen. Änderungen bei den Pfandvorschriften sollen zwischenzeitlich erkannte Lücken schließen.

Mit der Vorauflage hatte der Kommentar bereits den Ruf eines „Standardwerks" bekommen. Die Neuauflage behält die bisherige – von den Lesern offenbar geschätzte – Konzeption bei. Vorrangiges Ziel der Kommentierung bleibt es, anhand klarer Strukturen den Zugang zu den komplexen rechtlichen Regelungen zu ermöglichen, Hintergründe zu erläutern und Zusammenhänge aufzuzeigen. Dabei lebt das Werk von den persönlichen Erfahrungen der Autoren im Umgang mit der Verpackungsverordnung in ihrer täglichen Praxis, so dass ein wissenschaftlicher Anspruch im Zweifel nicht erhoben wird. Grundlage für die Ausführungen von Fritz Flanderka sind seine langjährige Tätigkeit als Generalbevollmächtigter der „Der Grüne Punkt – Duales System Deutschland AG" und als Geschäftsführer der „Packaging Recovery Organisation Europe s.p.r.l." sowie im Anschluss daran als Rechtsanwalt und Geschäftsführer der Reclay Unternehmensgruppe. Mit der Neuauflage ist Staatssekretär a. D. Clemens Stroetmann als Autor dazugekommen. Er gilt als einer der Väter der Verordnung und bereichert das Werk mit seinen Kenntnissen aus der Entstehungsgeschichte und der heutigen Praxis des Rechtsanwalts. Kennen und schätzen gelernt haben sich die Autoren anlässlich der 5. Novelle der Verpackungsverordnung. In unzähligen Gesprächen mit Vertretern des Bundes und der Länder, zahlreichen Präsentationen, Mitwirkung in Foren bis hin zur Anhörung vor dem Umweltausschuss des Bundestages haben beide den Novellierungsprozess eng begleitet. Die Idee, die Neuauflage gemeinsam anzugehen, war das konkrete Ergebnis eines weinseligen, aber sehr geistreichen Abends.

Zu danken haben die Autoren zunächst ihren Frauen und Familien für die im Sommer und Herbst 2008 geübte Nachsicht und Geduld. Frank Sieberger danken wir für die wiederum gewährte fachliche Unterstützung. Frau Emons und Frau Frankow gilt der Dank für die Betreuung des Manuskripts. Raffael Fruscio und Martin Schürmann gilt schließlich der Dank für die vorbehaltlose Unterstützung und den gewährten Freiraum im Unternehmensalltag.

Rösrath/Wilhelmshorst, im Oktober 2008

Inhaltsübersicht

Seite

Bearbeiterverzeichnis IX
Abkürzungsverzeichnis XI
Literaturverzeichnis XXI

I. **Einführung** 1
II. **Verpackungsverordnung** 15
III. **Änderungsübersicht** 45
IV. **Kommentierung** 51
V. **Anhang**
   1. Kreislaufwirtschafts- und Abfallgesetz 221
   2. EU-Verpackungsrichtlinie 271
VI. **Stichwortverzeichnis** 297

Die Bearbeiter:

Dr. Fritz Flanderka begleitet das Thema Verpackungsverordnung und „Grüner Punkt" intensiv seit 1992 sowohl als Rechtsanwalt als auch in verschiedenen Managementpositionen (Generalbevollmächtigter Der Grüne Punkt – Duales System Deutschland AG [bis 2005], Managing Director PRO EUROPE s.p.r.l. [bis 2005], Geschäftsführer Reclay Group). Er hat sich zudem durch zahlreiche Fachbeiträge ausgewiesen.

Bearbeitungen:

Einführung

§§ 1–6, 10–14, 16, Anhang I (zu § 6) VerpackV

Clemens Stroetmann hat in seiner Funktion als Staatssekretär des Bundesministeriums für Umwelt, Naturschutz und Reaktorsicherheit (1987–1995) und anschließend als Rechtsanwalt und Partner der Kanzlei Prof. Versteyl Rechtsanwälte die Entstehung der Verpackungsverordnung maßgeblich geprägt und deren weitere Entwicklung eng begleitet.

Bearbeitungen:

§§ 7–9, 15 VerpackV

Abkürzungsverzeichnis

A

a. F.	alte Fassung
a. A.	anderer Ansicht
a. a. O.	am angegebenen Ort
a. E.	am Ende
AbfAlG M-V	Abfallwirtschafts- und Altlastengesetz für Mecklenburg-Vorpommern
AbfallPrax	Abfallrechtliche Praxis
AbfallR	Abfallrecht
AbfG	Gesetz über die Vermeidung und Entsorgung von Abfällen (Abfallgesetz)
AbfG LSA	Abfallgesetz des Landes Sachsen-Anhalt
AbfVerbrG	Abfallverbringungsgesetz
ABl. EG	Amtsblätter der Europäischen Gemeinschaften
Abs.	Absatz
AG	Amtsgericht
AGB	Allgemeine Geschäftsbedingungen
AGBG	Gesetz zur Regelung des Rechts der Allgemeinen Geschäftsbedingungen (AGB-Gesetz)
AGVU	Arbeitsgemeinschaft Verpackung + Umwelt e. V.
Alt.	Alternative
amtl.	amtlich
Anm.	Anmerkung
AöR	Archiv des öffentlichen Rechts
APV	Ausschuss für Fragen der Produktverantwortung und der Rücknahmepflicht
Art.	Artikel
Aufl.	Auflage
AVV	Verordnung über das Europäische Abfallverzeichnis
AZ	Aktenzeichen

B

BAnz.	Bundesanzeiger
BattV	Batterieverordnung
BAW	Biologisch abbaubare Werkstoffe
BayAbfG	Bayerisches Abfallwirtschaftsgesetz
BayObLG	Bayerisches Oberstes Landesgericht
BayVBl.	Bayerische Verwaltungsblätter

BayVerfGH	Bayerischer Verfassungsgerichtshof
BayVGH	Bayerischer Verwaltungsgerichtshof
BB	Betriebsberater (Zeitschrift)
BbgAbfG	Brandenburgisches Abfallgesetz
Bd.	Band
BDE	Bundesverband der Deutschen Entsorgungswirtschaft e. V.
BDI	Bundesverband der Deutschen Industrie e. V.
BFH	Bundesfinanzhof
BFHE	Sammlung der Entscheidungen des Bundesfinanzhofes
BGB	Bürgerliches Gesetzbuch
BGBl.	Bundesgesetzblatt
BGH	Bundesgerichtshof
BImSchG	Bundes-Immissionsschutzgesetz
BioAbfV	Bioabfallverordnung
BKartA	Bundeskartellamt
BR-Drs.	Bundesratsdrucksache
BremAbfAG	Bremisches Abfallabgabengesetz
BT-Drs.	Bundestagsdrucksache
BVerfG	Bundesverfassungsgericht
BVerfGE	Entscheidung des Bundesverfassungsgerichts
BVerwG	Bundesverwaltungsgericht
BVerwGE	Entscheidungen des Bundesverwaltungsgerichts
BWAbfG	Gesetz über die Vermeidung und Entsorgung von Abfällen und die Behandlung von Altlasten in Baden-Württemberg
bzw.	beziehungsweise

C

ChemG	Chemikaliengesetz
CR	Computer und Recht (Zeitschrift)

D

DAR	Deutscher Akkreditierungsrat
DAU	Deutsche Akkreditierungs- und Zahlungszulassungsgesellschaft für Umweltgutachter mbH
DAVR	Deutsche Aluminium Verpackung Recycling GmbH
DB	Der Betrieb (Zeitschrift)
DEGI	Duale Entsorgung Gewerbe und Industrie GmbH
ders.	derselbe
d. h.	das heißt
DIHK	Deutscher Industrie- und Handelskammertag e. V.

DIN	Deutsches Institut für Normung
Diss.	Dissertation
DKR	Deutsche Gesellschaft für Kunststoffrecycling mbH
DÖV	Die Öffentliche Verwaltung
DPG	Deutsche Pfandsystem GmbH
DSD	Duales System Deutschland GmbH
DüMG	Düngemittelgesetz
DüMV	Düngemittelverordnung
DVBl.	Deutsches Verwaltungsblatt

E

EAN-Code	Europäischer Artikelnummer-Code
EDV	Elektronische Datenverarbeitung
EG	Europäische Gemeinschaft
EGV	Vertrag zur Gründung der Europäischen Gemeinschaft
EG-VerpackRL	Verpackungsrichtlinie der Europäischen Gemeinschaft
EichG	Eichgesetz
Einl.	Einleitung
ElektroG	Gesetz über das Inverkehrbringen, die Rücknahme und die umweltverträgliche Entsorgung von Elektro- und Elektronikgeräten
EMAS	Environment Management and Audit Scheme
EN	Europäische Norm
etc.	et cetera
EU	Europäische Union
EuG	Europäisches Gericht erster Instanz
EuGH	Europäischer Gerichtshof
EuGH Slg.	Sammlung der Entscheidungen des Europäischen Gerichtshofs
EuR	Europarecht
EurUP	Zeitschrift für Europäisches Planungs- und Umweltrecht
EUWID	Europäischer Wirtschaftsdienst (Recycling und Entsorgung) (Zeitschrift)
EuZW	Europäische Zeitschrift für Wirtschaftsrecht
evtl.	eventuell
EWG	Europäische Wirtschaftsgemeinschaft
EWR	Europäischer Wirtschaftsraum
EWS	Europäisches Währungssystem Europäisches Wirtschafts- und Steuerrecht (Zeitschrift)

F

f.	folgende
ff.	fortfolgende
FS	Festschrift

G

GBl.	Gesetzblatt
GefStoffV	Gefahrstoffverordnung
gem.	gemäß
GemO	Gemeindeordnung
GenBeschlG	Gesetz zur Beschleunigung von Genehmigungsverfahren
GesPaRec	Gesellschaft für Papierrecycling mbH
GewAbfV	Gewerbeabfallverordnung
GewArch	Gewerbearchiv (Zeitschrift)
GewO	Gewerbeordnung
GG	Grundgesetz für die Bundesrepublik
GGA	Gesellschaft für Glasrecycling und Abfallvermeidung mbH
GGVS	Gefahrgutverordnung Straße
GmbH	Gesellschaft mit beschränkter Haftung
GMBl.	Gemeinsames Ministerialblatt
GOA	Grundlage einer Geschäftsführung ohne Auftrag
GRS Batterien	Gemeinsames Rücknahmesystem Batterien
GRUR	Gewerblicher Rechtsschutz und Urheberrecht (Zeitschrift)
GVBl.	Gesetz- und Verordnungsblatt
GVÖ	Gebinde-Verwertungsgesellschaft der Mineralölwirtschaft mbH
GVM	Gesellschaft für Verpackungsmarktforschung mbH
GWB	Gesetz gegen Wettbewerbsbeschränkungen

H

h. M.	herrschende Meinung
HAKA	Hessisches Ausführungsgesetz zum Kreislaufwirtschafts- und Abfallgesetz
HDE	Hauptverband des Deutschen Einzelhandels e. V.
HDPE	Polyethylen hoher Dichte (high-density Polyethylen)
HessKAG	Hessisches Kommunalabgabengesetz
HGB	Handelsgesetzbuch
HKWAbfG	Verordnung über die Entsorgung gebrauchter halogenierter Lösemittel
Hrsg.	Herausgeber
HS	Halbsatz

I

i. d. F.	in der Fassung
i. S.	im Sinne
i. S. d.	im Sinne des
i. V. m.	in Verbindung mit
IBAW	Interessengemeinschaft biologisch abbaubare Werkstoffe e. V.
IHK	Industrie- und Handelskammer

J

JA	Juristische Arbeitsblätter
Jura	Juristische Ausbildung
JuS	Juristische Schulung
JZ	Juristenzeitung

K

KBS	Kreislaufsystem Blechverpackungen Stahl GmbH
Kfz	Kraftfahrzeug
KG	Kammergericht
kj/kg	Kilojoule pro Kilogramm
KOM	Dokumente der Europäischen Kommission
Krw-/AbfG	Kreislaufwirtschafts- und Abfallgesetz
KStZ	Kommunale Steuerzeitschrift

L

LAbfWAG RP	Landesabfallwirtschafts- und Altlastengesetz Rheinland-Pfalz
LAbfWG SH	Abfallwirtschaftsgesetz für das Land Schleswig-Holstein
LAGA	Länderarbeitsgemeinschaft Abfall
Lbl.	Loseblatt
Lbl. Std.	Loseblatt Stand
LDPE	Polyethylen niedriger Dichte (low-density Polyethylen)
LFBG	Lebensmittel-, Bedarfsgegenstände- und Futtermittelgesetzbuch
LG	Landgericht
lit.	Buchstabe
LVP	Leichtstoffverpackungen

M

m. Anm.	mit Anmerkung
m. w. N.	mit weiteren Nachweisen
MarkenG	Markengesetz
MWV	Mineralölwirtschaftsverband e. V.

N

n. F.	neue Fassung
NAbfG	Niedersächsisches Abfallgesetz
NJW	Neue Juristische Wochenschrift (Zeitschrift)
NJWE-WettbR	Entscheidungen Wettbewerbsrecht (NJW)
Nr.	Nummer
Nrn.	Nummern
NuR	Natur und Recht
NVwZ	Neue Zeitschrift für Verwaltungsrecht
NVwZ-RR	Rechtsprechungs-Report Verwaltungsrecht
NW	Nordrhein-Westfalen
NWAbfG	Abfallgesetz für Nordrhein-Westfalen
NWB	Neue Wirtschafts-Briefe
NZBau	Neue Zeitschrift für Baurecht und Vergaberecht

O

o. Ä.	oder Ähnliches
OECD	Organisation for Economic Cooperation and Development Organisation für wirtschaftliche Zusammenarbeit und Entwicklung
o. g.	oben genannt
OLG	Oberlandesgericht
OLGR	OLG-Report
OVG	Oberverwaltungsgericht
OWiG	Ordnungswidrigkeitengesetz

P

PAMIRA	Packmittelrücknahme Agrar (Initiative des Industrieverbands Agrar e. V. in der Trägerschaft der RIGK GmbH)
PET	Polyethylenterephtalat
PET-VO	Verordnung über die Rücknahme und Pfanderhebung von Getränkeverpackungen und Kunststoffen
PPK	Papier/Pappe/Karton
POS	Point of Sale
PP	Polypropylen
ppm	parts per million
PRO EUROPE	Packaging Recovery Organisation Europe s.p.r.l.
PS	Polystyrol

P-System	Pfand-System
PU(-Schaum-dose)	Polyurethan(-Schaumdose)
PVC	Polyvinylchlorid

R

RAL	Deutsches Institut für Gütesicherung und Kennzeichnung e.V.
RESY	RESY-Organisation für Wertstoffentsorgung GmbH
RIGK	Gesellschaft zur Rückführung industrieller und gewerblicher Kunststoffverpackungen mbH
RIW	Recht der Internationalen Wirtschaft
RL	Richtlinie
RN	Randnummer
Rs.	Rechtssache (EuGH)
Rspr.	Rechtsprechung

S

S.	Satz, Seite
s.p.r.l.	Société Privée à Responsabilité Limitée
SächsABG	Sächsisches Abfallwirtschafts- und Bodenschutzgesetz
SAWG	Saarländisches Abfallwirtschaftsgesetz
Slg.	Sammlung
sog.	sogenannt(e)
StGB	Strafgesetzbuch
StuW	Steuer und Wirtschaft

T

ThürAbfG	Thüringer Abfallwirtschaftsgesetz
TÜV	Technischer Überwachungsverein
Tz.	Textziffer

U

u.a.	unter anderem
Uabs.	Unterabsatz
UAG	Umweltauditgesetz
UPR	Zeitschrift für Umwelt- und Planungsrecht
UPR	Umwelt- und Planungsrecht
Urt.	Urteil
UStG	Umsatzsteuergesetz
UStR	Umsatzsteuerrichtlinien

usw.	und so weiter
UWG	Gesetz gegen den unlauteren Wettbewerb

V

v.	vom
VA	Verwaltungsakt
VBlBW	Verwaltungsblätter für Baden-Württemberg
VDW	Verband der Wellpappen-Industrie e. V.
VerpackV	Verpackungsverordnung
VersR	Versicherungsrecht (Zeitschrift)
VerwArch	Verwaltungsarchiv
VG	Verwaltungsgericht
VGH	Verwaltungsgerichtshof
vgl.	vergleiche
VO	Verordnung
VOL/A	Verdingungsordnung für die Vergabe von Leistungen – Allgemeine Bestimmungen
VR	Verwaltungsrundschau
VVDStRL	Veröffentlichungen der Vereinigung der Deutschen Staatsrechtlehrer (Zeitschrift)
VwGO	Verwaltungsgerichtsordnung
VwVfG	Verwaltungsverfahrensgesetz

W

WiB	Wirtschaftsrechtliche Beratung (Zeitschrift)
WiVerw	Wirtschaft und Verwaltung
WRMG	Wasch- und Reinigungsmittelgesetz
WRP	Wettbewerb in Recht und Praxis (Zeitschrift)
WuW	Wirtschaft und Wettbewerb (Zeitschrift)
WuW/E	Wirtschaft und Wettbewerb, Entscheidungssammlung
WZG	Warenzeichengesetz

Z

z. B.	zum Beispiel
ZfU	Zeitschrift für Umweltpolitik und Umweltrecht
ZfV	Zeitschrift für Verwaltung
ZHR	Zeitschrift für das gesamte Handelsrecht und Wirtschaftsrecht
Ziff.	Ziffer
ZIP	Zeitschrift für Wirtschaftsrecht
ZKF	Zeitschrift für Kommunalwissenschaft

ZLR	Zeitschrift für Lebensmittelrecht
ZNV	Zeichennutzungsvertrag
ZRP	Zeitschrift für Rechtspolitik
ZUR	Zeitschrift für Umweltrecht
ZVEI	Zentralverband Elektrotechnik- und Elektronikindustrie
ZVEU	Zusatzvereinbarung zum Zeichennutzungsvertrag zur Umsetzung der Kommissionsentscheidung vom 20.04.2001
ZVglRWiss	Zeitschrift für Vergleichende Rechtswissenschaft

Literaturverzeichnis

Arndt	*Arndt, Hans-Wolfgang/Köhler, Markus*: Rechtspflicht des Verbrauchers zur Nutzung des „Dualen Systems"?, NJW 1993, 1945
Arnold/Gesterkamp	*Arnold, Ann-Katrin/Gesterkamp, Stefan*: Die (aufgehobene) Ausschreibung der DSD AG, AbfallR 2004, 23 ff.
Baars	*Baars, Bodo*: Zum Wettbewerb befreiender Systeme nach § 6 Abs. 3 VerpackV, WiVerw 2004, 223
	ders.: Die Rechtmäßigkeit dualer Systeme gem. § 6 III VerpackV auf dem Prüfstand, NVwZ 2000, 42 ff.
	ders.: Enttäuschte Erwartungen, NVwZ 2002, 309 ff.
Baars/Rinne	*Baars, Bodo A./Rinne, Alexander*: Verpackungsentsorgung im Wettbewerb – ein politisches Ziel zwischen Anspruch und Wirklichkeit, AbfallR 2003, 167 ff.
Bartling	*Bartling, Hartwig*: Grüner Punkt: Reformbedarf wettbewerblicher Rahmenbedingungen, WuW 1995, 183
Bastians	*Bastians, Udo*: Verpackungsregulierung ohne den Grünen Punkt? Die britische und die deutsche Umsetzung der Europäischen Verpackungsrichtlinie im Vergleich, Baden-Baden 2002
Beckmann	*Beckmann, Martin*: Rechtsprobleme der Rücknahme- und Rückgabepflicht, DVBl. 1995, 313
Berg	*Berg, Hans-Georg*: Mehrwegverpackungs-Pools und Eigentum an umlaufenden Verpackungen, WiB 1995, 935
Bock	*Bock, Matthias*: Entsorgung von Verkaufsverpackungen und Kartellrecht, WuW 1996, 187
Burchardi	*Burchardi Wolrad, E./Sacksofsky, Eike*: Wettbewerbspolitische und kartellrechtliche Probleme der deutschen Entsorgungswirtschaft, in: Jahrbuch des Umwelt- und Technikrechts 1994, 23
Daubner	*Daubner, Robert*: Abfallrechtliche Satzungen und „Duales System", BayVBl. 1995, 231
Di Fabio	*Di Fabio, Udo*: Die Verfassungskontrolle indirekter Umweltpolitik am Beispiel der Verpackungsverordnung, NVwZ 1995, 1
Ekkenga	*Ekkenga, Jens*: Die Verpackungsverordnung zwischen Administration und privatwirtschaftlicher Kooperation, BB 1993, 945
Elsner	*Elsner, Thomas/Rummler, Thomas*: Die Rücknahmepflicht für Hersteller und Vertreiber von Transportverpackungen nach der Verpackungsverordnung, NVwZ 1992, 243

Finckh	*Finckh, Andreas:* Regulierte Selbstregulierung im Dualen System, Baden-Baden 1998
Fischer	*Fischer, Kristian:* Kooperative Produktverantwortung nach der novellierten Verpackungsverordnung, AbfallR 2008, 191
	ders.: Pflichtpfand auf Getränke in Einwegverpackungen (Anmerkung), EuZW 2005, 85 f.
	Fischer, Kristian/Arndt, Hans-Wolfgang: Kommentar zur Verpackungsverordnung, 2. Auflage, Frankfurt a. M. 2007
Flanderka	*Flanderka, Fritz:* Trotz mancher Schwäche tragfähig, Lebensmittel Zeitung 2008, Nr. 38, 80
	ders.: Die Tücken der Transportverpackung, NVwZ 1992, 648
	ders.: Grundfragen zur Verpackungsverordnung: Anwendungsbereich und Gestaltungsmöglichkeiten, BB 1992, 1574
	ders.: Struktur und Ausgestaltung des dualen Systems in der Bundesrepublik Deutschland, BB 1996, 649
	Flanderka, Fritz/Sieberger, Frank: Der rechtliche Rahmen für die Entsorgung von Verkaufsverpackungen durch das Duale System Deutschland, WiVerw 2004, 205
	Flanderka, Fritz/Renke, Ilona: Die neuen Pfandpflichten für Getränkeverpackungen, NVwZ 2006, 23
	Flanderka, Fritz/Winter, Bernhard: Die Rücknahmepflicht von Transportverpackungen nach der Verpackungsverordnung, BB 1992, 149
Fluck	*Fluck, Jürgen:* Kommentar zum Kreislaufwirtschafts- und Abfall- und Bodenschutzrecht, Heidelberg, Lbl. Std. 1/2007
	ders.: Ausgewählte Rechtsfragen zur Verpackungsverordnung, DB 1992, 193
	ders.: Ausgewählte Rechtsfragen zur Verpackungsverordnung, DB 1993, 211
	ders.: Schützt die Verpackungsverordnung das Duale System vor kommunaler Konkurrenz?, DÖV, 2000, 657
Frenz	*Frenz, Walter:* Das Duale System zwischen öffentlichem und privatem Recht, GewArch 1994, 145
	ders.: Monopolmissbrauch und Duales System, WuW 2002, 962
	ders.: Die Abfalleigenschaft von Verpackungen, DÖV 1994, 421 ff.
	ders.: Pfandpflicht zwischen Rechtsharmonisierung und Warenverkehrsfreiheit, GewArch 2005, 184 ff.
Göhler/König/Seitz	*Göhler, Erich/König, Peter/Seitz, Helmut:* Ordnungswidrigkeitengesetz (OWiG), München 1995

Götz	*Götz, Gero:* Wettbewerbs- und europarechtliche Aspekte des Dualen Systems, ZLR 1993, 534
Gundert	*Gundert, Martin:* Prüfung der ordnungsgemäßen Entrichtung der Lizenzentgelte für „Der Grüne Punkt", BB 1998, 1302
Grüneberg	*Grüneberg, Ralf:* Die Kommunen und das Duale System – Anlass für eine Neubewertung, AbfallPrax 1999, 158
Hartwig	*Hartwig, Henning:* Die lauterkeitsrechtliche Beurteilung der Werbung mit dem „Grünen Punkt", GRUR 1997, 561
Hedderich	*Hedderich, Rolf:* Die Kasseler Verpackungssteuersatzung, ZKF 1992, 270
Hendler	*Hendler, Reinhard:* Rechtsgutachtliche Stellungnahme zu ausgewählten Fragen der novellierten Verpackungsverordnung, Trier August 2008
	ders.: Verpackungsverordnung und mengenausgleichsorientierte Selbstentsorgergemeinschaften, GewArch 2004, 1 ff.
	ders.: Möglichkeiten und Grenzen der Betätigung von Selbstentsorgungsgemeinschaften, WiVerw 2004, 243
	ders.: Zur Steuerungsmethodik der Verpackungsverordnung, NVwZ 2003, 1168 ff.
Henseler-Ludwig	*Henseler-Ludwig, Ruth:* Verpackungsverordnung, Köln 1998
Hofmann-Hoeppel	*Hofmann-Hoeppel, Jochen:* „Flächendeckung" i. S. von § 6 Abs. 3 Satz 1 VerpackV – Zur Auslegung eines unbestimmten Rechtsbegriffs, DVBl. 1993, 873
Honecker/Seitel	*Honecker, Peter/Seitel, Jürgen:* Reviergrenzen sind noch unscharf, Lebensmittel Zeitung 2008, Nr. 38, 81
Jakobi/Karpenstein	*Jakobi, Holger/Karpenstein, Ulrich:* Der Rechtsstreit um das Dosenpfand, AbfallR 2005, 194 ff.
Jarass/Ruchay/ Weidemann	*Jarass/Ruchay/Weidemann:* Kommentar zum Kreislaufwirtschafts- und Abfallgesetz, München, Lbl. Std. 2008
Kisseler	*Kisseler, Marcel:* Wettbewerbsrecht und Umweltschutz, WRP 1994, 149
Klinger	*Klinger, Remo:* Von Mythen und Legenden im Umgang mit den Dosenpfand-Entscheidungen des EuGH, AbfallR 2005, 19 ff.
Kloepfer	*Kloepfer, Michael:* Europäische Verpackungsrichtlinie und deutsche Verpackungsverordnung, EWS Beil. 2 zu Heft 7/1997
	ders.: Umweltrecht und Kartellrecht, JZ 2002, 1117 ff.
	Kloepfer, Michael/Meßerschmidt, Klaus: Innere Harmonie des Umweltrechts, Berlin 1986

Koch	*Koch, Hans-Joachim:* Die neue Verpackungsverordnung, NVwZ 1998, 1155
Köhler	*Köhler, Helmut:* Abfallrückführungssysteme der Wirtschaft im Spannungsfeld von Umweltrecht und Kartellrecht, BB 1996, 2577
	ders.: „Grüner Punkt" als irreführende Werbung?, BB 1998, 2065
Kunig/Paetow/Versteyl	*Kunig, Philip/Paetow, Stefan/Versteyl, Ludger-Anselm:* KrW-/AbfG, Kommentar, 2. Aufl., München 2003
Lappe	*Lappe, Michael:* Lauterkeitsrechtliche Aspekte der Kennzeichnung von Produkten mit Hilfe des „Grünen Punktes", BB 1992, 1661
Lotze	*Lotze, Andreas/Ulf-Dieter Pape:* Kartell- und vergaberechtliche Aspekte der Neuausschreibung der DSD-Leistungsverträge, WuW 2003, 364
Medicus	*Medicus, Dieter:* Kurzkommentar zu OLG Köln, Urt. v. 5.9.1995, EWiR 95, 1137
Meier	*Meier, Christian:* Der Anwendungsbereich der neuen Verpackungsverordnung unter besonderer Berücksichtigung der Unterscheidung von „Verpackung" und „Ware", NuR 2000, 617 ff.
Meier	*Meier, Gert:* Der deutsche Einzelhändler – Müllmann der Nation? Zur Verfassungsmäßigkeit der §§ 6–8 VerpackV, BB 1995, 2381
Nickel	*Nickel, Thomas:* Kein Zahlungsanspruch von Systembetreibern gegen „Trittbrettfahrer", NVwZ 2003, 317 f.
Palandt	*Palandt:* Kommentar zum BGB, 67. Auflage, München 2008
Pauly	*Pauly, Markus:* Das neue Verpackungsrecht, AbfallR 2008, 46 ff.
	ders.: Branchenlösung als mögliche Option, Lebensmittel Zeitung 2008, Nr. 38, 82
	Pauly, Markus W./Lück, Dominik R.: Rechtsschutzmöglichkeiten bei der Vergabe von DSD-Verträgen, AbfallR 2003, 55 ff.
Porz	*Porz, Norbert:* DSD, Wettbewerb und kommunale Abstimmung, AbfallPrax 1999, 79
Queitsch	*Queitsch, Peter:* Rechtliche und finanzielle Aspekte des Dualen Systems aus kommunaler Sicht, Stadt und Gemeinde 1994, 384
	ders: Rechtliche Problemfelder der Verpackungsverordnung, UPR 1995, 246
Riesenkampf	*Riesenkampf, Alexander:* Die private Abfallentsorgung und das Kartellrecht, BB 1995, 833

Rinne	*Rinne, Alexander:* Zum Spannungsverhältnis von Kartellrecht und Verpackungsverordnung, WiVerw 2004, 255
Rummler	*Rummler, Thomas:* Die Weiterentwicklung der abfallrechtlichen Produktverantwortung, ZUR 2001, 308
	Rummler, Thomas/Schutt, Wolfgang: Verpackungsverordnung, Hamburg 1991
	Rummler, Thomas/Seitel, Jürgen: Rahmenbedingungen der Verpackungsentsorgung nach der 5. Novelle der Verpackungsverordnung, AbfallR 2008, 129 ff.
Sacksofsky	*Sacksofsky, Eike:* Wettbewerbsrechtliche Probleme der Entsorgungswirtschaft, WuW 1994, 320
Sagia	*Sagia, Christina:* Zur Frage der Vereinbarkeit der DSD GmbH mit dem Europäischen Kartellrecht, Artikel 85 EGV, ZVglRWiss 95 (1996), 419
Schmidt	*Schmidt, Hans-Jürgen:* UBA II unter der Lupe, Verpackungs-Rundschau 11/2000, 31
Schmidt-Preuß	*Schmidt-Preuß, Matthias:* Verpackungsverordnung und Kartellrecht, in: Festschrift für Otfried Lieberknecht, 549
	ders.: Verwaltung und Verwaltungsrecht zwischen gesellschaftlicher Selbstregulierung und staatlicher Steuerung, VVDStRL 56 (1997), 160
	ders.: Zur Zulässigkeit sog. Selbstentsorgergemeinschaften als Alternative zum Dualen System, DB 2002, 775
Scholz	*Scholz, Rupert/Aulehner, Josef:* Grundfragen zum Dualen System, BB 1993, 2250
Selmayr	*Selmayr, Martin:* Wettbewerbswidrige Praktiken bei der Entsorgung von Verkaufsverpackungen im Rahmen des „Dualen Systems", UPR 1998, 99
Siederer/Wenzel	*Siederer, Wolfgang/Wenzel, Frank:* Zur Mitbenutzung kommunaler Altpapier-Entsorgungssysteme, AbfallR 2004, 73 ff.
Sproll	*Sproll, Hans-Dieter:* Zur Verpackungsverordnung 1998, UPR 1999, 129
Strecker	*Strecker, Arthur:* Folgen der Rücknahmepflicht für Umverpackungen, BB 1992, 1152
	ders.: Transport- und Umverpackungen aus neuer Sicht der Verpackungsverordnung, BB 1994, 880
	ders.: Der „Grüne Punkt" – ein Fragezeichen?, BB 1993, 743
	Strecker, Arthur/Berndt, Dieter: Kommentar zur Verpackungsverordnung, Heidelberg 1992
Trute	*Trute, Hans-Heinrich/Denkhaus, Wolfgang/Kühlers, Doris:* Regelungsstrukturen der Kreislaufwirtschaft zwischen kooperativem Umweltrecht und Wettbewerbsrecht, Baden-Baden 2004

Velte	*Velte, Rainer:* Duale Abfallentsorgung und Kartellverbot, Baden-Baden 1999
Versteyl	*Versteyl, Ludger-Anselm:* Die Verpackungsverordnung – Anfang vom Ende der Wegwerfgesellschaft, NVwZ 1991, 848
	Versteyl, Ludger-Anselm/Wendenburg, Helge: Änderungen des Abfallrechts: Neues zum Kreislaufwirtschafts- und Abfallgesetz sowie dem untergesetzlichen Regelwerk, NVwZ 1996, 937
Weidemann	*Weidemann, Clemens:* Die behördliche Feststellung nach § 6 Abs. 3 der Verpackungsverordnung, DVBl. 1992, 1568
	ders.: Vorrang der Verpackungsverordnung, Müllmagazin 2/2003, 1
Wolff	*Wolff, Lutz-Christian:* Die Verpackungsverordnung und das Bestimmtheitsgebot, NVwZ 1992, 246
Wolnicki	*Wolnicki, Boris:* Zum Akzessorietätsprinzip bei der Feststellung nach § 6 Abs. 3 VerpackV – zugleich zur Nebenbestimmungsfeindlichkeit von rechtsgestaltenden Verwaltungsakten, NVwZ 1994, 872

I.
Einführung

		RN
I.	Verpackungsverordnung von 1991	1–3
1.	Ausgangssituation	2
2.	Wesentliche Regelungen	3
II.	Kreislaufwirtschafts- und Abfallgesetz	4
III.	EU-Verpackungsrichtlinie	5, 6
IV.	Novellierungen der Verpackungsverordnung	7–15
1.	Novelle von 1998	7–9
	a) Anlass und Zielsetzung	7, 8
	b) Wesentliche Neuerungen	9
2.	Zweite Änderungsverordnung vom 15. Mai 2002	10
3.	Dritte Änderungsverordnung vom 28. Mai 2005	11
4.	Vierte Änderungsverordnung vom 30. Dezember 2005	12
5.	Fünfte Änderungsverordnung vom 2. April 2008	13–15
V.	Verpackungsverordnung und Kartellrecht	16–29
1.	Festlegung einer „Gewerbeschnittstelle"	16–18
2.	Untersagung der Entsorgung nicht ladengängiger Verkaufsverpackungen und Transportverpackungen (DEGI)	19
3.	Vermarktung von Sekundärrohstoffen (Schnittstelle „O")	20, 21
4.	Stützung der Mehrwegquote (Dosengroschen)	22
5.	„Mitbenutzung" Grüner Punkt	23, 24
6.	Mitbenutzung von Systemeinrichtungen	25
7.	Ausschreibung von Entsorgungsdienstleistungen	26
8.	Boykottverfahren	27
9.	Untersagungsverfahren gegen die DSD AG	28, 29
VI.	Sonderfälle	30–35
1.	Kommunale Verpackungssteuern	30–32
2.	Verbot von Einweggeschirr	33–35
VII.	Internationale Entwicklungen	36–38
1.	Europa	37
2.	Außereuropäisches Ausland	38

I. Verpackungsverordnung von 1991

Mit der Verpackungsverordnung vom 12.6.1991 (BGBl. I, S. 1234) wurde die Verantwortung für die Entsorgung von Verpackungen in die Hände von Herstellern und Vertreibern gelegt. Damit wurde in Deutschland erstmals umfassend die abfallwirtschaftliche Produktverantwortung für einen Teilbereich des Abfallrechts auf der Basis des § 14 Abs. 2 Satz 3 Nr. 1, 2 und 3 des Abfallgesetzes vom 27.8.1986 (BGBl. I, S. 1410) eingeführt.

1

Einführung

1. Ausgangssituation

2 Zum Zeitpunkt des Erlasses der Verpackungsverordnung betrug der jährliche Verpackungsverbrauch rund 15,3 Mio. Tonnen. Dabei lag allein der Verbrauch an Einwegverpackungen bei rund 13,1 Mio. Tonnen. Aufgrund der kurzen Lebensdauer von Verpackungen – insbesondere von Einwegverpackungen – kam diesen Verpackungsabfällen ein besonderer Stellenwert am gesamten Abfallaufkommen zu. Dabei stellte sich für die Bundesregierung die Problematik, dass Deponiekapazitäten in der Bundesrepublik Deutschland zum damaligen Zeitpunkt in vielen Regionen nur noch für zwei bis fünf Jahre zur Verfügung standen. Abfallverbrennungsanlagen und neue Deponien wurden nicht im nötigen Umfang ausgewiesen, um die entstehenden Abfallmengen auch künftig zu entsorgen. Verpackungsabfälle sind mit rund 50 % nach dem Volumen und etwa 30 % nach dem Gewicht die wichtigste Abfallart des Hausmülls und der hausmüllähnlichen Gewerbeabfälle. Insoweit hatten entsprechende Maßnahmen im Verpackungsbereich besondere Priorität, um gravierenden Entsorgungsengpässen zu begegnen.

2. Wesentliche Regelungen

3 Kernstück der mit der Verpackungsverordnung eingeführten Produktverantwortung waren umfassende Rücknahme-, Verwertungs- und Pfandpflichten. Um den individuell wirkenden Pflichten entgehen zu können, baute die Wirtschaft ein zweites, privat organisiertes Entsorgungs- und Verwertungssystem für den Bereich der Verkaufsverpackungen auf und gründete dafür die „Der Grüne Punkt Duales System Deutschland Gesellschaft für Abfallvermeidung und Sekundärrohstoffgewinnung mbH" mit Sitz in Bonn.

Für die einzelnen Verpackungsarten sind in der Verordnung folgende Regelungen vorgesehen:

- Transportverpackungen haben Hersteller und Vertreiber nach Gebrauch zurückzunehmen und einer erneuten Verwendung oder einer Verwertung außerhalb der öffentlichen Abfallentsorgung zuzuführen.
- Umverpackungen muss der Vertreiber an der Kasse entfernen oder dem Käufer die Möglichkeit eröffnen, diese von der erworbenen Ware zu entfernen und im Laden zurückzulassen.
- Verkaufsverpackungen müssen vom Vertreiber zurückgenommen werden, sofern nicht die Freistellung von der Rücknahmepflicht durch Beteiligung an einem dualen System greift.
- Für Getränkeverpackungen sowie für Verpackungen von Wasch- und Reinigungsmitteln sowie von Dispersionsfarben gelten zusätzlich besondere Pfandpflichten.
- Zum Schutz von Mehrwegsystemen bei Massengetränken waren zwingende Pfandpflichten vorgesehen, wenn die bestehenden Anteile der Mehrwegsysteme unter bestimmte Bestandsgrenzen fallen sollten.

II. Kreislaufwirtschafts- und Abfallgesetz

Das „Gesetz zur Förderung der Kreislaufwirtschaft und Sicherung der umwelt- 4
verträglichen Beseitigung von Abfällen (Kreislaufwirtschafts- und Abfallgesetz –
KrW-/AbfG)" vom 27.9.1994 (BGBl. I, S. 2705) wurde am 6.10.1994 veröffentlicht.
Damit hielt der Gesetzgeber an dem eingeschlagenen Weg der Kreislaufwirtschaft fest und hat die vorher schon in der Verpackungsverordnung und der Verordnung über die Entsorgung gebrauchter halogenierter Lösemittel (HKWAbfG) vom 23.10.1989 (BGBl. I, S. 1918) umgesetzten Prinzipien zur Grundlage des gesamten Abfallrechts gemacht. Erzeuger und Besitzer von Abfällen werden hiernach in einen umfassenden Pflichtenkatalog eingebunden, in dem die Abfallvermeidung Priorität hat und Abfälle erst in zweiter Linie stofflich verwertet oder zur Gewinnung von Energie eingesetzt werden dürfen (vgl. § 4 KrW-/AbfG). Nur für Abfälle, die nicht verwertet werden können, gilt, dass sie dauerhaft von der Kreislaufwirtschaft auszuschließen und zur Wahrung des Wohls der Allgemeinheit zu beseitigen sind (§ 10 KrW-/AbfG). Darüber hinaus wird die zuvor in § 3 Abs. 2 des Abfallgesetzes enthaltene Entsorgungspflicht der öffentlich-rechtlichen Körperschaften umfassend privatisiert (vgl. §§ 16–18 KrW-/AbfG). Zur Umsetzung der in § 22 KrW-/AbfG normierten Produktverantwortung enthält § 24 KrW-/AbfG eine Ermächtigung zum Erlass von weiteren Rechtsverordnungen entsprechend dem Vorbild der Verpackungsverordnung. Zudem wurden auf Empfehlung des Vermittlungsausschusses die Begrifflichkeiten aus der EG-Richtlinie über Abfälle (Richtlinie Nr. 91/156 [EWG]) übernommen, so dass die zentralen Begriffe des Gesetzes „Abfall", „Abfälle zur Verwertung" und „Abfälle zur Beseitigung" lauten.

III. EU-Verpackungsrichtlinie

Nach dem in einigen europäischen Staaten nationale Reglungen für das Vermei- 5
den und Verwerten von Verpackungen entstanden waren, strebte die europäische Union eine Harmonisierung durch eine verbindliche Gesamtlösung im Verpackungsbereich an. Als Ergebnis dieser Bemühungen trat am 20.12.1994 die EU-Verpackungsrichtlinie (Richtlinie 94/62/EG) über Verpackungen und Verpackungsabfälle (ABl. EG L 365 v. 31.12.1994, S. 10), geändert durch die Verordnung (EG) Nr. 1882/2003 (ABl. EG L 284 v. 31.10.2003, S. 1) in Kraft. Hauptziele sind die Vermeidung und Verringerung von Umweltauswirkungen durch Verpackungen und Verpackungsabfälle, mit der konkreten Vorgabe, die Verpackungsabfälle europaweit um 50 % zu reduzieren. Als weitere Grundsätze formuliert die Richtlinie die Wiederverwendung sowie die stoffliche oder energetische Verwertung von Verpackungsabfällen. Die Richtlinie schreibt Rahmenbedingungen und Inhalte fest, die alle Mitgliedstaaten der Europäischen Union in nationales Recht umwandeln müssen. In der Folge hat jeder Mitgliedstaat die erforderlichen Maßnahmen zur Errichtung von Rücknahme-, Sammel- und Verwertungssystemen für gebrauchte Verpackungen zu ergreifen. Dabei gilt der Grundsatz, dass für den Zugang zu diesen Systemen Bedingungen zu schaffen sind, dass keine Handelshemmnisse oder Wettbewerbsverzerrungen entstehen. Daran anknüpfend schreibt Artikel 18 vor, dass die Mitgliedstaaten das In-Verkehr-Bringen von Verpackungen, die der Richtlinie entsprechen, nicht verbieten dürfen.

I Einführung

6 Eine maßgebliche Änderung erfuhr die Verpackungsrichtlinie durch die Richtlinie 2004/12/EG vom 11.2.2004 (ABl. EG Nr. L 47 v. 18.2.2004, S. 26). Wesentlicher Inhalt dieser Änderungsrichtlinie sind Präzisierungen von Begriffen, insbesondere des Verpackungsbegriffes sowie die Erhöhung der Verwertungsvorgaben für die Mitgliedstaaten. Zur Umsetzung dieser Vorgaben beschloss die Bundesregierung die vierte Verordnung zur Änderung der Verpackungsverordnung (BGBl. I 2006, S. 2).

Da die Mitgliedstaaten, die der Europäischen Union aufgrund des Beitrittsvertrags vom 16.4.2003 beigetreten sind, mehr Zeit brauchen, um ihre Sammel- und Verwertungssysteme aufzubauen und an die Ziele der Verpackungsrichtlinie anzupassen, wurden ihnen mit der Änderungsrichtlinie 2005/20/EG vom 9.3.2005 (ABl. EG Nr. L 70 vom 16.3.2005, S. 17) angemessene Übergangsfristen zur Erfüllung der Verwertungsvorgaben eingeräumt.

IV. Novellierungen der Verpackungsverordnung

1. Novelle von 1998

a) Anlass und Zielsetzung

7 Die Absicht, die Verpackungsverordnung von 1991 umfassend zu novellieren, war bereits Teil eines Aktionsprogramms zur Bewältigung der Krise des Dualen Systems im Spätsommer 1993. Nach mehreren Referentenentwürfen scheiterte am 25.4.1997 der erste Novellierungsentwurf der Bundesregierung im Bundesrat. Auf der Basis der Beratungen im Bundesrat wurde der abgelehnte Entwurf überarbeitet und um wichtige Länderforderungen ergänzt. Der Entwurf der Bundesregierung vom 7.11.1997 (BR-Drs. 13/5999) fand dann nach heftigen politischen Auseinandersetzungen im Vorfeld doch noch die Zustimmung des Bundesrates in seiner Sitzung am 29.5.1998 (BR-Drs. 445/98). Diese Novelle wurde am 21.8.1998 im Bundesgesetzblatt (BGBl. I, S. 2379) veröffentlicht und trat einen Tag später in Kraft.

8 Zielsetzung war es mit Blick auf faire Wettbewerbsbedingungen, die Rahmenbedingungen für Hersteller und Vertreiber hinsichtlich der Beteiligung an dualen Systemen so zu verbessern, dass dem sog. „Trittbrettfahren" entgegengewirkt werden konnte. Im Bereich der Entsorgungsdienstleistungen sollte eine stärkere Wettbewerbsorientierung verankert werden. Die Anforderungen an die Verwertung gebrauchter Verkaufsverpackungen wurden entsprechend den Vorgaben des Kreislaufwirtschafts- und Abfallgesetzes (KrW-/AbfG) modifiziert. Darüber hinaus ergab sich weiterer Anpassungsbedarf aus der zwischenzeitlich vorliegenden EG-Verpackungsrichtlinie.

b) Wesentliche Neuerungen

9 Die durch die Novelle von 1998 eingeführten Änderungen lagen insbesondere in folgenden Bereichen (vgl. BR-Drs. 13/10943, S. 2):

– Um Wettbewerbsgleichheit zwischen Herstellern und Vertreibern, die sich nicht an einem dualen System beteiligen (sog. Selbstentsorger) und solchen, die sich an einem derartigen System beteiligen, zu schaffen, wurden einheit-

lich geltende Verwertungsquoten eingeführt. Für Vertreiber von Serviceverpackungen des Lebensmittelhandwerks wurde eine Sonderreglung eingeführt, die den strukturellen Gegebenheiten der kleinen und mittleren Betriebe Rechnung trägt.
- Zur Förderung des Wettbewerbs im Entsorgungsbereich wurde die Ausschreibung von Entsorgungsleistungen der dualen Systeme festgeschrieben. Darüber hinaus wurden die Quotennachweise von der Marktmenge auf die Lizenzmenge eines jeweiligen Systems umgestellt.
- In Umsetzung entsprechender EU-Vorgaben wurden auch Verpackungen schadstoffhaltiger Füllgüter in den Anwendungsbereich der Verordnung aufgenommen.
- Die Verwertungsanforderungen wurden an die neuen Vorgaben des Kreislaufwirtschafts- und Abfallgesetzes angepasst, womit für Teilfraktionen auch die Möglichkeit der thermischen Verwertung eröffnet wurde.
- Zwar hielt der Verordnungsgeber an den Pfanderhebungs- und Mehrwegquotenregelungen im Grundsatz fest, führte jedoch einige für die Praxis bedeutende Detailänderungen ein (vgl. Flanderka/Renke, NVwZ 2006, 23).

2. Zweite Änderungsverordnung vom 15. Mai 2002

Mit der zweiten Änderungsverordnung (BGBl. I 2002, S. 1572) wurden lediglich Bedingungen festgelegt, unter denen die Schwermetallgrenzen aus § 13 Abs. 1 für Glasverpackungen nicht gelten (§ 13 Abs. 3 i. V. m. Anhang III). **10**

3. Dritte Änderungsverordnung vom 28. Mai 2005

Bereits im Mai 2001 passierte ein erster Ansatz zur Novellierung der Pfandvorschriften den Bundestag. Im Juli 2001 scheiterte dieser Novellierungsversuch im Bundesrat (BR-Drs. 361/01). Im Februar 2003 einigten sich dann Bund und Länder auf die Eckpunkte einer neuerlichen Novellierung. Im Juli 2003 beschloss das Bundeskabinett einen entsprechenden Novellierungsvorschlag (BR-Drs. 488/03), der vom Bundesrat in die Ausschlüsse verwiesen wurde. Im Herbst 2004 gelang es dann, zwischen dem Bund und den Ländern unter Führung des Freistaates Bayern eine Einigung herbeizuführen, so dass am 17.12.2004 der Bundesrat die Pfandnovelle der Bundesregierung unter Einbeziehung einiger Änderungsbeschlüsse billigte (BR-Drs. 919/04). Auf Grund der mit der Notifizierungspflicht bei der EU-Kommission verbundenen Stillhaltefrist erfolgte die Bekanntgabe der Novelle im Bundesgesetzblatt erst am 27.5.2005 (BGBl. I 2005, S. 1407). **11**

4. Vierte Änderungsverordnung vom 30. Dezember 2005

Nachdem mit der dritten Änderungsverordnung insbesondere die Pfandregelungen geändert wurden, diente die vierte Änderungsverordnung vom 30.12.2005 (BGBl. I. 2006, S. 2) hauptsächlich der Umsetzung der Richtlinie 2004/12/EG des europäischen Parlaments und des Rates vom 11.2.2004 (ABl. EG Nr. L 47 v. 18.2.2004, S. 26). Durch diese Richtlinie wurden die Begriffsbestimmungen für Verpackungen ergänzt und neue Zielvorgaben für die Verwertung insgesamt sowie für die einzelnen Verpackungsmaterialien festgelegt. Die Umsetzung der Begriffsbestimmungen für Verpackungen erfolgte dabei durch Anfügen eines neuen Anhangs V. **12**

5. Fünfte Änderungsverordnung vom 2. April 2008

13 Eigentlich hatten sich die beteiligten Wirtschaftskreise nach den Schlachten um das Pflichtpfand (vgl. Flanderka/Renke, NVwZ 2006, 23) darauf eingestellt, dass die Politik für längere Zeit keinen Novellierungsbedarf in diesem Bereich sehen würde. Umso überraschender kam dann für viele der Vorstoß der Bundesregierung zur 5. Novelle im Frühjahr 2006 (vgl. Pauly, AbfallR 2008, 46 sowie Rummler/Seitel, AbfallR 2008, 129). Auslöser war der in erster Linie tatsächliche oder zumindest vermeintliche Befund, dass sich Hersteller und Vertreiber von Verkaufsverpackungen zunehmend ihren Kostenpflichten entzogen und stattdessen als sog. „Trittbrettfahrer" im Markt agierten. Zudem traten vermehrt sog. Selbstentsorgergemeinschaften im Markt auf, die von der rechtlich zulässigen Möglichkeit Gebrauch machten, den nicht ausreichenden Rücklauf von Verkaufsverpackungen im Einzelhandel (z. B. Drogeriemärkte) durch eine Übererfüllung der Rücknahme bei Großanfallstellen zu kompensieren. Dementsprechend entschied die Umweltministerkonferenz mit Beschluss vom 23./24.5.2006, dass eine Novelle der Verpackungsverordnung zur Sicherung der einheitlichen haushaltsnahen Wertstofferfassung beitragen soll. Die daraufhin von der Bund/Länder-Arbeitsgemeinschaft Abfall (LAGA) eingesetzte Arbeitsgruppe legte dann mit Datum vom 28.8.2006 einen Bericht vor, der eine Novellierung der Verpackungsverordnung vor allem aus folgenden Gründen empfahl:

- Zunahme von sog. Trittbrettfahrern,
- Unkenntnis der zuständigen Überwachungsbehörden von den jeweils in Verkehr gebrachten Verpackungsmengen,
- ungleiche Wettbewerbsbedingungen für duale Systeme und Selbstentsorger,
- hoher Aufwand bei der gegenseitigen Abstimmung von Kommunen, Entsorgungsunternehmen und Systembetreibern einschließlich wettbewerbsrechtlicher Beschränkungen.

14 Was folgte, war ein zähes Ringen zwischen den beteiligten Ressorts auf Bundesebene, so dass das Bundeskabinett erst am 19.9.2007 eine entsprechende Artikelverordnung beschließen konnte (BT-Drs. 16/6400). Dem zustimmenden Beschluss des Bundestages am 8.11.2007 (BT-Drs. 16/6982) ging eine ungewöhnlich heftige Auseinandersetzung zwischen den Koalitionspartnern voraus. Insoweit war es nicht verwunderlich, dass auch der Bundesrat der Verordnung letztlich nur mit zahlreichen Änderungen am 20.12.2007 zustimmte (BR-Drs. 800/07 (Beschluss)). Nachdem sich nochmals Bundeskabinett (BT-Drs. 16/7954 vom 30.1.2008) und Bundestag (BT-Drs. 16/8216) mit der Novelle befasst hatten, erfolgte die Veröffentlichung im Bundesgesetzblatt dann am 2.4.2008 (BGBl. I 2008, S. 531).

15 Um dem Kernziel der 5. Novelle, der Sicherstellung der haushaltsnahen Erfassung von Verkaufsverpackungen, zu entsprechen, ist nunmehr vorgesehen, dass grundsätzlich alle Verpackungen, die an private Endverbraucher abgegeben werden, bei dualen Systemen zu lizenzieren sind. Zudem wurde mit der „Vollständigkeitserklärung" ein völlig neues Kontrollinstrument für Handel und Industrie eingeführt. Um die notwendigen Rahmenbedingungen für die am Markt tätigen dualen Systeme zu gewährleisten, ist u. a. die Einrichtung einer „Gemeinsamen Stelle" vorgesehen. Änderungen bei den Pfandvorschriften sollen zwischenzeitlich erkannte Lücken schließen.

V. Verpackungsverordnung und Kartellrecht

1. Festlegung einer „Gewerbeschnittstelle"

Nach § 6 Abs. 3 VerpackV in der Fassung von 1991 musste ein duales System die Abholung gebrauchter Verkaufsverpackungen beim oder in der Nähe des Endverbrauchers gewährleisten. Dieser Begriff wurde vom Bundesrat anstatt des von der Bundesregierung vorgesehenen Begriffs der „Haushaltungen" eingefügt, da die regelmäßige Abholung gebrauchter Verkaufsverpackungen auch andere Endverbraucher wie Kasernen, Krankenhäuser, Behörden, Gewerbebetriebe usw. einbeziehen sollte (vgl. BR-Drs. 236/91, S. 12 ff. Nr. 21). 16

An diese Definition knüpften auch die Länder in ihren Freistellungsbescheiden gegenüber der Duales System Deutschland GmbH an und forderten, die Tätigkeit des Systems auch auf den gewerblichen und industriellen Bereich auszudehnen. Dagegen sah das Bundeskartellamt darin eine Beschränkung des Wettbewerbs bei der Frage nach Entsorgungsleistungen und leitete gegen die Duales System Deutschland GmbH ein Verfahren nach § 1 GWB und § 37a Abs. 1 GWB ein. In Verhandlungen zwischen dem Bundeskartellamt, den Beschwerdeführern und der Duales System Deutschland GmbH wurde daraufhin zur Beilegung des eingeleiteten Verfahrens folgende Schnittstelle für die regelmäßige Abholung gebrauchter Verkaufsverpackungen durch das Duale System vereinbart: 17

- Gaststätten (inklusive Fastfood und Hotels),
- Kantinen,
- Krankenhäuser,
- Verwaltungen,
- Bildungseinrichtungen,
- Kasernen,
- Freiberufler,
- Handwerksbetriebe ohne Druckereien und sonstige papierverarbeitende Betriebe, die über haushaltsübliche Sammelgefäße für PPK und LVP mit nicht mehr als maximal je Stoffgruppe einem 1100-Liter-Umleerbehälter im haushaltsüblichen Abfuhrrhythmus entsorgt werden.

Der Verordnungsgeber hat diese kartellrechtliche Vorgabe aufgegriffen und mit der Novellierung von 1998 den Begriff des „privaten" Endverbrauchers in § 3 Abs. 10 eingefügt und in Nr. 3 Abs. 1 Satz 4 des Anhangs I zu § 6 den Entsorgungsbereich darauf beschränkt. Mit der 5. Novelle wurden weitere Konkretisierungen in § 3 Abs. 11 vorgenommen. 18

2. Untersagung der Entsorgung nicht ladengängiger Verkaufsverpackungen und Transportverpackungen (DEGI)

Ähnlich gelagert ist der so genannte DEGI-Beschluss des Bundeskartellamtes vom 24.6.1993 (WUW/E BKartA, 2561). Zugrunde liegt der Sachverhalt, dass die Duales System Deutschland GmbH über eine Tochtergesellschaft beabsichtigte, die Entsorgung von Verkaufsverpackungen auch auf die Entsorgung von Transportverpackungen und nicht ladengängigen Verkaufsverpackungen zu erstrecken. Das neue Entsorgungskonzept sollte insbesondere durch bundeseinheitli- 19 che, zwischen einer noch zu gründenden DSD-Tochtergesellschaft Duale Entsorgung Gewerbe und Industrie GmbH (DEGI) und den jeweiligen Entsorgern der Anfallstellen abzuschließende Erstattungsvereinbarungen umgesetzt werden. Das Bundeskartellamt sah in der DEGI-Entsorgungskonzeption eine Wettbewerbsbeschränkung im Sinne von § 1 GWB, was zu einer entsprechenden Untersagungsverfügung führte.

3. Vermarktung von Sekundärrohstoffen (Schnittstelle „O")

20 Im Auftrag der Duales System Deutschland GmbH übernahmen ursprünglich rund 500 regionale – private oder kommunale – Entsorgungsunternehmen das Sammeln der gebrauchten Verkaufsverpackungen und ihre Trennung in die einzelnen Materialfraktionen. Die gesammelten und sortierten Wertstoffe stellten diese Entsorgungsunternehmen ursprünglich kostenlos den so genannten „Abnahme- und Verwertungsgarantiegebern" bereit. Dies waren entweder die Erzeugerindustrien der einzelnen Verpackungsmaterialien oder Gesellschaften, die speziell für die Verwertung und Vermarktung der aus dem Dualen System und anderen Quellen stammenden Sekundärrohstoffe gegründet wurden. Die kostenlose Übergabe an die Garantiegeber (sog. Schnittstelle „O") sollte die Verwertungssicherheit auch bei schwankenden bzw. negativen Marktpreisen gewährleisten.

21 Die Kommission der Europäischen Gemeinschaft sah hierdurch den Tatbestand des Art. 85 Abs. 1 Satz 1 lit. a des EG-Vertrages als erfüllt an, weil die Entsorger an einer eigenständigen wirtschaftlichen Verwertung gehindert und so das Entstehen eines Marktes für Sekundärrohstoffe beeinträchtigt würde. In Reaktion hierauf ermöglichte die Duales System Deutschland GmbH ihren Entsorgungspartnern im Rahmen einer Vertragsergänzung, Verpackungsmaterialien mit einem positiven Marktwert in Eigenregie der stofflichen Verwertung zuzuführen.

4. Stützung der Mehrwegquote (Dosengroschen)

22 1994 war der Mehrweganteil bei Getränken auf 72,65 % zurückgegangen. Der Rückgang betrug gegenüber dem Vorjahr zwar insgesamt nur knapp 1 Prozentpunkt, jedoch wurde darin die Tendenz erkennbar, dass die 72-%-Quote der Verpackungsverordnung, bei deren Unterschreiten die angedrohten Pfandpflichten des Handels greifen, künftig ernsthaft in Gefahr geraten konnte. Um dieser Gefahr zu begegnen, einigten sich Getränkeindustrie und Handel auf ein Sofortmaßnahmenprogramm, das im Kern eine gemeinschaftliche „Anhebung der Abgabepreise auf Getränkedosen an den Verbraucher in Höhe von 10 Pfennig" darstellte.

Das Bundeskartellamt sah darin eine vom Hersteller bis zum Vertreiber reichende Preisabsprache und drohte mit Schreiben vom 28.11.1995, bei einer Praktizierung der geplanten Absprache gegen die verantwortlichen Personen und Unternehmen unverzüglich ein Ordnungswidrigkeitenverfahren einzuleiten. Die betroffenen Unternehmen der Getränkeindustrie und des Handels nahmen daraufhin von dem beabsichtigten Vorhaben Abstand.

5. „Mitbenutzung" Grüner Punkt

Der Zeichennutzungsvertrag des Dualen Systems sieht vor, dass jede angemeldete und in Verkehr gebrachte Verkaufsverpackung mit dem „Grünen Punkt" gekennzeichnet sein und ein entsprechendes Lizenzentgelt dafür gezahlt werden muss (vgl. Flanderka/Sieberger, WiVerw 2004, S. 205 [211]). Mit ihrer Entscheidung vom 20.4.2001 (ABl. EG L 166, S. 1) bestimmte die Europäische Kommission zwei Ausnahmen von der an sich vertraglich vorgesehenen Zahlungsverpflichtung: 23

– Lizenznehmer einer im Ausland ansässigen „Grüner Punkt"-Partnerorganisation, die die Marke „Der Grüne Punkt" auch auf ihren in Deutschland vertriebenen identischen Verpackungen aufbringen, ohne aber hier am Dualen System teilzunehmen, müssen für die in Deutschland in Verkehr gebrachten Verpackungen kein Entgelt an die Duales System Deutschland GmbH entrichten, wenn auf der Verpackung ein Hinweis aufgebracht wird, dass die Kennzeichnung mit der Marke „Der Grüne Punkt" nicht für den deutschen Markt gilt und die Verpflichtungen aus der Verpackungsverordnung nachweislich in anderer Weise als durch die Beteiligung am Dualen System erfüllt werden (ABl. EG L 166, S. 24).

– Lizenznehmer, welche mit einer Teilmenge ihrer Verpackungen am Dualen System teilnehmen und den „Grünen Punkt" verwenden möchten, aber einen anderen Teil der Verpackung selbst einer Verwertung zuführen bzw. sich dazu Dritter bedienen oder an einem alternativen Befreiungssystem nach § 6 Abs. 3 teilnehmen wollen, müssen für Verpackungen, für die die Verpflichtungen der Verpackungsverordnung nachweislich anderweitig erfüllt worden sind, kein Lizenzentgelt entrichten (ABl. EG L 166, S. 23 f.).

Das Duale System hat am 5.7.2001 gegen die Entscheidung der EU-Kommission Klage vor dem Europäischen Gericht in erster Instanz erhoben. Der zudem eingereichte Antrag auf Aussetzung des Vollzugs wurde mit Entscheidung des Gerichts vom 15.11.2001 zurückgewiesen. Auch im Hauptsacheverfahren hat das Gericht Erster Instanz mit Urteil vom 24.5.2007 (Rechtssache T-151/01) die Klage abgewiesen. Die Umsetzung der Kommissionsentscheidung erfolgt bislang durch eine Zusatzvereinbarung zum Zeichennutzungsvertrag (vgl. Flanderka/Sieberger, WiVerw 2004, S. 205 [213]). 24

6. Mitbenutzung von Systemeinrichtungen

Mit Entscheidung vom 17.9.2001 (ABl. EG L 319, S. 1) stellte die Europäische Kommission die zuvor von der DSD AG angemeldeten Entsorgungsverträge befristet vom Kartellverbot frei (vgl. Flanderka/Sieberger, WiVerw 2004, 205 [213]). Gleichzeitig forderte die Kommission die DSD AG auf, die Entsorgungsverträge für längstens drei Jahre im Wettbewerb zu vergeben (ABl. EG L 319, S. 20) und die Benutzung der Sammelgefäße durch Wettbewerber zuzulassen (ABl. EG L 319, S. 22). Die gegen die Entscheidung der Kommission erhobene Klage wurde vom Gericht Erster Instanz am 24.5.2007 (Rechtssache T-289/01) abgewiesen. Die Mitbenutzung der Sammelgefäße hat die DSD AG erstmals im Rahmen der zum 1.1.2004 bzw. zum 1.1.2005 ausgeschriebenen Entsorgungsverträge ermöglicht. Mit der 5. Novelle hat die Mitbenutzung auch Einzug in die Verpackungsverordnung gehalten und ist nunmehr gemäß § 6 Abs. 7 Nr. 1 Aufgabe der neu geschaffenen „Gemeinsamen Stelle". 25

7. Ausschreibung von Entsorgungsdienstleistungen

26 Gemäß Ziffer 3 Abs. 3 Nr. 2 des Anhangs I (§ 6) sind duale Systeme verpflichtet, Entsorgungsleistungen in einem Verfahren auszuschreiben, das eine Vergabe im Wettbewerb sichert. Ein bestimmtes Vergabeverfahren wird hingegen nicht vorgegeben. Da solche Systeme in der Regel privatwirtschaftliche Unternehmen sind, kommt die für öffentliche Auftraggeber maßgebliche VOL/A nicht zur Anwendung. Als Verfahrensmaßstab wurde daher das Europäische Vergaberecht, dort zum Großteil die EG-Sektorenrichtlinie, herangezogen. Einzelheiten des Vergabeverfahrens wurden in Abstimmung mit dem Bundeskartellamt entwickelt (vgl. Flanderka/Sieberger, WiVerw 2004, 205 [215]; Lotze/Pape, WuW 2003, 364). Zwischenzeitlich ist die Ausschreibung von Sammel- und Sortierleistungen gängige Praxis geworden.

8. Boykottverfahren

27 Mit Entscheidung vom 20.1.2003 verhängte das Bundeskartellamt in zwei Verfahren Bußgelder gegen die DSD AG und andere Betroffene (vgl. dazu Rinne, WiVerw 2004, 255 [257]). In einem Verfahren ging es um einen Boykottaufruf der DSD AG und weiterer Betroffener zu Lasten eines Anbieters von Selbstentsorgungsdienstleistungen. Das andere Verfahren betraf einen ähnlichen Sachverhalt zu Lasten eines Anbieters eines konkurrierenden Befreiungssystems im Sinne von § 6 Abs. 3 VerpackV. Das OLG Düsseldorf sprach alle Betroffenen mit Entscheidung vom 4.10.2004 (AZ: VI KarD 24-27/03 OWi; VI KarD 28-31/03 OWi) frei. Der BGH hat dann die entsprechenden Freisprüche des OLG Düsseldorf bestätigt und die von der Düsseldorfer Generalstaatsanwaltschaft eingelegten Rechtsbeschwerden verworfen (Beschlüsse KRB 24/05 u. 25/05 vom 18.10.2005).

9. Untersagungsverfahren gegen die DSD AG

28 Das Duale System wurde von Beginn an von kartellrechtlichen Problemen begleitet, so dass schon frühzeitig das Gespräch zum Bundeskartellamt gesucht wurde. Als Ergebnis der damaligen Verhandlungen teilte das Bundeskartellamt mit Datum vom 27.8.1991 mit, dass es die Geschäftstätigkeit der DSD AG bis auf Weiteres dulden wolle. Diese Einschätzung änderte das Bundeskartellamt im Jahr 2002 und kündigte an, dass es die Duldung entziehen und den Geschäftsbetrieb nach dem 31.12.2006 untersagen wolle. Mit Datum vom 29.10.2002 teilte das Amt dann förmlich mit, dass es gegen die DSD AG ein Untersagungsverfahren nach § 32 GWB in Verbindung mit § 1 GWB eingeleitet habe. Zur Begründung führte das Amt an, das Vertragssystem des dualen Systems führe zu einer spürbaren Beschränkung des Wettbewerbs, da es die Nachfrage nach Entsorgungsdienstleistungen durch Unternehmen bündele, die nach der Verpackungsverordnung zur Rücknahme und Verwertung von Verkaufsverpackungen verpflichtet sind. Damit unterfiele die Gesellschaft dem Anwendungsbereich des Kartellverbots nach dem Gesetz gegen Wettbewerbsbeschränkung (GWB).

29 Die DSD AG bemühte sich daraufhin, eine Lösung des Kartellkonfliktes durch ein Bündel von Maßnahmen zu erreichen. Dazu zählte das Ausscheiden der Vertreter der Entsorgungswirtschaft aus dem Aufsichtsrat im April 2003, die Duldung der Zulassung von Wettbewerbern im August 2003 sowie die Zulassung

der Mitbenutzung im Rahmen der Ausschreibung der Entsorgungsverträge. Letzte und spektakulärste Maßnahme war die Auflösung der zuvor bestehenden Unternehmensstruktur und die Veräußerung der Gesellschaft an einen amerikanischen Finanzinvestor. Das Bundeskartellamt stellte daraufhin am 31.1.2005 das bis dahin anhängige Untersagungsverfahren ein.

VI. Sonderfälle
1. Kommunale Verpackungssteuern

Auf der Basis des Art. 105 Abs. 2a GG in Verbindung mit § 7 Abs. 2 Hessisches Kommunalabgabengesetz (HessKAG) erließ die Stadt Kassel am 16.12.1991 als erste Kommune eine Satzung über die Erhebung einer Verpackungssteuer. Nach dieser Satzung wurde eine Steuer auf nicht wiederverwendbares Geschirr und nicht wiederverwendbare Verpackungen erhoben, sofern darin Speisen und Getränke zum Verzehr an Ort und Stelle verkauft wurden. 30

Die Rechtmäßigkeit der Satzung wurde vom Verwaltungsgerichtshof Hessen im Wege eines Normenkontrollverfahrens überprüft. Im Rahmen dieses Verfahrens legte der Verwaltungsgerichtshof mehrere Fragen dem Bundesverwaltungsgericht vor, das mit Beschluss vom 19.8.1995 (NVwZ 1995, 59) entschied, dass eine über die Finanzgesetzgebungskompetenz hinausgehende Sachgesetzgebungskompetenz nach den Art. 70 ff. GG zum Erlass der Satzung nicht erforderlich sei und somit die angegriffene Verpackungssteuersatzung nicht gegen die finanzverfassungsrechtlichen Vorgaben verstoße (BVerwG NVwZ 1995, 60). Entsprechend diesen Vorgaben bestätigte dann auch der Verwaltungsgerichtshof Hessen die Rechtmäßigkeit der Verpackungssteuersatzung und lehnte den Normenkontrollantrag mit Urteil vom 29.6.1995 (GewArch 1996, 233) ab. In der Folge erließen zahlreiche Kommunen inhaltlich entsprechende Verpackungssteuersatzungen. 31

Aufgrund von Verfassungsbeschwerden der in den Vorverfahren unterlegenen Beschwerdeführern entschied am 7.5.1998 der 2. Senat des Bundesverfassungsgerichts (DVBl. 1998, 705), dass ein Gesetzgeber (Satzungsgeber) aufgrund einer Steuerkompetenz nur insoweit lenkend in den Kompetenzbereich eines anderen Sachgesetzgebers übergreifen dürfe, als die Lenkung weder der Gesamtkonzeption der sachlichen Regelung noch konkreten Einzelregelungen zuwiderlaufe. Zwar sei die Verpackungssteuer eine örtliche Verbrauchssteuer i. S. von Art. 105 Abs. 2a GG, jedoch widerspreche die mit ihr erreichte abfallwirtschaftliche Lenkung dem Abfallrecht des Bundes und überschreite damit die rechtsstaatlichen Grenzen der Kompetenzausübung. Die abfallwirtschaftlichen Ziele der Vermeidung und Verwertung von Verpackungen sollten nach der Konzeption des Bundes zunächst in Kooperation bestimmt und sodann vorrangig durch die Wirtschaft in Wahrnehmung eigener Verantwortung verwirklicht werden. Dafür habe der Verordnungsgeber mit der Verpackungsverordnung von 1991 eine – thematisch eng begrenzte – ordnungsrechtliche Regelung getroffen. Das darin festgelegte Netz von Rücknahmeverpflichtungen sei Ergebnis der kooperativen Beteiligung der betroffenen Kreise. Die steuerliche Lenkung durch eine Verpackungssteuer laufe dagegen dem gesetzlichen Kooperationsprinzip zuwider und widerspreche der abfallrechtlichen Konzeption des Bundes, so dass sie verfassungswidrig sei. 32

2. Verbot von Einweggeschirr

33 Neben dem Erlass von kommunalen Verpackungssteuern versuchten verschiedene Kommunen ihre abfallpolitischen Vorstellungen auch über andere Wege durchzusetzen. So wurden beispielsweise straßenrechtliche Sondernutzungserlaubnisse zum Abhalten von Bürgerfesten o. Ä. an die Auflage geknüpft, kein Einweggeschirr zum Verzehr von Speisen an Ort und Stelle abzugeben.

34 Über eine hiergegen eingereichte Klage entschied schließlich das Bundesverwaltungsgericht mit Urteil vom 23.4.1997 (DÖV 1997, 915). Das Gericht hielt die satzungsrechtliche Ermächtigung, Sondernutzungen mit Auflagen zur Abfallvermeidung zu versehen, für einen Verstoß gegen höherrangiges Bundesrecht und damit für nichtig. Der Bund habe den Bereich der Abfallvermeidung mit dem damals geltenden Abfallgesetz und der Verpackungsverordnung abschließend geregelt.

35 Daraufhin wurde vom Bundesrat im Rahmen der Novellierung von 1998 der Anwendungsbereich der Verpackungsverordnung derart eingeschränkt, dass der Begründung des Urteils des Bundesverwaltungsgerichts der Boden entzogen worden ist. Der Bundesrat fasste insoweit folgenden Beschluss (BR-Drs. 445/98 Nr. 3):

In § 2 ist nach Abs. 2 folgender Abs. 2a einzufügen:
„(2a) Die Befugnis des Bundes, der Länder und Gemeinden, Dritte bei der Nutzung ihrer Einrichtungen oder Grundstücke sowie der Sondernutzung öffentlicher Straßen zur Vermeidung und Verwertung von Abfällen zu verpflichten, bleibt unberührt."

Da dieser Änderungsbeschluss im nachfolgenden Verfahren die Zustimmung von Bundesregierung und Bundestag fand, haben die Kommunen weiterhin die Möglichkeit, in diesen Bereichen abweichende abfallpolitische Zielvorstellungen durchzusetzen.

VII. Internationale Entwicklungen

36 Die Idee der Produktverantwortung hat insbesondere beim Recycling von Verpackungen an den nationalen Grenzen nicht Halt gemacht. Europa hat sich dafür mit der EU-Verpackungsrichtlinie einen einheitlichen Rechtsrahmen gegeben. Aber auch außerhalb Europas finden sich zunehmend Recycling-Programme, die ähnlich strukturiert sind.

1. Europa

37 Mit Erlass der Richtlinie 94/62/EG des Europäischen Parlaments und des Rates über Verpackungen und Verpackungsabfälle (ABl. EG Nr. 2 365/10) ließ die Einführung von der Wirtschaft finanzierter Sammel- und Verwertungssysteme in den meisten europäischen Mitgliedstaaten nicht lange auf sich warten. Kurz nach Deutschland folgte Frankreich (Dekret vom 1.4.1992). Dann kamen Österreich (Verpackungsverordnung vom 1.10.1993) und Belgien (Interregionales Verpackungsdekret vom 16.1.1997). Zwischenzeitlich wurden die Vorgaben der Verpackungsrichtlinie in allen (alten) 16 Mitgliedstaaten umgesetzt. Für die neuen Mitgliedstaaten gibt es zwar entsprechende Übergangsfristen, jedoch ist auch hier die Umsetzung weitestgehend eingeleitet.

In 22 der 27 Mitgliedstaaten wurden privatwirtschaftlich organisierte Recycling-Systeme eingerichtet, die zur Kennzeichnung und zur Finanzierung den „Grünen Punkt" benutzen. Dänemark und Finnland setzen dagegen vorwiegend auf ein Mehrwegsystem, das in Dänemark durch eine Verpackungssteuer ergänzt wird. Italien hat zwar ein privatwirtschaftlich getragenes Recycling-System (CONAI), nutzt aber bis dato kein Finanzierungskennzeichen wie den „Grünen Punkt". Großbritannien folgt einer wettbewerbsorientierten Lösung, so dass derzeit nahezu 20 unterschiedliche Systeme am Markt aktiv sind, die so genannte „Packaging Recovery Notes" (PRN) handeln. In den Niederlanden galt zunächst ein Abkommen zwischen Regierung und Industrie (Covenant), in dem sich die Industrie verpflichtete, gewisse Zielvorgaben zu erreichen. Dieses Abkommen ist durch Einführung einer Verpackungssteuer abgelöst worden.

In den 22 Mitgliedstaaten, in denen der „Grüne Punkt" Anwendung findet, ist die Ausgestaltung der Sammel- und Recycling-Systeme aufgrund nationaler Vorgaben recht unterschiedlich. So wird in Deutschland das Kleingewerbe in die Sammlung miteinbezogen, was sonst nicht der Fall ist. Dafür werden in anderen Ländern neben den Haushaltsverpackungen auch Transportverpackungen von den Systemen erfasst (z. B. Portugal und Österreich). Weitere Unterschiede gibt es in der Reichweite der Finanzierung. So werden in einigen Ländern über die Systeme die so genannten Vollkosten von Sammlung, Sortierung und Verwertung finanziert (Deutschland, Österreich, Luxemburg und Belgien). In anderen Ländern trägt die Industrie in der Regel nur die Kosten, die erforderlich sind, um die zur Erfüllung der Vorgaben notwendigen Recyclingmengen aus dem allgemeinen Abfallstrom heraus zu lösen (z. B. Frankreich).

Die Vergabe des „Grünen Punktes" organisiert auf europäischer Ebene die „Packaging Recovery Organisation Europe s.p.r.l." (PRO EUROPE) mit Sitz in Brüssel (http://www.pro-europe.info).

2. Außereuropäisches Ausland

Die Internationalisierung des Gedankens der Produktverantwortung am Beispiel von Verpackungen macht aber nicht an den europäischen Grenzen Halt. Vergleichbare Probleme gibt es in allen Industrienationen. Insbesondere dort, wo eine hohe Bevölkerungsdichte und begrenzte Landmassen die Erschließung weiteren Deponieraums oder die Errichtung von Verbrennungsanlagen schwierig machen, wird nachdrücklich nach Alternativen zur bisherigen Müllentsorgung gesucht. So ist es nicht überraschend, dass Japan bereits 1995 eine inhaltlich mit der von Frankreich vergleichbare Verpackungsverordnung erlassen hat, die vollumfänglich seit Juni 2000 in Kraft ist. Ähnliche Überlegungen gibt es in Singapur, Malaysia, Südkorea und Taiwan. Auch in Nord- und Südamerika sind gleichgelagerte Entwicklungen feststellbar. Insbesondere in Kanada sind solche Programme weit fortgeschritten. So gibt es in den Provinzen vielfach bereits eine Gesetzgebung, die der in Europa sehr ähnlich ist. Die von der Wirtschaft eingerichtete und in Toronto ansässige Betreiberorganisation „Corporations Supporting Recycling" (http://www.csr.org) hat sich zudem die Nutzungsrechte für den „Grünen Punkt" in Kanada und den USA gesichert.

I Einführung

Die OECD (Organisation for Economic Cooperation and Development, Paris) hat sich des Problems ebenfalls angenommen. Auf Grundlage zahlreicher Studien und internationaler Workshops hat sie entsprechende Politikempfehlungen an ihre Mitglieder herausgegeben (Economic Aspects of Extended Producer Responsibility, OECD 2004).

Aufgrund der in den letzten Jahren schon drastisch gestiegenen Rohstoffpreise und des absehbaren weiter steigenden Energie- und Rohstoffverbrauchs insbesondere in China, Indien und Lateinamerika ist davon auszugehen, dass auch aus diesem Grund international die Attraktivität der Einführung solcher Recycling-Programme stark zunimmt.

II.
Gesetzestext
Verordnung über die Vermeidung und Verwertung von Verpackungsabfällen (Verpackungsverordnung – VerpackV)[1]

vom 21.8.1998 (BGBl. I S. 2379),
zuletzt geändert durch Art. 2 V vom 2.4.2008 (BGBl. I S. 531)

Auf Grund des § 6 Abs. 1 Satz 4, des § 23 Nr. 1, 2 und 6, des § 24 Abs. 1 Nr. 2, 3 und 4 und Abs. 2 Nr. 1 und des § 57, jeweils in Verbindung mit § 59, sowie des § 7 Abs. 1 Nr. 3 und des § 12 Abs. 1 des Kreislaufwirtschafts- und Abfallgesetzes vom 27. September 1994 (BGBl. I S. 2705) verordnet die Bundesregierung nach Anhörung der beteiligten Kreise unter Berücksichtigung der Rechte des Bundestages:

ABSCHNITT I
Abfallwirtschaftliche Ziele, Anwendungsbereich und Begriffsbestimmungen

§ 1
Abfallwirtschaftliche Ziele

(1) Diese Verordnung bezweckt, die Auswirkungen von Abfällen aus Verpackungen auf die Umwelt zu vermeiden oder zu verringern. Verpackungsabfälle sind in erster Linie zu vermeiden; im Übrigen wird der Wiederverwendung von Verpackungen, der stofflichen Verwertung sowie den anderen Formen der Verwertung Vorrang vor der Beseitigung von Verpackungsabfällen eingeräumt. Um diese Ziele zu erreichen, soll die Verordnung das Marktverhalten der durch die Verordnung Verpflichteten so regeln, dass die abfallwirtschaftlichen Ziele erreicht und gleichzeitig die Marktteilnehmer vor unlauterem Wettbewerb geschützt werden.

(2) Der Anteil der in Mehrweggetränkeverpackungen sowie in ökologisch vorteilhaften Einweggetränkeverpackungen abgefüllten Getränke soll durch diese Verordnung gestärkt werden mit dem Ziel, einen Anteil von mindestens 80 vom Hundert zu erreichen. Die Bundesregierung führt die notwendigen Erhebungen über die entsprechenden Anteile durch und gibt die Ergebnisse jährlich im Bundesanzeiger bekannt. Die Bundesregierung prüft die abfallwirtschaftlichen Auswirkungen der Regelungen des § 9 spätestens bis zum 1. Januar 2010. Die Bundesregierung berichtet über das Ergebnis ihrer Prüfung gegenüber dem Bundestag und dem Bundesrat.

---

1) Mit dieser Verordnung wird die Richtlinie 94/62/EG des Europäischen Parlaments und des Rates vom 20. Dezember 1994 über Verpackungen und Verpackungsabfälle (ABl. EG Nr. L 365 S. 10) umgesetzt. Die Mitteilungspflichten der Richtlinie 83/189/EWG des Rates vom 28. März 1983 über ein Informationsverfahren auf dem Gebiet der Normen und technischen Vorschriften (ABl. EG Nr. L 109 S. 8), zuletzt geändert durch die Richtlinie 94/10/EG des Europäischen Parlaments und des Rates vom 23. März 1994 (ABl. EG Nr. L 100 S. 30), sind beachtet worden.

(3) Spätestens bis zum 31. Dezember 2008 sollen von den gesamten Verpackungsabfällen jährlich mindestens 65 Masseprozent verwertet und mindestens 55 Masseprozent stofflich verwertet werden. Dabei soll die stoffliche Verwertung der einzelnen Verpackungsmaterialien für Holz 15, für Kunststoffe 22,5, für Metalle 50 und für Glas sowie Papier und Karton 60 Masseprozent erreichen, wobei bei Kunststoffen nur Material berücksichtigt wird, das durch stoffliche Verwertung wieder zu Kunststoff wird. Die Bundesregierung führt die notwendigen Erhebungen durch und veranlasst die Information der Öffentlichkeit und der Marktteilnehmer. Verpackungsabfälle, die im Einklang mit der Verordnung (EG) Nr. 1013/2006 des Europäischen Parlaments und des Rates vom 14. Juni 2006 über die Verbringung von Abfällen (ABl. EU Nr. L 190 S. 1) in der jeweils geltenden Fassung, der Verordnung (EG) Nr. 1420/1999 des Rates und der Verordnung (EG) Nr. 1547/1999 der Kommission aus der Gemeinschaft ausgeführt werden, werden für die Erfüllung der Verpflichtungen und Zielvorgaben gemäß den Sätzen 1 und 2 nur berücksichtigt, wenn stichhaltige Beweise vorliegen, dass die Verwertung oder die stoffliche Verwertung unter Bedingungen erfolgt ist, die im Wesentlichen denen entsprechen, die in den einschlägigen Gemeinschaftsvorschriften vorgesehen sind.

§ 2
Anwendungsbereich

(1) Die Verordnung gilt für alle im Geltungsbereich des Kreislaufwirtschafts- und Abfallgesetzes in Verkehr gebrachten Verpackungen, unabhängig davon, ob sie in der Industrie, im Handel, in der Verwaltung, im Gewerbe, im Dienstleistungsbereich, in Haushaltungen oder anderswo anfallen und unabhängig von den Materialien, aus denen sie bestehen.

(2) Soweit auf Grund anderer Rechtsvorschriften besondere Anforderungen an Verpackungen oder die Entsorgung von Verpackungsabfällen oder die Beförderung von verpackten Erzeugnissen oder von Verpackungsabfällen bestehen, bleiben diese unberührt.

(3) Die Befugnis des Bundes, der Länder und Gemeinden, Dritte bei der Nutzung ihrer Einrichtungen oder Grundstücke sowie der Sondernutzung öffentlicher Straßen zur Vermeidung und Verwertung von Abfällen zu verpflichten, bleibt unberührt.

§ 3
Begriffsbestimmungen

(1) Im Sinne dieser Verordnung sind
1. Verpackungen:
   Aus beliebigen Materialien hergestellte Produkte zur Aufnahme, zum Schutz, zur Handhabung, zur Lieferung oder zur Darbietung von Waren, die vom Rohstoff bis zum Verarbeitungserzeugnis reichen können und vom Hersteller an den Vertreiber oder Endverbraucher weitergegeben werden. Die Begriffsbestimmung für „Verpackungen" wird ferner durch die in Anhang V genannten Kriterien gestützt. Die in Anhang V weiterhin aufgeführten Gegenstände sind Beispiele für die Anwendung dieser Kriterien.

2. Verkaufsverpackungen:

    Verpackungen, die als eine Verkaufseinheit angeboten werden und beim Endverbraucher anfallen. Verkaufsverpackungen im Sinne der Verordnung sind auch Verpackungen des Handels, der Gastronomie und anderer Dienstleister, die die Übergabe von Waren an den Endverbraucher ermöglichen oder unterstützen (Serviceverpackungen) sowie Einweggeschirr.

3. Umverpackungen:

    Verpackungen, die als zusätzliche Verpackungen zu Verkaufsverpackungen verwendet werden und nicht aus Gründen der Hygiene, der Haltbarkeit oder des Schutzes der Ware vor Beschädigung oder Verschmutzung für die Abgabe an den Endverbraucher erforderlich sind.

4. Transportverpackungen:

    Verpackungen, die den Transport von Waren erleichtern, die Waren auf dem Transport vor Schäden bewahren oder die aus Gründen der Sicherheit des Transports verwendet werden und beim Vertreiber anfallen.

(2) Getränkeverpackungen im Sinne dieser Verordnung sind geschlossene oder überwiegend geschlossene Verpackungen für flüssige Lebensmittel im Sinne des § 2 Abs. 2 des Lebensmittel- und Futtermittelgesetzbuches, die zum Verzehr als Getränk bestimmt sind, ausgenommen Joghurt und Kefir.

(3) Mehrwegverpackungen im Sinne dieser Verordnung sind Verpackungen, die dazu bestimmt sind, nach Gebrauch mehrfach zum gleichen Zweck wieder verwendet zu werden. Einwegverpackungen im Sinne dieser Verordnung sind Verpackungen, die keine Mehrwegverpackungen sind.

(4) Ökologisch vorteilhafte Einweggetränkeverpackungen im Sinne dieser Verordnung sind:

1. Getränkekartonverpackungen (Blockpackung, Giebelpackung, Zylinderpackung),
2. Getränke-Polyethylen-Schlauchbeutel-Verpackungen,
3. Folien-Standbodenbeutel.

(5) Verbundverpackungen im Sinne dieser Verordnung sind Verpackungen aus unterschiedlichen, von Hand nicht trennbaren Materialien, von denen keines einen Masseanteil von 95 vom Hundert überschreitet.

(6) Restentleerte Verpackungen im Sinne dieser Verordnung sind Verpackungen, deren Inhalt bestimmungsgemäß ausgeschöpft worden ist.

(7) Schadstoffhaltige Füllgüter im Sinne dieser Verordnung sind

1. Stoffe und Zubereitungen, die bei einem Vertrieb im Einzelhandel dem Selbstbedienungsverbot nach § 4 Abs. 1 der Chemikalienverbotsverordnung unterliegen würden,
2. Pflanzenschutzmittel im Sinne des § 2 Nr. 9 des Pflanzenschutzgesetzes, die nach der Gefahrstoffverordnung

    a) als sehr giftig, giftig, brandfördernd oder hoch entzündlich oder

    b) als gesundheitsschädlich und mit dem R-Satz R 40, R 62, R 63 oder R 68 gekennzeichnet sind,

3. Zubereitungen von Diphenylmethan-4,4'-diisocyanat (MDI), soweit diese als gesundheitsschädlich und mit dem R-Satz R 42 nach der Gefahrstoffverordnung zu kennzeichnen sind und in Druckgaspackungen in Verkehr gebracht werden.

(8) Hersteller im Sinne dieser Verordnung ist, wer Verpackungen, Packstoffe oder Erzeugnisse herstellt, aus denen unmittelbar Verpackungen hergestellt werden, und derjenige, der Verpackungen in den Geltungsbereich der Verordnung einführt.

(9) Vertreiber im Sinne dieser Verordnung ist, wer Verpackungen, Packstoffe oder Erzeugnisse, aus denen unmittelbar Verpackungen hergestellt werden, oder Waren in Verpackungen, gleichgültig auf welcher Handelsstufe, in Verkehr bringt. Vertreiber im Sinne dieser Verordnung ist auch der Versandhandel.

(10) Als Einzugsgebiet des Herstellers oder Vertreibers ist das Gebiet des Landes anzusehen, in dem die Waren in Verpackungen in Verkehr gebracht werden.

(11) Endverbraucher im Sinne dieser Verordnung ist derjenige, der die Waren in der an ihn gelieferten Form nicht mehr weiter veräußert. Private Endverbraucher im Sinne dieser Verordnung sind Haushaltungen und vergleichbare Anfallstellen von Verpackungen, insbesondere Gaststätten, Hotels, Kantinen, Verwaltungen, Kasernen, Krankenhäuser, Bildungseinrichtungen, karitative Einrichtungen, Freiberufler und typische Anfallstellen des Kulturbereichs wie Kinos, Opern und Museen, sowie des Freizeitbereichs wie Ferienanlagen, Freizeitparks, Sportstadien und Raststätten. Vergleichbare Anfallstellen im Sinne von Satz 2 sind außerdem landwirtschaftliche Betriebe und Handwerksbetriebe, die über haushaltsübliche Sammelgefäße für Papier, Pappe, Kartonagen und Leichtverpackungen mit nicht mehr als maximal je Stoffgruppe einem 1100-Liter-Umleerbehälter im haushaltsüblichen Abfuhrrhythmus entsorgt werden können.

(12) – *aufgehoben* –

ABSCHNITT II
Rücknahme-, Pfanderhebungs- und Verwertungspflichten

§ 4
Rücknahmepflichten für Transportverpackungen

(1) Hersteller und Vertreiber sind verpflichtet, Transportverpackungen nach Gebrauch zurückzunehmen. Im Rahmen wiederkehrender Belieferungen kann die Rücknahme auch bei einer der nächsten Anlieferungen erfolgen.

(2) Die zurückgenommenen Transportverpackungen sind einer erneuten Verwendung oder einer stofflichen Verwertung zuzuführen, soweit dies technisch möglich und wirtschaftlich zumutbar ist (§ 5 Abs. 4 des Kreislaufwirtschafts- und Abfallgesetzes), insbesondere für einen gewonnenen Stoff ein Markt vorhanden ist oder geschaffen werden kann. Bei Transportverpackungen, die unmittelbar aus nachwachsenden Rohstoffen hergestellt sind, ist die energetische Verwertung der stofflichen Verwertung gleichgestellt.

§ 5
Rücknahmepflichten für Umverpackungen

(1) Vertreiber, die Waren in Umverpackungen anbieten, sind verpflichtet, bei der Abgabe der Waren an Endverbraucher die Umverpackungen zu entfernen oder dem Endverbraucher in der Verkaufsstelle oder auf dem zur Verkaufsstelle gehörenden Gelände Gelegenheit zum Entfernen und zur unentgeltlichen Rückgabe der Umverpackung zu geben. Dies gilt nicht, wenn der Endverbraucher die Übergabe der Waren in der Umverpackung verlangt; in diesem Fall gelten die Vorschriften über die Rücknahme von Verkaufsverpackungen entsprechend.

(2) Soweit der Vertreiber die Umverpackung nicht selbst entfernt, muss er an der Kasse durch deutlich erkennbare und lesbare Schrifttafeln darauf hinweisen, dass der Endverbraucher in der Verkaufsstelle oder auf dem zur Verkaufsstelle gehörenden Gelände die Möglichkeit hat, die Umverpackungen von der erworbenen Ware zu entfernen und zurückzulassen.

(3) Der Vertreiber ist verpflichtet, in der Verkaufsstelle oder auf dem zur Verkaufsstelle gehörenden Gelände geeignete Sammelgefäße zur Aufnahme der Umverpackungen für den Endverbraucher gut sichtbar und gut zugänglich bereitzustellen. Dabei ist eine Getrennthaltung einzelner Wertstoffgruppen sicherzustellen, soweit dies ohne Kennzeichnung möglich ist. Der Vertreiber ist verpflichtet, Umverpackungen einer erneuten Verwendung oder einer stofflichen Verwertung zuzuführen. § 4 Abs. 2 gilt entsprechend.

§ 6
Pflicht zur Gewährleistung der flächendeckenden Rücknahme von Verkaufsverpackungen, die beim privaten Endverbraucher anfallen

(1) Hersteller und Vertreiber, die mit Ware befüllte Verkaufsverpackungen, die typischerweise beim privaten Endverbraucher anfallen, erstmals in den Verkehr bringen, haben sich zur Gewährleistung der flächendeckenden Rücknahme dieser Verkaufsverpackungen an einem oder mehreren Systemen nach Absatz 3 zu beteiligen. Abweichend von Satz 1 können Vertreiber, die mit Ware befüllte Serviceverkaufsverpackungen im Sinne von § 3 Abs. 1 Nr. 2 Satz 2, die typischerweise beim privaten Endverbraucher anfallen, erstmals in den Verkehr bringen, von den Herstellern oder Vertreibern oder Vorvertreibern dieser Serviceverpackungen verlangen, dass sich letztere hinsichtlich der von ihnen gelieferten Serviceverpackungen an einem oder mehreren Systemen nach Absatz 3 beteiligen. Verkaufsverpackungen nach Satz 1 dürfen an private Endverbraucher nur abgegeben werden, wenn sich die Hersteller und Vertreiber mit diesen Verpackungen an einem System nach Absatz 3 beteiligen. Zum Schutz gleicher Wettbewerbsbedingungen für die nach Satz 1 Verpflichteten und zum Ersatz ihrer Kosten können die Systeme nach Absatz 3 auch denjenigen Herstellern und Vertreibern, die sich an keinem System beteiligen, die Kosten für die Sammlung, Sortierung, Verwertung oder Beseitigung der von diesen Personen in Verkehr gebrachten und vom System entsorgten Verpackungen in Rechnung stellen. Soweit ein Vertreiber nachweislich die von ihm in Verkehr gebrachten und an private Endverbraucher abgegebenen Verkaufsverpackungen am Ort der Abgabe zurückgenommen und auf eigene Kosten einer Verwertung entsprechend den Anforderungen nach Anhang I Nr. 1 zugeführt hat, können die für die Beteiligung an einem System

nach Absatz 3 geleisteten Entgelte zurückverlangt werden. Satz 5 gilt entsprechend für Verkaufsverpackungen, die von einem anderen Vertreiber in Verkehr gebracht wurden, wenn es sich um Verpackungen derselben Art, Form und Größe und solcher Waren handelt, die der Vertreiber in seinem Sortiment führt. Der Nachweis nach Satz 5 hat entsprechend den Anforderungen nach Anhang I Nr. 4 Satz 1 bis 4 und 8 zu erfolgen.

(2) Die Pflicht nach Absatz 1 entfällt, soweit Hersteller und Vertreiber bei Anfallstellen, die nach § 3 Abs. 11 Satz 2 und 3 den privaten Haushaltungen gleichgestellt sind, selbst die von ihnen bei diesen Anfallstellen in den Verkehr gebrachten Verpackungen entsprechend Absatz 8 Satz 1 zurücknehmen und einer Verwertung zuführen und der Hersteller oder Vertreiber oder der von ihnen hierfür beauftragte Dritte durch Bescheinigung eines unabhängigen Sachverständigen nachweist, dass sie

1. im jeweiligen Land geeignete, branchenbezogene Erfassungsstrukturen eingerichtet haben, die die regelmäßige kostenlose Rückgabe entsprechend Absatz 8 Satz 1 bei allen von den Herstellern und Vertreibern mit Verpackungen belieferten Anfallstellen nach § 3 Abs. 11 Satz 2 und 3 unter Berücksichtigung bestehender entsprechender branchenbezogener Erfassungsstrukturen für Verkaufsverpackungen nach § 7 Abs. 1 gewährleisten,

2. die Verwertung der Verkaufsverpackungen entsprechend den Anforderungen des Anhangs I Nr. 1 und 4 gewährleisten, ohne dabei Verkaufsverpackungen anderer als der innerhalb der jeweiligen Branche von den jeweils teilnehmenden Herstellern und Vertreibern vertriebenen Verpackungen oder Transport- und Umverpackungen in den Mengenstromnachweis einzubeziehen.

Die Bescheinigung ist mindestens einen Monat vor Beginn der Rücknahme der zuständigen obersten Landesbehörde oder der von ihr bestimmten Behörde vorzulegen. Der Beginn der Rücknahme ist schriftlich anzuzeigen. Abweichend von den Sätzen 2 und 3 haben Hersteller, Vertreiber oder die von ihnen beauftragten Dritten, die am 1. Januar 2009 eine Selbstentsorgung unter Einhaltung der in Satz 1 genannten Anforderungen durchführen, die Bescheinigung innerhalb von 30 Kalendertagen nach dem 1. Januar 2009 der zuständigen Behörde zuzuleiten. Absatz 5 Satz 3 und Anhang I Nr. 1, 2 Abs. 4 und Nr. 4 gelten entsprechend.

(3) Ein System hat flächendeckend im Einzugsgebiet des verpflichteten Vertreibers unentgeltlich die regelmäßige Abholung gebrauchter, restentleerter Verkaufsverpackungen beim privaten Endverbraucher oder in dessen Nähe in ausreichender Weise zu gewährleisten und die in Anhang I genannten Anforderungen zu erfüllen. Ein System (Systembetreiber, Antragsteller) nach Satz 1 hat die in seinem Sammelsystem erfassten Verpackungen einer Verwertung entsprechend den Anforderungen nach Anhang I Nr. 1 zuzuführen und die Anforderungen nach Anhang I Nr. 2 und 3 zu erfüllen. Mehrere Systeme können bei der Einrichtung und dem Betrieb ihrer Systeme zusammenwirken.

(4) Ein System nach Absatz 3 ist abzustimmen auf vorhandene Sammelsysteme der öffentlich-rechtlichen Entsorgungsträger, in deren Bereich es eingerichtet wird. Die Abstimmung ist Voraussetzung für die Feststellung nach Absatz 5 Satz 1. Die Abstimmung hat schriftlich zu erfolgen. Die Belange der öffentlich-rechtlichen Entsorgungsträger sind dabei besonders zu berücksichtigen. Die

öffentlich-rechtlichen Entsorgungsträger können die Übernahme oder Mitbenutzung der Einrichtungen, die für die Sammlung von Materialien der im Anhang I genannten Art erforderlich sind, gegen ein angemessenes Entgelt verlangen. Systembetreiber können von den öffentlich-rechtlichen Entsorgungsträgern verlangen, ihnen die Mitbenutzung dieser Einrichtungen gegen ein angemessenes Entgelt zu gestatten. Die öffentlich-rechtlichen Entsorgungsträger können im Rahmen der Abstimmung verlangen, dass stoffgleiche Nicht-Verpackungsabfälle gegen ein angemessenes Entgelt erfasst werden. Systembetreiber sind verpflichtet, sich anteilig an den Kosten der öffentlich-rechtlichen Entsorgungsträger zu beteiligen, die durch Abfallberatung für ihr jeweiliges System und durch die Errichtung, Bereitstellung, Unterhaltung sowie Sauberhaltung von Flächen entstehen, auf denen Sammelgroßbehältnisse aufgestellt werden. Die Abstimmung darf der Vergabe von Entsorgungsdienstleistungen im Wettbewerb nicht entgegenstehen. Ein System kann sich der Abstimmung unterwerfen, die im Gebiet eines öffentlich-rechtlichen Entsorgungsträgers bereits gilt, ohne dass der Entsorgungsträger eine neue Abstimmung verlangen kann. Bei jeder wesentlichen Änderung der Rahmenbedingungen für den Betrieb des Systems im Gebiet des öffentlich-rechtlichen Entsorgungsträgers kann dieser eine angemessene Anpassung der Abstimmung nach Satz 1 verlangen.

(5) Die für die Abfallwirtschaft zuständige oberste Landesbehörde oder die von ihr bestimmte Behörde stellt auf Antrag des Systembetreibers fest, dass ein System nach Absatz 3 flächendeckend eingerichtet ist. Die Feststellung nach Satz 1 kann nachträglich mit Nebenbestimmungen versehen werden, die erforderlich sind, um die beim Erlass der Feststellung vorliegenden Voraussetzungen auch während des Betriebs des Systems dauerhaft sicherzustellen. Die für die Abfallwirtschaft zuständige oberste Landesbehörde oder die von ihr bestimmte Behörde kann bei der Feststellung nach Satz 1 oder nachträglich verlangen, dass der Systembetreiber eine angemessene, insolvenzsichere Sicherheit für den Fall leistet, dass der oder die von ihm Beauftragten die Pflichten nach dieser Verordnung ganz oder teilweise nicht erfüllen und die öffentlich-rechtlichen Entsorgungsträger oder die zuständigen Behörden Kostenerstattung wegen Ersatzvornahme verlangen können. Die Feststellung ist öffentlich bekannt zu geben und vom Zeitpunkt der öffentlichen Bekanntgabe an wirksam.

(6) Die zuständige Behörde kann ihre Feststellung nach Absatz 5 Satz 1 ganz oder teilweise widerrufen, wenn sie feststellt, dass die in Absatz 3 genannten Anforderungen nicht eingehalten werden. Sie gibt den Widerruf öffentlich bekannt. Der Widerruf ist auf Verpackungen bestimmter Materialien zu beschränken, wenn nur diese die Verwertungsquoten nach Anhang I nicht erreichen. Die zuständige Behörde kann ihre Feststellung nach Absatz 5 Satz 1 ferner widerrufen, wenn sie feststellt, dass der Betrieb des Systems eingestellt ist.

(7) Die Systeme haben sich an einer Gemeinsamen Stelle zu beteiligen. Die Gemeinsame Stelle hat insbesondere die folgenden Aufgaben:
1. Ermittlung der anteilig zuzuordnenden Verpackungsmengen mehrerer Systeme im Gebiet eines öffentlich-rechtlichen Entsorgungsträgers,
2. Aufteilung der abgestimmten Nebenentgelte,
3. wettbewerbsneutrale Koordination der Ausschreibungen.

Die Feststellung nach Absatz 5 wird unwirksam, wenn ein System sich nicht innerhalb von drei Monaten nach der Feststellung an der Gemeinsamen Stelle beteiligt. Die Gemeinsame Stelle muss gewährleisten, dass sie für alle Systeme zu gleichen Bedingungen zugänglich ist und die Vorschriften zum Schutz personenbezogener Daten sowie von Betriebs- und Geschäftsgeheimnissen eingehalten werden. Bei Entscheidungen, die die öffentlich-rechtlichen Entsorgungsträger betreffen, hört die Gemeinsame Stelle die Kommunalen Spitzenverbände an.

(8) Falls kein System nach Absatz 3 eingerichtet ist, sind alle Letztvertreiber verpflichtet, vom privaten Endverbraucher gebrauchte, restentleerte Verkaufsverpackungen am Ort der tatsächlichen Übergabe oder in dessen unmittelbarer Nähe unentgeltlich zurückzunehmen und einer Verwertung entsprechend den Anforderungen nach Anhang I Nr. 1 zuzuführen sowie die Anforderungen nach Anhang I Nr. 4 zu erfüllen. Die Anforderungen an die Verwertung können auch durch eine erneute Verwendung oder Weitergabe an Vorvertreiber oder Hersteller erfüllt werden. Der Letztvertreiber muss den privaten Endverbraucher durch deutlich erkennbare und lesbare Schrifttafeln auf die Rückgabemöglichkeit nach Satz 1 hinweisen. Die Verpflichtung nach Satz 1 beschränkt sich auf Verpackungen der Art, Form und Größe sowie solcher Waren, die der Vertreiber in seinem Sortiment führt. Für Vertreiber mit einer Verkaufsfläche von weniger als 200 Quadratmetern beschränkt sich die Rücknahmeverpflichtung auf die Verpackungen der Marken, die der Vertreiber in Verkehr bringt. Hersteller und Vorvertreiber von Verpackungen nach Absatz 1 Satz 1 sind im Fall des Satzes 2 verpflichtet, die nach Satz 1 zurückgenommenen Verpackungen am Ort der tatsächlichen Übergabe unentgeltlich zurückzunehmen und einer Verwertung entsprechend den Anforderungen nach Anhang I Nr. 1 zuzuführen sowie die Anforderungen nach Anhang I Nr. 4 zu erfüllen. Es können abweichende Vereinbarungen über den Ort der Rückgabe und die Kostenregelung getroffen werden. Die Anforderungen an die Verwertung können auch durch eine erneute Verwendung erfüllt werden. Die Sätze 4 und 5 gelten entsprechend.

(9) Die Absätze 1 bis 8 gelten nicht für Verkaufsverpackungen schadstoffhaltiger Füllgüter im Sinne von § 8 und pfandpflichtige Einweggetränkeverpackungen im Sinne von § 9. Anhang I Nummer 3 Abs. 1 bleibt unberührt.

(10) Diese Vorschrift gilt nicht für Mehrwegverpackungen.

§ 7
Rücknahmepflichten für Verkaufsverpackungen, die nicht beim privaten Endverbraucher anfallen

(1) Letztvertreiber von Verkaufsverpackungen, die nicht beim privaten Endverbraucher anfallen, sind verpflichtet, vom Endverbraucher gebrauchte, restentleerte Verkaufsverpackungen am Ort der tatsächlichen Übergabe oder in dessen unmittelbarer Nähe unentgeltlich zurückzunehmen und einer Verwertung zuzuführen. § 4 Abs. 2 gilt entsprechend. Die Verpflichtung nach Satz 1 beschränkt sich auf Verpackungen der Art, Form und Größe sowie solcher Waren, die der Vertreiber in seinem Sortiment führt. Es können abweichende Vereinbarungen über den Ort der Rückgabe und die Kostenregelung getroffen werden.

(2) Hersteller und Vorvertreiber von Verpackungen nach Absatz 1 Satz 1 sind verpflichtet, die nach Absatz 1 zurückgenommenen Verpackungen am Ort der tatsächlichen Übergabe unentgeltlich zurückzunehmen und einer Verwertung zuzuführen. Absatz 1 Satz 2 bis 4 gilt entsprechend.

(3) Hersteller und Vertreiber nach den Absätzen 1 und 2 können bei der Erfüllung ihrer Pflichten nach dieser Verordnung zusammenwirken.

§ 8
Rücknahmepflichten für Verkaufsverpackungen schadstoffhaltiger Füllgüter

(1) Hersteller und Vertreiber von Verkaufsverpackungen schadstoffhaltiger Füllgüter sind verpflichtet, durch geeignete Maßnahmen dafür zu sorgen, dass gebrauchte, restentleerte Verpackungen vom Endverbraucher in zumutbarer Entfernung unentgeltlich zurückgegeben werden können. Sie müssen den Endverbraucher durch deutlich erkennbare und lesbare Schrifttafeln in der Verkaufsstelle und im Versandhandel durch andere geeignete Maßnahmen auf die Rückgabemöglichkeit hinweisen. Soweit Verkaufsverpackungen nicht bei privaten Endverbrauchern anfallen, können abweichende Vereinbarungen über den Ort der Rückgabe und die Kostenregelung getroffen werden.

(2) Die zurückgenommenen Verpackungen sind einer erneuten Verwendung oder einer Verwertung, Verpackungen gemäß § 3 Abs. 7 Nr. 3 einer stofflichen Verwertung zuzuführen, soweit dies technisch möglich und wirtschaftlich zumutbar ist.

(3) Hersteller und Vertreiber von Verkaufsverpackungen schadstoffhaltiger Füllgüter sind verpflichtet, die Anforderungen nach Anhang I Nr. 4 Satz 1 bis 5 entsprechend zu erfüllen. Die Dokumentation ist der für den Vollzug des Abfallrechts zuständigen Behörde, auf deren Gebiet der Hersteller oder Vertreiber ansässig ist, auf Verlangen vorzulegen. Anhang I Nr. 4 Satz 13 und 14 gilt entsprechend.

§ 9[1])
Pfanderhebungs- und Rücknahmepflicht für Einweggetränkeverpackungen

(1) Vertreiber, die Getränke in Einweggetränkeverpackungen mit einem Füllvolumen von 0,1 Liter bis 3 Liter in Verkehr bringen, sind verpflichtet, von ihrem Abnehmer ein Pfand in Höhe von mindestens 0,25 Euro einschließlich Umsatzsteuer je Verpackung zu erheben. Satz 1 gilt nicht für Verpackungen, die nicht im Geltungsbereich der Verordnung an Endverbraucher abgegeben werden. Das Pfand ist von jedem weiteren Vertreiber auf allen Handelsstufen bis zur Abgabe an den Endverbraucher zu erheben. Vertreiber haben Getränke in Einweggetränkeverpackungen, die nach Satz 1 der Pfandpflicht unterliegen, vor dem Inver-

---
1) **Anm. d. Verlages:**
Gemäß Art. 2 G vom 2.4.2008 (BGBl. I S. 531) wird § 9 Abs. 2 Nr. 3 mit Wirkung zum 1.4.2009 wie folgt gefasst: „3. Erfrischungsgetränke mit oder ohne Kohlensäure (insbesondere Limonaden einschließlich Cola-Getränke, Brausen, Bittergetränke und Eistee). Keine Erfrischungsgetränke im Sinne von Satz 1 sind Fruchtsäfte, Fruchtnektare, Gemüsesäfte, Gemüsenektare, Getränke mit einem Mindestanteil von 50 Prozent an Milch oder an Erzeugnissen, die aus Milch gewonnen werden, und Mischungen dieser Getränke sowie diätetische Getränke im Sinne des § 1 Abs. 2 Buchstabe c der Diätverordnung, die ausschließlich für Säuglinge oder Kleinkinder angeboten werden,".

kehrbringen deutlich lesbar und an gut sichtbarer Stelle als pfandpflichtig zu kennzeichnen und sich an einem bundesweit tätigen Pfandsystem zu beteiligen, das Systemteilnehmern die Abwicklung von Pfanderstattungsansprüchen untereinander ermöglicht. Das Pfand ist bei Rücknahme der Verpackungen zu erstatten. Ohne eine Rücknahme der Verpackungen darf das Pfand nicht erstattet werden. Hinsichtlich der Rücknahme gilt §6 Abs. 8 entsprechend. Bei Verpackungen, die nach Satz 1 der Pfandpflicht unterliegen, gilt an Stelle des §6 Abs. 8 Satz 4, dass sich die Rücknahmepflicht nach §6 Abs. 8 Satz 1 auf Verpackungen der jeweiligen Materialarten Glas, Metalle, Papier/Pappe/Karton oder Kunststoff einschließlich sämtlicher Verbundverpackungen mit diesen Hauptmaterialien beschränkt, die der Vertreiber in Verkehr bringt. Beim Verkauf aus Automaten hat der Vertreiber die Rücknahme und Pfanderstattung durch geeignete Rückgabemöglichkeiten in zumutbarer Entfernung zu den Verkaufsautomaten zu gewährleisten. Die zurückgenommenen Einweggetränkeverpackungen im Sinne von Satz 1 sind vorrangig einer stofflichen Verwertung zuzuführen.

(2) Absatz 1 findet nur Anwendung auf nicht ökologisch vorteilhafte Einweggetränkeverpackungen im Sinne von §3 Abs. 4, die folgende Getränke enthalten:

1. Bier (einschließlich alkoholfreies Bier) und Biermischgetränke,

2. Mineral-, Quell-, Tafel- und Heilwässer und alle übrigen trinkbaren Wässer,

3. Erfrischungsgetränke mit oder ohne Kohlensäure (insbesondere Limonaden einschließlich Cola-Getränke, Brausen, Bittergetränke und Eistee). Keine Erfrischungsgetränke im Sinne von Satz 1 sind Fruchtsäfte, Fruchtnektare, Gemüsesäfte, Gemüsenektare, Getränke mit einem Mindestanteil von 50 Prozent an Milch oder an Erzeugnissen, die aus Milch gewonnen werden, diätetische Getränke im Sinne des §1 Abs. 1 der Diätverordnung, ausgenommen solche für intensive Muskelanstrengungen, vor allem für Sportler, im Sinne von Anlage 8 Nr. 7 der Diätverordnung, und Mischungen dieser Getränke,

4. alkoholhaltige Mischgetränke, die

    a) hergestellt wurden unter Verwendung von

        aa) Erzeugnissen, die nach §130 Abs. 1 des Gesetzes über das Branntweinmonopol der Branntweinsteuer unterliegen, oder

        bb) Fermentationsalkohol aus Bier, Wein oder weinähnlichen Erzeugnissen, auch in weiterverarbeiteter Form, der einer technischen Behandlung unterzogen wurde, die nicht mehr der guten Herstellungspraxis entspricht, und einen Alkoholgehalt von weniger als 15 Volumenprozent aufweisen, oder

    b) weniger als 50 Prozent Wein oder weinähnliche Erzeugnisse, auch in weiterverarbeiteter Form, enthalten.

(3) Hersteller und Vertreiber von ökologisch vorteilhaften Einweggetränkeverpackungen sowie von Einweggetränkeverpackungen, die nach Absatz 2 keiner Pfandpflicht unterliegen, sind verpflichtet, sich an einem System nach §6 Abs. 3 zu beteiligen, soweit es sich um Verpackungen handelt, die beim privaten Endverbraucher anfallen.

§ 10
Vollständigkeitserklärung für Verkaufsverpackungen, die in den Verkehr gebracht werden

(1) Wer Verkaufsverpackungen nach § 6 in Verkehr bringt, ist verpflichtet, jährlich bis zum 1. Mai eines Kalenderjahres für sämtliche von ihm mit Ware befüllten Verkaufsverpackungen, die er im vorangegangenen Kalenderjahr erstmals in den Verkehr gebracht hat, eine Vollständigkeitserklärung, die von einem Wirtschaftsprüfer, einem Steuerberater, einem vereidigten Buchprüfer oder einem unabhängigen Sachverständigen nach Anhang I Nr. 2 Abs. 4 geprüft wurde, abzugeben und nach Absatz 5 zu hinterlegen.

(2) Die Vollständigkeitserklärung hat Angaben zu enthalten
1. zu Materialart und Masse der im vorangegangenen Kalenderjahr in Verkehr gebrachten Verkaufsverpackungen nach den §§ 6 und 7, jeweils gesondert zu den in Anhang I Nr. 1 Abs. 2 genannten Materialarten,
2. zur Beteiligung an Systemen nach § 6 Abs. 3 für die Verkaufsverpackungen, die dazu bestimmt waren, bei privaten Endverbrauchern anzufallen,
3. zu Materialart und Masse der im vorangegangenen Kalenderjahr nach § 6 Abs. 2 in Verkehr gebrachten Verkaufsverpackungen einschließlich des Namens desjenigen, der den Nachweis nach Anhang I Nr. 4 hinterlegt,
4. zur Erfüllung der Verwertungsanforderungen nach § 7.

(3) Vertreiber, die mit Ware befüllte Serviceverkaufsverpackungen im Sinne von § 3 Abs. 1 Nr. 2 Satz 2, die typischerweise beim privaten Endverbraucher anfallen, erstmals in den Verkehr bringen, können von den Herstellern oder Vertreibern oder Vorvertreibern dieser Serviceverpackungen verlangen, dass letztere die Verpflichtung nach Absatz 1 Satz 1 übernehmen, soweit sie sich hinsichtlich der von ihnen gelieferten Serviceverpackungen an einem oder mehreren Systemen nach § 6 Abs. 3 beteiligen.

(4) Hersteller und Vertreiber, die Verkaufsverpackungen nach § 6 der Materialarten Glas von mehr als 80 000 Kilogramm oder Papier, Pappe, Karton von mehr als 50 000 Kilogramm oder der übrigen in Anhang I Nr. 1 Abs. 2 genannten Materialarten von mehr als 30 000 Kilogramm im Kalenderjahr in Verkehr bringen, haben jährlich eine Vollständigkeitserklärung nach Absatz 1 abzugeben. Unterhalb der Mengenschwellen nach Satz 1 sind Vollständigkeitserklärungen nur auf Verlangen der Behörden abzugeben, die für die Überwachung der Abfallwirtschaft zuständig sind.

(5) Hersteller und Vertreiber haben die Vollständigkeitserklärungen bei der örtlich zuständigen Industrie- und Handelskammer in elektronischer Form für drei Jahre gemäß den Anforderungen von Anhang VI zu hinterlegen. Die Prüfbescheinigung nach Absatz 1 Satz 1 der Wirtschaftsprüfer, Steuerberater, vereidigten Buchprüfer oder unabhängigen Sachverständigen nach Anhang I Nr. 2 Abs. 4 ist mit qualifizierter elektronischer Signatur gemäß § 2 des Signaturgesetzes zu versehen. Die Industrie- und Handelskammern betreiben die Hinterlegungsstellen in Selbstverwaltung. Sie informieren die Öffentlichkeit laufend im Internet darüber, wer eine Vollständigkeitserklärung abgegeben hat. Sie haben jeder Behörde, die für die Überwachung der abfallwirtschaftlichen Vorschriften

zuständig ist, Einsicht in die hinterlegten Vollständigkeitserklärungen zu gewähren. Sie bedienen sich zur Erfüllung ihrer Pflichten nach diesem Absatz der Stelle, die nach § 32 Abs. 2 des Umweltauditgesetzes in der Fassung der Bekanntmachung vom 4. September 2002 (BGBl. I S. 3490), zuletzt geändert durch Artikel 8 Abs. 1 des Gesetzes vom 4. Dezember 2004 (BGBl. I S. 3166), benannt ist.

(6) Die Systeme (Systembetreiber, Antragsteller) nach § 6 Abs. 3 sind verpflichtet, die Informationen nach Absatz 2 Nr. 2 über eine Beteiligung an ihrem System für das vorangegangene Kalenderjahr bei der in Absatz 5 Satz 6 genannten Stelle jährlich bis zum 1. Mai eines Kalenderjahres zu hinterlegen. Absatz 5 Satz 5 gilt entsprechend.

(7) Die Systeme nach § 6 Abs. 3 erstatten der Stelle nach Absatz 5 Satz 6 die erforderlichen Kosten und Auslagen für die Hinterlegungen nach den Absätzen 5 und 6 sowie die Einrichtung und den Betrieb der Hinterlegungsstelle. Die Stelle nach Absatz 5 Satz 6 ermittelt die Kostenanteile für die einzelnen Systeme nach § 6 Abs. 3 entsprechend dem Verhältnis der Anzahl der von ihnen nach Absatz 6 jeweils übermittelten Systembeteiligungen. Die Systeme nach § 6 Abs. 3 haften insoweit gesamtschuldnerisch.

§ 11
Beauftragung Dritter

Hersteller und Vertreiber können sich zur Erfüllung ihrer Pflichten aus dieser Verordnung Dritter bedienen. Die Rücknahme von Verpackungen und die Erstattung von Pfandbeträgen kann auch über Automaten erfolgen. § 16 Abs. 1 Satz 2 und 3 des Kreislaufwirtschafts- und Abfallgesetzes gilt entsprechend.

ABSCHNITT III
Herstellen, Inverkehrbringen und Kennzeichnen von Verpackungen

§ 12
Allgemeine Anforderungen

Verpackungen sind so herzustellen und zu vertreiben, dass

1. Verpackungsvolumen und -masse auf das Mindestmaß begrenzt werden, das zur Erhaltung der erforderlichen Sicherheit und Hygiene des verpackten Produkts und zu dessen Akzeptanz für den Verbraucher angemessen ist;
2. ihre Wiederverwendung oder Verwertung möglich ist und die Umweltauswirkungen bei der Verwertung oder Beseitigung von Verpackungsabfällen auf ein Mindestmaß beschränkt sind;
3. schädliche und gefährliche Stoffe und Materialien bei der Beseitigung von Verpackungen oder Verpackungsbestandteilen in Emissionen, Asche oder Sickerwasser auf ein Mindestmaß beschränkt sind.

§ 13
Konzentration von Schwermetallen

(1) Verpackungen oder Verpackungsbestandteile dürfen nur in Verkehr gebracht werden, wenn die Konzentration von Blei, Cadmium, Quecksilber und Chrom VI kumulativ 100 Milligramm je Kilogramm nicht überschreitet.

(2) Absatz 1 gilt nicht für
1. Verpackungen, die vollständig aus Bleikristallglas hergestellt sind,
2. Verpackungen in eingerichteten Systemen zur Wiederverwendung,
3. Kunststoffkästen und -paletten, die die Bedingungen des Anhangs II erfüllen.

(3) Abweichend von Absatz 1 gilt für Verpackungen aus sonstigem Glas, die die Bedingungen des Anhangs III erfüllen, ein Grenzwert von 250 Milligramm je Kilogramm.

§ 14
Kennzeichnung

Verpackungen können zur Identifizierung des Materials mit den im Anhang IV festgelegten Nummern und Abkürzungen gekennzeichnet werden. Die Verwendung anderer Nummern und Abkürzungen zur Identifizierung der gleichen Materialien ist nicht zulässig.

ABSCHNITT IV
Ordnungswidrigkeiten, Übergangs- und Schlussbestimmungen

§ 15
Ordnungswidrigkeiten

Ordnungswidrig im Sinne des § 61 Abs. 1 Nr. 5 des Kreislaufwirtschafts- und Abfallgesetzes handelt, wer vorsätzlich oder fahrlässig
1. entgegen § 4 Abs. 1 Satz 1 oder Abs. 2 Satz 1 eine Verpackung nicht oder nicht rechtzeitig zurücknimmt oder einer erneuten Verwendung oder einer stofflichen Verwertung nicht zuführt,
2. entgegen § 5 Abs. 1 Satz 1 eine Umverpackung nicht oder nicht rechtzeitig entfernt und dem Endverbraucher Gelegenheit zum Entfernen oder zur Rückgabe der Umverpackung nicht gibt,
3. entgegen § 5 Abs. 2, § 6 Abs. 8 Satz 3 oder § 8 Abs. 1 Satz 2 einen Hinweis nicht, nicht richtig oder nicht vollständig gibt,
4. entgegen § 5 Abs. 3 Satz 1 Sammelgefäße nicht oder nicht in der vorgeschriebenen Weise bereitstellt,
5. entgegen § 5 Abs. 3 Satz 3 eine Umverpackung einer erneuten Verwendung oder einer stofflichen Verwertung nicht zuführt,
6. entgegen § 6 Abs. 1 Satz 1 sich an einem dort genannten System nicht beteiligt,
7. entgegen § 6 Abs. 1 Satz 3 eine Verkaufsverpackung an Endverbraucher abgibt,

8. entgegen § 6 Abs. 2 Satz 5 in Verbindung mit Anhang I Nr. 4 Satz 2 oder 3 eine Dokumentation nicht, nicht richtig, nicht vollständig oder nicht rechtzeitig erstellt,
9. entgegen § 6 Abs. 2 Satz 5 in Verbindung mit Anhang I Nr. 4 Satz 9 eine Bescheinigung nicht, nicht richtig, nicht vollständig oder nicht rechtzeitig hinterlegt,
10. entgegen § 6 Abs. 2 Satz 5 in Verbindung mit Anhang I Nr. 4 Satz 11 eine Dokumentation nicht oder nicht rechtzeitig vorlegt,
11. entgegen § 6 Abs. 3 Satz 2 eine Verpackung einer Verwertung nicht zuführt,
12. entgegen § 6 Abs. 3 Satz 2 in Verbindung mit Anhang I Nr. 2 Abs. 1 Satz 1 nicht sicherstellt, dass Verpackungen erfasst werden,
13. entgegen § 6 Abs. 3 Satz 2 in Verbindung mit Anhang I Nr. 2 Abs. 3 Satz 3 einen Nachweis nicht, nicht richtig, nicht vollständig oder nicht rechtzeitig erbringt,
14. entgegen § 6 Abs. 3 Satz 2 in Verbindung mit Anhang I Nr. 2 Abs. 3 Satz 5 eine Bescheinigung nicht, nicht richtig, nicht vollständig oder nicht rechtzeitig hinterlegt,
15. entgegen § 6 Abs. 3 Satz 2 in Verbindung mit Anhang I Nr. 2 Abs. 3 Satz 7 einen Nachweis nicht oder nicht rechtzeitig vorlegt,
16. entgegen § 6 Abs. 3 Satz 2 in Verbindung mit Anhang I Nr. 3 Abs. 3 Satz 1 einen Nachweis nicht, nicht richtig, nicht vollständig oder nicht rechtzeitig führt,
17. entgegen § 6 Abs. 8 Satz 1 oder 6 eine Verkaufsverpackung nicht zurücknimmt oder einer Verwertung nicht zuführt,
18. entgegen § 6 Abs. 8 Satz 1 oder 6, jeweils in Verbindung mit Anhang I Nr. 4 Satz 2 oder 3, eine Dokumentation nicht, nicht richtig, nicht vollständig oder nicht rechtzeitig erstellt,
19. entgegen § 6 Abs. 8 Satz 1 oder 6, jeweils in Verbindung mit Anhang I Nr. 4 Satz 9, eine Bescheinigung nicht, nicht richtig, nicht vollständig oder nicht rechtzeitig hinterlegt,
20. entgegen § 6 Abs. 8 Satz 1 oder 6, jeweils in Verbindung mit Anhang I Nr. 4 Satz 11, eine Dokumentation nicht oder nicht rechtzeitig vorlegt,
21. entgegen § 7 Abs. 1 Satz 1 oder Abs. 2 Satz 1 eine Verkaufsverpackung nicht zurücknimmt oder einer Verwertung nicht zuführt,
22. entgegen § 8 Abs. 1 Satz 1 nicht dafür sorgt, dass Verpackungen zurückgegeben werden können,
23. entgegen § 8 Abs. 2 zurückgenommene Verpackungen einer erneuten Verwendung oder einer Verwertung nicht zuführt,
24. entgegen § 8 Abs. 3 Satz 1 in Verbindung mit Anhang I Nr. 4 Satz 2 oder 3 eine Dokumentation nicht, nicht richtig, nicht vollständig oder nicht rechtzeitig erstellt,
25. entgegen § 8 Abs. 3 Satz 2 eine Dokumentation nicht oder nicht rechtzeitig vorlegt,

26. entgegen § 9 Abs. 1 Satz 1, 3 oder 5 ein Pfand nicht erhebt oder nicht oder nicht rechtzeitig erstattet,
27. entgegen § 9 Abs. 1 Satz 4 eine Einweggetränkeverpackung nicht, nicht richtig oder nicht rechtzeitig kennzeichnet oder sich an einem bundesweiten Pfandsystem nicht beteiligt,
28. entgegen § 9 Abs. 1 Satz 6 ein Pfand ohne Rücknahme der Verpackung erstattet,
29. entgegen § 10 Abs. 1 Satz 1 eine Vollständigkeitserklärung nicht, nicht richtig, nicht vollständig oder nicht rechtzeitig abgibt oder nicht, nicht richtig, nicht vollständig, nicht in der vorgeschriebenen Weise oder nicht rechtzeitig hinterlegt,
30. entgegen § 10 Abs. 6 Satz 1 eine Information nicht, nicht richtig, nicht vollständig oder nicht rechtzeitig hinterlegt,
31. entgegen § 13 Abs. 1 Verpackungen oder Verpackungsbestandteile in Verkehr bringt oder
32. entgegen § 14 Satz 2 andere Nummern oder Abkürzungen verwendet.

§ 16
Übergangsvorschriften

(1) Verpackungen, die vor dem Inkrafttreten der Verordnung für eine Ware verwendet wurden, dürfen abweichend von den §§ 13 und 14 in Verkehr gebracht werden.

(2) Die §§ 6 und 7 finden für Kunststoffverpackungen, die aus biologisch abbaubaren Werkstoffen hergestellt sind und deren sämtliche Bestandteile gemäß einer herstellerunabhängigen Zertifizierung nach anerkannten Prüfnormen kompostierbar sind, bis zum 31. Dezember 2012 keine Anwendung. Die Hersteller und Vertreiber haben sicherzustellen, dass ein möglichst hoher Anteil der Verpackungen einer Verwertung zugeführt wird. § 9 findet für Einweggetränkeverpackungen aus Kunststoff, die die in Satz 1 genannten Voraussetzungen erfüllen und zu mindestens 75 Prozent aus nachwachsenden Rohstoffen hergestellt sind, bis zum 31. Dezember 2012 keine Anwendung, soweit sich Hersteller und Vertreiber hierfür an einem oder mehreren Systemen nach § 6 Abs. 3 beteiligen. Die Erfüllung der in Satz 3 genannten Bedingung, wonach die Einweggetränkeverpackung zu mindestens 75 Prozent aus nachwachsenden Rohstoffen hergestellt werden muss, ist durch einen unabhängigen Sachverständigen im Sinne des Anhangs I Nr. 2 Abs. 4 nachzuweisen. Im Übrigen bleibt § 9 unberührt. Im Fall des Satzes 3 und soweit Einweggetränkeverpackungen aus biologisch abbaubaren Kunststoffen nach Satz 1 nach § 9 Abs. 2 keiner Pfandpflicht unterliegen, haben sich Hersteller und Vertreiber abweichend von Satz 1 hierfür an einem System nach § 6 Abs. 3 zu beteiligen, soweit es sich um Verpackungen handelt, die beim privaten Endverbraucher anfallen.

(3) § 10 gilt mit der Maßgabe, dass die Erklärung nach § 10 Abs. 1 erstmals zum 1. Mai 2009 für die im Jahr 2008 ab dem 5. April 2008 in Verkehr gebrachten Verpackungen zu hinterlegen ist.

§ 17[1])
Inkrafttreten

– aufgehoben –

---

[1]) Die Verordnung in ihrer ursprünglichen Fassung ist am 27. August 1998 in Kraft getreten. § 8 Abs. 1 Satz 7, § 8 Abs. 2 Satz 1 Nr. 3, soweit er sich auf Erfrischungsgetränke ohne Kohlensäure bezieht, und § 8 Abs. 2 Satz 1 Nr. 4 treten am 1. Mai 2006 in Kraft.

Anhang I
(zu § 6)

1. Anforderungen an die Verwertung von Verkaufsverpackungen, die beim privaten Endverbraucher anfallen

(1) Systeme nach § 6 Abs. 3 haben hinsichtlich der Verpackungen, für die sich Hersteller oder Vertreiber an ihrem System beteiligen, die Verwertungsanforderungen der Absätze 2 bis 4 zu erfüllen.

(2) Im Jahresmittel müssen mindestens folgende Mengen an Verpackungen in Masseprozent einer stofflichen Verwertung zugeführt werden:

Material	
Glas	75 Prozent
Weißblech	70 Prozent
Aluminium	60 Prozent
Papier, Pappe, Karton	70 Prozent
Verbunde	60 Prozent.

Soweit Verbunde einem eigenen Verwertungsweg zugeführt werden, ist ein eigenständiger Nachweis der Quote nach Satz 1 zulässig. Für Verbunde, die in einem Strom eines der vorgenannten Hauptmaterialien erfasst und einer Verwertung zugeführt werden, ist die Quote nach Satz 1 durch geeignete Stichprobenerhebungen nachzuweisen. Es ist sicherzustellen, dass Verbunde mit der Hauptmaterialkomponente stofflich verwertet werden, soweit nicht die stoffliche Verwertung einer anderen Materialkomponente den Zielen der Kreislaufwirtschaft näher kommt, und im Übrigen die anderen Komponenten verwertet werden. Kunststoffverpackungen sind zu mindestens 60 Prozent einer Verwertung zuzuführen, wobei wiederum 60 Prozent dieser Verwertungsquote durch Verfahren sicherzustellen sind, bei denen stoffgleiches Neumaterial ersetzt wird oder der Kunststoff für eine weitere stoffliche Nutzung verfügbar bleibt (werkstoffliche Verfahren).

(3) Verpackungen aus Materialien, für die keine Verwertungsquoten vorgegeben sind, sind einer stofflichen Verwertung zuzuführen, soweit dies technisch möglich und wirtschaftlich zumutbar ist. Bei Verpackungen, die unmittelbar aus nachwachsenden Rohstoffen hergestellt sind, ist die energetische Verwertung der stofflichen Verwertung gleichgestellt.

(4) Die tatsächlich erfasste Menge an Verpackungen ist unbeschadet des Absatzes 2 einer Verwertung zuzuführen, soweit dies technisch möglich und wirtschaftlich zumutbar ist. Dies gilt auch im Fall der Mitbenutzung von Einrichtungen der öffentlich-rechtlichen Entsorgungsträger gemäß § 6 Abs. 4. Ansonsten sind sie nach den Grundsätzen der gemeinwohlverträglichen Abfallbeseitigung gemäß den §§ 10 und 11 des Kreislaufwirtschafts- und Abfallgesetzes zu beseitigen; dabei sind sie den öffentlich-rechtlichen Entsorgungsträgern zu überlassen, soweit sie nicht in eigenen Anlagen beseitigt werden oder soweit überwiegende öffentliche Interessen eine Überlassung erfordern.

2. Allgemeine Anforderungen an Systeme nach §6 Abs. 3

(1) Die Betreiber der Systeme nach §6 Abs. 3 haben sicherzustellen, dass Verpackungen beim privaten Endverbraucher (Holsysteme) oder in dessen Nähe durch geeignete Sammelsysteme (Bringsysteme) oder durch eine Kombination beider Systeme erfasst werden. Die Sammelsysteme müssen geeignet sein, alle am System beteiligten Verpackungen regelmäßig zu erfassen. Die Erfassung ist auf private Endverbraucher zu beschränken.

(2) Die Betreiber der Systeme nach §6 Abs. 3 haben sicherzustellen, dass
1. für die in das System aufgenommenen Verpackungen tatsächlich Verwertungskapazitäten vorhanden sind,
2. die nach Nummer 1 dieses Anhangs festgelegten Anforderungen an die Wertstoffverwertung nachgewiesen werden und
3. falls der Systembetrieb eingestellt wird, die in den Sammeleinrichtungen des Systems tatsächlich erfassten Verpackungen entsorgt werden.

(3) Jeder Betreiber von Systemen nach §6 Abs. 3 hat in überprüfbarer Form Nachweise über die erfassten und über die einer stofflichen und einer energetischen Verwertung zugeführten Mengen zu erbringen. Dabei ist in nachprüfbarer Weise darzustellen, welche Mengen in den einzelnen Ländern erfasst wurden. Der Nachweis ist jeweils zum 1. Mai des darauf folgenden Jahres auf der Grundlage der vom Antragsteller nachgewiesenen Menge an Verpackungen, die in das System eingebracht sind, aufgeschlüsselt nach Verpackungsmaterialien zu erbringen. Die Erfüllung der Erfassungs- und Verwertungsanforderungen ist durch einen unabhängigen Sachverständigen nach Absatz 4 auf der Grundlage der Nachweise zu bescheinigen. Die Bescheinigung ist vom Systembetreiber bei der nach §32 Abs. 2 des Umweltauditgesetzes benannten Stelle jeweils zum 1. Juni zu hinterlegen. Die Bescheinigung ist von dieser Stelle der für die Abfallwirtschaft zuständigen obersten Landesbehörde oder der von ihr bestimmten Behörde vorzulegen. Die dazugehörigen Nachweise gemäß Satz 1 sind der Behörde auf Verlangen vorzulegen.

(4) Unabhängiger Sachverständiger nach Absatz 3 ist
1. wessen Befähigung durch ein Mitglied des Deutschen Akkreditierungsrates in einem allgemein anerkannten Verfahren festgestellt ist,
2. ein unabhängiger Umweltgutachter gemäß §9 oder eine Umweltgutachterorganisation gemäß §10 des Umweltauditgesetzes oder
3. wer nach §36 der Gewerbeordnung öffentlich bestellt ist.

3. Beteiligung an Systemen nach §6 Abs. 3

(1) Verpackungen von Füllgütern im Sinne des §8 dürfen in Systeme nach §6 Abs. 3 grundsätzlich nicht aufgenommen werden. Der Antragsteller kann solche Verpackungen in sein System aufnehmen, wenn Hersteller oder Vertreiber durch Gutachten eines unabhängigen Sachverständigen unter Berücksichtigung des gewöhnlichen Verbraucherverhaltens die Systemverträglichkeit glaubhaft machen.

(2) Der Träger des Systems hat den beteiligten Herstellern und Vertreibern die Beteiligung am System zu bestätigen.

(3) Der Antragsteller hat jeweils zum 1. Mai eines Jahres gegenüber der Antragsbehörde Nachweis zu führen, in welchem Umfang Hersteller oder Vertreiber im Vorjahr im Geltungsbereich der Verordnung Verkaufsverpackungen in sein System eingebracht haben. Der Nachweis ist aufgeschlüsselt nach Verpackungsmaterialien durch Testat eines Wirtschaftsprüfers zu bestätigen. Als eingebracht gelten sämtliche Verpackungen, für die sich Hersteller oder Vertreiber an dem System beteiligen.

(4) Die Antragsbehörde kann auf Kosten des Antragstellers selbst oder durch eine geeignete Einrichtung die Nachweise überprüfen. Soweit durch die Aufnahme von Verpackungen in das System zu befürchten ist, dass das Wohl der Allgemeinheit, insbesondere die Gesundheit und das Wohlbefinden der Menschen beeinträchtigt wird, kann die Antragsbehörde verlangen, dass der Antragsteller die Systemverträglichkeit der entsprechenden Verpackung glaubhaft macht. Die Antragsbehörde kann die Aufnahme der Verpackung im Einzelfall untersagen, wenn die Systemverträglichkeit nicht glaubhaft gemacht wird.

4. Allgemeine Anforderungen an Verpflichtete nach § 6 Abs. 8

Hersteller und Vertreiber, die zur Rücknahme von Verpackungen gemäß § 6 Abs. 8 verpflichtet sind, haben über die Erfüllung der Rücknahme- und Verwertungsanforderungen Nachweis zu führen. Hierzu sind bis zum 1. Mai eines Jahres die im vorangegangenen Kalenderjahr in Verkehr gebrachten sowie zurückgenommenen und verwerteten Verkaufsverpackungen in nachprüfbarer Weise zu dokumentieren. Die Dokumentation ist in Masse zu erstellen, aufgeschlüsselt nach den einzelnen Verpackungsmaterialien. Mehrwegverpackungen und bepfandete Einweggetränkeverpackungen nach § 9 Abs. 1 Satz 1 dürfen in die Dokumentation nicht aufgenommen werden. Ein Zusammenwirken mehrerer Hersteller und Vertreiber ist zulässig. Jeder dieser Hersteller und Vertreiber muss die Erfüllung der Rücknahme- und Verwertungsanforderungen gemäß § 6 Abs. 8 durch die Einrichtung geeigneter Erfassungs- und Verwertungsstrukturen sicherstellen. In diesem Falle ist es ausreichend, wenn die zusammenwirkenden Hersteller und Vertreiber die Verwertungsanforderungen als Gemeinschaft insgesamt erfüllen. Die Erfüllung der Rücknahme- und Verwertungsanforderungen ist durch einen unabhängigen Sachverständigen nach Nummer 2 Abs. 4 auf der Grundlage der Dokumentation zu bescheinigen. Die Bescheinigung ist von den verpflichteten Herstellern und Vertreibern bei der nach § 32 Abs. 2 des Umweltauditgesetzes benannten Stelle jeweils bis zum 1. Juni zu hinterlegen. Die Bescheinigung ist von der in Satz 9 genannten Stelle der für die Abfallwirtschaft zuständigen obersten Landesbehörde oder der von ihr bestimmten Behörde vorzulegen. Die dazugehörige Dokumentation gemäß den Sätzen 2 und 3 ist der zuständigen Behörde auf Verlangen vorzulegen. Im Fall des Zusammenwirkens mehrerer Hersteller und Vertreiber nach Satz 5 hat die Bescheinigung sämtliche zusammenwirkende Hersteller und Vertreiber mit Namen und Sitz auszuweisen. Vertreiber mit einer Verkaufsfläche von weniger als 200 Quadratmetern, die zur Rücknahme von Verpackungen gemäß § 6 Abs. 8 verpflichtet sind, können auf die Bescheinigung der vorgelagerten Vertreiberstufe verweisen. Als Verkaufsfläche zählt bei Herstellern und Vertreibern mit mehreren Filialbetrieben die Gesamtfläche aller Betriebe.

Anhang II
(zu § 13 Abs. 2)
Festlegung der Bedingungen, unter denen der in § 13 Abs. 1 festgelegte Schwermetallgrenzwert nicht für Kunststoffkästen und -paletten gilt

Nr. 1 Anwendungsbereich

Der in § 13 Abs. 1 festgelegte Schwermetallgrenzwert gilt nicht für Kunststoffkästen und -paletten, die in geschlossenen und kontrollierten Produktkreisläufen zirkulieren und die nachfolgend genannten Bedingungen erfüllen.

Nr. 2 Begriffsbestimmungen

Für die Zwecke dieser Festlegung sind

– „bewusste Zugabe":

der beabsichtigte Einsatz eines Stoffes in der Formel einer Verpackung oder Verpackungskomponente mit dem Ziel, durch sein Vorhandensein in der Verpackung oder Verpackungskomponente ein bestimmtes Merkmal, Aussehen oder eine bestimmte Qualität zu erzielen. Nicht als „bewusste Zugabe" anzusehen ist, wenn bei der Herstellung neuer Verpackungsmaterialien Sekundärrohstoffe verwendet werden, die zum Teil Metalle enthalten können, die Konzentrationsgrenzwerten unterliegen,

– „zufällige Präsenz":

das unbeabsichtigte Vorhandensein eines Stoffes in einer Verpackung oder Verpackungskomponente,

– „geschlossene und kontrollierte Produktkreisläufe":

Kreisläufe, in denen Produkte auf Grund eines kontrollierten Vertriebs- und Mehrwegsystems zirkulieren und in denen die Sekundärrohstoffe nur aus im Kreislauf befindlichen Einheiten stammen, die Zugabe von Stoffen, die nicht aus dem Kreislauf stammen, auf das technisch geringstmögliche Maß beschränkt ist, und aus denen die Einheiten nur durch ein zu diesem Zweck zugelassenes Verfahren entnommen werden dürfen, um eine möglichst hohe Rückgabequote zu erzielen.

Nr. 3 Herstellung und Kennzeichnung

(1) Die Herstellung erfolgt in einem kontrollierten Verfahren der stofflichen Verwertung, bei dem der Sekundärrohstoff ausschließlich aus Kunststoffkästen und -paletten stammt und die Zugabe von Stoffen, die nicht aus dem Kreislauf stammen, auf das technisch geringstmögliche Maß, höchstens jedoch auf 20 Masseprozent beschränkt bleibt.

(2) Blei, Cadmium, Quecksilber und Chrom VI dürfen weder bei der Fertigung noch beim Vertrieb bewusst als Bestandteil zugegeben werden. Die zufällige Präsenz eines dieser Stoffe bleibt hiervon unberührt.

(3) Der Grenzwert darf nur überschritten werden, wenn dies auf den Einsatz von Sekundärrohstoffen zurückzuführen ist.

(4) Neue Kunststoffkästen und -paletten, die Metalle enthalten, die Konzentrationsgrenzwerten unterliegen, sind dauerhaft und sichtbar gekennzeichnet.

Nr. 4 Systemanforderungen und sonstige Entsorgung

(1) Es besteht ein Bestandserfassungs- und -kontrollsystem, das auch über die rechtliche und finanzielle Rechenschaftspflicht Aufschluss gibt, um die Einhaltung der Anforderungen der Nummern 3 und 4, einschließlich der Rückgabequote, d. h. des prozentualen Anteils an Mehrwegverpackungen, die nach Gebrauch nicht ausgesondert, sondern an ihre Hersteller, ihre Abpacker/Abfüller oder einen bevollmächtigten Vertreter zurückgegeben werden, nachzuweisen; diese Quote soll so hoch wie möglich sein und darf über die Lebensdauer der Kunststoffkästen und -paletten insgesamt gerechnet keinesfalls unter 90 vom Hundert liegen. Dieses System soll alle in den Verkehr gebrachten und aus dem Verkehr gezogenen Mehrwegverpackungen erfassen.

(2) Alle zurückgegebenen Kunststoffkästen und -paletten, die nicht wieder verwendet werden können, werden entweder einem Verfahren der stofflichen Verwertung unterzogen bei dem Kunststoffkästen und -paletten gemäß Nummer 3 hergestellt werden oder gemeinwohlverträglich beseitigt.

Nr. 5 Konformitätserklärung und Jahresbericht

(1) Der Hersteller oder sein bevollmächtigter Vertreter stellt jährlich eine schriftliche Konformitätserklärung aus, dass die nach diesem Anhang hergestellten Kunststoffkästen und -paletten die hierin beschriebenen Anforderungen erfüllen. Er erstellt ferner einen Jahresbericht, aus dem hervorgeht, wie die Bedingungen des Anhangs eingehalten wurden. Darin sind insbesondere etwaige Veränderungen am System und jeder Wechsel bei den bevollmächtigten Vertretern anzugeben.

(2) Der Hersteller oder sein bevollmächtigter Vertreter haben diese Unterlagen mindestens vier Jahre lang aufzubewahren und der zuständigen Behörde auf Verlangen vorzulegen.

(3) Ist weder der Hersteller noch sein bevollmächtigter Vertreter im Geltungsbereich der Verordnung niedergelassen, so geht die Verpflichtung zur Bereithaltung dieser Unterlagen auf denjenigen über, der das Produkt im Geltungsbereich der Verordnung in Verkehr bringt.

Anhang III
(zu § 13 Abs. 3)
Festlegung der Bedingungen, unter denen der in § 13 Abs. 1 festgelegte Schwermetallgrenzwert nicht für Glasverpackungen gilt

Nr. 1 Begriffsbestimmungen

Für die Zwecke dieser Festlegung gelten für die Begriffe „bewusste Zugabe" und „zufällige Präsenz" die Begriffsbestimmungen in Nummer 2 des Anhangs II zu § 13 Abs. 2.

Nr. 2 Herstellung

(1) Blei, Cadmium, Quecksilber und Chrom VI dürfen bei der Fertigung nicht bewusst als Bestandteil zugegeben werden.

(2) Der Grenzwert nach § 13 Abs. 1 darf nur überschritten werden, wenn dies auf den Einsatz von Sekundärrohstoffen zurückzuführen ist.

Nr. 3 Kontrolle

(1) Überschreitet die durchschnittliche Schwermetallkonzentration aus in zwölf aufeinander folgenden Monaten durchgeführten monatlichen Kontrollen der Produktion jedes einzelnen Glasofens, die repräsentativ für die normale und regelmäßige Produktionstätigkeit sind, den Grenzwert von 200 mg/kg, so hat der Hersteller oder sein bevollmächtigter Vertreter der zuständigen Behörde einen Bericht vorzulegen. Dieser Bericht muss mindestens folgende Angaben enthalten:

- Messwerte,
- Beschreibung der verwendeten Messmethode,
- mutmaßliche Quellen für die Präsenz der Schwermetallkonzentrationsgrenzwerte,
- eingehende Beschreibung der zur Verringerung der Konzentrationsgrenzwerte getroffenen Maßnahmen.

(2) Die Messergebnisse aus Produktionsstätten und die verwendeten Messmethoden sind mindestens drei Jahre lang aufzubewahren und der zuständigen Behörde auf Verlangen vorzulegen.

(3) Ist weder der Hersteller noch sein bevollmächtigter Vertreter im Geltungsbereich der Verordnung niedergelassen, so gehen die Verpflichtungen aus den Absätzen 1 und 2 auf denjenigen über, der das Produkt im Geltungsbereich der Verordnung in Verkehr bringt.

Anhang IV
(zu § 14)

1. Nummern und Abkürzungen[1] für Kunststoffe

Stoff	Abkürzung	Nummer
Polyethylenterephthalat	PET	1
Polyethylen hoher Dichte	HDPE	2
Polyvinylchlorid	PVC	3
Polyethylen niedriger Dichte	LDPE	4
Polypropylen	PP	5
Polystyrol	PS	6
		7
		8
		9
		10
		11
		12
		13
		14
		15
		16
		17
		18
		19

[1] Nur Großbuchstaben verwenden.

2. Nummern und Abkürzungen[1] für Papier und Pappe

Stoff	Abkürzung	Nummer
Wellpappe	PAP	20
Sonstige Pappe	PAP	21
Papier	PAP	22
		23
		24
		25
		26
		27
		28
		29
		30

II Verpackungsverordnung

Stoff	Abkürzung	Nummer
		31
		32
		33
		34
		35
		36
		37
		38
		39

1) Nur Großbuchstaben verwenden.

3. Nummern und Abkürzungen für Metalle

Stoff	Abkürzung	Nummer
Stahl	FE	40
Aluminium	ALU	41
		42
		43
		44
		45
		46
		47
		48
		49

4. Nummern und Abkürzungen[1] für Holzmaterialien

Stoff	Abkürzung	Nummer
Holz	FOR	50
Kork	FOR	51
		52
		53
		54
		55
		56
		57
		58
		59

1) Nur Großbuchstaben verwenden.

5. Nummern und Abkürzungen[1] für Textilien

Stoff	Abkürzung	Nummer
Baumwolle	TEX	60
Jute	TEX	61
		62
		63
		64
		65
		66
		67
		68
		69

1) Nur Großbuchstaben verwenden.

6. Nummern und Abkürzungen[1] für Glas

Stoff	Abkürzung	Nummer
Farbloses Glas	GL	70
Grünes Glas	GL	71
Braunes Glas	GL	72
		73
		74
		75
		76
		77
		78
		79

1) Nur Großbuchstaben verwenden.

7. Nummern und Abkürzungen[1] für Verbundstoffe

Stoff	Abkürzung*)	Nummer
Papier und Pappe/verschiedene Metalle		80
Papier und Pappe/Kunststoff		81
Papier und Pappe/Aluminium		82
Papier und Pappe/Weißblech		83
Papier und Pappe/Kunststoff/Aluminium		84

Stoff	Abkürzung*)	Nummer
Papier und Pappe/Kunststoff/ Aluminium/Weißblech		85
		86
		87
		88
		89
Kunststoff/Aluminium		90
Kunststoff/Weißblech		91
Kunststoff/verschiedene Metalle		92
		93
		94
Glas/Kunststoff		95
Glas/Aluminium		96
Glas/Weißblech		97
Glas/verschieden Metalle		98
		99

*) Bei Verbundstoffen C plus Abkürzung des Hauptbestandteils angegeben (C/).
1) Nur Großbuchstaben verwenden.

Anhang V
(zu § 3 Abs. 1 Nr. 1)

1. Kriterien für die Begriffsbestimmung „Verpackungen" nach § 3 Abs. 1 Nr. 1

a) Gegenstände gelten als Verpackungen, wenn sie der in § 3 Abs. 1 Nr. 1 genannten Begriffsbestimmung entsprechen, unbeschadet anderer Funktionen, die die Verpackung möglicherweise ebenfalls erfüllt, es sei denn, der Gegenstand ist integraler Teil eines Produkts, der zur Umschließung, Unterstützung oder Konservierung dieses Produkts während seiner gesamten Lebensdauer benötigt wird, und alle Komponenten sind für die gemeinsame Verwendung, den gemeinsamen Verbrauch oder die gemeinsame Entsorgung bestimmt.

b) Gegenstände, die dafür konzipiert und bestimmt sind, in der Verkaufsstelle gefüllt zu werden, und „Einwegartikel", die in gefülltem Zustand verkauft oder dafür konzipiert und bestimmt sind, in der Verkaufsstelle gefüllt zu werden, gelten als Verpackungen, sofern sie eine Verpackungsfunktion erfüllen.

c) Verpackungskomponenten und Zusatzelemente, die in eine Verpackung integriert sind, gelten als Teil der Verpackung, in die sie integriert sind. Zusatzelemente, die unmittelbar an einem Produkt hängen oder befestigt sind und eine Verpackungsfunktion erfüllen, gelten als Verpackungen, es sei denn, sie sind integraler Teil des Produkts und alle Komponenten sind für den gemeinsamen Verbrauch oder die gemeinsame Entsorgung bestimmt.

2. Beispiele für die genannten Kriterien

Beispiele für Kriterium Buchstabe a

Gegenstände, die als Verpackung gelten:
- Schachteln für Süßigkeiten
- Klarsichtfolie um CD-Hüllen

Gegenstände, die nicht als Verpackung gelten:
- Blumentöpfe, die dazu bestimmt sind, dass die Pflanze während ihrer Lebenszeit darin verbleibt
- Werkzeugkästen
- Teebeutel
- Wachsschichten um Käse
- Wursthäute

Beispiele für Kriterium Buchstabe b

Gegenstände, die als Verpackung gelten, wenn sie dafür konzipiert und bestimmt sind, in der Verkaufsstelle gefüllt zu werden:
- Tragetaschen aus Papier oder Kunststoff
- Einwegteller und -tassen
- Frischhaltefolie
- Frühstücksbeutel
- Aluminiumfolie

Gegenstände, die nicht als Verpackung gelten:
- Rührgerät
- Einwegbestecke

Beispiele für Kriterium Buchstabe c

Gegenstände, die als Verpackung gelten:
- Etiketten, die unmittelbar am Produkt hängen oder befestigt sind

Gegenstände, die als Teil der Verpackung gelten:
- Wimperntuschebürste als Bestandteil des Packungsverschlusses
- Aufkleber, die an einem anderen Verpackungsobjekt befestigt sind
- Heftklammern
- Kunststoffumhüllung
- Dosierhilfe als Bestandteil des Verpackungsverschlusses von Waschmitteln

Anhang VI
(zu § 10 Abs. 5)

1. Technische Anforderungen an die Hinterlegung

Die Hinterlegung der Daten nach § 10 Abs. 5 und 6 bei den Industrie- und Handelskammern bzw. bei der nach § 32 Abs. 2 des Umweltauditgesetzes errichteten Stelle erfolgt ausschließlich elektronisch in einer Internet-basierten Datenbank, die von der Hinterlegungsstelle eingerichtet und zur Verfügung gestellt wird. Die Prüfbescheinigung nach § 10 Abs. 1 ist mit qualifizierter elektronischer Signatur gemäß § 2 Signaturgesetz zu versehen.

2. Daten der verpflichteten Unternehmen

Die Unternehmen, die eine Vollständigkeitserklärung nach § 10 Abs. 5 Satz 1 hinterlegen, müssen dafür folgende Daten angeben:

a) Firma bzw. vollständige Unternehmensbezeichnung,
b) Anschrift und Kommunikationsdaten des Unternehmens (Telefon, Fax und E-Mail),
c) Name und Kommunikationsdaten einer verantwortlichen Person,
d) Umsatzsteuer-Identifikationsnummer (soweit eine solche nicht vorhanden ist, hilfsweise die für die Umsatzsteuererklärung maßgebliche Steuernummer).

Die Systembetreiber, die nach § 10 Abs. 6 Satz 1 Informationen über die Beteiligung an ihren Systemen hinterlegen, sind verpflichtet, sich nach Erhalt ihrer ersten Freistellung in einem Land gemäß § 6 Abs. 3 unverzüglich bei der zuständigen Stelle nach § 10 Abs. 5 Satz 6 anzumelden und die in Nummer 2 Buchstaben a bis c genannten Daten anzugeben.

3. Ausgestaltung und Vollständigkeitserklärung

Die in Nummer 2 genannten Angaben sind von den verpflichteten Unternehmen in die von den Industrie- und Handelskammern eingerichtete Datenbank einzustellen. Das nach der Eingabe aus der Datenbank generierte Dokument ist durch eine gemäß § 10 Abs. 1 berechtigte Person zu bestätigen.

III.
5. Novelle Verpackungsverordnung – Übersicht über die wesentlichen Änderungen

§ 1 Abfallwirtschaftliche Ziele
- neu eingefügt in Abs. 1 S. 3: „UWG-Klausel"

§ 2 Anwendungsbereich
- keine Änderung

§ 3 Begriffsbestimmungen
- Abs. 2: Begriffsbestimmung „Getränkeverpackungen" redaktionell an neues Lebensmittel- und Futtergesetzbuch angepasst
- Abs. 4: Einfügung des Begriffs „Zylinderpackung" bei Getränkekartonverpackungen
- Abs. 6: „restentleert" redaktionell von Abs. 12 a.F. verschoben
- Abs. 11: „privater Endverbraucher" in Satz 2 „vergleichbare Anfallstellen" Freizeitbereich aus Anhang I eingefügt; in Satz 3 Klarstellung, dass Behälterbegrenzung nur für landwirtschaftliche Betriebe und Handwerksbetriebe gilt, sowie Streichung des Verbots der Entsorgung von Druckereien und papierverarbeitender Betriebe

§ 4 Rücknahmepflichten für Transportverpackungen
- keine Änderung

§ 5 Rücknahmepflichten für Umverpackungen
- keine Änderung

§ 6 Pflicht zur Gewährleistung der flächendeckenden Rücknahme von Verkaufsverpackungen, die beim privaten Endverbraucher anfallen
- völlige Neufassung
- Umkehrung des bisherigen Regel-/Ausnahme-Verhältnisses
- Abs. 1 S. 1: Systembeteiligungspflicht
-         S. 2: Sonderregelungen Serviceverpackungen
-         S. 3: Verkehrsverbot bei fehlender Systembeteiligung
-         S. 4: Kostenerstattungsanspruch des Systembetreibers
-         S. 5–7: Rücknahme von Verpackungen am POS
- Abs. 2: Branchenbezogene Selbstentsorgung
- Abs. 3: Systemanforderungen; materiell keine Änderungen; neu ist ausdrückliche Erwähnung der Möglichkeit des Zusammenwirkens in Satz 3
- Abs. 4: Abstimmung mit den örE
-         S. 5 u. 6: Neuformulierung Mitbenutzung wird bei PPK relevant
-         S. 7: Miterfassung stoffgleicher Nichtverpackungen
-         S. 10: Abstimmung durch Unterwerfung
-         S. 11: Anpassung der Abstimmung bei wesentlichen Änderungen

- Abs. 5: Systemfeststellung; durch Satz 3 neu eingeführt „insolvenzsichere Sicherheit"
- Abs. 6: Widerruf der Feststellung; keine Änderungen
- Abs. 7: Gemeinsame Stelle
- Abs. 8: Rücknahme- und Verwertungspflichten bei Systemwegfall
- Abs. 9: Keine Anwendung auf Verkaufsverpackungen schadstoffhaltiger Füllgüter und pfandpflichtige Einweggetränkeverpackungen
- Abs. 10: Ausschluss von Mehrwegverpackungen

§ 7 Rücknahmepflichten für Verkaufsverpackungen, die nicht beim privaten Endverbraucher anfallen

- entspricht inhaltlich weitgehend der früheren Regelung in § 6 Abs. 1 u. 2

    Abs. 1 S. 1: unmittelbare Rücknahme- und Verwertungspflicht

    S. 2: Verwertungsanforderungen wie bei Transportverpackungen, keine Quotenpflicht

    S. 3: Einschränkung der Rücknahme- und Verwertungspflicht auf Art, Form und Größe...

    S. 4: Möglichkeit abweichender vertraglicher Regelungen

    Abs. 2: Erstreckung auf Hersteller und Vorvertreiber

    Abs. 3: Möglichkeit der Bildung von Selbstentsorgergemeinschaften

§ 8 Rücknahmepflichten für Verkaufsverpackungen schadstoffhaltiger Füllgüter

- materiell keine Änderung im Vergleich zu § 7 a. F.

§ 9 Pfanderhebungs- und Rücknahmepflicht für Einweggetränkeverpackungen

- Neuregelung weitgehend identisch mit § 8 a. F.
- Abs. 1 S. 1: Pfanderhebungspflicht; keine Änderung

    S. 2: Begrenzung auf Inlandsabsatz; keine Änderung

    S. 3: Mehrphasenpfand; keine Änderung

    S. 4: Kennzeichnungspflicht und Pflicht zur Beteiligung an Pfandclearing (neu)

    S. 5: Pfanderstattung; identisch mit S. 4 a. F.

    S. 6: Rücknahmepflicht; identisch mit S. 5 a. F.

    S. 7: entsprechende Geltung von § 6 Abs. 8 für Durchführung der Rücknahme

    S. 8: Materialspezifische Einschränkung der Rücknahmepflicht; lediglich redaktionelle Anpassung auf Neuregelung in § 6

    S. 9: Verkaufsautomaten; entspricht S. 6 a. F.

    S. 10: Vorrang der stofflichen Verwertung; Entfall der Bezugnahme auf Anhang I; kein MSN für Einwegpfand

- Abs. 2 S. 1   Nr. 1:   keine Änderung (Bier)

    Nr. 2:   Ergänzung um „alle trinkbaren Wässer"

    Nr. 3:   durch sprachliche Neufassung Einbeziehung von „Sportdrinks" und diätetischen Getränken mit Ausnahme von Babynahrung

    Nr. 4:   lediglich sprachliche Neufassung ohne inhaltliche Änderung (alkoholhaltige Mischgetränke)

- Abs. 3:   Neuregelung des Entfallens der Pfandpflicht bei Systembeteiligung; Systembeteiligungspflicht für alle Verpackungen, die beim privaten Endverbraucher anfallen

§ 10 Vollständigkeitserklärung für Verkaufsverpackungen, die in den Verkehr gebracht werden

- Abs. 1:   Allgemeine Abgabe- und Hinterlegungspflicht
- Abs. 2:   Inhalt der Vollständigkeitserklärung

    Nr. 1:   Angaben zu Materialart und Masse

    Nr. 2:   Angaben zur Beteiligung an dualen Systemen

    Nr. 3:   Angaben zu branchenbezogener Selbstentsorgung

    Nr. 4:   Angaben zu Verkaufsverpackungen aus Gewerbe und Industrie

- Abs. 3:   Pflichtenübernahme durch Vorvertreiber bei Serviceverpackungen
- Abs. 4:   Mengenschwellen
- Abs. 5:   Hinterlegung bei den IHK
- Abs. 6:   Komplementärmeldepflicht dualer Systeme
- Abs. 7:   Kostenerstattungspflicht dualer Systeme

§ 11 Beauftragung Dritter

- S. 1:   lediglich sprachlich klarer gefasst, aber keine materielle Änderung
- S. 2:   keine Änderung (Automatenklausel)
- S. 3:   neu ist ausdrückliche Bezugnahme auf § 16 Abs. 1 S. 2 u. 3 KrW-/AbfG; keine Pflichtenbefreiung, erforderliche Zuverlässigkeit

§ 12 Allgemeine Anforderungen

- keine Änderung

§ 13 Konzentration von Schwermetallen

- lediglich redaktionelle Korrekturen

§ 14 Kennzeichnung

- keine Änderung

§ 15 Ordnungswidrigkeiten
- inhaltliche Anpassung der Ordnungswidrigkeitentatbestände an Novelle
- Nr. 6: Verstoß gegen Systembeteiligungspflicht
- Nr. 7: Verstoß gegen Verkehrsverbot
- Nr. 8: Verstoß gegen Dokumentationspflicht (MSN) bei Branchenlösung
- Nr. 9: Verstoß gegen Vorlagepflicht der Bescheinigung beim DIHK bei Branchenlösung
- Nr. 10: Verstoß gegen Vorlagepflicht der Dokumentation gegenüber Ländern bei Branchenlösung
- Nr. 29: Verstoß gegen Pflicht zur Abgabe der Vollständigkeitserklärung
- Nr. 30: Verstoß gegen Komplementärmeldepflicht dualer Systeme

§ 16 Übergangsvorschriften
- Abs. 1: keine Änderung (Ausnahmen für Altverpackungen)
- Abs. 2 S. 1 u. 2: lediglich redaktionelle Anpassung (Befreiung von den Systembeteiligungs- und Rücknahmepflichten für Kunststoffverpackungen aus BAW)
    - S. 3 u. 4: neu eingefügt Privilegierung von Kunststoffgetränkeverpackungen aus BAW
    - S. 5 u. 6: neu eingefügt ergänzende Geltung der Pfanderhebungs- und Rücknahmepflichten sowie der Systembeteiligungspflicht
- Abs. 3: erstmalige Hinterlegung der Vollständigkeitserklärung

Anhang I (zu § 6)

wegen Systemwechsel grundlegende strukturelle Umkehrung; insgesamt aber kaum materielle Änderungen; Wegfall der Kennzeichnungspflicht (Nr. 4 Abs. 2 a. F.)

1. Anforderungen an die Verwertung von Verkaufsverpackungen, die beim privaten Endverbraucher anfallen
- Abs. 1: Genereller Umfang der Anforderungen; richtet sich wegen Systemwechsel an Systeme nach § 6 Abs. 3
- Abs. 2: Vorgaben für die Verwertung (Quoten); keine materielle Änderung
- Abs. 3: Nichtquotierte Materialien und Verpackungen aus nachwachsenden Rohstoffen; keine materielle Änderung
- Abs. 4: Weitergehende Verwertungs- und Andienungspflichten; keine materielle Änderung

2. Allgemeine Anforderungen an Systeme nach § 6 Abs. 3
- Bislang in Nr. 3 a. F. geregelt
- Abs. 1: Systemausgestaltung; nur sprachlich angepasst
- Abs. 2: Obliegenheiten der Systembetreiber; Streichung von Obliegenheitsanforderungen (z. B. Ausschreibungspflicht)

- Abs. 3: Erfassungs- und Verwertungsnachweis; keine materiellen Änderungen (Abs. 4 a. F.)
- Abs. 4: Bestellung und Zertifizierung von Sachverständigen; identisch mit Nr. 2 Abs. 2 a. F.

3. Beteiligung an Systemen nach § 6 Abs. 3
- Abs. 1: Verpackungen schadstoffhaltiger Füllgüter; keine Änderung im Vergleich zu Nr. 4 Abs. 1 a. F.
- Abs. 2: Bestätigung der Systembeteiligung; identisch mit Nr. 4 Abs. 2 S. 1 a. F.; Streichung Kennzeichnungspflicht (Nr. 4 Abs. 2 S. 2 a. F.)
- Abs. 3: Nachweis des Umfangs der Systembeteiligung; identisch mit Nr. 4 Abs. 3 a. F.
- Abs. 4: Überprüfung durch die Antragsbehörde; identisch mit Nr. 4 Abs. 4 a. F.

4. Allgemeine Anforderungen an Verpflichtete nach § 6 Abs. 8
- S. 1: Allgemeine Nachweispflicht; entspricht weitestgehend Nr. 2 Abs. 1 S. 1 a. F.
- S. 2–4: Dokumentationspflicht; entspricht Regelung in Nr. 2 Abs. 1 a. F.
- S. 5–13: Zusammenwirken von Herstellern und Vertreibern, Sachverständigenbescheinigung; entspricht Regelung in Nr. 2 Abs. 1 a. F.

Anhang II (zu § 13 Abs. 2) Festlegung der Bedingungen, unter denen der in § 13 Abs. 1 festgelegte Schwermetallgrenzwert nicht für Kunststoffkästen und -paletten gilt

- keine materielle Änderung

Anhang III (zu § 13 Abs. 3) Festlegung der Bedingungen, unter denen der in § 13 Abs. 1 festgelegte Schwermetallgrenzwert nicht für Glasverpackungen gilt

- keine materielle Änderung

Anhang IV (zu § 14)

- Nummern und Abkürzungen; keine Änderung

Anhang V (zu § 3 Abs. 1 Nr. 1)

- Kriterien und Beispiele für die Begriffsbestimmung „Verpackungen"; keine Änderung

Anhang VI (zu § 10 Abs. 5)

- Hinterlegungsanforderungen für Vollständigkeitserklärung neu angefügt

IV.
Kommentierung

ABSCHNITT I
Abfallwirtschaftliche Ziele, Anwendungsbereich und Begriffsbestimmungen

§ 1
Abfallwirtschaftliche Ziele

(1) Diese Verordnung bezweckt, die Auswirkungen von Abfällen aus Verpackungen auf die Umwelt zu vermeiden oder zu verringern. Verpackungsabfälle sind in erster Linie zu vermeiden; im Übrigen wird der Wiederverwendung von Verpackungen, der stofflichen Verwertung sowie den anderen Formen der Verwertung Vorrang vor der Beseitigung von Verpackungsabfällen eingeräumt. Um diese Ziele zu erreichen, soll die Verordnung das Marktverhalten der durch die Verordnung Verpflichteten so regeln, dass die abfallwirtschaftlichen Ziele erreicht und gleichzeitig die Marktteilnehmer vor unlauterem Wettbewerb geschützt werden.

(2) Der Anteil der in Mehrweggetränkeverpackungen sowie in ökologisch vorteilhaften Einweggetränkeverpackungen abgefüllten Getränke soll durch diese Verordnung gestärkt werden mit dem Ziel, einen Anteil von mindestens 80 vom Hundert zu erreichen. Die Bundesregierung führt die notwendigen Erhebungen über die entsprechenden Anteile durch und gibt die Ergebnisse jährlich im Bundesanzeiger bekannt. Die Bundesregierung prüft die abfallwirtschaftlichen Auswirkungen der Regelungen des § 9 spätestens bis zum 1. Januar 2010. Die Bundesregierung berichtet über das Ergebnis ihrer Prüfung gegenüber dem Bundestag und dem Bundesrat.

(3) Spätestens bis zum 31. Dezember 2008 sollen von den gesamten Verpackungsabfällen jährlich mindestens 65 Masseprozent verwertet und mindestens 55 Masseprozent stofflich verwertet werden. Dabei soll die stoffliche Verwertung der einzelnen Verpackungsmaterialien für Holz 15, für Kunststoffe 22,5, für Metalle 50 und für Glas sowie Papier und Karton 60 Masseprozent erreichen, wobei bei Kunststoffen nur Material berücksichtigt wird, das durch stoffliche Verwertung wieder zu Kunststoff wird. Die Bundesregierung führt die notwendigen Erhebungen durch und veranlasst die Information der Öffentlichkeit und der Marktteilnehmer. Verpackungsabfälle, die im Einklang mit der Verordnung (EG) Nr. 1013/2006 des Europäischen Parlaments und des Rates vom 14. Juni 2006 über die Verbringung von Abfällen (ABl. EU Nr. L 190 S. 1) in der jeweils geltenden Fassung, der Verordnung (EG) Nr. 1420/1999 des Rates und der Verordnung (EG) Nr. 1547/1999 der Kommission aus der Gemeinschaft ausgeführt werden, werden für die Erfüllung der Verpflichtungen und Zielvorgaben gemäß den Sätzen 1 und 2 nur berücksichtigt, wenn stichhaltige Beweise vorliegen, dass die Verwertung oder die stoffliche Verwertung unter Bedingungen erfolgt ist, die im Wesentlichen denen entsprechen, die in den einschlägigen Gemeinschaftsvorschriften vorgesehen sind.

Gliederungsübersicht

RN

I. Vorbemerkung	1
II. Erläuterungen	2–29
1. Allgemeine Funktion von Zielsetzungen in Rechtsnormen	2
2. Rekursiver Steuerungsansatz der Verpackungsverordnung	3–7
3. Inhalt der abfallwirtschaftlichen Zielvorgaben (Abs. 1 Satz 1)	8–22
a) Vermeidung bzw. Verringerung von Umweltauswirkungen	8
b) Qualitative Zielvorgaben	9–22
aa) Vermeidung von Verpackungsabfall	11
bb) Wiederverwendung von Verpackungen	12
cc) Stoffliche Verwertung	13–19
dd) Andere Formen der Verwertung (Energetische Verwertung)	20
ee) Abfallbeseitigung	21, 22
4. Regelung des Marktverhaltens/Schutz von unlauterem Wettbewerb	23
5. Stärkung von Mehrweggetränkeverpackungen und ökologisch vorteilhaften Einweggetränkeverpackungen (Abs. 2)	24–27
6. Quantitative Zielvorgaben (Abs. 3)	28, 29

I. Vorbemerkung

1 Zur Harmonisierung der Verpackungsverordnung mit der EG-Verpackungsrichtlinie vom 20.12.1994 hat der Verordnungsgeber mit der ersten Novellierung der Verordnung (1998) in § 1 Abs. 1 die in Art. 1 Abs. 2 der EG-Verpackungsrichtlinie festgelegten Ziele zum Schutz der Umwelt übernommen. Die Rangfolge der Ziele Abfallvermeidung, -verringerung, -verwertung bzw. -beseitigung stimmt zudem mit den in § 4 Abs. 1 des KrW-/AbfG festgelegten Grundsätzen der Kreislaufwirtschaft überein. Mit der dritten Änderungsnovelle (2005) wurde in Abs. 2 eine Zielquote für Mehrweggetränkeverpackungen aufgenommen. Im Zuge der vierten Änderungsnovelle (2006) wurde Abs. 3 eingefügt. Danach sind bis zum 31. Dezember jährlich mindestens 65 Masseprozent aller Verkaufsverpackungen zu verwerten und mindestens 55 Masseprozent aller Verkaufsverpackungen stofflich zu verwerten. Im Weiteren folgen Verwertungsquoten für die einzelnen Materialfraktionen. Der eingefügte Absatz 3 dient der Umsetzung der in 2005 novellierten EG-Verpackungsrichtlinie und der dortigen Verwertungsanforderungen. Mit der fünften Novelle ist nun in Abs. 1 Satz 3 erstmals ausdrücklich eine wettbewerbsrechtliche Zielsetzung in die Verpackungsverordnung aufgenommen worden. Die Verordnung soll nunmehr auch dass Marktverhalten regeln sowie vor unlauterem Wettbewerb schützen.

II. Erläuterungen

1. Allgemeine Funktion von Zielsetzungen in Rechtsnormen

2 Mit § 1 Abs. 1 hat der Gesetzgeber seine verpackungswirtschaftlichen Ziele als Rechtsnorm formuliert. Zur Rechtsnorm erhobene Zielsetzungen sind für viele Umweltvorschriften kennzeichnend. Beispielhaft sei auf § 1 Atomgesetz, § 1 Bundes-Immissionsschutzgesetz, § 1 Bundesnaturschutzgesetz und § 1 Chemikalien-

gesetz hingewiesen. Sie sind verbindlicher Ausdruck der Leitvorstellungen des Normgebers und stehen so als Rechtsvorschrift von ihrem Geltungsanspruch her über dem einer bloßen Präambel (a. A. Rummler/Schutt, S. 77). Regelmäßig enthalten Zielsetzungen keine selbständig vollzugsfähige Regelung. Ihre Bindungswirkung entfalten sie erst im Zusammenhang mit anderen Bestimmungen (vgl. Hoppe/Beckmann, Umweltrecht, S. 77). Sie haben die Aufgabe, den Grundgedanken einer Vorschrift zu verdeutlichen und dabei Auslegungshilfen für den Vollzug der nachfolgenden Einzelbestimmungen zu geben (vgl. Kloepfer/Messerschmidt, Innere Harmonisierung des Umweltrechts, S. 57 ff.). Diese Wirkung auf die Anwendung einzelner Vorschriften kann über eine ausdrückliche Bezugnahme erfolgen, wie sie z. B. für das Gentechnikrecht kennzeichnend ist. Häufiger spielen Zielvorgaben eine Rolle bei der Konkretisierung unbestimmter Rechtsbegriffe auf der Tatbestandsseite und der Ausübung von Einzelfallermessen auf der Rechtsfolgenseite (vgl. zu Letzterem insbesondere BVerfGE 49, 89, (147)). Folgerichtig sind die Vorschriften der Verpackungsverordnung stets im Sinne der Zielvorgaben des § 1 Abs. 1 auszulegen.

2. Rekursiver Steuerungsansatz der Verpackungsverordnung

Die Verpackungsverordnung enthält keine unmittelbar durchsetzbaren Bestimmungen zur Verwirklichung ihres in § 1 Abs. 1 Satz 1 verankerten Zwecks, der Vermeidung bzw. Verminderung der Umweltauswirkungen von Verpackungsabfällen. Der Verordnungsgeber versucht, dieses Ziel vielmehr über eine indirekte Wirkung der in der Verordnung begründeten Verpflichtungen von Verpackungsherstellern, Abfüllern und Vertreibern zur Rücknahme, erneuten Verwendung oder Verwertung außerhalb der öffentlichen Abfallbeseitigung zu erreichen. Die am Wirtschaftsverkehr Beteiligten sollen maßgeblich aus Wettbewerbs- und Wirtschaftlichkeitsgründen veranlasst werden, die anfallenden Verpackungen und ihre Auswirkungen so gering wie möglich zu halten (vgl. BR-Drs. 817/90, S. 39 ff.). 3

Mit dieser Konstruktion kam und kommt der Verpackungsverordnung Modellfunktion für eine nunmehr auch in den §§ 22–26 des KrW-/AbfG verankerte Ausrichtung der Umweltpolitik zu. Obwohl das klassische Ordnungsrecht mit seinen Geboten, Verboten, Genehmigungen und Grenzwertkonzepten für Wirtschaft und Verbraucher klare Aussagen trifft und unbestreitbare Erfolge bei der Verbesserung der Umweltqualität erzielt hat, werden diese Instrumentarien als oftmals zu schwerfällig, zu stark begründungspflichtig, unangemessen bzw. ineffektiv im Vollzug angesehen. Im Sinne eines neuen umweltpolitischen Steuerungsansatzes ist daher die ökologische Verantwortung für wirtschaftliche Produkte in das Wirtschaftssystem rückzuverlagern; der Markt soll als intelligentes Regelungssystem der Abfallwirtschaft genutzt werden. Die Funktion des Staates ist darauf beschränkt, die Produktverantwortung anzuordnen und einen ordnungspolitischen Rahmen vorzugeben, den die Privatwirtschaft mit eigenen Strukturen ausfüllen kann (vgl. Di Fabio, NVwZ 1995, 1 ff.). 4

Dieser neue rekursive Steuerungsansatz im Umweltrecht begründet letztendlich auch, warum es der Verordnungsgeber im Vertrauen auf das Regelungssystem des Marktes nur bei einer Programmfunktion des § 1 Abs. 1 belassen hat. Die von der Verpackungsverordnung angesprochenen Wirtschaftskreise müssen sich 5 jedoch bewusst sein, dass der Verordnungsgeber die Durchsetzung der Zielvorgaben des § 1 Abs. 1 im Falle ihrer unzureichenden Erfüllung durch den Erlass von Folgevorschriften erzwingen kann. Gestützt auf das KrW-/AbfG können insbesondere folgende Bestimmungen erlassen werden:

6 – Festlegung, dass bestimmte Verpackungen nur in bestimmter Beschaffenheit oder für bestimmte Verwendungen, bei denen eine ordnungsgemäße Verwertung oder Beseitigung der anfallenden Abfälle gewährleistet ist, in Verkehr gebracht werden dürfen (§ 23 Nr. 1 KrW-/AbfG);
– Festlegung, dass bestimmte Verpackungen überhaupt nicht in Verkehr gebracht werden dürfen, wenn bei ihrer Entsorgung die Freisetzung schädlicher Stoffe nicht oder nur mit unverhältnismäßig hohem Aufwand verhindert werden könnte oder die umweltverträgliche Entsorgung nicht auf andere Weise sichergestellt werden kann (§ 23 Nr. 2 KrW-/AbfG);
– Festlegung, dass bestimmte Verpackungen nur in bestimmter, die Abfallentsorgung spürbar entlastender Weise, insbesondere in einer die mehrfache Verwendung oder die Verwertung erleichternden Form in Verkehr gebracht werden dürfen (§ 23 Nr. 3 KrW-/AbfG);
– Einführung von Kennzeichnungspflichten (§ 23 Nr. 4–7 KrW-/AbfG);
– Festlegung, dass die Besitzer von Verpackungsabfällen diese dem zur Rücknahme, Verwertung und Beseitigung verpflichteten Hersteller oder Vertreiber zu überlassen haben (§ 24 Abs. 2 Nr. 2 KrW-/AbfG).

7 Mit dem in § 13 aufgenommenen Maximalwert für eine Konzentration von Schwermetallen in Verpackungen hat der Verordnungsgeber im Zuge der Novellierung von 1998 teilweise von dieser Kompetenz Gebrauch gemacht. Der Grund hierfür lag in der Notwendigkeit der Umsetzung des Art. 11 der EG-Verpackungsrichtlinie.

3. Inhalt der abfallwirtschaftlichen Zielvorgaben (Abs. 1 Satz 1)

a) Vermeidung bzw. Verringerung von Umweltauswirkungen

8 Obwohl in der Ausgangsfassung der Verpackungsverordnung von Juni 1991 nicht explizit angeführt, war ihr eigentliches Ziel unbestritten darin zu sehen, die von Verpackungsabfällen ausgehenden Beeinträchtigungen der Umwelt zu vermeiden, jedenfalls aber zu minimieren. Bereits mit der Novellierung 1998 ist diese Zielsetzung ausdrücklich in § 1 Abs. 1 der Verordnung aufgenommen worden: Entsprechend Art. 1 Abs. 1 Satz 1 der EG-Verpackungsrichtlinie soll die Verpackungsverordnung bezwecken, die Auswirkungen von Abfällen aus Verpackungen auf die Umwelt zu vermeiden bzw. zu verringern.

b) Qualitative Zielvorgaben

9 Zur Erreichung der in § 1 Abs. 1 Satz 1 beschriebenen Zielsetzung bedarf es naturgemäß einer Pflichtenvorgabe durch den Verordnungsgeber. In concreto begründet werden diese der Privatwirtschaft auferlegten Handlungspflichten in den §§ 4 ff. der Verordnung. Vorwegnehmend wird jedoch in § 1 Abs. 1 Satz 2 und 3 definiert, welche zur Erreichung des Hauptzwecks notwendigen qualitativen Ziele mit den Einzelmaßnahmen umgesetzt werden sollen. Zugleich werden

diese Vorgaben in eine Hierarchie eingestellt: Priorität hat die Vermeidung von Verpackungsabfall. Nachgeordnet sind die Wiederverwendung von Verpackungen, die stoffliche Verwertung und die anderen Formen der Verwertung; diese wiederum haben sämtlich Vorrang vor der Beseitigung von Verpackungsabfällen.

Der Verordnungsgeber hat diese Rangfolge, die mit den in § 4 Abs. 1 des KrW-/AbfG festgelegten Grundsätzen der Kreislaufwirtschaft übereinstimmt, aus Art. 1 Abs. 2 der EG-Verpackungsrichtlinie entnommen. Die EG-Verpackungsrichtlinie geht allerdings in ihren Erwägungsgründen davon aus, dass die stoffliche Verwertung hinsichtlich der Umweltauswirkungen anderen Formen der Verwertung vorzuziehen ist. Demgegenüber räumt § 6 des KrW-/AbfG der umweltverträglicheren Verwertung den Vorrang ein. Insoweit kommt jedoch auch nach Auffassung des Verordnungsgebers der stofflichen Verwertung von Verpackungen grundsätzlich eine vorteilhafte Bewertung zu. Diese Auffassung spiegelt sich insbesondere in § 1 Abs. 3 Satz 1 wieder, demzufolge künftig von den gesamten Verpackungsabfällen zwar 65 Masseprozent verwertet, 55 Masseprozent der Gesamtmenge (= ca. 85 % der zu verwertenden Menge) aber stofflich verwertet werden sollen. 10

aa) Vermeidung von Verpackungsabfall

Im Rahmen der Maßnahmenhierarchie des § 1 Abs. 1 hat die Vermeidung von Verpackungsabfall Priorität. Die Verpackungsverordnung selbst enthält keine Definition des Begriffs „Vermeidung", anders jedoch die EG-Verpackungsrichtlinie. Gemäß Art. 3 Ziffer 4 der Richtlinie ist „Vermeidung die Verringerung der Menge und der Umweltschädlichkeit 11

– der in Verpackungen und Verpackungsabfällen enthaltenen Materialien und Stoffe,
– der Verpackungen und Verpackungsabfälle auf der Ebene des Herstellungsverfahrens, des In-Verkehr-Bringens, des Vertriebs, der Verwendung und der Beseitigung,

insbesondere durch die Entwicklung umweltverträglicher Produkte und Technologien". Die Auswirkungen von Verpackungsabfällen auf die Umwelt sollen hiernach während des gesamten Lebenszyklus einer Verpackung minimiert werden. In der Verpackungsverordnung spiegelt sich dieser gesamthafte Ansatz insbesondere in § 12 wider.

bb) Wiederverwendung von Verpackungen

(Nachrangige) Zielvorgaben der Verordnung sind die Wiederverwendung von Verpackungen, die stoffliche Verwertung und die anderen Formen der Verwertung von Verpackungsabfällen. Allein auf den Wortlaut des § 1 Abs. 1 Satz 2 abstellend, könnte auf eine vom Verordnungsgeber angenommene Gleichwertigkeit von Wiederverwendung und Verwertung gefolgert werden. In § 1 Abs. 2 sowie in § 9 wird indes ein besonderer Schutz von Mehrwegsystemen im Getränkebereich begründet. Derart räumt der Verordnungsgeber der Wiederverwendung von Verpackungen sehr wohl einen deutlichen Vorzug ein. Gleich der „Vermeidung" wird auch die „Wiederverwendung" in der EG-Verpackungsrichtlinie 12 definiert. Gemäß Art. 3 Ziffer 5 ist Wiederverwendung „die derselben Zweckbestimmung entsprechende Wiederbefüllung oder Verwendung von Verpackungen – mit oder ohne Unterstützung von auf dem Markt vorhandenen Hilfsmitteln, die das erneute Abfüllen der Verpackung selbst ermöglichen –, deren Beschaffenheit eine Mindestzahl von Kreislaufdurchgängen während ihrer Lebensdauer gestattet".

cc) Stoffliche Verwertung

13 Gemäß der Legaldefinition des § 4 Abs. 3 des KrW-/AbfG beinhaltet die stoffliche Verwertung die Substitution von Rohstoffen durch das Gewinnen von Stoffen aus Abfällen (sekundäre Rohstoffe) oder die Nutzung der stofflichen Eigenschaften der Abfälle für den ursprünglichen Zweck oder für andere Zwecke mit Ausnahme der unmittelbaren Energierückgewinnung. Eine stoffliche Verwertung liegt vor, wenn nach einer wirtschaftlichen Betrachtungsweise, unter Berücksichtigung der im einzelnen Abfall bestehenden Verunreinigungen, Hauptzweck der Maßnahme in der Nutzung des Abfalls und nicht in der Beseitigung des Schadstoffpotenzials liegt. Inhaltlich entspricht § 4 Abs. 3 des KrW-/AbfG damit Art. 3 Ziffer 7 der EG-Verpackungsrichtlinie, der stoffliche Verwertung definiert als „die in einem Produktionsprozess erfolgende Wiederaufbereitung der Abfallmaterialien für den ursprünglichen Zweck oder für andere Zwecke einschließlich der organischen Verwertung, jedoch mit Ausnahme der energetischen Verwertung".

14 Bei der Diskussion um die stoffliche Verwertung hat von Anfang an das Recycling von Kunststoffverpackungen im Vordergrund gestanden. Insoweit wird zwischen werkstofflichen und rohstofflichen Verfahren differenziert.

15 Beim sog. werkstofflichen Recycling werden Kunststoffabfälle zerkleinert und umgeschmolzen. Drei Verfahren kommen dabei zur Anwendung: Bei der Strangextrudierung (Heißpressung) wird die Vormasse aufgeschmolzen und in weiterführenden Anlagen zu Tafeln, Bändern, Folien und Rohren verarbeitet. Bei der Umspritzung (Spritzguss) wird die pulver- oder granulatförmige Masse in einer Spritzgießmaschine plastifiziert und mit hohem Druck in das formgebende Spritzwerkzeug gespritzt. Bei der Regranulierung schließlich werden Kunststoffabfälle sortenrein getrennt, erhitzt und zu Granulat verarbeitet, aus dem wiederum neue Produkte hergestellt werden können.

16 Zu den sog. rohstofflichen Recyclingverfahren zählen die Pyrolyse, die Hydrierung, die Synthesegasgewinnung und die Hydrolyse. Bei der Pyrolyse werden Kunststoffe in einem Reaktor unter Luftabschluss gecrackt. Es entstehen gasförmige oder flüssige Kohlenwasserstoffe, die in Raffinerien weiterverarbeitet werden können. Die Hydrierung ist ein Verfahren, bei dem aus unsortierten Kunststoffabfällen jeglicher Art wieder der Ausgangsstoff Öl zurückgewonnen wird. Dabei werden die Ketten von Kohlenwasserstoffen, aus denen Kunststoffe bestehen, in einer Wasserstoffatmosphäre bei einem Druck von 300 bar und Temperaturen von rd. 470 °C „geknackt". Die aufgespaltenen Makromoleküle werden durch Wasserstoff abgesättigt und in stabile Folgeprodukte (Öl und Gas) überführt. Bei dem Prozess entsteht als Endprodukt das sog. Syncrude, ein hochwertiges, helles synthetisches Öl, das wieder zur Produktion petrochemischer Pro-

dukte eingesetzt werden kann. Bei der Synthesegaserzeugung wird der Kunststoff bei sehr hohen Temperaturen mit Luft oder Sauerstoff zu Synthesegas oxydiert. Dieses Gas eignet sich z. B. für die Herstellung von Methanol oder Ammoniak. Bei der Hydrolyse werden die dafür geeigneten Kunststoffe wie z. B. Polyethylen oder Polyamid zerkleinert, auf 300 °C erhitzt und dann zusammen mit Wasserdampf oder Alkohol in ihre Ausgangsstoffe zerlegt.

Zu den stofflichen Verwertungsverfahren gehört auch die hüttentechnische Verwendung von Altkunststoffen als Reduktionsmittel bei der Stahlerzeugung (vgl. auch Weidemann, NVwZ 1995, 635; Fluck § 4 KrW-/AbfG Rz 106, die das Reduktions-Verfahren ausdrücklich als stoffliche Verwertung anerkennen). Zur Stahlerzeugung werden oxidische Eisenerze im Hochofen zu Roheisen umgewandelt. Die Aufspaltung der Eisen-Sauerstoff-Verbindung in der Wärme wird als Reduktion bezeichnet. Als Reduktionsmittel werden Stoffe verwendet, die zum Sauerstoff eine größere Affinität haben als Eisen. Der Sauerstoff geht dabei eine Verbindung mit dem Reduktionsmittel ein und das Eisen wird frei. Als Reduktionsmittel dienen Koks, Kohle, Schweröl und andere Kohlenwasserstoffträger. Durch ein neuartiges Verfahren ist es gelungen, anstelle von Schweröl Altkunststoffe als Reduktionsmittel einzusetzen. Zerkleinerte und speziell aufbereitete Altkunststoffe werden dabei von einem Druckgefäß über eine speziell konstruierte Lanze in den bis zu 2150 °C heißen unteren Teil des Hochofens geblasen. Bei diesen Temperaturen vergast der Kunststoff schlagartig. Da die chemische Zusammensetzung von Kunststoff und Öl sehr ähnlich ist, kann bei diesen Verfahren ein Kilogramm Öl durch ein Kilogramm Altkunststoffe ersetzt werden. Bei der Wanderung des Gases durch den langen Hochofenschacht werden über 80 % des Reduktionspotenzials des aus dem Kunststoff entstandenen Gases genutzt. Am Ende des Prozesses liegt ein Gemisch aus Kohlendioxyd, Kohlenmonoxyd und Wasserdampf vor. Dieses schwach brennbare Gas, nach dem Entzug von Wasser auch Gichtgas genannt, wird innerhalb der Hütte genutzt. **17**

Für den Einsatz von Schweröl als Reduktionsmittel hatte in einem steuerrechtlichen Verfahren der Bundesfinanzhof bereits 1969 (BFH-VII R 23/66 – 25.11.1969, BFHE 97, 331 = BB 1970, 44 und DB 1970, 282) festgestellt, dass der Schweröleinsatz im Hochofen keine Verbrennung im Sinne des Mineralölsteuergesetzes darstellt, da bei der Umwandlung des Mineralöls in Reduktionsgas eine Verbrennung im eigentlichen Sinne nicht stattfindet. **18**

Aus Art. 3 Ziffer 7 der EG-Verpackungsrichtlinie geht hervor, dass die stoffliche Verwertung auch die organische Verwertung von Verpackungen umfasst. Diese wird in Art. 3 Ziffer 9 der EG-Verpackungsrichtlinie definiert als „die aerobe Behandlung (biologische Verwertung) oder die anaerobe Behandlung (Biogaserzeugung) – über Mikroorganismen und unter Kontrolle – der biologisch abbaubaren Bestandteile von Verpackungsabfällen mit Erzeugung von stabilisierten organischen Rückständen oder von Methan". Ein Unterfall der organischen und damit der stofflichen Verwertung von Verpackungen ist deren Kompostierung (vgl. auch Rummler/Schutt, S. 81). Dieser kommt in der Praxis eine nicht unerhebliche Bedeutung zu. **19**

dd) Andere Formen der Verwertung (Energetische Verwertung)

20 Die Art. 1 Abs. 2 der EG-Verpackungsrichtlinie entnommene Formulierung „andere Formen der Verwertung der Verpackungsabfälle" suggeriert, dass es außer der stofflichen Verwertung noch anderweitige Verwertungsarten gäbe. Wie das KrW-/AbfG auch, kennt die EG-Verpackungsrichtlinie jedoch letztendlich lediglich ein einziges neben der stofflichen Verwertung stehendes weiteres Verwertungsverfahren: Die energetische Verwertung. § 4 Abs. 1 Nr. 2b des KrW-/AbfG definiert die energetische Verwertung als „Nutzung von Abfällen zur Gewinnung von Energie"; nach § 4 Abs. 4 HS 1 des KrW-/AbfG beinhaltet sie den „Einsatz von Abfällen als Ersatzbrennstoff". Diese Definition ist indes nicht abschließend, denn Nr. R 9 des Anhangs II B zum KrW-/AbfG lässt neben der „Verwendung als Brennstoff" noch „andere Mittel der Energieerzeugung" als Verwertungsverfahren zu. In Betracht kommen insoweit Verfahren, in denen Energie nicht durch Verbrennung des Abfalls, also Oxydation, gewonnen wird, sondern z. B. durch Plasmaverfahren (vgl. Fluck § 4 KrW-/AbfG Rz 140). In jedem Fall abzugrenzen ist die energetische Verwertung von der thermischen Behandlung von Abfällen zur Beseitigung. Abgrenzungshilfe hierzu gibt § 4 Abs. 4 Satz 2 und 3 des KrW-/AbfG. Für die Einordnung einer Maßnahme als Verwertung oder Beseitigung ist darüber hinaus die Rechtsprechung des EuGH (Rs. C-228, 6.; C-458/00, 5) zu beachten (Anm. hierzu unter ee)).

ee) Abfallbeseitigung

21 Die Wiederverwendung von Verpackungen, die stoffliche bzw. energetische Verwertung und insbesondere die Vermeidung von Verpackungsabfällen haben Vorrang vor der Beseitigung. Unter Beseitigung ist gem. § 10 KrW-/AbfG der dauerhafte Ausschluss von der Kreislaufwirtschaft zu verstehen. Gemäß § 10 Abs. 2 des KrW-/AbfG umfasst die Abfallbeseitigung „das Bereitstellen, Überlassen, Einsammeln, die Beförderung, die Behandlung, die Lagerung und die Ablagerung von Abfällen zur Beseitigung." Durch die Behandlung von Abfällen sind deren Menge und Schädlichkeit zu vermindern. Bei der Behandlung und Ablagerung anfallende Energie oder Abfälle sind so weit wie möglich zu nutzen. Die Behandlung und Ablagerung ist auch dann als Abfallbeseitigung anzusehen, wenn dabei anfallende Energie oder Abfälle genutzt werden können und diese Nutzung nur untergeordneter Nebenzweck der Beseitigung ist. Hieraus folgt insbesondere, dass das Abgrenzungskriterium von stofflicher und energetischer Verwertung zur Beseitigung darin besteht, dass bei der Verwertung der Hauptzweck der Maßnahme in der (werkstofflichen bzw. rohstofflichen oder energetischen) Nutzung des Abfalls liegt und nicht in der Vernichtung des Schadstoffpotenzials bzw. dem Ausschleusen von schadstoffhaltigen Abfällen durch deren Einbindung in Produkte (vgl. dazu auch Versteyl/Wendenburg, NVwZ 1996, 937, 943 ff.). Diese Abgrenzung nach dem Hauptzweck der Maßnahme ergibt sich hinsichtlich der stofflichen Verwertung aus § 4 Abs. 3 Satz 2 KrW-/AbfG, hinsichtlich der energetischen Verwertung aus § 4 Abs. 4 Satz 2 KrW-/AbfG.

22 Für die Einordnung einer Maßnahme als Verwertung oder Beseitigung ist darüber hinaus die Rechtsprechung des EuGH (Rs. C-228, 6.; C-458/00, 5) zu beachten, derzufolge nicht allein auf den Hauptzweck der Maßnahme, sondern maß-

geblich auf das Verfahren sowie die Beschaffenheit des Abfalls abzustellen ist. Der EuGH nennt folgende Kriterien zur Einordnung einer Maßnahme als Verwertung:

- Der Hauptzweck der Maßnahme muss in der Verwendung des Abfalls zur Energieerzeugung liegen, beispw. durch Einsetzen des Abfalls als Brennstoff zur Energieerzeugung.
- Beim Einsatz des Abfalls muss mehr Energie erzeugt werden, als durch den Verbrennungsvorgang verbraucht wird.
- Bei dem Vorgang muss der anteilig größere Teil des Abfalls verbraucht werden und der Großteil der Energie einer Nutzung zugeführt werden.

4. Regelung des Marktverhaltens/Schutz von unlauterem Wettbewerb

Mit der 5. Novelle ist in Abs. 1 Satz 3 eine wettbewerbsrechtliche Zielsetzung aufgenommen worden. Die Verordnung soll das Marktverhalten der Verpflichteten dahingehend regeln, dass die abfallwirtschaftlichen Ziele erreicht und die Marktteilnehmer vor unlauterem Wettbewerb geschützt werden. Die Regelung wurde auf Initiative des Bundesrates in die Verpackungsverordnung aufgenommen (BR-Drs. 800/07 (Beschluss), S. 1, Nr. 1). Mit der Ergänzung, deren Formulierung sich an § 1 des Gesetzes gegen den unlauteren Wettbewerb (UWG) orientiert, wird klargestellt, dass bei Verstößen der durch die Verpackungsverordnung Verpflichteten die Bestimmungen des UWG zur Anwendung kommen. Diese Klarstellung ist zu begrüßen. Die Rechtsprechung war zur Frage der Anwendbarkeit des Wettbewerbsrechts auf die Verordnung bislang uneinheitlich. Verschiedene Gerichte kamen zu dem Ergebnis, dass den Regelungen der Verpackungsverordnung keine wettbewerbsrechtliche Schutzfunktion zukomme (OLG Köln 6 U 212/02, 11 ff.; 6 U 213/02; 11 ff.; LG Münster 24 O 154/05, 14 f.). Dagegen sollte eine Berufung auf UWG-Vorschriften nach der Rechtsprechung des BGH grundsätzlich auch auf Basis der VerpackV a. F. möglich sein. Insoweit nahm der BGH an, dass sich der Marktbezug zwar nicht aus der Zielsetzung des § 1 der Verordnung ergebe, da die Belange des Umweltschutzes grundsätzlich wettbewerbsneutral seien. Hingegen wirke die Regelung des § 6 a. F. auf das konkrete Verhalten der Hersteller und Vertreiber ein und sei daher als Marktverhaltensregelung i. S. v. § 4 Nr. 11 UWG einzuordnen (BGH I ZR 171/03, 6; I ZR 172/03, 6). Ebenso war das OLG Hamm hinsichtlich § 8 a. F. der Auffassung, dass diese Vorschrift als Marktverhaltensregelung i. S. v. § 4 Nr. 11 UWG anzusehen ist (4 U 92/06, 22).

Ziel der neuen Regelung ist es sicherzustellen, dass die Wirtschaftsbeteiligten die zivilrechtlichen Sanktionsmechanismen des UWG rechtssicherer als bisher nutzen können und hierdurch die vom Verordnungsgeber gewollte Selbstkontrolle der Wirtschaft gestärkt wird (BR-Drs. 800/07 (Beschluss), S. 1 Nr. 1). Damit ist es nun auch für die dazu eingerichteten rechtsfähigen Verbände nach § 8 Abs. 3 Nr. 2 UWG, wie etwa die Wettbewerbszentrale, leichter, entsprechende Beseitigungs- und Unterlassungsansprüche nach § 8 Abs. 1 UWG auf Verstöße gegen Vorschriften der VerpackV zu stützen. Es ist zu wünschen, dass die Wirtschaftsbeteiligten alsbald nach Inkrafttreten der 5. Novelle verstärkt von den wettbewerbsrechtlichen Instrumenten Gebrauch machen und so der bislang fehlende öffentlich-rechtliche Vollzug der Verordnung zumindest zum Teil kompensiert werden kann.

5. Stärkung von Mehrweggetränkeverpackungen und ökologisch vorteilhaften Einweggetränkeverpackungen (Abs. 2)

24 § 1 Abs. 2 enthält mit Bezug auf Getränkeverpackungen ein weiteres abfallwirtschaftliches Ziel. Insgesamt soll ein Anteil von mind. 80 % in Mehrweggetränkeverpackungen sowie in ökologisch vorteilhaften Einweggetränkeverpackungen abgefüllt werden. Damit wird die in der Produktverantwortung zum Ausdruck kommende abfallwirtschaftliche und umweltpolitische Zielsetzung des Kreislaufwirtschafts- und Abfallrechts (§ 1 KrW-/AbfG in Verbindung mit § 22 KrW-/AbfG) unterstrichen. Gleichzeitig wird bestimmt, dass die Bundesregierung die erforderlichen Erhebungen durchführt und jährlich im Bundesanzeiger bekannt macht. Die 80-%-Quote bezieht sich auf alle Getränkearten und alle auf dem Gebiet der Bundesrepublik Deutschland in Verkehr gebrachten Verpackungen.

25 Die in § 1 Abs. 2 Satz 1 mit der Novelle 2005 aufgenommene Revisionsklausel dient einer Überprüfung der Pflichtpfandregelung nach fünf Jahren auf der Grundlage längerer und damit gefestigter Erfahrungen im Hinblick auf die abfallwirtschaftliche Zielsetzung in Abs. 2 Satz 3. Damit soll die Abwägung der abfallwirtschaftlichen Vorteile des Instruments Pflichtpfand mit dem ökonomischen Aufwand der Errichtung von Rücknahme- und Pfandsystemen ermöglicht werden. Zugleich führt dies zu einer Überprüfungs- und Bewertungsmöglichkeit der Zweckdienlichkeit der Pflichtpfandregelung im Vergleich zu anderen Lenkungsinstrumenten. Die Pfandregelung soll nicht dauerhaft festgeschrieben werden, wenn sie sich abfallwirtschaftlich insgesamt nachteilig auswirkt.

26 § 1 Abs. 2 Satz 4 statuiert eine Berichtspflicht der Bundesregierung gegenüber Bundestag und Bundesrat.

27 Die fünfte Novelle hat in Abs. 2 lediglich zu einer redaktionellen Änderung geführt. In Satz 3 wurde der Verweis auf die §§ 8 und 9 a. F. durch die Bezugnahme auf den § 9 n. F., der nun die Pfandregelungen für Einweggetränkeverpackungen enthält, ersetzt.

6. Quantitative Zielvorgaben (Abs. 3)

28 Mit § 1 Abs. 3 werden die von der EG-Richtlinie vorgegebenen Mindestverwertungsziele für sämtliche Verpackungen in das deutsche Recht übernommen. Die schon bisher in Deutschland geltende Mindestverwertungsquote von 65 % für Verpackungen insgesamt (Transportverpackungen, Umverpackungen und Verkaufsverpackungen) wurde beibehalten und nicht auf die niedrigere Vorgabe der Richtlinie 2004/12/EG von 60 % gesenkt. Von diesen Quoten unberührt bleiben die Mindestverwertungsquoten für Verkaufsverpackungen in Anhang I (zu § 6). Die hiermit in unmittelbarem Zusammenhang stehende Verpflichtung für die Bundesregierung aus Art. 6 Abs. 6 der Richtlinie 2004/12/EG, die notwendigen Erhebungen durchzuführen und die Öffentlichkeit und Marktteilnehmer über die erreichten Ziele zu informieren, wurde übernommen.

29 § 1 Abs. 3 Satz 4 dient der Umsetzung von Art. 6 Abs. 2 der Richtlinie 2004/12/EG.

§ 2
Anwendungsbereich

(1) Die Verordnung gilt für alle im Geltungsbereich des Kreislaufwirtschafts- und Abfallgesetzes in Verkehr gebrachten Verpackungen, unabhängig davon, ob sie in der Industrie, im Handel, in der Verwaltung, im Gewerbe, im Dienstleistungsbereich, in Haushaltungen oder anderswo anfallen und unabhängig von den Materialien, aus denen sie bestehen.

(2) Soweit auf Grund anderer Rechtsvorschriften besondere Anforderungen an Verpackungen oder die Entsorgung von Verpackungsabfällen oder die Beförderung von verpackten Erzeugnissen oder von Verpackungsabfällen bestehen, bleiben diese unberührt.

(3) Die Befugnis des Bundes, der Länder und Gemeinden, Dritte bei der Nutzung ihrer Einrichtungen oder Grundstücke sowie der Sondernutzung öffentlicher Straßen zur Vermeidung und Verwertung von Abfällen zu verpflichten, bleibt unberührt.

Gliederungsübersicht

		RN
I.	Vorbemerkung	1
II.	Erläuterungen	2–20
1.	Anwendungsbereich der Verpackungsverordnung (Abs. 1)	2–11
	a) Verpackungen	2
	b) In-Verkehr-Bringen	4
	c) Geltungsbereich des KrW-/AbfG	5–9
	aa) Einfuhren	6
	bb) Ausfuhren	7
	cc) Tätigkeiten ausländischer Hersteller und Vertreiber	8
	dd) Schiffe, Flugzeuge, zollfreie Bereiche	9
	d) Anfallstellen	10
	e) Einbezogene Materialien	11
2.	Anforderungen aufgrund anderer Rechtsvorschriften (Abs. 2)	12–19
	a) Besondere Anforderungen an Verpackungen	13–17
	aa) Chemikalien-Verbotsverordnung, Gefahrstoffverordnung	14
	bb) Lebensmittel- und Bedarfsgegenständegesetz, Bedarfsgegenständeverordnung	15
	cc) Sondervorschriften über die Beschaffenheit einer Verpackung	16
	dd) Kennzeichnungspflichten	17
	b) Besondere Anforderungen an die Entsorgung von Verpackungsabfällen	18
	c) Besondere Anforderungen an die Beförderung von Verpackungen oder von Verpackungsabfällen	19
3.	Sonderbefugnisse der Gebietskörperschaften (Abs. 3)	20

I. Vorbemerkung

§ 2 Abs. 1 regelt den sachlichen und räumlichen Anwendungsbereich der Verpackungsverordnung. Die Vorschrift beansprucht Geltung für alle innerhalb des Anwendungsbereiches des KrW-/AbfG in Verkehr gebrachten Verpackungen. **1**

Abs. 2 stellt einen allgemeinen Rechtsgrundsatz aufgreifend klar, dass spezielle Regelungen in anderen Rechtsvorschriften der allgemeinen Regelung der Verpackungsverordnung vorgehen.

Abs. 3 ermöglicht den Gebietskörperschaften, die Benutzung ihrer Einrichtungen abweichend zu regeln, so dass der Verpackungsverordnung insoweit keine Sperrwirkung zukommt.

II. Erläuterungen

1. Anwendungsbereich der Verpackungsverordnung (Abs. 1)

2 Im Zuge der Novellierung von 1998 war der Verordnungsgeber gehalten, den Anwendungsbereich an die Vorgaben der EG-Verpackungsrichtlinie anzupassen, d. h. zu erweitern (vgl. Art. 2 Abs. 1 EG-Verpackungsrichtlinie). Gemäß § 2 Abs. 1 gilt die Verordnung seitdem für alle im Geltungsbereich des KrW-/AbfG in Verkehr gebrachten Verpackungen.

a) Verpackungen

2 § 2 Abs. 1 stellt zunächst klar, dass (allein) Verpackungen der Verordnung unterworfen sind. Von Verpackungen abzugrenzen sind insbesondere die zur Verpackungsherstellung eingesetzten Rohstoffe und Vorprodukte sowie die Füllgüter – auf diese findet die Verordnung keine Anwendung. Der Begriff der Verpackung ist in § 3 Abs. 1 Nr. 1 definiert. Auf die Erläuterungen hierzu sei an dieser Stelle verwiesen. Um welche Art von Verpackungen es sich handelt, ist bei der Beurteilung der grundsätzlichen Anwendbarkeit der Verordnung unerheblich, so dass der Abgrenzung zwischen Transport-, Verkaufs- und Umverpackung sowie den unterschiedlichen Getränkeverpackungen hier keine Bedeutung zukommt.

b) In-Verkehr-Bringen

4 Das zweite wesentliche Merkmal, an das die Anwendbarkeit der Verpackungsverordnung anknüpft, ist das „In-Verkehr-Bringen". Die Verordnung enthält keine Legaldefinition dieses Begriffes. Auch die amtlichen Erläuterungen liefern keine weitergehenden Hinweise. Allerdings knüpft die Verpackungsverordnung mit diesem Merkmal an eine in anderen Rechtsbereichen bereits tradierte Begrifflichkeit an.

Legaldefinitionen des Begriffs des „In-Verkehr-Bringens" enthalten beispielsweise § 3 Nr. 9 des Chemikaliengesetzes vom 25.7.1994 (BGBl. I, S. 1703) und § 7 Abs. 1 des Lebensmittel- und Bedarfsgegenständegesetzes vom 8.7.1993 (BGBl. I, S. 1169). Im Sinne des § 3 Nr. 9 Chemikaliengesetz ist In-Verkehr-Bringen „die Abgabe oder die Bereitstellung für Dritte". § 7 Abs. 1 des Lebensmittel- und Bedarfsgegenständegesetzes definiert In-Verkehr-Bringen als „das Anbieten, Vorrätighalten zum Verkauf oder zu sonstiger Abgabe, Feilhalten und jedes Abgeben an andere".

Mit Beschluss vom 15.8.1994 hat das OVG Münster (BB 1995, 1263 ff.) den Begriff des „In-Verkehr-Bringens", soweit er in der Verpackungsverordnung verwendet wird, dahingehend eingegrenzt, dass hierunter nicht bereits das Anbieten und Vorrätighalten der Waren falle. Vielmehr knüpfe die Verpackungsverordnung an die tatsächliche Abgabe an. Ein In-Verkehr-Bringen von Verpackungen liege erst dann vor, wenn eine Person Verpackungen aus ihrem Gewahrsam bzw. ihrer Verfügungsgewalt in diejenige u. a. eines Erwerbers übergehen ließe (BB 1995, 1263 ff.; an die „Abgabe an einen Dritten" anknüpfend auch Rummler/Schutt, S. 83).

Im Zweifel ist einer weiten Auslegung der Vorzug zu geben, die jede Weitergabe im Rahmen der Produktdistribution umfasst, so dass unter einem In-Verkehr-Bringen nicht nur die Angabe an den Endverbraucher, sondern an jeden im Wirtschaftsverkehr tätigen Dritten zu verstehen ist (Fischer/Arndt, S. 62; ebenso Baars, in: Fluck, KrW-/Abf-/BodSchR, § 2 VerpackV RN 49). Dabei ist dem OVG Münster (a. a. O) insoweit zuzustimmen, dass ein Anbieten allein nicht ausreicht, sondern ein Gewahrsamswechsel stattfinden muss (so auch Fischer/Arndt, S. 62). Soweit in § 6 und § 10 auf den sog. „Erstinverkehrbringer" abgestellt wird, gilt der Abfüller immer als Verpflichteter und es macht keinen Unterschied, ob es sich dabei um eine Handels- oder Industriemarke handelt (zum Problem der sog. Handelslizenzierung vgl. die Erläuterungen § 6, Nr. 1b).

c) Geltungsbereich des KrW-/AbfG

Der von § 2 Abs. 1 in Bezug genommene räumliche Anwendungsbereich des KrW-/AbfG erstreckt sich gemäß dem Territorialprinzip auf das gesamte Hoheitsgebiet der Bundesrepublik Deutschland im staatsrechtlichen Sinne. Zweifelsfrei unterfallen damit von Inländern innerhalb der nationalen Grenzen der Bundesrepublik Deutschland in Verkehr gebrachte Verpackungen der Verpackungsverordnung. Einfuhren, Ausfuhren, die Tätigkeit von ausländischen Herstellern und Vertreibern sowie die Behandlung von Schiffen, Flugzeugen und zollfreien Bereichen bedürfen einer genaueren Betrachtung: 5

aa) Einfuhren

Bei der Einfuhr bringt ein im Inland oder Ausland geschäftsansässiger Importeur Verpackungen auf dem Gebiet der Bundesrepublik Deutschland in Verkehr. Derartige Verpackungen unterfallen in vollem Umfang der Verpackungsverordnung. 6

bb) Ausfuhren

Im Exportfall werden Verpackungen im Ausland in Verkehr gebracht. Die Verpackungsverordnung findet daher keine Anwendung. Für die Pfandpflicht von Einweggetränkeverpackungen ist dies ausdrücklich in § 9 Abs. 1 Satz 2 geregelt. 7

cc) Tätigkeiten ausländischer Hersteller und Vertreiber

Werden Verpackungen (von ausländischen Vertreibern) ausschließlich im Ausland in Verkehr gebracht, unterliegen sie selbstverständlich nicht der Verpackungsverordnung. Sobald jedoch der Vertrieb in der Bundesrepublik Deutschland vorgenommen wird, stellt sich die Frage, ob und ggf. an welchem Ort der ausländische Vertreiber oder Hersteller von Verpackungen seinen Pflichten genügen muss. Diese Frage lässt sich hinsichtlich derjenigen ausländischen Unternehmer unproblematisch beantworten, die eine rechtlich selbständige Niederlassung im räumlichen Geltungsbereich des KrW-/AbfG haben. In diesem Falle wird 8 man sachgerechterweise vom Hersteller oder Vertreiber verlangen müssen, dass er seinen Verpflichtungen am Orte seiner inländischen Niederlassung nachkommt, und zwar auch in dem Falle, wenn er die Ware in der Verpackung von seinem ausländischen Geschäftssitz aus unmittelbar beim deutschen Abnehmer angeliefert hat. Schwieriger stellt sich das Problem dar, sofern der ausländische Hersteller oder Vertreiber keinen Geschäftssitz im räumlichen Geltungsbereich des KrW-/AbfG hat und seine Ware direkt vom Ausland an seine Abnehmer in der Bundesrepublik Deutschland liefert. Auch insoweit unterliegt er prinzipiell den Vorschriften der Verpackungsverordnung, sobald und soweit die von ihm hergestellten oder vertriebenen Verpackungen auf das Gebiet der Bundesrepublik Deutschland gelangen, da nach dem Territorialprinzip die Staatsangehörigkeit bzw. der Sitz eines Unternehmens grundsätzlich ohne Bedeutung ist. Davon zu trennen ist allerdings die Frage der Vollstreckung bzw. Verfolgung von Verstößen gegen die Vorschriften der Verpackungsverordnung. Soweit dazu – etwa bei Zustellung eines Ordnungswidrigkeitenbescheides – die Hilfe ausländischer Behörden erforderlich ist, ist dies Regelungsgegenstand entsprechender zwischenstaatlicher Abkommen.

dd) Schiffe, Flugzeuge, zollfreie Bereiche

9   Auch auf Schiffen und in Flugzeugen, die nach internationalem Recht als Territorium der Bundesrepublik Deutschland anzusehen sind, gelten die Verpackungsverordnung und die durch sie begründeten Rücknahmepflichten. Praktische Bedeutung haben die Regelungen der Verpackungsverordnung hier insbesondere bei der Abgabe von verpackten Waren auf Schiffen oder in Flugzeugen, die beim Aufenthalt in zollfreien Gebieten in erheblichem Umfang vorgenommen wird. Die Vorschriften der Verpackungsverordnung gelten hier uneingeschränkt. Gleiches gilt für zollfreie Zonen etwa auf Flughäfen, die auch nach internationalem Recht Territorium der Bundesrepublik Deutschland darstellen.

d) Anfallstellen

10 Die Verpackungsverordnung gilt für alle in Verkehr gebrachten Verpackungen, „unabhängig davon, ob sie in der Industrie, im Handel, in der Verwaltung, im Gewerbe, im Dienstleistungsbereich, in Haushaltungen oder anderswo anfallen". Durch diese Regelung in § 2 Abs. 1 wird klargestellt, dass es für die Anwendbarkeit der Verordnung nicht darauf ankommt, wer Empfänger der Verpackungen ist. Von der Verordnung erfasst werden alle Verpackungen, gleich ob sie in den privatwirtschaftlichen oder in den öffentlichen Sektor abgesetzt werden. Für den Anwendungsbereich unerheblich ist, welchem der genannten Sektoren der Inverkehrbringer selbst zuzuordnen ist. Die jeweilige subjektive Anwendbarkeit einzelner Vorschriften ist nicht Gegenstand des § 2 Abs. 1, sondern anhand des Vertreiber- bzw. Herstellerbegriffs in den einzelnen Vorschriften unterschiedlich geregelt.

e) Einbezogene Materialien

11 Gemäß § 2 Abs. 1 a. E. gilt die Verpackungsverordnung für alle in Verkehr gebrachten Verpackungen, „unabhängig von den Materialien, aus denen sie bestehen". Die Bedeutung dieses Regelungsabschnittes erklärt sich aus sich

selbst: Für die Anwendbarkeit der Verordnung kommt es nicht darauf an, aus welchem Material eine Verpackung gefertigt ist.

2. Anforderungen aufgrund anderer Rechtsvorschriften (Abs. 2)

Soweit aufgrund anderer Rechtsvorschriften besondere Anforderungen an Verpackungen oder die Entsorgung von Verpackungsabfällen oder die Beförderung von verpackten Erzeugnissen oder von Verpackungsabfällen bestehen, bleiben diese gemäß § 2 Abs. 2 unberührt. 12

a) Besondere Anforderungen an Verpackungen

Durch andere Rechtsvorschriften werden in vielfältiger Art besondere Anforderungen an Verpackungen begründet. 13

aa) Chemikalien-Verbotsverordnung, Gefahrstoffverordnung

Insbesondere die Chemikalien-Verbotsverordnung vom 14.10.1993 (BGBl. I, S. 1720) und die Gefahrstoffverordnung vom 26.10.1993 (BGBl. I, S. 1782) legen näher fest, welche Chemikalien bzw. Gefahrstoffe bei der Herstellung jeglicher Erzeugnisse, d.h. auch von Packmitteln, nicht verwendet werden dürfen (vgl. § 1 Chemikalien-Verbotsverordnung, § 15 Gefahrstoffverordnung). 14

bb) Lebensmittel- und Bedarfsgegenständegesetz, Bedarfsgegenständeverordnung

Spezielle Regelungen für die Herstellung von Lebensmittel-, Kosmetika- und Tabakerzeugnisverpackungen enthalten vor allem das Lebensmittel- und Bedarfsgegenständegesetz sowie die Bedarfsgegenständeverordnung i.d.F. vom 23.12.1997 (BGBl. 1998 I, S. 5). So ist es beispielsweise nach § 30 Nr. 1 des Lebensmittel- und Bedarfsgegenständegesetzes verboten, Bedarfsgegenstände – zu diesen gehören gemäß § 5 Abs. 1 Nr. 1, 2 des Lebensmittel- und Bedarfsgegenständegesetzes auch die vorgenannten Verpackungen – „derart herzustellen und zu behandeln, dass sie bei bestimmungsgemäßem oder vorauszusehendem Gebrauch geeignet sind, die Gesundheit durch ihre stoffliche Zusammensetzung, insbesondere durch toxikologisch wirksame Stoffe oder durch Verunreinigungen, zu schädigen". Gemäß § 31 Abs. 1 des Lebensmittel- und Bedarfsgegenständegesetzes ist es u.a. verboten, gewerbsmäßig Verpackungen für Lebensmittel in Verkehr zu bringen, von denen „Stoffe auf Lebensmittel oder deren Oberfläche übergehen, ausgenommen gesundheitlich, geruchlich und geschmacklich unbedenkliche Anteile, die technisch unvermeidbar sind". 15

cc) Sondervorschriften über die Beschaffenheit einer Verpackung

Auch die Art der Beschaffenheit einer Verpackung sowie die Art des Verpackens selbst ist für verschiedene Bereiche durch Sondervorschriften geregelt. Als Beispiel sei § 10 der Gefahrstoffverordnung angeführt, demzufolge Verpackungen gefährlicher Stoffe und Zubereitungen u.a. so beschaffen sein müssen, dass vom Inhalt nichts ungewollt nach außen gelangen kann. 16

dd) Kennzeichnungspflichten

17 Eine besondere Regelungsdichte besteht für den Bereich der Kennzeichnungspflichten. Exemplarisch sei insoweit auf folgende Vorschriften hingewiesen: § 31 Abs. 2 Lebensmittel- und Bedarfsgegenständegesetz i. V. mit § 8 Bedarfsgegenständeverordnung (Lebensmittelverpackungen im Allgemeinen), §§ 4, 5 Kosmetik-Verordnung (Verpackungen für kosmetische Mittel), § 7 Wasch- und Reinigungsmittelgesetz (Verpackungen für Wasch- und Reinigungsmittel), §§ 6-13 Gefahrstoffverordnung (Verpackungen gefährlicher Stoffe oder Zubereitungen, z. B. Aerosolverpackungen), § 3 Düngemittelgesetz i. V. mit § 2 Düngemittelverordnung (Düngemittelverpackungen), § 20 Pflanzenschutzgesetz (Pflanzenschutzmittelverpackungen), § 15 Chemikaliengesetz (Verpackungen für gefährliche Stoffe, Zubereitungen oder Erzeugnisse), § 3 ff. Lebensmittel-Kennzeichnungsverordnung (Lebensmittel in Fertigpackungen), § 3 ff. Milcherzeugnisseverordnung (Verpackungen von Milcherzeugnissen).

b) Besondere Anforderungen an die Entsorgung von Verpackungsabfällen

18 Als andere Rechtsvorschriften, die besondere Anforderungen an die Entsorgung von Abfällen im Allgemeinen und damit von Verpackungsabfällen im Speziellen begründen, sind in erster Linie das Kreislaufwirtschafts- und Abfallgesetz mit seinem untergesetzlichen Regelungswerk, das Gesetz über die Überwachung und Kontrolle der grenzüberschreitenden Verbringung von Abfällen (Abfallverbringungsgesetz) vom 30.9.1994 (BGBl. I, S. 2771) sowie die Landesabfallgesetze zu nennen. Neben diesen Vorschriften des allgemeinen Abfallrechts gibt es verschiedene anderweitige Spezialvorschriften, die eine gesonderte Beseitigung von Verpackungen normieren können. So sieht beispielsweise § 10a des Bundes-Seuchengesetzes vom 18.12.1979 (BGBl. I, S. 2262) vor, dass in medizinischen Einrichtungen anfallende Gegenstände – dies können auch Verpackungen sein –, die infektiöse Abfälle darstellen, gesondert zu entsorgen sind.

c) Besondere Anforderungen an die Beförderung von Verpackungen oder von Verpackungsabfällen

19 Besondere Anforderungen an die Beförderung von Verpackungen und Verpackungsabfällen werden maßgeblich durch Vorschriften des Gefahrgutrechts sowie des allgemeinen Abfallrechts begründet; als Vorschriften des Gefahrgutrechts sind insbesondere das Gesetz über die Beförderung gefährlicher Güter vom 6.8.1975 (BGBl. I, S. 2121) sowie die Gefahrgutverordnung Straße (GGVS) vom 26.11.1993 (BGBl. I, S. 2022) zu erwähnen.

Obwohl jahrzehntelang gebrauchte Aerosoldosen unproblematisch über die kommunale Hausmüllentsorgung abgefahren wurden, war nach Inkrafttreten der Verpackungsverordnung vorübergehend unklar, inwieweit derartige Verpackungen der GGVS unterfallen.

Regelungsgegenstand der GGVS ist die Beförderung gefährlicher Güter. Gemäß § 3 Abs. 1 Nr. 1 GGVS sind hierunter die in Randnummer 2002 Abs. 2 des Anhangs A zur Verordnung in einzelnen Gefahrklassen aufgeführten Güter zu verstehen. Nach Anlage A Klasse 2 Randnummer 2201 G Ziffer 14 unterliegen gebrauchte Aerosoldosen der GGVS, wenn es sich bei ihnen um ungereinigte

Leergefäße mit den brennbaren Gasen Propan, Butan oder Gemischen daraus sowie anderen in der Verordnung näher beschriebenen Gasen handelt. Hierbei gelten als „ungereinigte Leergefäße", so die Bemerkung 1 zur vorgenannten Stelle des Anhangs A, alle Gefäße, „die nach Entleerung von den in Ziffer 14 aufgeführten Stoffen noch geringe Reste enthalten". Zwar enthalten Aerosoldosen nach Gebrauch konstruktions- und bedienungsbedingt noch einen gewissen Anteil an Resttreibmittel. Als „geringer Rest" im Sinne der GGVS sind indes nur solche Reste anzusehen, von denen während des Beförderungsvorgangs eine Gefahr ausgehen kann. Im Rahmen einer umfangreichen Untersuchung kam der TÜV Pfalz im Januar 1994 zu dem Ergebnis, dass weder bei der Sammlung, dem Transport noch der Sortierung ordnungsgemäß gebrauchter Aerosoldosen ein nennenswertes Gefährdungspotential besteht. Gebrauchte Aerosoldosen unterfallen daher in der Regel nicht der GGVS.

3. Sonderbefugnisse der Gebietskörperschaften (Abs. 3)

Mit Urteil vom 23.4.1997 (UPR 1997, 373) hatte das Bundesverwaltungsgericht [20] entschieden, dass Gemeinden nicht befugt sind, zum Zwecke der Abfallvermeidung im Rahmen einer Sondernutzungserlaubnis zu fordern, dass nur Mehrweggeschirr und -besteck verwendet wird. Das Gericht folgerte dieses aus einer Sperrwirkung bundesrechtlicher Vorschriften zur Abfallvermeidung. In concreto sei durch die Verpackungsverordnung alter Fassung erschöpfend geregelt (gewesen), welche Pflichten im Hinblick auf Einweggeschirr und -besteck bestünden. Nach den Vorgaben der Verordnung sei die Verwendung von Einwegmaterial nicht verboten, insoweit könnten lediglich Pflichten zur Rücknahme, Verwertung oder Pfanderhebung erwachsen. Diese abschließende bundesrechtliche Regelung lasse keinen Raum für darüber hinausgehende Landes- oder ortsrechtliche Anforderungen zu (ebenso OVG Schleswig NJW 1997, 211; VGH BW NVwZ 1994, 919, Ebner, UPR 1992, 141; Daubner, BayVBl. 1995, 234).

Der Bundesrat hielt es für geboten, die vom Bundesverwaltungsgericht konstatierte Sperrwirkung der Verpackungsverordnung durch Aufnahme der Unberührtheitsklausel des Abs. 3 zu durchbrechen. Die Notwendigkeit hierzu leitete er daraus ab, dass es den Kommunen im Rahmen der verfassungsmäßigen Selbstverwaltungsgarantie überlassen bleiben müsse, die Benutzung ihrer Einrichtungen eigenverantwortlich zu regeln. Zudem war für die Länderkammer nicht ersichtlich, dass insbesondere das Interesse der Kommunen an einer eigenverantwortlichen Regelung der Benutzung ihrer kommunalen Einrichtungen in die Abwägungen des Verordnungsgebers eingeflossen sei. Da eine diesbezügliche Einschränkung der kommunalen Selbstverwaltungsgarantie vom Verordnungsgeber aber nicht gewollt sein könne, war für den Bundesrat die Aufnahme des Abs. 3 rechtlich erforderlich (BR-Drs. 545/98, S. 3; umfassend zu weiteren Kompetenzen des Bundes, der Länder und der Gemeinden: Fischer/Arndt, S. 65 ff.).

§ 3
Begriffsbestimmungen

(1) Im Sinne dieser Verordnung sind

1. Verpackungen:

   Aus beliebigen Materialien hergestellte Produkte zur Aufnahme, zum Schutz, zur Handhabung, zur Lieferung oder zur Darbietung von Waren, die vom Rohstoff bis zum Verarbeitungserzeugnis reichen können und vom Hersteller an den Vertreiber oder Endverbraucher weitergegeben werden. Die Begriffsbestimmung für „Verpackungen" wird ferner durch die in Anhang V genannten Kriterien gestützt. Die in Anhang V weiterhin aufgeführten Gegenstände sind Beispiele für die Anwendung dieser Kriterien.

2. Verkaufsverpackungen:

   Verpackungen, die als eine Verkaufseinheit angeboten werden und beim Endverbraucher anfallen. Verkaufsverpackungen im Sinne der Verordnung sind auch Verpackungen des Handels, der Gastronomie und anderer Dienstleister, die die Übergabe von Waren an den Endverbraucher ermöglichen oder unterstützen (Serviceverpackungen) sowie Einweggeschirr.

3. Umverpackungen:

   Verpackungen, die als zusätzliche Verpackungen zu Verkaufsverpackungen verwendet werden und nicht aus Gründen der Hygiene, der Haltbarkeit oder des Schutzes der Ware vor Beschädigung oder Verschmutzung für die Abgabe an den Endverbraucher erforderlich sind.

4. Transportverpackungen:

   Verpackungen, die den Transport von Waren erleichtern, die Waren auf dem Transport vor Schäden bewahren oder die aus Gründen der Sicherheit des Transports verwendet werden und beim Vertreiber anfallen.

(2) Getränkeverpackungen im Sinne dieser Verordnung sind geschlossene oder überwiegend geschlossene Verpackungen für flüssige Lebensmittel im Sinne des § 2 Abs. 2 des Lebensmittel- und Futtermittelgesetzbuches, die zum Verzehr als Getränk bestimmt sind, ausgenommen Joghurt und Kefir.

(3) Mehrwegverpackungen im Sinne dieser Verordnung sind Verpackungen, die dazu bestimmt sind, nach Gebrauch mehrfach zum gleichen Zweck wieder verwendet zu werden. Einwegverpackungen im Sinne dieser Verordnung sind Verpackungen, die keine Mehrwegverpackungen sind.

(4) Ökologisch vorteilhafte Einweggetränkeverpackungen im Sinne dieser Verordnung sind:

1. Getränkekartonverpackungen (Blockpackung, Giebelpackung, Zylinderpackung),
2. Getränke-Polyethylen-Schlauchbeutel-Verpackungen,
3. Folien-Standbodenbeutel.

(5) Verbundverpackungen im Sinne dieser Verordnung sind Verpackungen aus unterschiedlichen, von Hand nicht trennbaren Materialien, von denen keines einen Masseanteil von 95 vom Hundert überschreitet.

(6) Restentleerte Verpackungen im Sinne dieser Verordnung sind Verpackungen, deren Inhalt bestimmungsgemäß ausgeschöpft worden ist.

(7) Schadstoffhaltige Füllgüter im Sinne dieser Verordnung sind

1. Stoffe und Zubereitungen, die bei einem Vertrieb im Einzelhandel dem Selbstbedienungsverbot nach § 4 Abs. 1 der Chemikalienverbotsverordnung unterliegen würden,
2. Pflanzenschutzmittel im Sinne des § 2 Nr. 9 des Pflanzenschutzgesetzes, die nach der Gefahrstoffverordnung

    a) als sehr giftig, giftig, brandfördernd oder hoch entzündlich oder

    b) als gesundheitsschädlich und mit dem R-Satz R 40, R 62, R 63 oder R 68

    gekennzeichnet sind,
3. Zubereitungen von Diphenylmethan-4,4'-diisocyanat (MDI), soweit diese als gesundheitsschädlich und mit dem R-Satz R 42 nach der Gefahrstoffverordnung zu kennzeichnen sind und in Druckgaspackungen in Verkehr gebracht werden.

(8) Hersteller im Sinne dieser Verordnung ist, wer Verpackungen, Packstoffe oder Erzeugnisse herstellt, aus denen unmittelbar Verpackungen hergestellt werden, und derjenige, der Verpackungen in den Geltungsbereich der Verordnung einführt.

(9) Vertreiber im Sinne dieser Verordnung ist, wer Verpackungen, Packstoffe oder Erzeugnisse, aus denen unmittelbar Verpackungen hergestellt werden, oder Waren in Verpackungen, gleichgültig auf welcher Handelsstufe, in Verkehr bringt. Vertreiber im Sinne dieser Verordnung ist auch der Versandhandel.

(10) Als Einzugsgebiet des Herstellers oder Vertreibers ist das Gebiet des Landes anzusehen, in dem die Waren in Verpackungen in Verkehr gebracht werden.

(11) Endverbraucher im Sinne dieser Verordnung ist derjenige, der die Waren in der an ihn gelieferten Form nicht mehr weiter veräußert. Private Endverbraucher im Sinne dieser Verordnung sind Haushaltungen und vergleichbare Anfallstellen von Verpackungen, insbesondere Gaststätten, Hotels, Kantinen, Verwaltungen, Kasernen, Krankenhäuser, Bildungseinrichtungen, karitative Einrichtungen, Freiberufler und typische Anfallstellen des Kulturbereichs wie Kinos, Opern und Museen, sowie des Freizeitbereichs wie Ferienanlagen, Freizeitparks, Sportstadien und Raststätten. Vergleichbare Anfallstellen im Sinne von Satz 2 sind außerdem landwirtschaftliche Betriebe und Handwerksbetriebe, die über haushaltsübliche Sammelgefäße für Papier, Pappe, Kartonagen und Leichtverpackungen mit nicht mehr als maximal je Stoffgruppe einem 1100-Liter-Umleerbehälter im haushaltsüblichen Abfuhrrhythmus entsorgt werden können.

(12) – *aufgehoben* –

Gliederungsübersicht

RN

I. Vorbemerkung	1
II. Erläuterungen	2–50
1. Systematik	2
2. Begriffsbestimmung Verpackung	3–15
a) Packmittel	4
b) Packhilfsmittel	5
c) Abgrenzung Verpackung und Produkt	6–15
aa) Anhang V	7–9
bb) Verpackungen mit Zweitnutzen	10
cc) Verpackungen mit Produktnutzen	11–13
dd) Einzelfälle	14
ee) Langlebige Verpackungen	15
3. Verpackungsarten	16–33
a) Verkaufsverpackungen	17–24
aa) Verpackung	18
bb) Verkaufseinheit	19
cc) Anfall beim Endverbraucher	20
dd) Serviceverpackungen	21–23
ee) Einweggeschirr	24
b) Umverpackungen	25
c) Transportverpackungen	26
d) Getränkeverpackungen	27
e) Mehrwegverpackungen	28
f) Ökologisch vorteilhafte Einweggetränkeverpackungen	29–32
aa) Getränkekartonverpackungen (Blockpackung, Giebelpackung, Zylinderpackung)	30
bb) Getränke-Polyethylen-Schlauchbeutel-Verpackungen	31
cc) Folien-Standbodenbeutel	32
g) Verbundverpackungen	33
4. Restentleerte Verpackungen	34
5. Schadstoffhaltige Füllgüter	35–38
a) Selbstbedienungsverbot nach § 4 Chemikalien-Verbotsverordnung	35, 36
b) Pflanzenschutzmittel	37
c) PU-Schaumdosen	38
6. Hersteller	39–42
a) Verpackungs- und Packstoffhersteller	40
b) Erzeugnishersteller	41
c) Importeur	42
7. Vertreiber	43
8. Einzugsgebiet	44
9. Endverbraucher	45–50
a) Endverbraucher	46, 47
b) Privater Endverbraucher	48–50

I. Vorbemerkung

§ 3 enthält die für das Verständnis der Verpackungsverordnung notwendigen Begriffsbestimmungen. Definiert werden u. a. der Hersteller-, Vertreiber- und Verpackungsbegriff. Die Subsumtion unter eine der Verpackungsdefinitionen eröffnet den Zugang zu den unterschiedlichen Regelungsbereichen der Verordnung mit jeweils verschiedenen Rechtsfolgen.

Im Rahmen der dritten und vierten Änderungsverordnung hat § 3 zahlreiche Änderungen erfahren. So wurde u. a. in Abs. 4 der Begriff der ökologisch vorteilhaften Getränkeverpackung eingeführt. In § 3 Nr. 1 S. 2 und 3 wurde ein Verweis auf Anhang V (zu § 3) aufgenommen. Dieser neue Anhang ergänzt die Begriffsbestimmungen in § 3 um Kriterien und Beispiele zur Abgrenzung des Verpackungsbegriffs. Die zuvor geltende Begriffsbestimmung der langlebigen Verpackungen (§ 3 Nr. 6) wurde dagegen aufgehoben.

Die Neuregelung der Pfandvorschriften, insbesondere des § 8 der Verpackungsverordnung in der Fassung der vierten Änderungsverordnung (§ 9 n. F.) machte auch die Überarbeitung der Begriffsbestimmungen in § 3 notwendig. Weiterer Grund für die Überarbeitung waren die Bestimmungen der zwischenzeitlich durch die Richtlinie 2004/12/EG novellierte EG-Verpackungsrichtlinie, deren Vorgaben national umzusetzen waren.

Auch die fünfte Novelle der Verordnung hat in § 3 zu einigen Änderungen geführt, die allerdings alle nicht grundsätzlicher Natur sind. In § 3 Abs. 2 wurde bei der Definition von Getränkeverpackungen ein Verweis auf § 2 Abs. 2 des Lebensmittel-Bedarfsgegenstände- und Futtermittelgesetzbuches (Lebensmittel- und Futtermittelgesetzbuch – LFGB) aufgenommen. In § 3 Abs. 4 wurden im Zuge einer redaktionellen Änderung die ökologisch vorteilhaften Einwegverpackungen nunmehr als nummerierte Liste gefasst und nicht, wie zuvor in Form von Spiegelstrichen. In § 3 Abs. 4 Nr. 1 wurde die Zylinderpackung als ökologisch vorteilhafte Verpackung ergänzt.

Eine weitere redaktionelle Änderung ist hinsichtlich der Definition restentleerter Verpackungen erfolgt. Diese ist nun in § 3 Abs. 6 und nicht mehr, wie zuvor, in § 3 Abs. 12 enthalten.

§ 3 Abs. 11 S. 2 hat umfassende Änderungen erfahren. Zu den privaten Endverbrauchern i. S. der Verordnung zählen nach der Neuregelung typische Anfallstellen des Kulturbereichs, wie Kinos, Opern und Museen sowie des Freizeitbereichs wie Ferienanlagen, Freizeitparks, Sportstadien und Raststätten. Bei den Handwerksbetrieben entfällt der bisherige Ausschluss der Druckereien. Auch diese sind nun als private Endverbraucher i. S. der Verordnung anzusehen, wenn sie mit nicht mehr als maximal einem 1100-Liter-Umleerbehälter je Stoffgruppe im haushaltsüblichen Abfuhrrythmus entsorgt werden können.

II. Erläuterungen

1. Systematik

Grundlegende Definition in § 3 ist die der Verpackung in Abs. 1 Nr. 1. Daran anknüpfend werden in § 3 Abs. 1 Nr. 2–4 einzelne Verpackungsarten als Unterbegriffe definiert. Daneben stehen § 3 Abs. 2 bis 5, die unabhängig von den Unterbegriffen des § 3 Abs. 1 besondere Verwendungsarten und Eigenschaften von Verpackungen erfassen. An die Begriffsbestimmungen des § 3 Abs. 1 knüpfen die unterschiedlichen Rücknahme- bzw. Beteiligungs- und Verwertungspflichten gemäß §§ 4 bis 8 der Verordnung an. An den Begriff der Getränkeverpackung sind die Pfanderhebungspflichten des § 9 gebunden.

2. Begriffsbestimmung Verpackung

3 In der ursprünglichen Fassung der Verpackungsverordnung von 1991 wurde von einer Definition des Begriffs der Verpackung abgesehen, um möglichst alle Verpackungen in den Anwendungsbereich der Verordnung miteinzubeziehen (vgl. BR-Drs. 817/90, S. 43). Mit der ersten Novellierung der Verpackungsverordnung von 1998 wurde die bis heute gültige Definition des Verpackungsbegriffs eingeführt. Danach sind Verpackungen i. S. d. Verordnung alle aus beliebigen Materialien hergestellten Produkte zur Aufnahme, zum Schutz, zur Handhabung, zur Lieferung oder zur Darbietung von Waren, die vom Rohstoff bis zum Verarbeitungszeugnis reichen können.

Die umfassende Definition des Verpackungsbegriffs setzt den weiten Verpackungsbegriff des Art. 3 lit. a Nr. 1 der EG-Richtlinie um und stellt klar, dass zu den Verpackungen auch Packhilfsmittel (DIN 55 405 Abschnitt 4, Ziff. 4.4.2) gehören. Der Wortlaut der Definition in Art. 3 lit. a Nr. 1 der EG-Richtlinie wurde fast wörtlich übernommen.

Folglich fallen unter den Begriff der Verpackung alle Packmittel und Packhilfsmittel.

a) Packmittel

4 Packmittel sind Erzeugnisse aus Packstoffen, die dazu bestimmt sind, das Packgut zu umhüllen oder zusammenzuhalten, damit es versand-, lager- und verkaufsfähig wird (DIN 55 405 Abschnitt 10, Ziff. 10.603). Die DIN unterscheidet dabei im Einzelnen zwischen 36 verschiedenen Packmitteltypen, die von A wie Ampulle (a.a.O., Abschnitt 4, Ziff. 4.4.1.2.1) bis W wie Wickelhülse (a.a.O., Abschnitt 4, Ziff. 4.4.1.2.36) reichen, wobei in Abschnitt auch die dazugehörenden Untertypen aufgeführt werden. So folgen unter dem Oberbegriff Beutel in Ziff. 4.4.1.2.4.36 Untertypen, beginnend mit „Blockbeutel" (Ziff. 4.4.1.2.4.1) und endend mit „Zweitnahtbeutel" (Ziff. 4.4.1.2.4.36). Jeder Packmitteltyp wird in Abschnitt 10 alphabetisch sortiert gesondert definiert und erläutert. Beispiel: „Ziff. 10.80 Beutel: Flexibles, vollflächiges, raumbildendes Packmittel, meist unter 2700 cm² Zuschnittsfläche (Breite × Länge plus gegebenenfalls Faltenbreite)".

Zu den Packmitteln gehören auch Packmittelteile und -elemente (a.a.O., Abschnitt 4, Ziff. 4.4.1.3). Darunter fallen z. B. Wandungsteile und Öffnungen (a.a.O., Ziff. 4.4.1.3.1), Verschließmittel (a.a.O., Ziff. 4.4.1.3.4), aber auch Dosier- und Entnahmehilfen (a.a.O., Ziff. 4.4.1.3.7).

b) Packhilfsmittel

5 Bei Packhilfsmitteln handelt es sich um einen Sammelbegriff für Hilfsmittel, die zusammen mit Packmitteln zum Verpacken wie z. B. Verschließen einer Packung eines Packstückes dienen (a.a.O., Abschnitt 10, Ziff. 10.602).

Beispiele sind Verschließhilfsmittel (a.a.O., Abschnitt 4, Ziff. 4.4.2.1) wie Clips, Klebestreifen oder Spannringe, aber auch Ausstattungs-, Kennzeichnungs-, Informations- oder Sicherungsmittel (a.a.O., Abschnitt 4, Ziff. 4.4.2.2) wie Etiketten und Banderolen gehören dazu. Darüber hinaus werden Schutzhilfsmittel (a.a.O., Abschnitt 4, Ziff. 4.4.2.3) wie Oxidationsschutzmittel oder Trockenmittel und Polstermittel (a.a.O., Abschnitt 4, Ziff. 4.4.2.4) wie Holzwolle oder Luftkissen von der Begrifflichkeit des Packhilfsmittels erfasst.

c) Abgrenzung Verpackung und Produkt

Die weite Definition des Verpackungsbegriffs erschwerte die Abgrenzung von Verpackung und Produkt. Die Folge waren zahlreiche rechtliche Auseinandersetzungen zu dieser Thematik. Mit der Novelle der europäischen Verpackungsrichtlinie 2004/12/EG (ABl. EU L 47, 26 vom 18.2.2004) wurden Kriterien eingeführt, nach denen Gegenstände als Verpackungen und Verpackungskomponenten gelten bzw. nicht als Verpackungen anzusehen sind. Weiterhin hat die Richtlinie einen neuen Anhang I erhalten, der jeweils beispielhaft Gegenstände aufzählt, die in entsprechender Anwendung der Kriterien als Verpackungen und Verpackungskomponenten bzw. nicht als Verpackungen gelten. Laut Erwägung der EU (ABl. EU L 47, 27) dienen die Einführung der Kriterien sowie des Anhangs mit Beispielen der Präzisierung der Begriffsbestimmung für „Verpackungen". 6

aa) Anhang V

Mit der vierten Änderungsnovelle wurden diese Regelungen nahezu wortgleich in die Verpackungsverordnung übernommen. In § 3 Abs. 1 Nr. 1 wurde mit den Sätzen 2 und 3 ein Verweis auf die Neuregelung in Anhang V aufgenommen. Gemäß Satz 2 werden die Begriffsbestimmungen für „Verpackungen" durch die in Anhang V aufgeführten Kriterien gestützt. Die in Anhang V aufgeführten Gegenstände sind nach Satz 3 Beispiele für die Anwendung dieser Kriterien. Insgesamt ging es bei den Neuerungen also nicht um eine grundlegend neue Definition. Ziel war vielmehr eine Klärung des Verpackungsbegriffs. Der Bundesrat führt zur Relevanz des Anhangs V aus, maßgeblich für die Prüfung, ob ein Gegenstand als Verpackung im Sinne der Verordnung zu qualifizieren ist, seien die Kriterien in Nummer 1. Nummer 2 enthalte eine nicht abschließende Beispielliste für die Kriterien in Nummer 1 (BR-Drs. 591/05). 7

Die Kriterien in Anhang V Nr. 1 knüpfen an die grundlegende Verpackungsdefinition in § 3 Abs. 1 Nr. 1 an. Gegenstände gelten somit nur dann als Verpackungen i. S. d. Verordnung, wenn sie die grundlegende Verpackungsdefinition nach § 3 erfüllen. Soweit ein Gegenstand den beispielhaften Kriterien in Anhang V entspricht, ist dies als Indiz dafür zu werten, dass der Gegenstand als Verpackung i. S. d. § 3 Abs. 1 Nr. 1 anzusehen ist. 8

Anhang V enthält zwei Ordnungsnummern: Nummer eins enthält Kriterien zur Begriffsbestimmung von Verpackungen. Nummer zwei zählt beispielhaft Gegenstände auf, die nach diesen Kriterien als Verpackungen bzw. nicht als Verpackungen gelten.

Anhang V hat folgenden Wortlaut:

Anhang V
(zu § 3 Abs. 1 Nr. 1)

1. Kriterien für die Begriffsbestimmung „Verpackungen" nach § 3 Abs. 1 Nr. 1

a) Gegenstände gelten als Verpackungen, wenn sie der in § 3 Abs. 1 Nr. 1 genannten Begriffsbestimmung entsprechen, unbeschadet anderer Funktionen, die die Verpackung möglicherweise ebenfalls erfüllt, es sei denn, der Gegenstand ist integraler Teil eines Produkts, der zur Umschließung, Unterstützung oder Konservierung dieses Produkts während seiner gesamten Lebensdauer benötigt wird, und alle Komponenten sind für die gemeinsame Verwendung, den gemeinsamen Verbrauch oder die gemeinsame Entsorgung bestimmt.

b) Gegenstände, die dafür konzipiert und bestimmt sind, in der Verkaufsstelle gefüllt zu werden, und „Einwegartikel", die in gefülltem Zustand verkauft oder dafür konzipiert und bestimmt sind, in der Verkaufsstelle gefüllt zu werden, gelten als Verpackungen, sofern sie eine Verpackungsfunktion erfüllen.

c) Verpackungskomponenten und Zusatzelemente, die in eine Verpackung integriert sind, gelten als Teil der Verpackung, in die sie integriert sind. Zusatzelemente, die unmittelbar an einem Produkt hängen oder befestigt sind und eine Verpackungsfunktion erfüllen, gelten als Verpackungen, es sei denn, sie sind integraler Teil des Produkts und alle Komponenten sind für den gemeinsamen Verbrauch oder die gemeinsame Entsorgung bestimmt.

2. Beispiele für die genannten Kriterien

Beispiele für Kriterium Buchstabe a

Gegenstände, die als Verpackung gelten:
- Schachteln für Süßigkeiten
- Klarsichtfolie um CD-Hüllen

Gegenstände, die nicht als Verpackung gelten:
- Blumentöpfe, die dazu bestimmt sind, dass die Pflanze während ihrer Lebenszeit darin verbleibt
- Werkzeugkästen
- Teebeutel
- Wachsschichten um Käse
- Wursthäute

Beispiele für Kriterium Buchstabe b

Gegenstände, die als Verpackung gelten, wenn sie dafür konzipiert und bestimmt sind, in der Verkaufsstelle gefüllt zu werden:
- Tragetaschen aus Papier oder Kunststoff
- Einwegteller und -tassen
- Frischhaltefolie
- Frühstücksbeutel
- Aluminiumfolie

Gegenstände, die nicht als Verpackung gelten:
- Rührgerät
- Einwegbestecke

Beispiele für Kriterium Buchstabe c

Gegenstände, die als Verpackung gelten:
- Etiketten, die unmittelbar am Produkt hängen oder befestigt sind

Gegenstände, die als Teil der Verpackung gelten:
- Wimperntuschebürste als Bestandteil des Packungsverschlusses
- Aufkleber, die an einem anderen Verpackungsobjekt befestigt sind
- Heftklammern
- Kunststoffumhüllung
- Dosierhilfe als Bestandteil des Verpackungsverschlusses von Waschmitteln

Es hängt häufig vom Einzelfall ab, inwieweit die mit der vierten Änderungsnovelle in Anhang V eingeführten Kriterien tatsächlich zur Abgrenzung zwischen Produkt und Verpackung beitragen können. 9

Problematisch ist diese Abgrenzung in Fällen, in denen einer Verpackung neben der Verpackungsfunktion noch weitere, sog. Sekundärfunktionen zukommen. Hierbei lassen sich grundsätzlich zwei Fallgruppen unterscheiden. Dies sind zum einen Verpackungen mit einem sog. Zweitnutzen und zum anderen Verpackungen mit sog. Produktnutzen.

bb) Verpackungen mit Zweitnutzen

Verpackungen mit Zweitnutzen sind Verpackungen, die nach ihrem Gebrauch 10 als Verpackung einer Ware noch einer anderen Verwendung zugeführt werden können. Diese andere Verwendung steht nicht in Beziehung zu der ursprünglich verpackten Ware bzw. dem verpackten Produkt. Beispiele sind Dosen, Taschen oder Gläser, die nach Gebrauch der enthaltenen Ware vom Endverbraucher als Aufbewahrungsbehältnis für andere Produkte (Dosen) oder als Trink- bzw. Einmachglas verwendet werden können.

Der Zweitnutzen ändert jedoch an der Einordnung eines Gegenstandes als Verpackung nichts. Vielmehr ist gemäß dem Wortlaut des § 3 Abs. 1 darauf abzustellen, ob ein Behältnis die Funktion hat, eine Ware aufzunehmen, zu schützen, zu handhaben, zu liefern oder darzubieten. Sobald ein Behältnis eine dieser Funktionen erfüllt, liegt eine Verpackung im Sinne der Verpackungsverordnung vor (OLG Köln 15 U 215/00). Denn auch Verpackungen, die vom Endverbraucher – womöglich – eine Zeitlang noch in einer anderen Funktion benutzt werden, fallen nach Erfüllen dieser Funktion als Abfall an und müssen entsorgt werden. Insofern betrifft die abfallwirtschaftliche Zielsetzung der Verpackungsverordnung auch diese gebrauchten Verpackungen, denn auch in diesem Bereich gilt es, den Verpackungsabfall zu vermeiden, angefallene gebrauchte Verpackungen wiederzuverwenden oder zu verwerten.

Diese Auslegung wird durch Anhang V gestützt. Nach Anhang V Nr. 1a) kommt es für die Einordnung eines Gegenstands als Verpackung gerade nicht darauf an, ob dieser neben der Verpackungsfunktion auch andere Funktionen erfüllt. Die Verpackungseigenschaft wird hierdurch nicht in Frage gestellt.

cc) Verpackungen mit Produktnutzen

Verpackungen mit sog. Produktnutzen werden mit dem Produkt über einen län- 11 geren Zeitraum hinweg vom Endverbraucher genutzt. Als typische Beispiele werden die Schallplattenhülle und der Tragekoffer einer Bohrmaschine genannt (Rummler/Schutt, 89). Hierunter fallen auch CD-Boxen und Kassetten-Hüllen. Regelmäßig kommen derartigen Verpackungen während der Lebenszeit des Produktes Aufbewahrungs- und Schutzfunktionen für das Produkt zu. Die Verpackung wird vor oder bei der Nutzung des Produkts nicht zerstört bzw. durch Komprimierung oder anderweitig „entwertet".

Für einen speziellen Bereich dieser Verpackungen, die das Produkt über einen längeren Zeitraum begleiten, hatte der Verordnungsgeber zuvor den Begriff der „Langlebigen Verpackung" eingeführt und in § 3 Abs. 6 definiert. Langlebige Verpackungen waren Verpackungen, die dem dauerhaften Gebrauch eines Produktes dienten, das im statistischen Mittel eine Lebensdauer von mindestens fünf Jahren aufwies (BT-Drs. 13/5999).

Zu derartigen Verpackungen entschied der BGH in seinem Urteil vom 20.10.1999, dass bei Waren die ohne Substanzverlust verwendet würden und deren Umhüllung nicht lediglich zum Transport, sondern dauerhaft verwendet würde – wie beispielsweise die Hülle einer CD, der Plastikkoffer für die Bohrmaschine, die Tasche für den Fotoapparat, das Etui für den Füllfederhalter, der Karton eines Gesellschaftsspiels oder das Stoffsäckchen für die Schuhe – so stelle sie (Anm.: die Umhüllung) keine Verkaufsverpackung i. S. d. § 3 Abs. 1 Nr. 2 dar, ist vielmehr ungeachtet der Verpackungsfunktion zum Produkt zu rechnen (BGH UPR 2000, 224, 225; ebenso für CD-Hüllen, sog. Euroboxen OLG Köln 9 U 75/99; Fischer/Arndt RN 58).

12 Der Begriff der langlebigen Verpackungen ist im Zuge der vierten Verpackungsnovelle aus der Verordnung gestrichen worden. Gleichzeitig haben die durch den BGH in dem vorgenannten Urteil entwickelten Kriterien ebenfalls im Rahmen der vierten Verpackungsnovelle durch Anhang V Nr. 2a) Eingang in die Verpackungsverordnung gefunden. Ob über die langlebigen Verpackungen hinaus weitere Verpackungen mit Zweitnutzen nicht mehr unter den Verpackungsbegriff in der Fassung nach der vierten Novelle fallen, ist unklar. Letztlich ist aber jeder Gegenstand, der unter die Definition des Anhangs V Nr. 1a) dritter Halbsatz fällt keine Verpackung im Verordnungssinn. Wenn ein Gegenstand also integraler Bestandteil eines Produkts zu dessen Umschließung, Unterstützung oder Konservierung ist und während der gesamten Lebensdauer benötigt wird und alle Komponenten für die gemeinsame Verwendung, den gemeinsamen Verbrauch oder die gemeinsame Entsorgung bestimmt sind, ist der Gegenstand keine Verpackung i. S. d. Verordnung.

Wann ein Gegenstand „integraler Bestandteil" eines Produktes ist, klärt die Verordnung nicht. Offensichtlich muss es sich nicht um eine feste werkstoffliche Verbindung handeln. Tragekoffer für Bohrmaschinen und Blumentöpfe (hier sind nicht Anpflanztöpfe gemeint), die nach Anhang V nicht als Verpackungen anzusehen sind, sind von dem Produkt Bohrmaschine bzw. Pflanze ohne weiteres trennbar. Für das Merkmal „integraler Bestandteil" reicht es aus, dass das Produkt mit der Verpackung eine Funktionseinheit bildet. Dies kann beispielsweise dadurch geschehen, dass die Verpackung das Produkt dauerhaft schützt bzw. seiner dauerhaften Aufbewahrung dient. Das Produkt darf beim Gebrauch keinen Substanzverlust erleiden. Hiervon sind nicht die normalen Abnutzungserscheinungen erfasst, wie sie beispw. beim Gebrauch einer Bohrmaschine auftreten, sondern der Substanzverlust wie er bei der Verwendung von Zahnpasta oder Schuhcreme entsteht.

13 Auch die Begriffe gemeinsame Verwendung und Verbrauch sowie gemeinsame Entsorgung werden nicht ausgeführt. Hier wird es im Wesentlichen auf das Verbraucherverhalten ankommen. So dass eine gemeinsame Verwendung, ein gemeinsamer Verbrauch sowie eine gemeinsame Entsorgung vorliegt, wenn der Verbraucher die Verpackung typischerweise gemeinsam mit dem Produkt nutzt und entsorgt. Dies kann am Beispiel des Tragekoffers für eine Bohrmaschine

Begriffsbestimmungen § 3 **IV**

nachvollzogen werden. Der Verbraucher wird die Bohrmaschine regelmäßig vor Gebrauch aus dem Koffer nehmen und sie danach wieder zur Aufbewahrung dort hinein legen. Der Tragekoffer und das Produkt werden mithin gemeinsam verwendet. Bohrmaschine und Tragekoffer unterliegen derselben zeitlichen Abnutzung und werden wohl regelmäßig gemeinsam entsorgt, da ein neues Produkt einen neuen, speziell auf das Produkt zugeschnittenen Tragekoffer haben wird.

dd) Einzelfälle

Als Verpackungen sind daher beispielhaft anzusehen: **14**

Anpflanztöpfe die nicht dazu bestimmt sind, dass die Pflanze während ihrer Lebenszeit darin verbleibt; Etiketten, die unmittelbar am Produkt hängen oder befestigt sind; Banderolen; Becher; Beutel; Klarsichtfolien um CD-, DVD-Hüllen, und Audiokassetten; Dosen; Dosierhilfen als Bestandteil des Verpackungsverschlusses von Waschmitteln; Entnahmehilfen; Fässer; Flaschen; Folien; Heftklammern; Kanister; Kartonagen; Kisten; Kleider- und Krawattenbügel; Paletten; Papiereinleger; Pappeinlagen; Polstermittel; Runddosen; Säcke; Schachteln; Senfgläser; Spielekartons, wenn diese nicht notwendigerweise für das Spiel gebraucht werden; Tragetaschen; Trays; Tuben; Versandverpackungen wie gepolsterte Umschläge, Wimperntuschebürsten als Bestandteil des Verpackungsverschlusses.

Als Produktbestandteile gelten daher beispielhaft:

Beipackzettel für Arzneimittel; Backgammonkoffer, wenn Spielfläche im Koffer; Gebrauchsanleitungen; Briefumschläge; Geschenkekartons, wenn sie ohne Ware abgegeben werden; Spielanleitungen; Tonerkartuschen; Teebeutel; Wachsschichten um Käse; Wursthäute. Als Produktbestandteil wurde auch der „Lollystiel" angesehen, da er originärer Bestandteil des Produkts „Lutscher" sei (OLG Köln 1 U 6/01). Würde man den Lollystiel entfernen, so sei das Produkt kein Lutscher mehr, sondern ein Bonbon. Der Stiel führe zur Qualifikation des Produkts als „Lolly". Ebenso wurde die rote Hülle um Grablichter (OLG Köln 3 U 76/96) als Produktbestandteil eingeordnet. CD-Boxen werden nicht ausdrücklich von den Verpackungen ausgenommen. Stattdessen legt Anhang V Nr. 2 fest, dass Klarsichtfolien um CD-Hüllen Verpackungen sind. Hieraus wird geschlossen, dass die eigentliche, langlebige CD-Hülle gerade nicht als Verpackung i. S. d. Verordnung einzustufen sei und weiter, dass langlebige Verpackungen insgesamt, wie z. B. für Spiele, DVDs, Bohrersets und Ähnliches nicht als Verpackung gelten (BR-Drs. 591/05, S. 2).

ee) Langlebige Verpackungen

Die Regelungen zu den langlebigen Verpackungen sind im Rahmen der vierten **15** Novelle sowohl in § 3 als auch in § 6 der Verpackungsverordnung entfallen.

Der Bundesrat hat dazu ausgeführt: Nach Anhang V 2 a) werde die Klarsichthülle um CD-Hüllen als Verpackung eingeordnet. Im Umkehrschluss bedeute dies, dass die eigentliche langlebige CD-Hülle gerade nicht als Verpackung i. S. d. Verordnung einzustufen sei. Daraus schließt er, dass langlebige Verpackungen allgemein über Anhang V nicht mehr den Bestimmungen der Verordnung unterliegen und es für diese Verpackungen keiner speziellen Regelungen bedürfe. Daher könne auch die Definition des Begriffs der langlebigen Verpackung entfallen (BR-Drs. 591/05, S. 2).

3. Verpackungsarten

16 Der Verordnungsgeber unterscheidet zwischen sechs verschiedenen Verpackungsarten, an die unterschiedliche Rechtsfolgen hinsichtlich der Rücknahme- und Verwertungspflichten geknüpft sind. Auf die Aufzählung einzelner Beispiele für die jeweilige Verpackungsart wurde zugunsten abstrakter Definitionen weitestgehend verzichtet. Ausgenommen hiervon sind die sog. ökologisch vorteilhaften Einweggetränkeverpackungen, welche in Absatz 4 abschließend aufgezählt werden.

a) Verkaufsverpackungen

17 Alle Verpackungen, die als eine Verkaufseinheit angeboten werden und beim Endverbraucher anfallen, sind Verkaufsverpackungen i. S. d. Verpackungsverordnung.

Die Definition der Verkaufsverpackung beinhaltet somit drei Tatbestandsmerkmale. Dies sind: „Verpackung", „Verkaufseinheit" und „Anfall beim Endverbraucher". Diese werden nachfolgend erläutert.

aa) Verpackung

18 Zu der grundsätzlichen Einordnung eines Behältnisses als Verpackung wird auf obenstehende Ausführungen verwiesen. Als Hauptproblem stellt sich die Abgrenzung zwischen Produkt und Verpackung dar.

bb) Verkaufseinheit

19 Der Begriff der „Verkaufseinheit" als Tatbestandmerkmal einer Verkaufsverpackung wurde aus der Definition der EG-Richtlinie übernommen. Er dient der Abgrenzung zu Verpackungen, die losgelöst von einer Ware separat zum Erwerb dem Endverbraucher angeboten werden. Notwendige Voraussetzung für die Einordnung einer Verpackung als Verkaufsverpackung ist somit, dass die Verpackung in direktem räumlichen und zeitlichen Zusammenhang mit einer Ware dem Endverbraucher angeboten wird. Ware i. S. der Verordnung sind bewegliche Sachen, die einem Endverbraucher in Ausübung eines Gewerbes zur Verfügung gestellt werden (OLG Köln VersR 2001, 523). Ware ist insoweit abzugrenzen von bloßen Informationen bzw. Mitteilungen, bei denen lediglich gedankliche Inhalte vermittelt werden (OLG Köln a.a.O.; Fischer/Arndt § 3 RN 8).

Verpackungen, die dazu bestimmt sind, ohne Waren an den Endverbraucher abgegeben zu werden, d. h. ohne eine Ware die Verkaufsstelle zu verlassen, sind damit keine Verkaufsverpackung im Sinne der Verpackungsverordnung.

Keine Verkaufsverpackungen sind dementsprechend z. B. Geschenkdosen oder -kartons, die man einzeln ohne das dazugehörige Geschenk erwerben kann und auch Kunststoffvideokassetten-, DVD- und CD-Hüllen, die dem Endverbraucher separat ohne das jeweilige Medium zum Erwerb angeboten werden.

Dagegen sind z. B. Serviceverpackungen Verkaufsverpackungen im Sinne der Verpackungsverordnung, da diese zwar zunächst in der Verkaufsstelle noch ohne Ware angeboten werden, diese jedoch dazu bestimmt sind, innerhalb der Verkaufsstelle mit Waren befüllt zu werden, wie z. B. die Plastiktüte (sog. Hemdchenbeutel) an der Obst- und Gemüsetheke.

cc) Anfall beim Endverbraucher

Zur Einordnung als Verkaufsverpackung gehört, dass die Verpackung beim Endverbraucher anfällt. Hintergrund dieses Begriffsmerkmals ist die Entsorgungszuordnung. 20

Anfall beim Endverbraucher bedeutet, dass die Verpackung durch den Vertreiber an den Endverbraucher übergeben wird, dieser sie annimmt und nicht mehr weiter veräußert. Die Verpackung fällt somit beim Endverbraucher zur Entsorgung an.

dd) Serviceverpackungen

Mit den „Serviceverpackungen" wird durch den Verordnungsgeber ein spezieller Unterfall der Verkaufsverpackung ausdrücklich definiert. Dies dient im Wesentlichen der Klarstellung, dass Serviceverpackungen Verkaufsverpackungen im Sinne der Verpackungsverordnung sind, obwohl sie zunächst ohne Ware angeboten und erst an der Verkaufsstelle befüllt werden. Dass Serviceverpackungen dem Verpackungsbegriff unterfallen, hatte bereits das OLG Köln (6 U 27/97) festgestellt (a. A. Strecker, ZLR 1997, 660 ff.). In der amtlichen Begründung zur ersten Novelle der Verpackungsverordnung werden als Beispiele für Serviceverpackungen Kunststoff- oder Papiertüten genannt, die im Handel mit Produkten gefüllt werden oder die die Übergabe von Waren an den Endverbraucher ermöglichen bzw. unterstützen (vgl. BT-Drs. 13/7761, S. 21). 21

Anhang V Nr. 1b) enthält Kriterien zur Bestimmung des Begriffs „Serviceverpackungen". Systematisch unzulänglich ist, dass § 3 Abs. 1 Nr. 2, der den Begriff der Serviceverpackung einführt, nicht auf die Kriterien des Anhangs verweist. Der Wortlaut des Anhangs V Nr. 1b) lässt aber nur den Schluss zu, dass die dort genannten Kriterien der Abgrenzung des Begriffs der Serviceverpackung dienen. Dort heißt es: „Gegenstände, die dafür konzipiert und bestimmt sind, in der Verkaufsstelle gefüllt zu werden, und ‚Einwegartikel', die in gefülltem Zustand verkauft oder dafür konzipiert oder bestimmt sind, in der Verkaufsstelle gefüllt zu werden, gelten als Verpackungen, sofern sie eine Verpackungsfunktion erfüllen. Danach gelten Tragetaschen aus Papier oder Kunststoff, Einwegteller und -tassen, Frischhaltefolie, Frühstücksbeutel und Aluminiumfolie als Verpackungen, wenn sie dafür konzipiert und bestimmt sind, in der Verkaufsstelle gefüllt zu werden und eine Verpackungsfunktion erfüllen als Verpackung." 22

Vertreiber von Serviceverpackungen können nach der fünften Novelle der Verpackungsverordnung gem. § 6 Abs. 1 S. 2 vom Hersteller bzw. Vorvertreiber der Verpackungen verlangen, dass diese die Systembeteiligung übernehmen. Dies ist eine Ausnahme zu der grundsätzlichen Regelung des § 6 VerpackV, nach der der Erstinverkehrbringer die Systembeteiligung zu übernehmen hat. 23

ee) Einweggeschirr

24 § 3 Abs. 1 Nr. 2 erweitert den Begriff der Verkaufsverpackungen auch auf Einweggeschirr, obwohl es sich dabei nicht um Verpackungen im eigentlichen Sinne handelt.

Auch in Art. 3 a) Nr. 1 Satz 2 der EG-Richtlinie 94/62/EG werden Einwegbehälter und sonstige Produkte ebenfalls als Verpackungen angesehen. Sowohl der EG-Richtlinie als auch der Verpackungsverordnung liegt die Intention zugrunde, zugleich der Flut von Einmalgeschirr aus Papier und Plastik im Gastronomiebereich zu begegnen und sich so zu ersparen, weitere Richtlinien oder Verordnungen für den äußerst kleinen Bereich dieser Produkte zu erlassen. Da diese Produkte aus denselben Materialien bestehen wie Verpackungen und normalerweise nach einmaligem Gebrauch zur Entsorgung anstehen, spricht auch kein sachlicher Grund gegen eine Einbeziehung dieser Produkte in den Anwendungsbereich der Verordnung. Einwegbestecke sind infolge der Neuregelung durch Anhang I der EU-Verpackungsrichtlinie nicht mehr als Verpackungen anzusehen. Der Begriff „Einwegbestecke" wird in § 3 Nr. 2 nicht mehr genannt und ist in Anhang V Nr. 2 ausdrücklich als Gegenstand definiert, der nicht als Verpackung anzusehen ist.

b) Umverpackungen

25 Die Definition der Umverpackung wurde mit der ersten Novellierung der Verordnung im Jahr 1998 grundlegend geändert. Im Gegensatz zur ursprünglichen Fassung wurden in der novellierten Fassung keine Beispiele für typische Umverpackungen mehr genannt. Darüber hinaus wurden die Hauptaufgaben einer Umverpackung nicht mehr auf die Ermöglichung der Abgabe im Wege der Selbstbedienung, Diebstahlserschwerung oder Werbung festgelegt.

Nach der geltenden Definition von Umverpackungen ist grundsätzliches Abgrenzungskriterium, dass eine Verpackung zusätzlich zu einer Verkaufsverpackung vorliegen muss. Dies würde für eine Vielzahl von Verpackungen zutreffen. Daher erfolgt folgende Einschränkung: Soweit die zusätzliche Verpackung aus Gründen der Hygiene, der Haltbarkeit oder des Schutzes der Ware vor Beschädigung oder Verschmutzung für die Abgabe an den Endverbraucher erforderlich ist, handelt es sich nicht um eine Umverpackung, sondern um eine Verkaufsverpackung (sog. Mehrstückverpackung). Liegt eine solche Zweckbestimmung nicht vor, handelt es sich bei der zusätzlichen Verpackung um eine Umverpackung.

Beispiele für Umverpackungen sind Pappkartons um Zahnpastatuben und Parfumflakons.

c) Transportverpackungen

26 Die erste Fassung der Verpackungsverordnung von 1991 stellte bei der Definition von Transportverpackungen lediglich auf die Funktion bzw. Verwendungsart einer Verpackung ab und zählte verschiedene Beispiele für Transportverpackungen auf. Auch hier wurde in der Novellierung von 1998 auf die Aufzählung typischer Beispiele für Transportverpackungen verzichtet; vielmehr wurde auf die Funktion der Verpackung und ihren Anfallort abgestellt. Danach liegt eine Transportverpackung vor, wenn die Verpackung den Transport von Waren erleichtert,

Waren auf dem Transport vor Schäden bewahrt oder sie aus Gründen der Sicherheit des Transportes verwendet wird und wenn diese Verpackung beim Vertreiber anfällt.

Diese Definition besteht mithin aus zwei Begriffsmerkmalen, die beide erfüllt sein müssen, um eine Verpackung unter den Begriff Transportverpackung subsumieren zu können.

Die Subsumtion unter die in der Definition genannten Funktionen einer Verpackung reicht aber allein nicht aus, um diese als Transportverpackung einordnen zu können, da alle aufgezählten Funktionen auch für eine Verkaufsverpackung zutreffen.

Maßgebliches Kriterium ist damit der Ort des Anfalls der Verpackung. Im Gegensatz zur Verkaufsverpackung fällt die Transportverpackung nicht beim Endverbraucher, sondern beim Vertreiber an; es kommt also entscheidend auf die Vertriebsstufe an. Danach sind alle Verpackungen, die beim Vertreiber anfallen, Transportverpackungen im Sinne der Verordnung und unterliegen den Regelungen in § 4.

So ist es möglich, dass ein und dieselbe Verpackungsart, je nachdem wo sie anfällt, entweder als Verkaufsverpackung oder Transportverpackung einzuordnen ist. Insofern ist seit der ersten Neufassung eindeutig klargestellt, dass diese unterschiedliche Einordnung der Intention des Verordnungsgebers entspricht. Die durch das AG Winsen (NVwZ-RR 1994, 433) seinerzeit vertretene Ansicht, dass allein die hauptsächliche Verwendungsart einer Verpackung über ihre Einordnung als Transport- oder Verkaufsverpackung entscheidet und dies auch dem Sinn und Zweck der Verpackungsverordnung entsprechen würde, kann somit nicht aufrechterhalten werden.

Erfasst wird damit der gesamte gewerbliche und industrielle Bereich bis hin zur Ebene des Einzelhändlers, weshalb den Regelungen zur Transportverpackung besondere wirtschaftliche Bedeutung zukommt.

d) Getränkeverpackungen

Getränkeverpackungen sind definiert als alle geschlossenen und überwiegend 27 geschlossenen Verpackungen für flüssige Lebensmittel im Sinne des § 2 Abs. 2 des Lebensmittel- und Futtermittelgesetzbuches (LFGB) in der Fassung der Bekanntmachung vom 26.4.2006 (BGBl. I, 945), zuletzt geändert durch Artikel 12, des Gesetzes vom 26.2.2008 (BGBl. I, 215). Das LFGB verweist hinsichtlich der Definition des Begriffs Lebensmittel auf Artikel 2 der Verordnung (EG) Nr. 178/2002 des Europäischen Parlaments und des Rates vom 28.1.2002 zur Festlegung der allgemeinen Grundsätze und Anforderungen des Lebensmittelrechts, zur Errichtung der Europäischen Behörde für Lebensmittelsicherheit und zur Festlegung von Verfahren zur Lebensmittelsicherheit (ABl. EG Nr. L 31 S. 1, geändert durch die Verordnung (EG) Nr. 1642/2003 des Europäischen Parlaments und des Rates vom 22. Juli 2003 (ABl. EU Nr. L 245 S. 4). Nach Artikel 2 der Verordnung (EG) sind „Lebensmittel" alle Stoffe oder Erzeugnisse, die dazu bestimmt sind oder von denen nach vernünftigem Ermessen erwartet werden kann, dass sie in verarbeitetem, teilweise verarbeitetem oder unverarbeitetem Zustand von Menschen aufgenommen werden. In Absatz 2 des Artikels 2 ist geregelt, dass Getränke auch Lebensmittel i. S. d. Verordnung sind. Dies gilt unbeschadet der Anforderungen der Richtlinien 80/778/EWG und 98/83/EG auch für Wasser. Wenn also flüssige Lebensmittel im Sinne dieser Vorschrift vorliegen, handelt es sich bei jeder Art von Verpackung um eine Getränkeverpackung im Sinne der Verordnung.

e) Mehrwegverpackungen

28 Die Definition der Mehrwegverpackung wurde im Rahmen der ersten Novellierung leicht modifiziert. Der amtlichen Begründung nach erfolgte diese Veränderung, um dem Anliegen Rechnung zu tragen, schon vor In-Verkehr-Bringen einer Verpackung aufgrund der beabsichtigten Zweckbestimmung als auch der angebotenen Logistik die Einstufung als Mehrwegverpackung zu ermöglichen. Dem Sinn und Zweck nach entspricht die Regelung der Definition von „Wiederverwendung" in Art. 3 Abs. 5 der EG-VerpackRL (vgl. BT-Drs. 13/7761, S. 22).

Wie bereits im Entwurf der Bundesregierung zur ersten Fassung der Verordnung vorgesehen, reicht die Bestimmung einer Verpackung zu einer mehrfachen erneuten Verwendung zum gleichen Zweck aus, um eine Verpackung als Mehrwegverpackung einzuordnen. Beim Gesetzgebungsverfahren zur ersten Fassung der Verordnung erreichte der Bundesrat eine Änderung dahingehend, dass hinsichtlich der Frage, ob eine Mehrwegverpackung vorliegt, nicht die Bestimmung, sondern die tatsächliche Verwendung einer Verpackung für die mehrfache Wiederbefüllung entscheidend ist. Er wollte damit verhindern, dass eine technisch als Mehrwegverpackung geeignete Flasche mit der Behauptung in Verkehr gebracht werden kann, sie sei für die Wiederbefüllung bestimmt, um die in der Verordnung für Mehrwegverpackungen vorgesehenen Erleichterungen zu erreichen. Damit stellte sich jedoch die Frage, wie es sich mit Mehrwegverpackungen verhält, die nach ihrer Herstellung erstmals in den Wirtschaftskreislauf eingeführt werden, da diese naturgemäß einer mehrfachen Wiederbefüllung noch nicht zugänglich waren.

Dieses Problem stellt sich nicht mehr, da es nach der geltenden Definition nur noch auf die Bestimmung der Verpackung ankommt. Dies kann jedoch nicht dazu führen, dass Hersteller und/oder Vertreiber sich den Verpflichtungen aus den §§ 4–8 entziehen können, indem sie behaupten, dass die von ihnen in Verkehr gebrachte Verpackung dazu bestimmt sei, mehrfach zum gleichen Zweck wieder verwendet zu werden. Entscheidend ist, dass die Verpackung objektiv unter Berücksichtigung des typischen Verbraucherverhaltens geeignet ist, mehrfach zum gleichen Zweck wieder verwendet werden zu können, d. h. mehrfach zwischen Abfüller, Vertreiber und Endverbraucher zu kursieren. Ferner muss ebenfalls eine Logistik vorhanden sein, die das Kursieren einer Verpackung zwischen Abfüller, Vertreiber und Endverbraucher ermöglicht; d. h. es müssen Annahmestellen bei den Vertreibern und z. B. Waschanlagen bei den Abfüllern vorhanden sein. Das Behaupten, eine Verpackung könne theoretisch zwischen den Beteiligten kursieren, ohne dass eine entsprechende Logistik dahinter steht, reicht demnach nicht aus, um eine einfache Verpackung zu einer Mehrwegverpackung im Sinne der Verordnung zu machen.

Mit der dritten Änderungsverordnung der Verpackungsverordnung wurde die Definition von Mehrwegverpackungen um eine Negativdefinition von Einwegverpackungen ergänzt. Der hierzu in § 3 Abs. 3 ergänzte Satz 2 lautet: Einwegverpackungen im Sinne dieser Verordnung sind Verpackungen, die keine Mehrwegverpackungen sind. Verpackungen, die nicht unter die Definition von Mehrwegverpackungen subsumiert werden können, sind damit Einwegverpackungen. Die Definition der Einwegverpackung wurde aufgenommen, weil der durch die dritte Änderungsverordnung neu gefasste § 8 a. F. hinsichtlich der Pfandpflichten auf den Begriff „Einwegverpackungen" abstellt (BT-Drs. 15/4642, S. 11)

f) Ökologisch vorteilhafte Einweggetränkeverpackungen

Für den Bereich der Getränkeverpackungen geht der Verordnungsgeber davon aus, dass Einweggetränkeverpackungen grundsätzlich ökologisch nachteilig und nur in Ausnahmefällen vorteilhaft sind. Die Klassifizierung einer Verpackung als ökologisch vorteilhafte bzw. nicht ökologisch vorteilhafte Einweggetränkeverpackung hat Auswirkungen auf die Pfandpflichten nach § 9 der Verordnung. Nach § 9 Abs. 2 VerpackV gelten die Pfandpflichten nur für nicht vorteilhafte Einweggetränkeverpackungen bestimmter Füllgüter. Dies bedeutet im Umkehrschluss, die Pfandpflichten gelten nicht für ökologisch vorteilhafte Einweggetränkeverpackungen.

29

Der Begriff der ökologischen Vorteilhaftigkeit geht auf Ökobilanz-Untersuchungen zurück, die im Auftrag des Umweltbundesamtes durchgeführt worden sind. Mit der Novellierung der Verpackungsverordnung und der Einführung dieses Begriffs sollten insbesondere die Erkenntnisse der im August 2000 vorgelegten Ökobilanz-Studie „Getränkeverpackungen II" umgesetzt werden. Der Einstufung von Verpackungen als „ökologisch vorteilhafte Einweggetränkeverpackungen" liegen die zum Zeitpunkt der Novellierung aktuellen Erkenntnisse über die gesamtökologischen Bewertungen von Getränkeverpackungen unter Berücksichtigung anerkannter und durch das Umweltbundesamt geprüfter Ökobilanz-Untersuchungen zugrunde (BT-Drs. 15/4642, S. 11).

Die Aufzählung ökologisch vorteilhafter Einweg-Getränkeverpackungen ist zwar abschließend, hat jedoch keine „Ewigkeitsgarantie". Es besteht die Möglichkeit, dass weitere Verpackungen den Status der ökologischen Vorteilhaftigkeit erlangen bzw. etablierte Verpackungen den Status verlieren können (vgl. Flanderka/Renke, NVwZ 2006, 23 [24]; BT-Drs. 15/4642, S. 11).

Aufgrund der umfangreichen und zwingenden Verfahrensvorgaben ist davon auszugehen, dass nur wenige Verpackungen das Verfahren zur Anerkennung der ökologischen Vorteilhaftigkeit durchlaufen werden.

Die ökologisch vorteilhaften Einweggetränkeverpackungen in § 3 Abs. 4 wurden im Zuge einer redaktionellen Änderung durch die fünfte Novellierung der Verordnung als nummerierte Liste gefasst und nicht, wie zuvor, in Form von Spiegelstrichen. Hierdurch soll die Übersichtlichkeit und Zitierbarkeit erleichtert werden, inhaltliche Änderungen hat dies nicht zur Folge (BT-Drs. 16/7954, S. 18).

aa) Getränkekartonverpackungen (Blockpackung, Giebelpackung, Zylinderpackung)

30 Blockpackungen und Giebelpackungen sind typische Verpackungen für Milch und Fruchtsäfte. Für diese Verpackungen kommt die Ökobilanz-Studie „Getränkeverpackungen II" zu dem Ergebnis, dass Getränkekartonverpackungen keine signifikanten ökologischen Vor- oder Nachteile im Vergleich zu den in der Studie als Referenzsysteme herangezogenen Mehrweg-Glasflaschen erkennen lassen (BT-Drs. 15/4642, S. 11). Getränkekartonverpackungen gelten damit als ökologisch vorteilhaft. Mit der fünften Novelle wurde in § 3 Abs. 4 Nr. 1 die Zylinderpackung als ökologisch vorteilhafte Verpackungsform ergänzt. Der Verordnungsgeber hat auf Basis von Ökobilanzuntersuchungen, die ein Hersteller derartiger Verpackungen vorgelegt hat und die durch das Umweltbundesamt überprüft worden sind, entschieden, dass derartige Verpackungen als ökologisch vorteilhaft einzustufen sind. Gesetzessystematisch ist die Zylinderpackung bei den Getränkekartonverpackungen (Blockpackung/Giebelpackung) eingeordnet. Die Zylinderpackung ist damit als weitere Unterform der Getränkekartonverpackung anzusehen. Nur solche zylindrischen Kartonverpackungen sind daher ökologisch vorteilhaft. Demzufolge sind mit Kartonverbunden ummantelte Kunststoffflaschen oder andere Verpackungen mit lediglich zylindrischer Grundform nicht ökologisch vorteilhaft (BT-Drs. 16/7954, S. 18). Es kommt darauf an, dass die zylindrische Form durch einen Kartonverbund erreicht wird.

bb) Getränke-Polyethylen-Schlauchbeutel-Verpackungen

31 Getränke-Polyethylen-Schlauchbeutel-Verpackungen sind Schlauchbeutelverpackungen bspw. für Milch. Diese Verpackungen wurden bereits 1998 auf der Grundlage einer Ökobilanz-Studie des Umweltbundesamtes den Mehrweg-Getränkeverpackungen in diesem Bereich gleichgestellt und gelten seit Inkrafttreten der dritten Verordnung zur Änderung der Verpackungsverordnung als ökologisch vorteilhafte Einweggetränkeverpackungen.

cc) Folien-Standbodenbeutel

32 Typisches Beispiel für Folien-Standbodenbeutel ist die Verpackung des Fruchtsaftgetränks „Capri-Sonne". Für diese Verpackungen wurde im Jahr 2001 eine Ökobilanz-Untersuchung erstellt. Das Umweltbundesamt hat nach Prüfung dieser Untersuchung festgestellt, dass Verbundfolien-Standbodenbeutel als ökologisch vorteilhaft eingestuft werden können.

g) Verbundverpackungen

33 Die Definition des Begriffes der Verbundverpackung wurde vom Verordnungsgeber im Rahmen der ersten Novellierung von 1998 neu in die Verpackungsverordnung aufgenommen. Der Begriff „Verbunde" wurde bereits in der ersten Verordnungsfassung im Anhang zu § 6 erwähnt und zwar als Materialgruppe, für die ein duales System gemäß § 6 Abs. 3 bestimmte Erfassungs-, Sortier- und Verwertungsquoten nachzuweisen hat.

Danach liegt eine Verbundverpackung vor, wenn eine Verpackung aus unterschiedlichen, von Hand nicht trennbaren Materialien besteht, von denen keines einen Masseanteil von 95% überschreitet.

Voraussetzung für das Vorliegen einer Verbundverpackung ist demnach, dass eine Verpackung aus mindestens 2 Materialien besteht. Nach der amtlichen Begründung gelten dabei verschiedene Kunststoffe als ein Material. Ferner darf keines der Materialien mehr als 95% der Masse einer Verpackung ausmachen (vgl. BT-Drs. 13/7761, S. 22).

Schließlich dürfen die Materialien der Verpackung nicht manuell trennbar sein; damit fallen solche Verpackungen nicht unter den Begriff der Verbundverpackung, bei denen der Endverbraucher die Materialien durch Abziehen oder Abreißen händisch trennen kann; Beispiele hierfür sind der Joghurtbecher aus Kunststoff mit Aluminiumdeckel oder die Papierschachtel mit herausnehmbaren Kunststoffeinsatz.

Unter den Begriff der Verbundverpackung fallen jedoch die sog. Getränkekartons aus Kunststoff, Papier und Aluminium und Weißblechdosen mit Aluminiumdeckel.

4. Restentleerte Verpackungen

Durch Beschluss des Bundesrates wurde der Begriff der restentleerten Verpackung in die Novelle der Verpackungsverordnung von 1998 aufgenommen (Ziff. 5 BR-Drs. 445/98). **34**

Eine Verpackung ist dann restentleert, wenn ihr Inhalt bestimmungsgemäß ausgeschöpft worden ist. Dies bedeutet, dass eine Verpackung nicht frei von jeglichen Anhaftungen oder Resten sein muss, sondern dass Warenreste darin verbleiben können, sofern der Verbraucher die Ware im Rahmen des üblichen Verhaltens der Verpackung entnommen hat. Der Verordnungsgeber folgt hiermit einer in der Praxis entwickelten Abgrenzung bei der Lizenzierung des „Grünen Punktes" durch die DSD-GmbH.

Bei Joghurtbechern heißt dies z. B., dass der Becher löffelrein sein sollte, um als restentleert zu gelten; ein Auswaschen des Bechers ist nicht erforderlich und auch nicht sinnvoll (vgl. Ziff. 5 BR-Drs. 445/98).

Bei anderen Verpackungen, wie z. B. Spray-Dosen, kann dies auch heißen, dass noch unwesentliche Mengen der Ware in der Verpackung enthalten sein können und die Verpackung trotzdem als restentleert gilt, da die Verpackung auch bei bestimmungsgemäßem Gebrauch nicht weiter entleert werden kann. Dagegen gilt der halbleere, angetrocknete Farbeimer nicht als restentleert.

5. Schadstoffhaltige Füllgüter

a) Selbstbedienungsverbot nach §4 Chemikalien-Verbotsverordnung

Nach der Fassung der Verpackungsverordnung von 1991 waren Verpackungen mit Resten oder Anhaftungen von Stoffen oder Zubereitungen, die gesundheitsgefährdend entsprechend §4 Abs. 1 Nr. 6–14 oder §2 Nr. 2 GefStoffV oder **35** umweltgefährdend entsprechend § 3a Abs. 2 ChemG waren, vom Anwendungsbereich der Verpackungsverordnung ausgenommen.

Mit der ersten Novellierung der Verpackungsverordnung wurden auch Verpackungen schadstoffhaltiger Füllgüter in den Anwendungsbereich der Verpackungsverordnung entsprechend dem Anwendungsbereich der EG-Verpackungsrichtlinie aufgenommen. Zudem wurde der Anknüpfungspunkt für die Einordnung eines Füllgutes als schadstoffhaltig geändert, so dass daran angeknüpft wird, ob ein Füllgut von der Selbstbedienung im Einzelhandel ausgeschlossen ist. Nach der amtlichen Begründung ist die in § 4 Chemikalien-Verbotsverordnung getroffene Wertung hinsichtlich der Vertriebsbeschränkungen aufgrund umwelt- oder gesundheitsgefährdender Potentiale mit dem Vorsorgeschutz auf dem Entsorgungsweg vergleichbar (vgl. BT-Drs. 13/7761, S. 22).

Hinsichtlich der Verpflichtungen von Herstellern und Vertreibern von Verpackungen schadstoffhaltiger Füllgüter wird auf § 8 verwiesen.

36 Die durch die Verweisung in § 3 Abs. 7 Nr. 1 der Verpackungsverordnung in Bezug genommene Vorschrift der Chemikalien-Verbotsverordnung lautet wie folgt:
§ 4:
„Stoffe und Zubereitungen nach § 3 Abs. 1 Satz 1 dürfen im Einzelhandel nicht durch Automaten oder durch andere Formen der Selbstbedienung in den Verkehr gebracht werden. Das Selbstbedienungsverbot nach § 22 Abs. 1 des Pflanzenschutzgesetzes bleibt unberührt. Satz 1 gilt nicht für
1. Ottokraftstoffe, die an Tankstellen oder sonstigen Betankungseinrichtungen abgegeben werden,
2. die mit dem Gefahrensymbol C (ätzend) zu kennzeichnenden Reinigungsmittel in Verpackungen mit kindergesicherten Verschlüssen, die den Anforderungen der Norm ISO 8317 (Ausgabe 1. Juli 1989) entsprechen,
3. Zement und Kalk sowie Zubereitungen, die auf Grund ihres Zement- oder Kalkgehaltes mit dem Gefahrensymbol C (ätzend) zu kennzeichnen sind,
4. Druckgase im Sinne der Druckbehälterverordnung, die nach der Gefahrstoffverordnung mit dem Gefahrensymbol F + (hochentzündlich) oder O (brandfördernd) zu kennzeichnen sind,
5. Klebstoffe, Mehrkomponentenkleber und Mehrkomponenten-Reparatur-Spachtel, die aufgrund ihrer Zusammensetzung nach der Gefahrstoffverordnung mit dem Gefahrensymbol O (brandfördernd) zu kennzeichnen sind, sowie
6. Heizöl und Dieselkraftstoffe."

Die durch Verweisung in dieser Vorschrift in Bezug genommene Vorschrift hat folgenden Wortlaut:
§ 3 Abs. 1 Satz 1:
„Stoffe und Zubereitungen, die nach der Gefahrstoffverordnung mit den Gefahrensymbolen T (giftig) oder T + (sehr giftig) oder C (ätzend) oder O (brandfördernd) oder F + (hochentzündlich) oder mit dem Gefahrensymbol Xn (gesundheitsschädlich) und den R-Sätzen R 40, R 62 oder R 63 zu kennzeichnen sind, dürfen nur abgegeben werden, ..."

Giftig sind Stoffe und Zubereitungen gemäß § 4 Abs. 1 Nr. 7 Gefahrstoffverordnung, wenn sie in geringer Menge beim Einatmen, Verschlucken oder Aufnahme über die Haut zum Tode führen oder akute oder chronische Gesundheitsschäden verursachen können.

Sehr giftig sind Stoffe oder Zubereitungen gemäß § 4 Abs. 1 Nr. 6 Gefahrstoffverordnung, wenn sie in sehr geringer Menge beim Einatmen, Verschlucken oder Aufnahme über die Haut zum Tode führen oder akute oder chronische Gesundheitsschäden verursachen können.

Ätzend sind Stoffe oder Zubereitungen gemäß § 4 Abs. 1 Nr. 9 Gefahrstoffverordnung, wenn sie lebende Gewebe bei Berührung zerstören können.

Brandfördernd sind Stoffe oder Zubereitungen gemäß § 4 Abs. 1 Nr. 2 Gefahrstoffverordnung, wenn sie in der Regel selbst nicht brennbar sind, aber bei Berührung mit brennbaren Stoffen oder Zubereitungen, überwiegend durch Sauerstoffabgabe, die Brandgefahr oder die Heftigkeit eines Brandes beträchtlich erhöhen.

Hochentzündlich sind Stoffe oder Zubereitungen gemäß § 4 Abs. 1 Nr. 3 Gefahrstoffverordnung, wenn sie entweder in flüssigem Zustand einen extrem niedrigen Flammpunkt und einen niedrigen Siedepunkt haben oder als Gase bei gewöhnlicher Temperatur und Normaldruck in Mischung mit Luft einen Explosionsbereich haben.

Gesundheitsschädlich in Verbindung mit R 40 bedeutet, dass durch diesen Stoff oder diese Zubereitung irreversible Schäden möglich sind; in Verbindung mit R 62, dass durch diesen Stoff oder diese Zubereitung die Fortpflanzungsfähigkeit möglicherweise beeinträchtigt wird und in Verbindung mit R 63, dass durch diesen Stoff oder diese Zubereitung das Kind im Mutterleib möglicherweise geschädigt wird.

b) Pflanzenschutzmittel

§ 3 Abs. 7 Nr. 2 verweist auf die Definition von Pflanzenschutzmitteln in § 2 Nr. 9 Pflanzenschutzgesetz, die wie folgt lautet:

„§ 2 Nr. 9
Pflanzenschutzmittel:
Stoffe, die dazu bestimmt sind,
a) Pflanzen vor Schadorganismen oder nichtparasitären Beeinträchtigungen zu schützen,
b) Pflanzenerzeugnisse vor Schadorganismen zu schützen,
c) Pflanzen oder Pflanzenerzeugnisse vor Tieren, Pflanzen oder Mikroorganismen zu schützen, die nicht Schadorganismen sind,
d) die Lebensvorgänge von Pflanzen zu beeinflussen, ohne ihrer Ernährung zu dienen (Wachstumsregler),
e) das Keimen von Pflanzenerzeugnissen zu hemmen,
f) den in den Buchstaben a bis e aufgeführten Stoffen zugesetzt zu werden, um ihre Eigenschaften oder Wirkungen zu verändern,
ausgenommen sind Wasser, Düngemittel im Sinne des Düngemittelgesetzes und Pflanzenstärkungsmittel; als Pflanzenschutzmittel gelten auch Stoffe, die dazu bestimmt sind, Pflanzen abzutöten oder Flächen von Pflanzenwuchs freizumachen oder freizuhalten, ohne dass diese Stoffe unter die Buchstaben a oder d fallen."

Hierbei erfolgt jedoch eine Einschränkung auf Stoffe und Zubereitungen, die bestimmte Gefährlichkeitsmerkmale erfüllen, wobei diese Merkmale mit denen nach § 4 in Verbindung mit § 3 Abs. 1 Satz 1 Chemikalien-Verbotsverordnung identisch sind.

c) PU-Schaumdosen

Schließlich werden noch die sog. PU-Schaumdosen als Verpackungen schadstoffhaltiger Füllgüter in § 3 Abs. 7 Nr. 3 definiert. Dies erfolgt nach der amtlichen Begründung unter Vorsorgegesichtspunkten, da aufgrund der technisch bedingten Besonderheiten in Verbindung mit dem gewöhnlichen Verbraucherverhalten bei den PU-Schaumdosen in der Regel deutlich höhere Restinhalte vorhanden seien als in vergleichbaren Verpackungen. Eine Entsorgung über ein System nach § 6 Abs. 3 erscheint dem Verordnungsgeber daher problematisch (vgl. BT-Drs. 13/7761, S. 22).

Nach der ersten Fassung der Verpackungsverordnung waren PU-Schaumdosen nicht als Verpackungen schadstoffhaltiger Füllgüter anzusehen. Insofern bestanden für PU-Schaumdosen in der Vergangenheit die für Verkaufsverpackungen üblichen Rücknahme- und Verwertungspflichten.

In der Praxis wurden die so genannten 1-Kammer-Dosen in erster Linie über ein eigenes Rücknahmesystem entsorgt. Die sog. 2-Kammer-Dosen werden hauptsächlich im Rahmen der nach § 6 Absatz 3 errichteten dualen Systeme erfasst und einer Verwertung zugeführt. Hierbei kam es bislang nicht zu Störungen im Erfassungssystem, so dass für die o. g. Befürchtung des Verordnungsgebers keine Grundlage besteht.

6. Hersteller

39 Die Definition des Herstellerbegriffes wurde im Rahmen der Novellierung von 1998 von § 2 Abs. 1 aus systematischen Gründen in den Definitionskatalog des § 3 aufgenommen. Des Weiteren wurde seinerzeit klargestellt, dass auch die Hersteller von Packstoffen zu den Herstellern im Sinne der Verpackungsverordnung gehören. Leider wurde der Wortlaut der Vorschrift insoweit nicht geändert, als dass es weiterhin bei dem sprachlichen Fehler geblieben ist, dass Hersteller im Sinne der Verordnung derjenige ist, der Verpackungen herstellt, aus denen unmittelbar Verpackungen hergestellt werden.

Die Verpackungsverordnung unterscheidet drei Herstellerbegriffe: Zum einen handelt es sich um denjenigen, der Verpackungen und Packstoffe herstellt und zum anderen um den Erzeugnishersteller; ferner werden auch Importeure als Hersteller angesehen.

a) Verpackungs- und Packstoffhersteller

40 Dieser Begriff erfasst Hersteller, die unmittelbar Verpackungen oder Packstoffe herstellen. Zu den Begriffen Verpackungen und Packstoffe vgl. die Erläuterungen zu § 3 Abs. 1 Nr. 1. Um welche Art von Verpackungen es sich handelt, ist dabei unerheblich.

b) Erzeugnishersteller

41 Die Verordnung erfasst aber nicht nur den Hersteller von Verpackungen, sondern auch denjenigen, der Erzeugnisse herstellt, aus denen unmittelbar Verpackungen oder Packstoffe hergestellt werden. Nach der Begründung des Regierungsentwurfes zur Verpackungsverordnung der ersten Fassung (BR-Drs. 817/90, S. 41) ist Erzeuger im Sinne von Abs. 8 auch die chemische Industrie als Hersteller von Granulat, aus dem Kunststoffverpackungen hergestellt werden. In gleicher Weise wurde auch in der Begründung zur ersten Novellierung die Grundstoffindustrie als Hersteller im Sinne der Verordnung angeführt (BT-Drs. 13/7761, S. 22). Rummler/Schutt (81) führen als weitere Beispiele denjenigen an,

der Stahl für die Getränkedose, Pappe für den Faltkarton, Papier für die Brötchentüte und Holzbretter für die Kiste produziert. Die Aufzählung lässt ahnen, dass damit der Anwendungsbereich der Verordnung uferlos ausgedehnt würde. Insoweit wurde versucht, die Verursacherkette in Richtung Rohstoffquelle durch das Tatbestandsmerkmal der „Unmittelbarkeit" zu begrenzen. So soll danach nur das Glied in der Verursacherkette erfasst werden, das unmittelbar vor dem Verpackungshersteller rangiert (Rummler/Schutt, 83). Offensichtlich wird damit an das allgemeine Polizeirecht angeknüpft, wo dieses Merkmal zur Abgrenzung der Störerverantwortlichkeit herangezogen wird.

Nicht erfasst wird der Erzeugnishersteller von den Beteiligungspflichten für Verkaufsverpackungen. Gemäß § 6 Abs. 1 sind Hersteller und Vertreiber, die Verkaufsverpackungen erstmals in Verkehr bringen verpflichtet, diese bei einem dualen System nach § 6 Abs. 3 zu beteiligen. Der Erzeugnishersteller unterliegt nicht dem Anwendungsbereich dieser Vorschrift, weil er seinerseits keine Verpackungen, sondern lediglich die für die Verpackungsherstellung verwendeten Materialien in den Verkehr bringt.

Da eine Rücknahmepflicht für Umverpackungen in § 5 der Verordnung für Hersteller nicht besteht, reduziert sich somit der Anwendungsbereich der Vorschriften für Erzeugnishersteller auf die Rücknahme und Wiederverwendung bzw. Verwertung von Transportverpackungen.

c) Importeur

Durch Änderungsbeschluss des Bundesrates wird seit der Novellierung von 1998 auch der Importeur einer Verpackung als Hersteller definiert. **42**

Hierdurch sollte klargestellt werden, dass derjenige, der als Importeur einer Verpackung für das In-Verkehr-Bringen dieser Verpackung in den Geltungsbereich verantwortlich ist, die entsprechende Verantwortlichkeit eines inländischen Herstellers trägt (BR-Drs. 445/98, S. 4).

Diese Regelung ist zu begrüßen, da in der Praxis zuvor häufig unklar war, an wen sich die Verpflichtungen aus der VerpackV wendeten und der Importeur oftmals versuchte, sich auf die Verantwortlichkeit des ausländischen Herstellers zu berufen.

Ferner wird durch diese Klarstellung eine bis dahin bestehende Wettbewerbsverzerrung beseitigt. Im Bereich der sog. Re- und Grau-Importeure war eine Inanspruchnahme dieser Importeure nur schwerlich möglich, da diese ihre Verantwortlichkeiten auf den Letzt-Vertreiber und den Hersteller abwälzen konnten. Seit 1998 ist eindeutig klargestellt, dass auch diese Importeure den Verpflichtungen aus der Verpackungsverordnung unterliegen.

7. Vertreiber

Zum Begriff des Vertreibers enthalten sowohl die amtlichen Begründungen zur Verpackungsverordnung in der ersten Fassung als auch die amtlichen Begründungen der Novellierung von 1998 keine näheren Hinweise. Der Verordnungstext unterscheidet zwischen den Begriffen des Verpackungsvertreibers, zu dem seit der ersten Novelle auch der Vertreiber von Packstoffen gehört, und des **43**

Erzeugnisvertreibers. Hinsichtlich des Vertreibers von Erzeugnissen, aus denen Verpackungen oder Packstoffe hergestellt werden, wird auf die zuvor gemachten Ausführungen beim Herstellerbegriff verwiesen.

Das wesentliche Merkmal, an das der Anwendungsbereich der Verpackungsverordnung gemäß § 3 Abs. 9 anknüpft, ist das Merkmal „In-Verkehr-Bringen"; auf die Ausführungen zu § 2 Abs. 1 wird verwiesen.

8. Einzugsgebiet

44 Einzugsgebiet im Sinne von § 3 Abs. 10 ist das Bundesland, in dem die Waren von Herstellern und Vertreibern im Sinne des § 2 in Verkehr gebracht werden. Diese räumliche Abgrenzung hat insbesondere Bedeutung für die Errichtung dualer Systeme gemäß § 6 Abs. 3, deren Einrichtung jeweils landesweit festzustellen ist.

9. Endverbraucher

45 Neben dem Begriff des Endverbrauchers wurde mit der Novelle der Verordnung von 1998 zusätzlich der Begriff des „privaten Endverbrauchers" eingeführt.

a) Endverbraucher

46 Nach § 3 Abs. 11 ist Endverbraucher derjenige, der die Waren in der an ihn gelieferten Form nicht mehr weiter veräußert. Im Gegensatz zur Definition des Begriffes „Endverbraucher" im damaligen § 3 Abs. 5 der Verpackungsverordnung der Fassung von 1991 wurde das Wort „Käufer" mit der ersten Novelle durch das Wort „derjenige" ersetzt. Dies geschah aufgrund der Erkenntnis, dass nicht in allen Fällen der Abgabe einer verpackten Ware an den Verbraucher ein Kaufvertrag zugrunde liegt. Als Beispiel seien hier nur die kostenlose Abgabe von Probier- und Testverpackungen in Parfümerien und Apotheken genannt.

Unter den Begriff des Endverbrauchers fallen damit sowohl private als auch gewerbliche Anfallstellen, sofern sie die Ware in der gelieferten Form nicht mehr weiter veräußern. Damit ist auch der gewerbliche Abnehmer Endverbraucher im Sinne der Verordnung, der die gelieferte Ware z. B. mit einem anderen Bestandteil verbindet (§ 947 BGB) oder weiterverarbeitet (§ 950 BGB) und das so gewonnene Produkt seinerseits auf den Markt bringt.

47 Dies bedeutet, dass einem Vertreiber u. a. dann ein Endverbraucher gegenübersteht, wenn ein Abnehmer gelieferte Einzelteile in Produkte einbaut, die er seinerseits weiterveräußert. Darunter fallen beispielsweise alle Zulieferverhältnisse in der Automobilindustrie, so dass auch die großen Automobilhersteller Endverbraucher im Sinne der Verordnung sind. Für den Fall, dass diese die Übergabe von Waren in der Verpackung verlangen – was im Rahmen der Gestaltung von Einkaufsbedingungen möglich ist – gelten dann die Vorschriften über die Rücknahme von Verkaufsverpackungen. Weitere Beispiele für Endverbraucher sind z. B. Kfz-Werkstätten, die bspw. Ersatzteile in Verpackungen geliefert bekommen und diese in Autos einbauen oder Malerbetriebe, die Farbeimer geliefert bekommen und die Farbe bei ihren Kunden verstreichen.

b) Privater Endverbraucher

Mit der Novellierung von 1998 wurde der Begriff des „privaten Endverbrauchers" in den Text der Verordnung aufgenommen. 48

Nach der amtlichen Begründung sollte mit der Begrenzung der Zuständigkeit dualer Systeme auf den privaten Endverbraucher den Interessen des Wettbewerbsschutzes Rechnung getragen werden, indem der Tätigkeitsbereich von dualen Systemen gemäß § 6 Abs. 3 auf die Erfassung von Verkaufsverpackungen bei privaten Endverbrauchern beschränkt wurde (vgl. BT-Drs. 13/7761, S. 22).

Neben Haushaltungen gehören auch „vergleichbare Anfallstellen" zum Definitionsbereich des privaten Endverbrauchers. Dieser Begriff wird im Verordnungstext anhand einer Aufzählung von Beispielen erläutert. So soll der Situation Rechnung getragen werden, dass gleichartige, ladengängige Verpackungen neben den Haushaltungen auch in zahlreichen anderen „vergleichbaren" Anfallstellen anfallen. Wegen der Gleichartigkeit der Verpackungen gelte aus Sicht des Umweltschutzes der Anspruch auf eine gleichartig effiziente Entsorgung. Bei der Beschreibung der „vergleichbaren Anfallstelle" erfolgte eine Orientierung an der Bewertung des Bundeskartellamtes aus dem Verfahren B 10-8 (vgl. BT-Drs. 13/7761, S. 22). 49

Als vergleichbare Anfallstellen werden insbesondere Gaststätten, Hotels, Kantinen, Verwaltung, Kasernen, Krankenhäuser, Bildungseinrichtungen, karitative Einrichtungen und Freiberufler sowie landwirtschaftliche Betriebe und Handwerksbetriebe angesehen.

Bei landwirtschaftlichen Betrieben und Handwerksbetrieben erfolgt zusätzlich die Einschränkung, dass diese nur dann als privater Endverbraucher anzusehen sind, wenn sie über haushaltsübliche Sammelgefäße für Papier/Pappe/Kartonagen und Leichtverpackungen mit nicht mehr als maximal je Stoffgruppe einem 1100-Liter-Umleerbehälter im haushaltsüblichen Abfuhrrhythmus entsorgt werden können.

Diese Eingrenzung orientiert sich nach der amtlichen Begründung durch Festlegung der Behältergröße an der gängigen Praxis. Mit haushaltsüblichem Abfuhrrhythmus ist die übliche Praxis des 14-tägigen Abholens dieser Sammelbehälter gemeint.

Eine Einschränkung bei den übrigen vergleichbaren Anfallstellen durch den Verordnungsgeber erfolgt nicht, so dass bei diesen Anfallstellen auch mehrere Behälter pro Stoffgruppe oder eine wöchentliche Abholung erfolgen kann.

§ 3 Abs. 11 S. 2 hat durch die fünfte Novelle umfassende Änderungen erfahren. Zu den privaten Endverbrauchern i. S. der Verordnung zählen nach der Neuregelung typische Anfallstellen des Kulturbereichs, wie Kinos, Opern und Museen sowie des Freizeitbereichs wie Ferienanlagen, Freizeitparks, Sportstadien und Raststätten. Bei den Handwerksbetrieben entfällt die Privilegierung der Druckereien. Auch diese sind nun als private Endverbraucher i. S. der Verordnung anzusehen, wenn sie mit nicht mehr als maximal einem 1100-Liter-Umleerbehälter je Stoffgruppe im haushaltsüblichen Abfuhrrhythmus entsorgt werden können. 50

Auch nach der alten Fassung der Verordnung musste die Erfassung von Verkaufsverpackungen an typischen Anfallstellen des Freizeitbereichs, wie z. B. Ferienanlagen, Freizeitparks, Sportstadien, Raststätten und vergleichbaren Anfallstellen sichergestellt werden. Die Regelung befand sich seinerzeit in Anhang I Nr. 3 Abs. 2 und wurde nun aus systematischen Gründen in § 3 Abs. 11 VerpackV übernommen. Eine inhaltliche Änderung ist damit nicht verbunden. Im Übrigen stellt die redaktionelle Änderung in § 3 Abs. 11 Satz 2 und Satz 3 (neu) klar, dass das Mengenkriterium des 1100-Liter-Umleerbehälters nur für Handwerksbetriebe und landwirtschaftliche Betriebe gilt (BR-Drs. 800/07, S. 3). Mit dieser Änderung wird die bisherige Entsorgungspraxis rechtlich umgesetzt. Mit der Aufnahme der Kultureinrichtungen als Anfallstellen des Freizeitbereichs werden auch diese als vergleichbare Anfallstellen eingeordnet. Hierdurch soll klar gestellt werden, dass Anfallstellen des Kulturbereichs, wie z. B. Kinos und Opern nicht als gewerbliche Großanfallstellen (BR-Drs. 800/07, S. 3), sondern als vergleichbare Anfallstellen i. S. d. § 3 Abs. 11 einzuordnen sind. Im Übrigen entfällt die Ausnahmeregelung für Druckereien. Auch diese gelten nach der neuen Verpackungsverordnung als vergleichbare Anfallstellen und können über duale Systeme entsorgt werden. Diese Änderung erfolgte auf Initiative des Bundesrates. Nach dessen Ansicht ist die Privilegierung von Druckereien nicht notwendig. Da die bei Druckereien und sonstigen papierverarbeitenden Betrieben anfallenden Druckpapiere hochwertig seien, würden diese regelmäßig nicht mit Verpackungspapier erfasst (BR-Drs. 800/07, S. 3). Hier ist wohl gemeint, dass auch bei Druckereien die Möglichkeit besteht, Verpackungen unvermischt zu erfassen und es insoweit sachfremd erscheint, diese von einer Verpackungsentsorgung durch duale Systeme auszunehmen. Des Weiteren wird diese Änderung mit den Vorgaben der EU-Richtlinie begründet, die keine Ausnahmen für bestimmte Branchen zulasse. Im Gegenteil fordere diese in Artikel 2, dass die Richtlinie für alle Verpackungen, unabhängig von Anfallstelle und Material gilt. Schließlich wird argumentiert, würde eine Privilegierung der Druckereien dazu führen, dass bei jeder Druckerei, unabhängig von ihrer Größe der Letztvertreiber gem. § 7 Verkaufsverpackungen selber abholen müsse, wenn keine Entsorgung über duale Systeme stattfinde.

Zu den übrigen vergleichbaren Anfallstellen gehören z. B. Altenheime, Apotheken, Autobahnraststätten, Ärzte, Bäckereien, Berufsförderungswerke, Bildungsstätten, botanische und zoologische Gärten, Botschaften, Campingplätze, Dentallabors, gemeinnützige Einrichtungen, medizinische Einrichtungen, Ferienparks, Fleischereien, Flughäfen, Freizeitparks, Friedhöfe, Friedhofsgärtnereien, Frisöre, Gärtnereien, Gebäudereinigungsunternehmen, Jahrmärkte, Kindergärten, Kioske, Kirchen, Metzger, mobile Imbisswagen, Open-air-Veranstaltungen, Optiker, Privatschulen, Rechtsanwälte, Reinigungen, Reisebüros, Schneidereien, Schuster, Schwimmbäder, Sonnenstudios, Sportstadien, Stadtfeste, Steuerberater, Strafanstalten, Stiftungen, Tankstellen, Universitäten, Vereine, Volkshochschulen, Weihnachtsmärkte, Wirtschaftsprüfer, Zahnärzte, Zirkusse.

ABSCHNITT II
Rücknahme-, Pfanderhebungs- und Verwertungspflichten

§ 4
Rücknahmepflichten für Transportverpackungen

(1) Hersteller und Vertreiber sind verpflichtet, Transportverpackungen nach Gebrauch zurückzunehmen. Im Rahmen wiederkehrender Belieferungen kann die Rücknahme auch bei einer der nächsten Anlieferungen erfolgen.

(2) Die zurückgenommenen Transportverpackungen sind einer erneuten Verwendung oder einer stofflichen Verwertung zuzuführen, soweit dies technisch möglich und wirtschaftlich zumutbar ist (§ 5 Abs. 4 des Kreislaufwirtschafts- und Abfallgesetzes), insbesondere für einen gewonnenen Stoff ein Markt vorhanden ist oder geschaffen werden kann. Bei Transportverpackungen, die unmittelbar aus nachwachsenden Rohstoffen hergestellt sind, ist die energetische Verwertung der stofflichen Verwertung gleichgestellt.

Gliederungsübersicht

		RN
I.	Vorbemerkung	1
II.	Erläuterungen	2–30
1.	Adressatenkreis	2
2.	Definition Transportverpackungen	3
3.	Rücknahmepflicht (Abs. 1)	4–17
	a) Ort der Rücknahme	4–7
	b) Umfang der Rücknahmepflicht	8–10
	c) Anforderungen an den Zustand der zurückzunehmenden Verpackungen	11–14
	d) Fälligkeit der Rücknahmepflicht	15, 16
	e) Kostenlast	17
4.	Verwertungspflicht (Abs. 2)	18–24
	a) Erneute Verwendung oder stoffliche Verwertung (Abs. 2 Satz 1)	18–22
	b) Energetische Verwertung	23, 24
5.	Verwendung von Transportverpackungen als Verkaufsverpackungen	25, 26
6.	Zivilrechtliche Gestaltungsmöglichkeiten	27–29
	a) Grundlagen	27
	b) Individualvertragliche Vereinbarungen	28
	c) „Düsseldorfer Erklärung", Branchenverträge	29
7.	Verfügungen der Ordnungsbehörden, Sanktionen	30

I. Vorbemerkung

Mit der Begründung von Rücknahmepflichten für Transportverpackungen ist § 4 **1** der Verpackungsverordnung die zentrale Vorschrift für den industriellen und gewerblichen Bereich. Trotz dieser erheblichen Bedeutung für den gewerblichen Warenverkehr ist die Reichweite der Regelung im Einzelfall unklar bzw. umstritten. Die Unsicherheiten hinsichtlich der Bestimmung des Leistungsortes und der dafür heranzuziehenden Grundsätze versuchte der Verordnungsgeber im Rahmen der Novellierung von 1998 dadurch zu beseitigen, dass er im Referententwurf vom 20.12.1995 ausdrücklich die Rücknahme am Ort der tatsächlichen Übergabe vorsah. Diese Regelung wurde dann im Laufe des weiteren Verfahrens aufgegeben. Lediglich für wiederkehrende Belieferungen sieht die Verordnung nunmehr vor, dass die Rücknahme auch bei einer der nächsten Anlieferungen – am Ort der tatsächlichen Übergabe – erfolgen kann. Modifiziert wurden seinerzeit zudem die Pflichten zur Wiederverwendung und stofflichen Verwertung zurückgenommener Transportverpackungen. Neu eingeführt wurde die Möglichkeit der energetischen Verwertung für Transportverpackungen aus unmittelbar nachwachsenden Rohstoffen wie z. B. Holzverpackungen.

II. Erläuterungen

1. Adressatenkreis

2   § 4 erfasst sowohl den Hersteller als auch den Vertreiber von Transportverpackungen. Auf die Legaldefinitionen in § 3 Abs. 8 und Abs. 9 sowie deren Erläuterungen wird verwiesen. Im Unterschied zu den Rücknahmepflichten für Um- und Verkaufsverpackungen gilt die Rücknahmepflicht von Transportverpackungen uneingeschränkt. Sie trifft in Verbindung mit § 3 Abs. 8 auch denjenigen, der Erzeugnisse herstellt, aus denen unmittelbar Verpackungen hergestellt werden. Das ist z. B. die Glas- und Weißblechindustrie für die von ihnen hergestellten Verpackungsmaterialien, aber auch die chemische Industrie als Hersteller von Granulat, aus dem Kunststoffverpackungen hergestellt werden.

2. Definition Transportverpackungen

3   Hinsichtlich der Begriffsbestimmung wird auf die Legaldefinition in § 3 Abs. 1 Nr. 4 verwiesen. Danach handelt es sich um Verpackungen, die den Transport von Waren erleichtern, Waren auf dem Transport vor Schäden bewahren oder die aus Gründen der Sicherheit des Transports verwendet werden und beim Vertreiber anfallen. Wesentliche Abgrenzungsmerkmale sind damit die verschiedenen Transportfunktionen und der Anfall beim Vertreiber. Im Übrigen sind die Ausführungen zu § 3 Abs. 1 Nr. 4 zur Abgrenzung hinzuzuziehen.

3. Rücknahmepflicht (Abs. 1)

a) Ort der Rücknahme

4   Nach § 4 Abs. 1 Satz 1 müssen Hersteller und Vertreiber Transportverpackungen nach Gebrauch zurücknehmen. Der Ort der Rücknahmepflicht ist nicht ausdrücklich bestimmt. Dagegen wird bei anderen Verpackungsarten an das Merkmal der Verkaufsstelle angeknüpft, so dass Umverpackungen dort oder auf dem dazugehörigen Gelände (§ 5 Abs. 1) und Verkaufsverpackungen am Ort der tatsächlichen Übergabe oder in dessen unmittelbarer Nähe (§ 6 Abs. 8) zurückzunehmen sind. Enthielt der Referentenentwurf vom 20.12.1995 noch eine Bestimmung, wonach die Rücknahme am Ort der tatsächlichen Übergabe unentgeltlich zu erfolgen habe, wurde diese Regelung im Rahmen der weiteren Überarbeitung ersatzlos gestrichen. Auch die Forderung des Umweltausschusses des Bundesrates zur Einfügung einer solchen Regelung (Ziff. 7 BR-Drs. 518/1/97) fand keine Mehrheit. Lediglich in der Begründung des Regierungsentwurfs zur Novelle von

1998 wird ausgeführt, dass die Rücknahme der gebrauchten Verpackungen grundsätzlich korrespondierend zum Liefervorgang am Ort der Übergabe des verpackten Produktes zu erfolgen habe. Worauf diese Meinung gestützt wird, bleibt indessen offen. Festzuhalten ist, dass die Beantwortung der Frage, wo Vertreiber und Hersteller ihre Rücknahmepflichten zu erfüllen haben, nach wie vor rechtlich nicht eindeutig geregelt ist.

Zu der Frage, wo die Rücknahme zu erfolgen hat, existieren verschiedene Literaturmeinungen. Folgt man den Vertretern des öffentlich-rechtlichen Ansatzes, ist der Rücknahmeort mit dem Übergabeort der Verpackung identisch (Elsner/Rummler, NVwZ 1992, 243 [244]; Rummler/Schutt, S. 103; Ekkenga, BB 1993, 945 [948]). Aus dem Grundsatz der „Produktverantwortung" in Verbindung mit dem Begriff des „Inverkehrbringens" wird von den Vertretern dieser Meinung der Übergabeort als Leistungsort für die Rücknahmepflicht abgeleitet, so dass Vertreiber und Hersteller die Verpackungen beim Abnehmer abzuholen haben. 5

Demgegenüber nehmen die Vertreter des zivilrechtlichen Ansatzes (Fluck, DB 1992, 193 [196]; Flanderka/Winter, BB 1992, 149 [150]; Strecker/Berndt, S. 66; Sander, CR 1992, 568 [571]) für sich in Anspruch, dass der Verordnungsgeber bewusst auf ausdrückliche Regelungen über die Modalitäten der Rücknahme von Transportverpackungen verzichtet habe, da „marktwirtschaftlichen Lösungen" nicht unnötigerweise Raum verschlossen werden sollte. So äußerte sich sinngemäß auch der Wirtschaftsausschuss des Bundesrates (Ziff. 7 BR-Drs. 518/1/97). Unter „marktwirtschaftlichen Lösungen" sind ausschließlich freiwillige Vereinbarungen zwischen den Parteien zu verstehen, die auf der Grundlage des Zivilrechts geschlossen werden. Insoweit bestimmt sich der Übergabeort nach § 269 Abs. 1 BGB, so dass zunächst von der „Natur des Schuldverhältnisses" auszugehen ist. Für den Fall, dass ein Ort für die Leistung weder bestimmt noch aus den Umständen entnommen werden kann, hat nach § 269 Abs. 1 BGB die Leistung an dem Ort zu erfolgen, an welchem der Schuldner zur Zeit der Entstehung des Schuldverhältnisses seinen Wohnsitz hatte (so genannte Holschuld). Danach ist regelmäßig der Firmensitz des Vertreibers bzw. Herstellers für die Erfüllung der Rücknahmepflicht von Transportverpackungen maßgebend. 6

Die Rechtsprechung ordnet die Rücknahmepflicht von Transportverpackungen dem öffentlichen Recht zu (BayObLG Beschl. v. 31.8.1993 – 3 ObOWi 66/93 – BB 1993, 2402 m. Anm. von Lindemeyer; AG Winsen 10.12.1993 – 10 Js 14066/93 – UPR 1994, 199). Zur Begründung verweist das Amtsgericht Winsen darauf, dass für den Fall, dass der Leistungsort der Firmensitz des Vertreibers oder Herstellers wäre, ein Verpackungsempfänger zusätzliche Transportkosten für die Rückgabe seiner Verpackungen übernehmen müsste und daher im Zweifel auf die Rückgabe verzichten würde, so dass nach Auffassung des Gerichts der Rücknahmeort mit dem Übergabeort der Verpackung an den Abnehmer identisch ist (UPR 1994, 199). 7

b) Umfang der Rücknahmepflicht

Ob auch solche Transportverpackungen zurückzunehmen sind, die vom Vertreiber oder Hersteller nicht selbst geliefert oder produziert wurden, ist in der Verordnung nicht ausdrücklich geregelt. Ebenfalls nicht geregelt ist die Frage, ob die 8

Rücknahmepflicht nur gegenüber dem konkreten Abnehmer des jeweiligen Herstellers oder Vertreibers besteht oder auch Dritte, die vom Abnehmer beliefert wurden, von ihr erfasst werden.

9 Solche Vorschriften finden sich für Verkaufsverpackungen beispielsweise in § 6 Abs. 8. Die Regelung geht davon aus, dass grundsätzlich auch Fremdverpackungen der Rücknahmepflicht unterfallen. Fraglich ist, ob dieser Grundsatz auch auf die Rücknahme von Transportverpackungen zu übertragen ist. Dafür müssten die zugrunde liegenden Sachverhalte vergleichbar sein. Bei Verkaufsverpackungen liegt eine Besonderheit des Sachverhaltes darin, dass der Abnehmerkreis nicht individualisierbar ist, so dass die einzelnen abgegebenen Verpackungen keinen bestimmten Adressaten zugeordnet werden können. Die Rücknahme von Verkaufsverpackungen funktioniert also nur dann, wenn grundsätzlich alle vergleichbaren Verkaufsverpackungen zurückgenommen werden müssen (Flanderka/Winter, BB 1992, 149 [151]).

10 Anders ist die Situation bei Transportverpackungen. Insoweit bestehen meist konkrete, genau nachvollziehbare Belieferungsverhältnisse zwischen den verschiedenen Vertriebsstufen bzw. zwischen Herstellern und Vertreibern. Diesen Vertrags- bzw. Lieferverhältnissen können nicht nur die gelieferten Waren, sondern auch die dabei genutzten Verpackungen zugeordnet werden, zumindest dann, wenn diese entsprechend vom Hersteller bzw. Vertreiber gekennzeichnet sind. Daher erstreckt sich die Rücknahmeverpflichtung in diesen Fällen lediglich auf diejenigen Transportverpackungen, die vom jeweiligen Hersteller bzw. Vertreiber selbst stammen. Fremdverpackungen sind dagegen von dieser Pflicht ausgenommen (ähnlich BayObLG, BB 1993, 2404 [2406]; Fluck, BB 1992, 193 [194]; a. A. Elsner/Rummler, NVwZ 1992, 243 [245]; Ekkenga, BB 1993, 945 [949]).

Aus den genannten Gründen lässt sich daher festhalten, dass die Rücknahmepflicht grundsätzlich nicht gegenüber jedermann, sondern allein gegenüber den Kunden des Vertreibers oder Herstellers besteht. „Zurückzunehmen ist nur von dem, der beliefert wurde" (Fluck, DB 1992, 193 [194]; ebenso BayObLG, BB 1993, 2404 [2406]).

c) Anforderungen an den Zustand der zurückzunehmenden Verpackungen

11 Die Rücknahmepflicht erstreckt sich auf gebrauchte Transportverpackungen, nicht aber auf nicht verbrauchte Produkte. Sofern also Transportbehältnisse noch befüllt bzw. teilbefüllt sind, müssen diese nicht zurückgenommen werden.

12 Dagegen können sich aufgrund der Art und Eigenschaft des verpackten Produktes noch Reste an den zurückzugebenden Verpackungen befinden, obwohl diese bestimmungsgemäß entleert wurden (sog. restentleerte Verpackungen; vgl. § 3 Abs. 6). Dies ist z. B. häufig bei Produkten, die als Schüttgut in Säcken transportiert werden, bzw. bei flüssigen Stoffen der Fall. Solche Anhaftungen von Produktresten stehen der Rücknahmepflicht nicht entgegen (Fluck, DB 1992, 193 [195]; vgl. Rummler/Schutt, S. 65). Der gleiche Grundsatz gilt auch für Verunreinigungen, die beim ordnungsgemäßen Umgang mit diesen Verpackungen an diesen auftreten. Auch davon wird die Rücknahmepflicht nicht berührt (Fluck, DB 1992, 193 [195]).

Da in Folge der Novellierung von 1998 der Anwendungsbereich im Gegensatz 13
zur Fassung vom 12.6.1991 grundsätzlich auch Verpackungen mit schadstoffhaltigen Füllgütern umfasst, unterfallen auch diese Transportverpackungen der Rücknahmepflicht des § 4 Abs. 1. Lediglich die Rücknahmepflicht für Verkaufsverpackungen wird im Falle schadstoffhaltiger Füllgüter in § 8 eingeschränkt. Eine vergleichbare Vorschrift für Transportverpackungen existiert nicht, so dass die Rücknahmepflicht auch in diesem Fall uneingeschränkt gilt. Zur Definition der schadstoffhaltigen Füllgüter wird auf die Legaldefinition in § 3 Abs. 7 und die dazugehörenden Erläuterungen verwiesen.

Darüber hinaus lässt sich eine immanente Begrenzung der Rücknahmepflicht bei 14
verunreinigten Verpackungen aus Sinn und Zweck der Verordnung sowie allgemeinen Grundsätzen ableiten (vgl. Fluck, DB 1992, 193 [195]). Da zurückgenommene Verpackungen nach Abs. 2 entweder erneut verwendet oder stofflich verwertet werden sollen, sind nur solche Verpackungen zurückzunehmen, die in einem Zustand sind, der eine stoffliche Verwertung auch zulässt. Jedenfalls ist bei Verunreinigungen, die nicht auf das verpackte Produkt zurückgehen und deshalb nicht dem Hersteller oder Vertreiber zurechenbar sind und die zudem die stoffliche Verwertung nicht unerheblich erschweren, eine Rücknahmepflicht zu verneinen (Fluck, DB 1992, 193 [195]). Auch das umweltrechtliche Verursachungsprinzip, das der Verpackungsverordnung zugrunde liegt, verlangt von Verpackungsherstellern und Vertreibern nicht, dass sie Belastungen haben, die nicht durch die Verpackung an sich, sondern aufgrund von Handlungen des Rückgabeberechtigten entstehen. Der Rücknahmepflichtige oder von ihm beauftragte Dritte kann deshalb verlangen, dass die gebrauchten Transportverpackungen weder übermäßig verunreinigt sind noch sich sonst in einem Zustand befinden, der eine stoffliche Verwertung nicht unerheblich erschwert (Fluck, DB 1992, 193 [195]).

d) Fälligkeit der Rücknahmepflicht

Nach § 4 Abs. 1 Satz 2 kann die Rücknahme von Transportverpackungen im Rah- 15
men wiederkehrender Belieferungen auch bei einer der nächsten Anlieferungen erfolgen. Nach der Begründung zum Regierungsentwurf der Novelle von 1998 wird damit deutlich gemacht, dass die Rücknahmepflichten nicht stets unmittelbar bei Warenübergabe einzufordern seien. Sowohl für den Verpflichteten als auch für den Berechtigten könne es vorteilhaft und angemessen sein, dass die Ware nicht sofort entpackt werden müsse, um die Transportverpackung zurückzugeben.

Für wiederkehrende Belieferungsverhältnisse kann eine solche Erweiterung der 16
Fälligkeitsvoraussetzungen sicherlich für beide Seiten von Vorteil sein. Auf Einzellieferungen sind diese Grundsätze jedoch nicht übertragbar. Insoweit wird vereinzelt die Meinung vertreten, dass für die Entstehung der Rücknahmepflicht des Herstellers oder Vertreibers der Zeitpunkt entscheidend sei, zu dem der Inhaber der Verpackung seinen Willen bekundet, die Verpackungen zurückgeben zu wollen. Durch diese Erklärung des Rückgabeberechtigten würde die Pflichtenkette des § 4 in Gang gesetzt (Elsner/Rummler, NVwZ 1992, 243 [245]). Mit der in § 4 Abs. 1 Satz 2 nunmehr erfolgten Sonderregelung für die wiederkehrenden Belieferungen ist diese Auffassung nicht vereinbar. Vielmehr ist im Umkehr-

schluss zum geregelten Ausnahmetatbestand anzunehmen, dass die Rücknahmepflicht und damit der Anspruch des Berechtigten lediglich unmittelbar mit Übergabe der Verpackung an den Abnehmer entsteht und keinerlei zusätzlicher Fälligkeitsvoraussetzungen bedarf (Flanderka, NVwZ 1992, 648 [649]).

e) Kostenlast

17 Die Verpackungsverordnung enthält bezüglich der Rücknahmeverpflichtung des § 4 keine Kostenregelung. Die im Referentenentwurf vom 20.12.1995 zur Novellierung von 1998 vorgesehene Regelung, wonach die Rücknahme unentgeltlich zu erfolgen habe, wurde im weiteren Verfahren ersatzlos gestrichen und fand auch keinen Niederschlag in der Begründung des Regierungsentwurfs (vgl. auch den abgelehnten Antrag des Umweltausschusses des Bundesrates, Ziff. 7 BR-Drs. 518/1/97). Demgegenüber enthalten die Vorschriften für Verkaufsverpackungen Bestimmungen, dass diese „unentgeltlich" (§ 6 Abs. 8 Satz 1) zurückzunehmen sind. Eine entsprechende Regelung gilt auch für Umverpackungen, für die gemäß § 5 Abs. 1 Gelegenheit zur „unentgeltlichen" Rückgabe gegeben werden muss.

Bei der Beurteilung der Kostenlast ist zwischen den im Rahmen der Rücknahme anfallenden Transport- und Verwertungskosten zu differenzieren. Die Frage der Transportkosten wird durch den Ort der Rücknahme bestimmt. Folgt man der in der Rechtsprechung vertretenen Auffassung zum Leistungsort, so hat der zur Rücknahme verpflichtete Hersteller oder Vertreiber die Verpackungen am Ort der Übergabe zurückzunehmen und auf seine Kosten zu seinem Firmensitz zu bringen bzw. der Verwertung zuzuführen.

4. Verwertungspflicht (Abs. 2)

a) Erneute Verwendung oder stoffliche Verwertung (Abs. 2 Satz 1)

18 Indem Abs. 2 Satz 1 vorschreibt, dass die zurückgenommenen Transportverpackungen grundsätzlich einer erneuten Verwendung oder einer stofflichen Verwertung zuzuführen sind, werden die allgemeinen Anforderungen aus § 12 Nr. 2 der Verordnung umgesetzt, wonach Verpackungen so herzustellen und zu vertreiben sind, dass ihre Wiederverwendung und Verwertung möglich ist und die Umweltauswirkungen bei der Verwertung oder Beseitigung von Verpackungsabfällen auf ein Mindestmaß beschränkt sind.

19 Die Möglichkeiten der Wiederverwendung und der stofflichen Verwertung stehen gleichberechtigt nebeneinander. Es gibt keinen Vorrang der Wiederbefüllung, wie er noch in § 1 Abs. 2 Nr. 3 der Verordnung i.d.F. vom 12.6.1991 vorgesehen war.

20 Sowohl die erneute Verwendung als auch die Zuführung zur stofflichen Verwertung stehen unter dem Vorbehalt der technischen Möglichkeit, der wirtschaftlichen Zumutbarkeit und der Marktfähigkeit. Es gibt somit im Gegensatz zur Verordnung i.d.F. vom 12.6.1991 keine hundertprozentige stoffliche Verwertungsanforderung. Vielmehr wird – wie von § 22 Abs. 3 KrW-/AbfG gefordert – der Vorrang der stofflichen Verwertung und erneuten Verwendung unter der Berücksichtigung der Kriterien des § 5 Abs. 4 festgelegt. Gemäß § 5 Abs. 4 Satz 2 KrW-/AbfG ist die Verwertung von Abfällen auch dann technisch möglich, wenn hierzu eine Vorbehandlung erfor-

derlich ist. Eine weitergehende Definition des Begriffes „technisch möglich" fehlt im KrW-/AbfG (vgl. Fluck KrW-/AbfG, § 5 RN 167). Jedoch ist der Begriff in der TA Siedlungsabfall in Punkt 4.1.2 geregelt. Dort heißt es:

„Technisch möglich ist die Verwertung, wenn ein praktisch geeignetes Verfahren 21 zur Verfügung steht. Das Merkmal der technischen Möglichkeit bedeutet im Rahmen des Verwertungsgebots, dass grundsätzlich die Ausschöpfung aller tatsächlich in Betracht kommenden Verwertungstechniken verlangt wird. Um dieses Ziel zu erreichen, kann es erforderlich sein, unterschiedliche Rückstände nicht zu vermischen. Die Verwertung von Rückständen ist auch als technisch möglich anzusehen, wenn nur Verfahren zur Verfügung stehen, die eine vorherige Aufarbeitung der Rückstände erfordern. In derartigen Fällen umfasst die Verwertungspflicht die Durchführung von Aufarbeitungsmaßnahmen (vgl. dazu Beckmann, DVBl. 1995, 313 [320])."

Die wirtschaftliche Zumutbarkeit ist gegeben, wenn die mit der Verwertung ver- 22 bundenen Kosten nicht außer Verhältnis zu den Kosten stehen, die für eine Abfallbeseitigung zu tragen wären (§ 5 Abs. 4 Satz 3 KrW-/AbfG). Die Marktfähigkeit ist keine eigenständige zusätzliche Voraussetzung der Verwertungspflicht, sondern lediglich beispielhafte Erläuterung, unter welchen Voraussetzungen von einer wirtschaftlichen Zumutbarkeit auszugehen ist (vgl. Fluck KrW-/AbfG, § 5 RN 182).

Nach den vorhandenen Erkenntnissen ist die stoffliche Verwertung im Prinzip für alle im Umlauf befindlichen Verpackungsmaterialien technisch möglich. Im Prinzip sind die bekannten Verwertungsverfahren auch alle wirtschaftlich zumutbar. Lediglich für den Bereich der Kunststoffverpackungen stellt sich die Frage, ob die Kosten für die bekannten Verwertungsverfahren außer Verhältnis zu den Kosten stehen, die für eine Abfallbeseitigung zu tragen wären. Vergleichsmaßstab ist insoweit nicht die bloße Deponierung solcher Verpackungen. Vielmehr manifestiert § 11 KrW-/AbfG, dass Erzeuger oder Besitzer von Abfällen, die nicht verwertet werden, verpflichtet sind, diese nach den Grundsätzen der gemeinwohlverträglichen Abfallbeseitigung gemäß § 10 KrW-/AbfG zu beseitigen. § 10 Abs. 2 Satz 2 KrW-/AbfG sieht insoweit die Behandlung der Abfälle vor, um deren Menge und Schädlichkeit zu verhindern. Des Weiteren ist die bei der Behandlung und Ablagerung anfallende Energie so weit wie möglich zu nutzen. Damit wird deutlich, dass Vergleichsmaßstab für die wirtschaftliche Zumutbarkeit nur die Kosten sein können, die in einer modernen MVA mit gekoppelter Energienutzung entstehen. Daher liegen grundsätzlich auch für Kunststoffverpackungen die Kosten der bekannten werkstofflichen oder rohstofflichen Verwertungsverfahren im Rahmen der wirtschaftlichen Zumutbarkeit.

b) Energetische Verwertung

§ 4 Abs. 2 Satz 2 enthält eine Ausnahmeregelung für Transportverpackungen, die 23 unmittelbar aus nachwachsenden Rohstoffen hergestellt sind. Für diese ist die energetische Verwertung der stofflichen Verwertung gleichgestellt. Aus unmittelbar nachwachsenden Rohstoffen hergestellt sind insbesondere Holzverpackungen. Gleiches gilt aber z. B. auch für Verpackungen aus Jute und Baumwolle. Hervorzuheben ist das Merkmal der Unmittelbarkeit. Damit werden Verpackungen aus

Materialien abgegrenzt, die zwar auf nachwachsenden Rohstoffen basieren, aber nicht direkt aus diesen hergestellt worden sind. So gehören z. B. Verpackungen aus Papier aufgrund ihrer verschiedenen Bearbeitungsstufen nicht zu den unmittelbar nachwachsenden Rohstoffen im Sinne dieser Ausnahmebestimmung.

24 Die energetische Verwertung beinhaltet den Einsatz von Abfällen als Ersatzbrennstoff (§ 4 Abs. 4 KrW-/AbfG). Nach § 6 Abs. 2 KrW-/AbfG ist eine energetische Verwertung von nachwachsenden Rohstoffen nur zulässig, wenn mit der Anlage ein Feuerungswirkungsgrad von mindestens 75 % erzielt wird, die entstehende Wärme selbst genutzt oder an Dritte abgegeben wird und die im Rahmen der Verwertung anfallenden weiteren Abfälle möglichst ohne weitere Behandlung abgelagert werden können.

5. Verwendung von Transportverpackungen als Verkaufsverpackungen

25 Die Verpackungsverordnung enthielt in ihrer ursprünglichen Fassung vom 12.6.1991 noch zwei Unterfälle, die nun nicht mehr in § 4 geregelt sind: Zum einen entfiel die Rücknahmepflicht nach § 4, wenn der Endverbraucher die Übergabe der Waren in der Transportverpackung verlangte, so dass in diesem Fall die Vorschriften über die Rücknahme von Verkaufsverpackungen anzuwenden waren. Für Verpackungen, die sowohl als Transportverpackung als auch als Verkaufsverpackung verwendet wurden, waren die Vorschriften für Verkaufsverpackungen anzuwenden.

26 Mit der Neudefinition des Begriffes der Verkaufsverpackungen in § 3 Abs. 1 Nr. 2 wurde klargestellt, dass der Anfall einer Verpackung beim Endverbraucher immer deren Einordnung als Verkaufsverpackung zur Folge hat, so dass dann die Vorschriften über die Rücknahme von Verkaufsverpackungen gem. § 6 gelten. Insoweit besteht für die angesprochenen Fälle nunmehr kein Regelungsbedarf im Rahmen des § 4.

6. Zivilrechtliche Gestaltungsmöglichkeiten

a) Grundlagen

27 Die Verpackungsverordnung ist von ihrer Struktur her nicht auf den unmittelbaren Verwaltungsvollzug ausgerichtet. Vielmehr sollen auf ihrer Grundlage weitestmöglich freiwillige Vereinbarungen zwischen den am Wirtschaftsleben Beteiligten gefunden werden, die im Ergebnis zu dem gewünschten Rückgang und zu einer Wiederverwendung oder stofflichen Verwertung der benutzten Verpackungen führen. Dies gilt insbesondere für den Bereich der Transportverpackungen, wo regelmäßig Vollkaufleute als Vertragspartner auftreten. Somit besteht Freiraum für individualvertragliche Vereinbarungen zwischen den Parteien, soweit dadurch nicht der Regelungsgehalt der Verordnung unterlaufen wird (vgl. auch die Begründung des Wirtschaftsausschusses des Bundesrates; Ziff. 7 BR-Drs. 518/1/97).

b) Individualvertragliche Vereinbarungen

28 Zur Entledigung der Rücknahmeverpflichtung aus § 4 lässt die Verpackungsverordnung lediglich den Weg der Beauftragung eines Dritten gem. § 11 zu. Eine von den Pflichten befreiende Regelung entsprechend § 6 Abs. 3 VerpackV a. F.

gibt es für Transportverpackungen nicht. Insofern ist ein Ausschluss der Rücknahmeverpflichtung im Wege eines einfachen Verzichts des Abnehmers – z. B. in Form einer vertraglichen Zusatzvereinbarung, wonach der Abnehmer den Lieferanten von der Rücknahmepflicht befreit – nicht möglich, da die dem Hersteller oder Vertreiber öffentlich-rechtlich auferlegte Pflicht nicht zur Disposition des Zivilrechts steht (Fluck, DB 1992, 193 [196]; Flanderka/Winter, BB 1992, 153).

Wie dargelegt, ist der Übergabeort nach wohl überwiegender Meinung als Leistungsort für die Erfüllung der dem Hersteller oder Vertreiber obliegenden Rücknahmeverpflichtung anzusehen. Grundsätzlich steht im Zivilrecht die Vereinbarung des Leistungsortes zur Disposition der Vertragsparteien. Da die Verpackungsverordnung eine ausdrückliche entgegenstehende Regelung nicht enthält und zudem durch die Vereinbarung eines abweichenden Leistungsortes der Regelungszweck der Verordnung nicht gefährdet wird, können auch vertragliche Vereinbarungen getroffen werden, wonach der Abnehmer verpflichtet ist, die Verpackung zum Firmensitz des Herstellers oder Vertreibers zurückzubringen. Einer vertraglichen Vereinbarung über eine Erstattung oder Beteiligung des Abnehmers an den Transportkosten für den Rücktransport steht ebenso wenig eine Vorschrift der Verpackungsverordnung entgegen.

Ebenfalls möglich sind Abreden über die Art und den Zeitpunkt der Bereitstellung der gebrauchten Verpackungen sowie deren Vorbehandlung, wie etwa Vorsortierung oder Pressung.

c) „Düsseldorfer Erklärung", Branchenverträge

In der Praxis erfolgt die Umsetzung der Verpflichtungen aus § 4 häufig durch Anwendung der sog. „Düsseldorfer Erklärung" oder durch den Abschluss von Branchenverträgen. **29**

Die Düsseldorfer Erklärung ist eine Vereinbarung zwischen Industrie und Handel zur Rücknahme und Verwertung von Transportverpackungen. Sie regelt, dass der Handel die Verpflichtungen für die an ihn gelieferten Verpackungen übernimmt und dafür Kürzungen der Rechnungen seines Lieferanten vornehmen kann. Der Kürzungssatz beträgt zwischen 0,1–0,5 % des Rechnungswertes.

Da die vom Handel vorgenommenen Rechnungskürzungen im Verhältnis zum tatsächlichen Entsorgungsaufwand häufig recht hoch sind, haben einige Branchen für ihre Mitglieder stattdessen die Rücknahme- und Verwertungspflichten über sog. „Branchenlösungen" auf kostengünstigere kommerzielle Rücknahmesysteme übertragen.

7. Verfügungen der Ordnungsbehörden, Sanktionen

Die Überwachung der Rücknahmepflicht aus § 4 obliegt den unteren Abfallbehörden. Sie können den Rücknahmepflichtigen durch Anordnung zwingen, Verpackungen zurückzunehmen. Will demnach ein Abnehmer erreichen, dass der sich widersetzende Lieferant die von ihm gelieferten Transportverpackungen zurücknimmt, muss er sich in erster Linie an die zuständige Abfallbehörde wenden und beantragen, dass diese einschreitet (Fluck, DB 1992, 193 [195]). Will dagegen ein Kunde z. B. seine Transportverpackungen vor dem Werktor seines Lieferanten absetzen, um diesen auf diese Weise zur Rücknahme zu zwingen, ist **30** er dazu weder zivilrechtlich noch nach der Verpackungsverordnung berechtigt. Vielmehr wäre dies eine unzulässige Ablagerung von Abfall, die wiederum selbst als Ordnungswidrigkeit gem. § 61 Abs. 1 Nr. 1 KrW-/AbfG zu verfolgen wäre (vgl. auch Fluck DB 1992, 193 [195]). Gemäß § 15 Nr. 1 handelt ordnungswidrig im Sinne des § 61 Abs. 1 Nr. 5 des KrW-/AbfG, wer vorsätzlich oder fahrlässig entgegen § 4 Transportverpackungen nicht nach Gebrauch zurücknimmt oder nicht einer erneuten Verwendung oder einer stofflichen Verwertung zuführt. Nach § 61 Abs. 3 KrW-/AbfG kann eine solche Ordnungswidrigkeit mit einer Geldbuße bis zu 50 000,– € geahndet werden.

Wegen der Unklarheiten zum Leistungsort und der Frage der Kostenfolge in § 4 wurde der im Prinzip wortgleiche Bußgeldtatbestand in der Fassung der Verordnung vom 12.6.1991 zum Teil für verfassungswidrig gehalten, da dem Bestimmtheitsgebot aus Art. 103 Abs. 2 GG nicht entsprochen werde (Wolff, NVwZ 1992, 246 [247]).

§ 5
Rücknahmepflichten für Umverpackungen

(1) Vertreiber, die Waren in Umverpackungen anbieten, sind verpflichtet, bei der Abgabe der Waren an Endverbraucher die Umverpackungen zu entfernen oder dem Endverbraucher in der Verkaufsstelle oder auf dem zur Verkaufsstelle gehörenden Gelände Gelegenheit zum Entfernen und zur unentgeltlichen Rückgabe der Umverpackung zu geben. Dies gilt nicht, wenn der Endverbraucher die Übergabe der Waren in der Umverpackung verlangt; in diesem Fall gelten die Vorschriften über die Rücknahme von Verkaufsverpackungen entsprechend.

(2) Soweit der Vertreiber die Umverpackung nicht selbst entfernt, muss er an der Kasse durch deutlich erkennbare und lesbare Schrifttafeln darauf hinweisen, dass der Endverbraucher in der Verkaufsstelle oder auf dem zur Verkaufsstelle gehörenden Gelände die Möglichkeit hat, die Umverpackungen von der erworbenen Ware zu entfernen und zurückzulassen.

(3) Der Vertreiber ist verpflichtet, in der Verkaufsstelle oder auf dem zur Verkaufsstelle gehörenden Gelände geeignete Sammelgefäße zur Aufnahme der Umverpackungen für den Endverbraucher gut sichtbar und gut zugänglich bereitzustellen. Dabei ist eine Getrennthaltung einzelner Wertstoffgruppen sicherzustellen, soweit dies ohne Kennzeichnung möglich ist. Der Vertreiber ist verpflichtet, Umverpackungen einer erneuten Verwendung oder einer stofflichen Verwertung zuzuführen. § 4 Abs. 2 gilt entsprechend.

Gliederungsübersicht

RN

I.	Vorbemerkung	1
II.	Erläuterungen	2–15
1.	Adressatenkreis	2
2.	Definition Umverpackungen	3
3.	Rücknahmepflicht	4–8
	a) Entfernungspflicht des Vertreibers	4
	b) Gelegenheit zum Entfernen und zur kostenlosen Rückgabe	5–8
4.	Übergabe der Umverpackung an den Endverbraucher	9–11
	a) Endverbraucher	9
	b) Verlangen der Übergabe	10
	c) Rechtsfolgen, Kennzeichnung mit dem „Grünen Punkt"	11
5.	Erneute Verwendung oder stoffliche Verwertung	12
6.	Zivilrechtliche Gestaltungsmöglichkeiten	13
7.	Verfügungen der Ordnungsbehörden, Sanktionen	14, 15

I. Vorbemerkung

Durch die unmittelbare Rückgabemöglichkeit der Endverbraucher beim Einzelhändler sollte der notwendige Druck auf die Lieferanten zur Vermeidung überflüssiger Umverpackungen entstehen. Obwohl sich das Verbraucherverhalten kaum änderte und die tatsächlich zurückgegebenen Verpackungen mengenmäßig ohne Relevanz sind, drängten insbesondere die großen Handelsketten unmittelbar nach Inkrafttreten der Verpackungsverordnung bei ihren Lieferanten mit

1

Erfolg darauf, möglichst schnell und umfassend vermeidbare Umverpackungen wegzulassen, so dass die mit der Umsetzung dieser Regelung verbundenen Probleme in der Praxis weitgehend als erledigt gelten können.

II. Erläuterungen
1. Adressatenkreis

2 § 5 erfasst nur den Vertreiber, der Waren in Umverpackungen an den Endverbraucher abgibt. Dies ist allein der Einzelhandel, so dass Hersteller von Umverpackungen und der Großhandel von der Rücknahmepflicht des § 5 nicht erfasst werden. Im Unterschied zu den Regelungen für die Verkaufsverpackungen werden Hersteller und Großhandel auch nicht verpflichtet, die von Einzelhändlern zurückgenommenen Umverpackungen ihrerseits zurückzunehmen und einer erneuten Verwendung oder einer stofflichen Verwertung zuzuführen.

Der betroffene Vertreiber kann – und soll – die Rücknahmepflicht nach § 5 vermeiden, indem er nach Möglichkeit Umverpackungen nicht in seinem Sortiment führt. So besteht bei ihm ein gesteigertes Interesse, beim Ordern der Ware gegenüber dem Zulieferer dies mit Nachdruck zu verfolgen. Wie bereits dargelegt, geschieht dies vor allem über die Nachfragemacht der großen Einzelhandelsketten.

2. Definition Umverpackungen

3 Hinsichtlich der Begriffsbestimmung wird auf die Legaldefinition in § 3 Abs. 1 Nr. 3 verwiesen. Dabei ist insbesondere auf das Merkmal „als zusätzliche Verpackungen zu Verkaufsverpackungen" abzustellen.

3. Rücknahmepflicht
a) Entfernungspflicht des Vertreibers

4 Ausgehend von dem Gesichtspunkt, dass der Verordnungsgeber Umverpackungen im Prinzip für überflüssig hält, ist grundsätzlich eine Entfernungspflicht des Vertreibers bei der Abgabe an den Endverbraucher vorgesehen. In der Praxis hat diese wegen des damit verbundenen Aufwandes keine Bedeutung.

b) Gelegenheit zum Entfernen und zur kostenlosen Rückgabe

5 Dagegen wird dem Endverbraucher im Einzelhandel regelmäßig Gelegenheit zum Entfernen und zur kostenlosen Rückgabe gegeben.

Leistungsort sind die Räume der Verkaufsstelle oder das zur Verkaufsstelle gehörende Gelände. Eine Abgrenzung, was zu diesem Gelände gehört, kann im Einzelfall schwierig sein. Abzustellen ist auf die tatsächlichen Verhältnisse und nicht auf die zugrunde liegende zivilrechtliche Eigentumslage. Seine Grenze findet das Firmengelände jedenfalls dort, wo es sich um öffentlichen Verkehrsraum handelt. Hier wäre die Aufstellung von Sammelgefäßen eine genehmigungspflichtige Sondernutzung.

Der in § 5 Abs. 1 bestimmte Leistungsort wird durch die in § 5 Abs. 3 beschriebenen Voraussetzungen ergänzt. Danach muss der Rücknahmeort für den Endverbraucher zudem gut zugänglich und gut sichtbar sein.

Fraglich ist, ob die Rücknahmepflicht lediglich eigene Umverpackungen erfasst 6
oder aber auch für Fremdverpackungen gilt. Konzipiert ist die Rücknahmepflicht
in § 5 so, dass die Entfernung der Verpackungen durch den Vertreiber oder durch
den Endverbraucher in unmittelbarem Anschluss an den vorausgegangenen
Kaufvorgang erfolgt. Dies wird insbesondere an dem Tatbestandsmerkmal des
„Zurücklassens" in § 5 Abs. 2 deutlich. Im Unterschied zu den Rücknahmepflichten für Transport- und Verkaufsverpackungen ist daher ein Andienen dieser Verpackungsart nach Verlassen des Firmengeländes nicht mehr möglich. Insoweit
sind notwendigerweise nur die jeweils von dem betreffenden Vertreiber selbst in
Verkehr gebrachten Umverpackungen zurückzunehmen. Fremdverpackungen
unterfallen dieser Rücknahmepflicht nicht.

Im Unterschied zu den Transportverpackungen ist bei Umverpackungen die 7
Kostenlast ausdrücklich geregelt. Gemäß § 5 Abs. 1 hat die Verwertungskosten
der Vertreiber zu tragen.

Soweit der Vertreiber Umverpackungen nicht selbst entfernt, enthält § 5 Abs. 2 8
besondere Anforderungen an die Hinweispflicht. Da Endverbraucher von ihrer
Rückgabemöglichkeit nur dann Gebrauch machen, wenn ihnen der Rückgabeort
bekannt ist, reichen allgemeine Hinweise ohne genaue Bezeichnung des Rückgabeortes nicht aus. Auch nur schwer erkennbare Hinweise genügen den Anforderungen nicht.

§ 5 Abs. 3 verlangt nicht nur, dass die Sammelgefäße zur Aufnahme der Umverpackungen für den Endverbraucher gut zugänglich bereitstehen, sondern sie
müssen darüber hinaus auch gut sichtbar sein. Durch dieses Merkmal soll vermieden werden, dass Sammelgefäße in einer entlegenen Ecke des Verkaufsgeländes aufgestellt werden und so dem Endverbraucher die Wahrnehmung seines
Rückgaberechtes erschwert wird. In der Praxis sind gerade gegen diese Verpflichtung häufig Verstöße zu verzeichnen.

Umverpackungen sollen in den Sammelbehältern bereits nach einzelnen Wertstoffgruppen getrennt erfasst werden. Schon wegen der Anforderung an die
Handhabung durch den Endverbraucher kann dies jedoch nur in einer Weise
erfolgen, wie es ohne eine spezielle Kennzeichnung möglich ist. In der Praxis hat
sich daher zumeist eine Trennung in Kunststoffverpackungen und Verpackungen
aus Papier, Pappe oder Karton durchgesetzt.

4. Übergabe der Umverpackung an den Endverbraucher

a) Endverbraucher

Endverbraucher im Sinne der Verordnung ist nach § 3 Abs. 11 derjenige, der die 9
Waren in der an ihn gelieferten Form nicht mehr weiter veräußert.

b) Verlangen der Übergabe

Für den Fall, dass der Endverbraucher die Übergabe der Ware in der Umverpa- 10
ckung verlangt, gelten die Vorschriften über die Rücknahme von Verkaufsverpackungen entsprechend. Die Frage, ob der Endverbraucher die Übergabe der
Ware in der Umverpackung verlangt, ist ohne weiteres zu bejahen, wenn er ausdrücklich eine dahingehende Willenserklärung abgibt. Dies ist z. B. der Fall,

wenn ein Kunde an der Kasse darum bittet, die Zahnpastatube im Karton zu belassen, damit er diese unbeschädigt nach Hause transportieren kann. Dagegen ist die Bewertung dann schwierig, wenn es an einer ausdrücklichen Erklärung fehlt und lediglich durch konkludentes Handeln des Endverbrauchers das Übergabeverlangen ausgedrückt wird. Dabei gilt, dass nicht jede tatsächliche Mit- oder Entgegennahme als Übergabeverlangen gedeutet werden kann. Mangels ausdrücklicher anderer Erklärung ist in diesen Fällen eine Einschränkung dahingehend vorzunehmen, ob der Endverbraucher ein objektives Interesse daran hat, die Ware in der Umverpackung zu erhalten. Diese Voraussetzungen liegen z. B. dann vor, wenn die Umverpackung den Transport erleichtert oder als zusätzlicher Schutz vor Beschädigungen dient.

c) Rechtsfolgen, Kennzeichnung mit dem „Grünen Punkt"

11 Für den Fall, dass der Endverbraucher die Übergabe der Ware in der Umverpackung verlangt, wird diese wie eine Verkaufsverpackung behandelt. Es kommen somit in diesen Fällen die Regelungen des § 6 zur Anwendung.

Fraglich war früher, ob der Vertreiber seiner Rücknahmepflicht auch für Umverpackungen dadurch entgehen kann, dass er sich nach § 6 Abs. 3 VerpackV a. F. an einem dualen System beteiligt. Dies wurde zum Teil ohne weitere Begründung bejaht (Rummler/Schutt, S. 108). Dagegen wurde von anderer Seite eingewandt, dass sich Umverpackungen, gleichgültig, ob in besonderen Fällen ein Übergabeverlangen durch einen Endverbraucher zu bejahen ist, der Zeichenvergabe entzögen, da der Verbraucher durch den „Grünen Punkt" auf einer Umverpackung in der Weise getäuscht werde, dass er annähme, es handle sich um eine Verkaufsverpackung und dadurch auf sein Recht der Entfernung und Rückgabe verzichte. Insoweit sei ein Verstoß gegen § 3 UWG zu bejahen (Strecker, BB 1992, 1152 [1154]; ders., BB 1994, 880 [881]; allgemein zu lauterkeitsrechtlichen Bedenken bei der Kennzeichnung von Verpackungen mit dem „Grünen Punkt" Lappe, BB 1992, 1661; die Zulässigkeit der Kennzeichnung allgemein bejahend dagegen Kisseler, WRP 1994, 149 [155]). Keinen Verstoß gegen § 3 UWG bei der Kennzeichnung von Umverpackungen mit dem „Grünen Punkt" sah das Kammergericht Berlin (Urt. v. 14.6.1994 – 5 U 1738/93 – BB 1994, 2299 mit Anm. von Strecker). Zwar würde mit der Kennzeichnung über die Möglichkeit, die Umverpackungen im Ladengeschäft zurückzulassen, getäuscht (BB 1994, 2299 [2300]), jedoch sei diese Fehlvorstellung nicht geeignet, die Kaufvorstellungen der angesprochenen Verkehrskreise zu beeinflussen: Die Kunden würden die Ware auch kaufen, wenn sie wüssten, dass sie einen gesetzlichen Anspruch haben, die Umverpackungen im Ladengeschäft zu lassen oder wieder zum Händler zurückzubringen.

5. Erneute Verwendung oder stoffliche Verwertung

12 Gem. § 5 Abs 3 Satz 3 ist der Vertreiber verpflichtet, die zurückgenommenen Umverpackungen einer erneuten Verwendung oder einer stofflichen Verwertung zuzuführen. Da insoweit § 4 Abs. 2 entsprechend gilt, wird auf die dortigen Ausführungen verwiesen.

6. Zivilrechtliche Gestaltungsmöglichkeiten

Da der Verordnungsgeber die Vorstellung hatte, Umverpackungen seien weitestgehend vermeidbar, und er diese durch die Vorschrift des § 5 möglichst schnell aus dem Verkehr ziehen wollte, besteht in diesem Bereich kein Gestaltungsspielraum, so dass von der Vorschrift des § 5 abweichende Vereinbarungen – etwa in Form von allgemeinen Geschäftsbedingungen – mit Endverbrauchern nicht möglich sind (vgl. Flanderka, BB 1992, 1574 [1577]). 13

Dagegen ist es vom Verordnungsgeber sogar gewollt, dass Vertreiber durch vertragliche Vereinbarungen mit ihren Lieferanten diese zur Vermeidung von Umverpackungen anhalten. Dies kann auch in Form von allgemeinen Geschäftsbedingungen erfolgen.

7. Verfügungen der Ordnungsbehörden, Sanktionen

Die Überwachung der Rücknahmepflicht des Vertreibers obliegt den unteren Abfallbehörden. Sie können diesen durch entsprechende Anordnung zwingen, den Anforderungen des § 5 zu genügen. Will demnach ein Kunde erreichen, dass ein gegen diese Vorschriften verstoßender Vertreiber seinen Pflichten nachkommt, muss er sich in erster Linie an die zuständige Abfallbehörde wenden und beantragen, dass diese einschreitet. Dazu stehen der Abfallbehörde alle Handlungsformen des Verwaltungsrechts zur Verfügung. 14

§ 15 sieht in den Nrn. 2–5 einen Katalog von Ordnungswidrigkeiten vor, sofern der Vertreiber seinen Pflichten vorsätzlich oder fahrlässig nicht nachkommt. Gem. § 15 Nr. 2 handelt ordnungswidrig i. S. d. § 61 Abs. 1 Nr. 5 KrW-/AbfG, wer entgegen § 5 Abs. 1 Satz 1 Umverpackungen nicht entfernt und dem Endverbraucher auch keine Gelegenheit zum Entfernen von Umverpackungen gibt. § 15 Nr. 3 sieht die erforderliche Sanktion für den Fall vor, dass ein Vertreiber der Hinweispflicht gem. § 5 Abs. 2 nicht nachkommt. Sofern die Sammelgefäße nicht gut sichtbar oder gut zugänglich bereitgestellt werden, ist dies eine Ordnungswidrigkeit gem. § 15 Nr. 4. Werden Umverpackungen nicht einer erneuten Verwendung oder einer stofflichen Verwertung außerhalb der öffentlichen Abfallentsorgung zugeführt, wird dieses Verhalten durch § 15 Nr. 5 sanktioniert. Nach § 61 Abs. 3 KrW-/AbfG kann eine solche Ordnungswidrigkeit mit einer Geldbuße bis zu 50.000 €,– geahndet werden. 15

Die früher gegen den Bußgeldtatbestand des § 15 Nr. 1 erhobenen Bedenken aus dem Bestimmtheitsgebot aus Art. 103 Abs. 2 GG (Wolff NVwZ 1992, 246) greifen für den Bereich der Umverpackungen schon deshalb nicht, weil die Vorschriften insoweit klar gefasst sind und sich Tragweite und Anwendungsbereich zumindest durch Auslegung ermitteln lassen.

§ 6
Pflicht zur Gewährleistung der flächendeckenden Rücknahme von Verkaufsverpackungen, die beim privaten Endverbraucher anfallen

(1) Hersteller und Vertreiber, die mit Ware befüllte Verkaufsverpackungen, die typischerweise beim privaten Endverbraucher anfallen, erstmals in den Verkehr bringen, haben sich zur Gewährleistung der flächendeckenden Rücknahme dieser Verkaufsverpackungen an einem oder mehreren Systemen nach Absatz 3 zu beteiligen. Abweichend von Satz 1 können Vertreiber, die mit Ware befüllte Serviceverkaufsverpackungen im Sinne von § 3 Abs. 1 Nr. 2 Satz 2, die typischerweise beim privaten Endverbraucher anfallen, erstmals in den Verkehr bringen, von den Herstellern oder Vertreibern oder Vorvertreibern dieser Serviceverpackungen verlangen, dass sich letztere hinsichtlich der von ihnen gelieferten Serviceverpackungen an einem oder mehreren Systemen nach Absatz 3 beteiligen. Verkaufsverpackungen nach Satz 1 dürfen an private Endverbraucher nur abgegeben werden, wenn sich die Hersteller und Vertreiber mit diesen Verpackungen an einem System nach Absatz 3 beteiligen. Zum Schutz gleicher Wettbewerbsbedingungen für die nach Satz 1 Verpflichteten und zum Ersatz ihrer Kosten können die Systeme nach Absatz 3 auch denjenigen Herstellern und Vertreibern, die sich an keinem System beteiligen, die Kosten für die Sammlung, Sortierung, Verwertung oder Beseitigung der von diesen Personen in Verkehr gebrachten und vom System entsorgten Verpackungen in Rechnung stellen. Soweit ein Vertreiber nachweislich die von ihm in Verkehr gebrachten und an private Endverbraucher abgegebenen Verkaufsverpackungen am Ort der Abgabe zurückgenommen und auf eigene Kosten einer Verwertung entsprechend den Anforderungen nach Anhang I Nr. 1 zugeführt hat, können die für die Beteiligung an einem System nach Absatz 3 geleisteten Entgelte zurückverlangt werden. Satz 5 gilt entsprechend für Verkaufsverpackungen, die von einem anderen Vertreiber in Verkehr gebracht wurden, wenn es sich um Verpackungen derselben Art, Form und Größe und solcher Waren handelt, die der Vertreiber in seinem Sortiment führt. Der Nachweis nach Satz 5 hat entsprechend den Anforderungen nach Anhang I Nr. 4 Satz 1 bis 4 und 8 zu erfolgen.

(2) Die Pflicht nach Absatz 1 entfällt, soweit Hersteller und Vertreiber bei Anfallstellen, die nach § 3 Abs. 11 Satz 2 und 3 den privaten Haushaltungen gleichgestellt sind, selbst die von ihnen bei diesen Anfallstellen in den Verkehr gebrachten Verpackungen entsprechend Absatz 8 Satz 1 zurücknehmen und einer Verwertung zuführen und der Hersteller oder Vertreiber oder der von ihnen hierfür beauftragte Dritte durch Bescheinigung eines unabhängigen Sachverständigen nachweist, dass sie

1. im jeweiligen Land geeignete, branchenbezogene Erfassungsstrukturen eingerichtet haben, die die regelmäßige kostenlose Rückgabe entsprechend Absatz 8 Satz 1 bei allen von den Herstellern und Vertreibern mit Verpackungen belieferten Anfallstellen nach § 3 Abs. 11 Satz 2 und 3 unter Berücksichtigung bestehender entsprechender branchenbezogener Erfassungsstrukturen für Verkaufsverpackungen nach § 7 Abs. 1 gewährleisten,

2. die Verwertung der Verkaufsverpackungen entsprechend den Anforderungen des Anhangs I Nr. 1 und 4 gewährleisten, ohne dabei Verkaufsverpackungen anderer als der innerhalb der jeweiligen Branche von den jeweils teilnehmenden Herstellern und Vertreibern vertriebenen Verpackungen oder Transport- und Umverpackungen in den Mengenstromnachweis einzubeziehen.

Die Bescheinigung ist mindestens einen Monat vor Beginn der Rücknahme der zuständigen obersten Landesbehörde oder der von ihr bestimmten Behörde vorzulegen. Der Beginn der Rücknahme ist schriftlich anzuzeigen. Abweichend von den Sätzen 2 und 3 haben Hersteller, Vertreiber oder die von ihnen beauftragten Dritten, die am 1. Januar 2009 eine Selbstentsorgung unter Einhaltung der in Satz 1 genannten Anforderungen durchführen, die Bescheinigung innerhalb von 30 Kalendertagen nach dem 1. Januar 2009 der zuständigen Behörde zuzuleiten. Absatz 5 Satz 3 und Anhang I Nr. 1, 2 Abs. 4 und Nr. 4 gelten entsprechend.

(3) Ein System hat flächendeckend im Einzugsgebiet des verpflichteten Vertreibers unentgeltlich die regelmäßige Abholung gebrauchter, restentleerter Verkaufsverpackungen beim privaten Endverbraucher oder in dessen Nähe in ausreichender Weise zu gewährleisten und die in Anhang I genannten Anforderungen zu erfüllen. Ein System (Systembetreiber, Antragsteller) nach Satz 1 hat die in seinem Sammelsystem erfassten Verpackungen einer Verwertung entsprechend den Anforderungen nach Anhang I Nr. 1 zuzuführen und die Anforderungen nach Anhang I Nr. 2 und 3 zu erfüllen. Mehrere Systeme können bei der Einrichtung und dem Betrieb ihrer Systeme zusammenwirken.

(4) Ein System nach Absatz 3 ist abzustimmen auf vorhandene Sammelsysteme der öffentlich-rechtlichen Entsorgungsträger, in deren Bereich es eingerichtet wird. Die Abstimmung ist Voraussetzung für die Feststellung nach Absatz 5 Satz 1. Die Abstimmung hat schriftlich zu erfolgen. Die Belange der öffentlich-rechtlichen Entsorgungsträger sind dabei besonders zu berücksichtigen. Die öffentlich-rechtlichen Entsorgungsträger können die Übernahme oder Mitbenutzung der Einrichtungen, die für die Sammlung von Materialien der im Anhang I genannten Art erforderlich sind, gegen ein angemessenes Entgelt verlangen. Systembetreiber können von den öffentlich-rechtlichen Entsorgungsträgern verlangen, ihnen die Mitbenutzung dieser Einrichtungen gegen ein angemessenes Entgelt zu gestatten. Die öffentlich-rechtlichen Entsorgungsträger können im Rahmen der Abstimmung verlangen, dass stoffgleiche Nicht-Verpackungsabfälle gegen ein angemessenes Entgelt erfasst werden. Systembetreiber sind verpflichtet, sich anteilig an den Kosten der öffentlich-rechtlichen Entsorgungsträger zu beteiligen, die durch Abfallberatung für ihr jeweiliges System und durch die Errichtung, Bereitstellung, Unterhaltung sowie Sauberhaltung von Flächen entstehen, auf denen Sammelgroßbehältnisse aufgestellt werden. Die Abstimmung darf der Vergabe von Entsorgungsdienstleistungen im Wettbewerb nicht entgegenstehen. Ein System kann sich der Abstimmung unterwerfen, die im Gebiet eines öffentlich-rechtlichen Entsorgungsträgers bereits gilt, ohne dass der Entsorgungsträger eine neue Abstimmung verlangen kann. Bei jeder wesentlichen Änderung der Rahmenbedingungen für den Betrieb des Systems im Gebiet des öffentlich-rechtlichen Entsorgungsträgers kann dieser eine angemessene Anpassung der Abstimmung nach Satz 1 verlangen.

(5) Die für die Abfallwirtschaft zuständige oberste Landesbehörde oder die von ihr bestimmte Behörde stellt auf Antrag des Systembetreibers fest, dass ein System nach Absatz 3 flächendeckend eingerichtet ist. Die Feststellung nach Satz 1 kann nachträglich mit Nebenbestimmungen versehen werden, die erforderlich sind, um die beim Erlass der Feststellung vorliegenden Voraussetzungen auch während des Betriebs des Systems dauerhaft sicherzustellen. Die für die Abfallwirtschaft zuständige oberste Landesbehörde oder die von ihr bestimmte Behörde kann bei der Feststellung nach Satz 1 oder nachträglich verlangen, dass der Systembetreiber eine angemessene, insolvenzsichere Sicherheit für den Fall leistet, dass der oder die von ihm Beauftragten die Pflichten nach dieser Verordnung ganz oder teilweise nicht erfüllen und die öffentlich-rechtlichen Entsorgungsträger oder die zuständigen Behörden Kostenerstattung wegen Ersatzvornahme verlangen können. Die Feststellung ist öffentlich bekannt zu geben und vom Zeitpunkt der öffentlichen Bekanntgabe an wirksam.

(6) Die zuständige Behörde kann ihre Feststellung nach Absatz 5 Satz 1 ganz oder teilweise widerrufen, wenn sie feststellt, dass die in Absatz 3 genannten Anforderungen nicht eingehalten werden. Sie gibt den Widerruf öffentlich bekannt. Der Widerruf ist auf Verpackungen bestimmter Materialien zu beschränken, wenn nur diese die Verwertungsquoten nach Anhang I nicht erreichen. Die zuständige Behörde kann ihre Feststellung nach Absatz 5 Satz 1 ferner widerrufen, wenn sie feststellt, dass der Betrieb des Systems eingestellt ist.

(7) Die Systeme haben sich an einer Gemeinsamen Stelle zu beteiligen. Die Gemeinsame Stelle hat insbesondere die folgenden Aufgaben:
1. Ermittlung der anteilig zuzuordnenden Verpackungsmengen mehrerer Systeme im Gebiet eines öffentlich-rechtlichen Entsorgungsträgers,
2. Aufteilung der abgestimmten Nebenentgelte,
3. wettbewerbsneutrale Koordination der Ausschreibungen.

Die Feststellung nach Absatz 5 wird unwirksam, wenn ein System sich nicht innerhalb von drei Monaten nach der Feststellung an der Gemeinsamen Stelle beteiligt. Die Gemeinsame Stelle muss gewährleisten, dass sie für alle Systeme zu gleichen Bedingungen zugänglich ist und die Vorschriften zum Schutz personenbezogener Daten sowie von Betriebs- und Geschäftsgeheimnissen eingehalten werden. Bei Entscheidungen, die die öffentlich-rechtlichen Entsorgungsträger betreffen, hört die Gemeinsame Stelle die Kommunalen Spitzenverbände an.

(8) Falls kein System nach Absatz 3 eingerichtet ist, sind alle Letztvertreiber verpflichtet, vom privaten Endverbraucher gebrauchte, restentleerte Verkaufsverpackungen am Ort der tatsächlichen Übergabe oder in dessen unmittelbarer Nähe unentgeltlich zurückzunehmen und einer Verwertung entsprechend den Anforderungen nach Anhang I Nr. 1 zuzuführen sowie die Anforderungen nach Anhang I Nr. 4 zu erfüllen. Die Anforderungen an die Verwertung können auch durch eine erneute Verwendung oder Weitergabe an Vorvertreiber oder Hersteller erfüllt werden. Der Letztvertreiber muss den privaten Endverbraucher durch deutlich erkennbare und lesbare Schrifttafeln auf die Rückgabemöglichkeit nach Satz 1 hinweisen. Die Verpflichtung nach Satz 1 beschränkt sich auf Verpackungen der Art, Form und Größe sowie solcher Waren, die der Vertreiber in seinem Sortiment führt. Für Vertreiber mit einer Verkaufsfläche von weniger als 200

Quadratmetern beschränkt sich die Rücknahmeverpflichtung auf die Verpackungen der Marken, die der Vertreiber in Verkehr bringt. Hersteller und Vorvertreiber von Verpackungen nach Absatz 1 Satz 1 sind im Fall des Satzes 2 verpflichtet, die nach Satz 1 zurückgenommenen Verpackungen am Ort der tatsächlichen Übergabe unentgeltlich zurückzunehmen und einer Verwertung entsprechend den Anforderungen nach Anhang I Nr. 1 zuzuführen sowie die Anforderungen nach Anhang I Nr. 4 zu erfüllen. Es können abweichende Vereinbarungen über den Ort der Rückgabe und die Kostenregelung getroffen werden. Die Anforderungen an die Verwertung können auch durch eine erneute Verwendung erfüllt werden. Die Sätze 4 und 5 gelten entsprechend.

(9) Die Absätze 1 bis 8 gelten nicht für Verkaufsverpackungen schadstoffhaltiger Füllgüter im Sinne von §8 und pfandpflichtige Einweggetränkeverpackungen im Sinne von §9. Anhang I Nummer 3 Abs. 1 bleibt unberührt.

(10) Diese Vorschrift gilt nicht für Mehrwegverpackungen.

Gliederungsübersicht

RN

I.	Vorbemerkung			1–4
II.	Erläuterungen			5–141
1.	Systembeteiligungspflicht (Abs. 1 Satz 1)			5–21
	a)	Hersteller und Vertreiber		6, 7
	b)	Erstinverkehrbringer (Verbot der Handelslizenzierung)		8–10
		aa)	Lizenzierung von Eigenmarken	9
		bb)	Formen der indirekten Handelslizenzierung	10
	c)	Verkaufsverpackungen		11–16
		aa)	Mit Ware befüllt	12
		bb)	Anfall beim privaten Endverbraucher	13–16
	d)	Systembeteiligung		17–20
		aa)	System nach Absatz 3	18
		bb)	Beteiligung	19
		cc)	Gewährleistung der flächendeckenden Rücknahme	20
	e)	Sanktionen		21
2.	Serviceverpackungen (Abs. 1 Satz 2)			22–25
	a)	Begrifflichkeit		23
	b)	Beteiligungspflicht des Herstellers oder Vorvertreibers		24
	c)	Sanktionen		25
3.	Verkehrsverbot bei fehlender Systembeteiligung			26–28
4.	Kostenerstattungsanspruch des Systembetreibers (Abs. 1 Satz 4)			29
5.	Rücknahme von Verkaufsverpackungen am POS (Abs. 1 Satz 5-7)			30–41
	a)	Reichweite und Inhalt eines möglichen Individualanspruchs		31–38
		aa)	Anspruchsgläubiger	32
		bb)	Schuldner	33
		cc)	Anspruchsinhalt	34–36
		dd)	Zurechnung von Fremdverpackungen (Satz 6)	37
		ee)	Fälligkeit/Verwirkung	38
	b)	Abtretung		39

			RN
	c)	Bilaterale Regelungen	40
	d)	Sanktionen	41
6.		Branchenbezogene Selbstentsorgerlösungen (Abs. 2)	42–59
	a)	Materieller Regelungsinhalt	45–51
		aa) Entfallen der Systembeteiligungspflicht	46
		bb) Gestaltungsrahmen	47–49
		cc) Erfassungsbereich	50
		dd) Rücknahme und Verwertung	51
	b)	Sachverständigennachweis/Bescheinigungsverfahren	52–55
		aa) Anwendungsbereich	52
		bb) Branchenbezogene Erfassungsstrukturen	53–55
	c)	Verfahren	56–58
		aa) Vorlagepflicht/-frist	56
		bb) Sicherheitsleistung	57
		cc) Regelung des Nachweisverfahrens	58
	d)	Differenzlizenzierungspflicht	59
7.		Systemanforderungen (Abs. 3)	60–66
	a)	Flächendeckung	61
	b)	Endverbrauchernähe	62, 63
	c)	Regelmäßige Abholung	64
	d)	Anhang I	65
	e)	Zusammenwirken mehrerer Systeme	66
8.		Abstimmung mit den öffentlich-rechtlichen Entsorgungsträgern (Abs. 4)	67–78
	a)	Vorhandene Sammelsysteme (Satz 1)	68
	b)	Abstimmung als Feststellungsvoraussetzung (Satz 2)	69
	c)	Schriftformerfordernis (Satz 3)	70
	d)	Berücksichtigung der Belange der öffentlich-rechtlichen Entsorgungsträger (Satz 4)	71
	e)	Übernahme oder Mitbenutzung von Einrichtungen (Satz 5)	72
	f)	Gestattung der Mitbenutzung für Systembetreiber (Satz 6)	73
	g)	Erfassung stoffgleicher Nicht-Verpackungsabfälle (Satz 7)	74
	h)	Kostenbeteiligungspflicht (Satz 8)	75
	i)	Vergabe im Wettbewerb (Satz 9)	76
	j)	Abstimmung durch Unterwerfung (Satz 10)	77
	k)	Anpassung der Abstimmung (Satz 11)	78
9.		Systemfeststellung (Abs. 5)	79–89
	a)	Zuständige Behörde	80
	b)	Antrag	81
	c)	Form und Inhalt der Entscheidung	82–88
	d)	Bekanntmachung	89
10.		Widerruf der Freistellung (Abs. 6)	90–93
11.		Gemeinsame Stelle (Abs. 7)	94–101
	a)	Vorgeschichte	95, 96
	b)	Beteiligungspflicht und Aufgaben (Satz 1 und 2)	97, 98

			RN
	c)	Rechtsfolge bei Nichtbeteiligung (Satz 3)	99
	d)	Gestaltungsvorgaben (Satz 4)	100
	e)	Anhörung der Kommunalen Spitzenverbände (Satz 5)	101
12.	Allgemeine Rücknahme- und Verwertungspflicht bei Systemwegfall (Abs. 8 Satz 1)		102–110
	a)	Letztvertreiber	103
	b)	Privater Endverbraucher	104
	c)	Verkaufsverpackungen	105–107
	d)	Rücknahmeort	108
	e)	Unentgeltlichkeit der Rücknahme	109
	f)	Verwertungsanforderungen	110
13.	Sonderregeln bei Systemwegfall (Abs. 8 Satz 2–8)		111–118
	a)	Alternativen zur Verwertung (Satz 2)	111
	b)	Hinweispflichten (Satz 3)	112
	c)	Sortimentszugehörigkeit (Satz 4)	113
	d)	Vertreiber mit geringer Verkaufsfläche (Satz 5)	114
	e)	Rücknahme- und Verwertungspflicht von Herstellern und Vorvertreibern (Satz 6)	115
	f)	Vereinbarungen zu Rückgabeort und Kosten (Satz 7)	116
	g)	Erneute Verwendung (Satz 8)	117
	h)	Einschränkungen der Verpflichtungen (Satz 9)	118
14.	Verkaufsverpackungen schadstoffhaltiger Füllgüter und pfandpflichtiger Einweggetränkeverpackungen (Abs. 9)		119–121
15.	Mehrwegverpackungen (Abs. 10)		122
16.	Exkurs: Praktische Umsetzung der Sammlung und Verwertung von Verkaufsverpackungen		123–141
	a)	Der Grüne Punkt – Duales System Deutschland GmbH	123–125
	b)	Die Marke „Der Grüne Punkt"	126–129
	c)	Organisation der Sammlung und Verwertung	130–132
	d)	Europäische Einbindung	133
	e)	Entscheidungen der Europäischen Kommission	134–137
		aa) Entscheidung zum Zeichennutzungsvertrag	134–136
		bb) Entscheidung zu den Leistungsverträgen	137
	f)	Wettbewerb	138–141

I. Vorbemerkung

§ 6 war schon immer die zentrale Vorschrift der Verpackungsverordnung. Dies liegt zum einen daran, dass Verkaufsverpackungen ca. zwei Drittel aller Verpackungen ausmachen, so dass diesem Sektor schon deshalb eine überragende wirtschaftliche Bedeutung zukommt. Darüber hinaus beinhaltet diese Vorschrift die für die praktische Umsetzung wesentlichen Rechtsgrundlagen für die Beteiligung an einem dualen System. Dabei war bis zur Novelle normiert, dass die eigene Rücknahme und Verwertung der Verpackungen durch den Vertreiber als individuelle Grundverpflichtung galt und dagegen die Systembeteiligung rechtlich als Ausnahme konstruiert war (allg. Befreiungstatbestand; vgl. auch Fischer/Arndt, S. 138). 1

2 Die Umkehrung dieses ursprünglichen Regel-/Ausnahme-Verhältnisses ist das Kernelement der 5. Novelle der Verpackungsverordnung. Nunmehr ist nach § 6 Abs. 1 Satz 1 die Beteiligung an einem dualen System (Lizenzierungspflicht) der normierte Regelfall, von dem lediglich die branchenbezogene Selbstentsorgung nach § 6 Abs. 2 als Ausnahme zugelassen wurde. Dieses Kernelement der Novelle ist in die amtlichen Begründungen als sog. „Trennungsmodell" eingezogen, womit ursprünglich eine klare Trennung von gewerblichen Anfallstellen und privaten Haushaltungen bezweckt war. Im Laufe des Verfahrens wurden dann die sog. „Kleingewerblichen Anfallstellen" nach § 3 Abs. 11 nach und nach wieder den Haushaltungen zugeschlagen, womit vom ursprünglichen Regelungsansatz nicht allzu viel übrig geblieben ist.

3 Schon kurz nachdem das Bundesumweltministerium ein erstes Diskussionspapier vorgelegt hatte („Eckpunkte für eine Novelle der Verpackungsverordnung", vorgelegt am 5.7.2006), entbrannte eine heftige Diskussion über die Rechtmäßigkeit dieses Konzepts (vgl. Pauly, AbfallR 2008, 46 (49 f.)). Die Kritiker dieses Modells monierten, dass die vom Verordnungsgeber herangezogene Ermächtigungsgrundlage (§ 24 Abs. 1 Nr. 2 KrW-/AbfG) für eine solche Regelung nicht ausreiche (Hendler, Rechtliche Stellungnahme zur Novellierung der Verpackungsverordnung, Trier, März 2007; ferner Hendler, Novellierung der Verpackungsverordnung und Grundprinzipien guter Gesetzgebung, Trier, März 2007; a. A. Frenz, AbfallR 2007, 155). Im Ergebnis sah sich der Verordnungsgeber durch diese Diskussion veranlasst, seitenlange Ausführungen zur Ermächtigungsgrundlage und zur Vereinbarkeit mit höherrangigem Recht in der amtlichen Begründung vorzunehmen (vgl. BT-Drucks. 16/7954, S. 18 ff.).

4 Die Vorschrift des § 6 ist durch die Novelle noch komplexer und noch schwieriger geworden, als sie es schon zuvor war. Manche Regelungen haben im Verfahren eine Gestaltung bekommen, die es dem Normanwender sehr schwer macht – und das ist eine sehr vorsichtige Formulierung –, den beabsichtigten Inhalt zu erschließen. Kein Wunder also, dass sich schon vor Inkrafttreten dieses Teils der Verordnung eine rege Diskussion zu Inhalt und Reichweite der maßgeblichen Änderungen entwickelte (z. B. Rummler/Seitel, AbfallR 2008, 4c). Wegen der damit häufig verknüpften wirtschaftlichen Bedeutung für die Marktbeteiligten ist ein Ende der Auseinandersetzungen auch nicht abzusehen.

II. Erläuterungen

1. Systembeteiligungspflicht (Abs. 1 Satz 1)

5 Durch den neuen § 6 Abs. 1 Satz 1 werden Hersteller und Vertreiber von Verkaufsverpackungen, die bei privaten Endverbrauchern anfallen, nun dazu verpflichtet, sich hinsichtlich dieser von ihnen in Verkehr gebrachten Verkaufsverpackungen zur Gewährleistung der flächendeckenden haushaltsnahen Rücknahme an einem nach § 6 Abs. 3 festgestellten dualen System zu beteiligen.

a) Hersteller und Vertreiber

6 Eine Legaldefinition des Begriffs „Hersteller" findet sich in § 3 Abs. 8. Danach umfasst dieser Begriff nicht nur denjenigen, der Verpackungen unmittelbar her-

stellt, sondern auch denjenigen, der Verpackungen erstmals in den Geltungsbereich der Verordnung einführt. Insbesondere mit Blick auf Serviceverpackungen kommt dieser „Importeurregelung" eine hohe praktische Bedeutung zu. Des Weiteren wird auf die Ausführungen zu § 3 Abs. 8 verwiesen.

Die Eingrenzung des „Vertreiberbegriffes" orientiert sich ebenfalls grundsätzlich an der Legaldefinition in § 3 Abs. 9. Danach fällt darunter jeder, der Verpackungen oder Waren in Verpackungen in Verkehr bringt. Der Begriff umfasst auch den Versandhandel. Auf die Handelsstufe kommt es grundsätzlich nicht an (vgl. Flanderka, LZ 38–08, 80). 7

b) Erstinverkehrbringer (Verbot der Handelslizenzierung)

Die nach der Legaldefinition umfassenden Hersteller- und Vertreiberbegriffe werden nachfolgend durch die Worte „erstmals in den Verkehr bringen" maßgeblich eingegrenzt. Diese sog. „Erstinverkehrbringer-Regelung" geht darauf zurück, dass während des Novellierungsverfahrens große Handelsketten begannen, die Lizenzierung der an sie gelieferten Verkaufsverpackungen nicht mehr ihrem Lieferanten zu überlassen, sondern selbst im eigenen Namen vorzunehmen. Dies führte im Ergebnis zu einer entsprechenden Bündelung der Nachfrage nach Befreiungsdienstleistungen dualer Systeme durch den Handel, der der Verordnungsgeber mit dieser Regelung begegnen wollte. Dabei sah der Regierungsentwurf noch vor, dass sich anstelle des Erstinverkehrbringers ein anderer Hersteller oder Vertreiber der Vertriebskette an einem flächendeckenden Rücknahmesystem beteiligen konnte (Regierungsentwurf § 6 Abs. 1 Satz 2). Mit Beschluss des Bundesrates am 20.12.2007 (BR-Drs. 800/07 (Beschluss), S. 3 ff.) wurde dieser Satz gestrichen. Damit sollte folgerichtig auch die Möglichkeit des Handels ersatzlos entfallen, das Lizenzierungsgeschäft im eigenen Namen für die von ihm vertriebenen Verkaufsverpackungen zu betreiben. Gleichwohl werden weiterhin verschiedene Möglichkeiten der „Handelslizenzierung" als zulässig diskutiert. 8

aa) Lizenzierung von Eigenmarken

Hinsichtlich der vom Handel vertriebenen Eigenmarken oder Handelsmarken wird zum Teil die Auffassung vertreten, dass es sich insoweit um einen Vorgang handele, bei dem der Handel selbst als Erstinverkehrbringer auftrete (Rummler/Seitel, AbfallR 2008, 129 (132); ebenfalls Fischer, AbfallR 2008, 191 (193)). Der den Handel beliefernde Abfüller wird dabei als sog. „verlängerte Werkbank" eingestuft. Unterstützend dazu wird auf § 3 Abs. 11 ElektroG verwiesen, wo als „Hersteller" i. S. des ElektroG ausdrücklich auch derjenige bestimmt wird, der „Elektro- und Elektronikgeräte unter seinem Markennamen herstellt" und/oder „Geräte anderer Anbieter unter seinem Markennamen ... weiter verkauft". Dem ist entgegenzuhalten, dass die Verpackungsverordnung und die auf EU-Ebene korrespondierende Verpackungsrichtlinie anders als das ElektroG ganz bewusst nicht an den Markenbegriff anknüpfen. Dies liegt ganz wesentlich daran, dass Elektronikgeräte durch Aufbringen von Kennnummern und dergleichen über ihre ganze Lebenszeit individualisierbar sind. Verpackungen, insbesondere Verkaufsverpackungen, sind dagegen Massengüter des täglichen Verkehrs, die zudem einer ganz begrenzten Lebensdauer unterliegen. Deshalb knüpft auch die 9

Verpackungsverordnung in § 2 Abs. 1 für den Anwendungsbereich an das Merkmal des „Inverkehrbringens" an. Dafür macht es keinen Unterschied, ob ein Abfüller eine Verpackung mit der „ihm zuzurechnenden Industriemarke" oder aber einer Handelsmarke absetzt. Wesentlich ist allein, dass die Verpackung seinen eigenen Herrschaftsbereich verlässt, was mit dem erstmaligen Absetzen und Übertragungsvorgang erfüllt ist. Von daher werden auch Handelsmarken von der Regelung des § 6 Abs. 1 Satz 1 erfasst, so dass auch in diesen Fällen der Abfüller und nicht der Händler zur Lizenzierung berechtigt und verpflichtet ist (so dann auch zunächst der LAGA-APV gem. EUWID vom 17.6.2008, 24). Die LAGA-Vollversammlung hat auf ihrer Sitzung vom 22./23. September 2008 beschlossen, dass Handelsmarken nur dann vom Händler selbst lizenziert werden können, wenn auf der Verpackung allein das Handelsunternehmen erkennbar und dies zudem Inhaber der Wertmarke ist.

bb) Formen der indirekten Handelslizenzierung

10 In der Praxis treten neben der zuvor geschilderten direkten Form der Handelslizenzierung auch verschiedene Varianten der indirekten Handelslizenzierung auf. Zum einen handelt es sich um Fälle, in denen der Handel seine Lieferanten auffordert, ihn zu beauftragen, für diese die Lizenzierung als beauftragter Dritter (§ 11 VerpackV) bei einem dualen System vorzunehmen. Formeller Vertragspartner des dualen Systems wird damit der Lieferant, die praktische Abwicklung erfolgt aber durch den jeweiligen Händler. Eine weitere Form ist die mehr oder weniger direkt ausgesprochene Aufforderung des Händlers an seine Lieferanten, lediglich bei einem bestimmten von ihm ausgewählten dualen System zu lizenzieren. In beiden Fällen ist der Lieferant damit in der Wahl eines dualen Systems nicht mehr frei und kann auch die entsprechenden Vergütungen nicht selbst verhandeln, was regelmäßig dazu führt, dass er gezwungen wird, deutlich über dem Marktdurchschnitt liegende Preise zu akzeptieren. Der Aufwand des Handels wird dabei häufig in Form von sog. „Kick-Backs" von dem so beauftragten dualen System vergütet.

Derartige Konstruktionen stellen eine unzulässige Umgehung des insbesondere durch den Bundesratsbeschluss noch einmal in besonderer Weise herausgehobenen Verbots der Handelslizenzierung dar (so auch BMU, EUWID v. 19.8.2008, 5, sowie Honecker/Seitel, LZ 38-08, 81; a. A. Fischer, AbfallR 2008, 191 (194) sowie Hendler, Rechtsgutachten, S. 12). Insoweit gelten für die in diesem Zusammenhang geschlossenen Verträge die zu § 134 BGB entwickelten Grundsätze zum „Verbot von Umgehungsgeschäften". Darüber hinaus bestehen gegen derartige Konstruktionen auch erhebliche kartellrechtliche Bedenken.

c) Verkaufsverpackungen

11 Der Beteiligungspflicht unterliegen lediglich mit Ware befüllte Verkaufsverpackungen. Zur Begriffsbestimmung vergleiche die Legaldefinition in § 3 Abs. 1 Nr. 2. Maßgeblich für die Abgrenzung ist, dass es sich um Verpackungen handelt, die beim Endverbraucher anfallen.

aa) Mit Ware befüllt

Über dieses Tatbestandsmerkmal wird geregelt, dass die Beteiligungspflicht in der Regel den Abfüller und nicht den Verpackungshersteller trifft. 12

bb) Anfall beim privaten Endverbraucher

Nur Verkaufsverpackungen, die typischerweise beim privaten Endverbraucher anfallen, unterliegen auch der Beteiligungspflicht. Über dieses Merkmal wird somit entscheidend der materielle Umfang der Beteiligungspflicht nach § 6 Abs. 1 bestimmt. 13

Private Endverbraucher sind nach § 3 Abs. 11 Satz 2 und 3 Haushaltungen und vergleichbare Anfallstellen (sog. Kleingewerbe). Auf die dort gemachten Ausführungen wird verwiesen. Die Verpackungen müssen zudem typischerweise in diesem Bereich anfallen. Insoweit ist eine sachgerechte Eingrenzung vorzunehmen. Das Merkmal dürfte in der Regel dann erfüllt sein, wenn der Vertrieb über den Einzelhandel erfolgt. Dagegen fallen Verpackungen, die bestimmungsgemäß ins Großgewerbe oder in die Industrie gelangen, auch dann nicht unter die Beteiligungspflicht, wenn sie ausnahmsweise von einem privaten Endverbraucher erworben werden. 14

Die Verpackungen müssen zudem beim privaten Endverbraucher anfallen. Das ist dann nicht gegeben, wenn der Vertriebsvorgang zwischendurch abgebrochen wurde. Das ist beispielsweise der Fall, wenn Waren vom Handel wegen Ablauf des Mindesthaltbarkeitsdatums an den Lieferanten retourniert oder vernichtet werden. Dagegen kommt es nicht darauf an, auf welchem Wege die Verpackungen letztendlich zum privaten Endverbraucher gelangen. Insoweit ist es unerheblich, ob dies durch einen ordnungsgemäßen Erwerbsvorgang oder durch Diebstahl oder eine andere unerlaubte Handlung erfolgt. 15

Da zum privaten Endverbraucher auch das sog. Kleingewerbe gehört und darunter auch u.a. Hotels, Gaststätten und Kantinen fallen, unterliegen auch die in diesen Bereich gelieferten und häufig über den Großhandel abgesetzten Großgebinde grundsätzlich der Lizenzierungspflicht, soweit sie nicht zulässigerweise über eine branchenbezogene Selbstentsorgung nach § 6 Abs. 2 entpflichtet werden. 16

d) Systembeteiligung

Hersteller und Vertreiber haben sich an einem oder mehreren Systemen nach Abs. 3 zu beteiligen. 17

aa) System nach Absatz 3

Die Beteiligungspflicht bezieht sich auf ein System nach Abs. 3, d.h. es muss sich um ein zugelassenes und nicht widerrufenes duales System handeln. Dabei ist es möglich, dass unterschiedliche Teilmengen bei verschiedenen Systemen eingebracht werden. So ist z.B. eine Aufteilung nach Materialfraktionen denkbar und wird auch in der Praxis umgesetzt. Theoretisch möglich ist auch die Aufteilung der Beteiligung nach Bundesländern. Eine solche kommt insbesondere dann in Betracht, solange ein System noch nicht in allen Bundesländern zugelassen ist und sich noch in der Aufbauphase befindet. 18

bb) Beteiligung

19 Im Gegensatz zur Verpackungsverordnung von 1998 fordert der Wortlaut nun nicht mehr die Beteiligung der konkreten Verpackung. Die Form der Systembeteiligung ist somit prinzipiell freigestellt. Insoweit kommen eine ganze Reihe unterschiedlicher Möglichkeiten in Betracht, die geforderte Beteiligungspflicht umzusetzen. Denkbar wären beispielsweise auch Mitgliedschaften, die den Gesamtumsatz eines Mitglieds als Berechnungsgrundlage nutzen, wie das z. B. insbesondere in der Aufbauphase solcher Systeme im Ausland geschieht. In der Praxis hat sich in Deutschland bei allen Systemen ausschließlich eine Berechnung auf der Grundlage von Materialart und Gewicht etabliert.

cc) Gewährleistung der flächendeckenden Rücknahme

20 Die Beteiligung an einem dualen System hat zur Gewährleistung der flächendeckenden Rücknahme dieser Verkaufsverpackungen zu erfolgen. Soweit handelt es sich um einen den Zweck der Beteiligung darlegenden Programmsatz, dem keine unmittelbare Regelungsfunktion im Verhältnis zu den verpflichteten Herstellern und Vertreibern zukommt.

e) Sanktionen

21 Gemäß § 15 Nr. 6 ist ein Verstoß gegen die Beteiligungspflicht ordnungswidrig und kann mit einer Geldbuße bis zu 50 000,00 € belegt werden.

2. Serviceverpackungen (Abs. 1 Satz 2)

22 Satz 2 enthält eine Sonderregelung für Serviceverpackungen. Danach können diejenigen, die diese befüllen und dann an den Endverbraucher abgeben, verlangen, dass die sie beliefernden Hersteller bzw. Vorvertreiber den Systembeteiligungspflichten nachkommen. Diese Sonderregelung soll sicherstellen, dass auch die Serviceverpackungen im Lebensmittelhandwerk (z. B. Bäcker und Metzger) an den Kosten für ein flächendeckendes Rücknahmesystem beteiligt werden, ohne dass hierfür die zahlreichen kleineren und mittelständischen Betriebe selbst einer eigenen Beteiligungspflicht nachkommen müssen.

a) Begrifflichkeit

23 Eine Legaldefinition des Begriffs Serviceverpackungen enthält § 3 Abs. 1 Nr. 2 Satz 2. Ergänzend dazu enthält auch Anhang V Nr. 1 lit. b ergänzende (europäische) Kriterien zur Begriffsbestimmung. Letztlich ist die Serviceverpackung ein Unterfall der Verkaufsverpackung mit der Besonderheit, dass sie erst in der Verkaufsstelle befüllt wird.

b) Beteiligungspflicht des Herstellers oder Vorvertreibers

24 Nach Satz 2 kann derjenige, der die Serviceverpackungen erstmals befüllt und dann in Verkehr bringt, von jeder vorgelagerten Vertriebsstufe bis hin zum Hersteller verlangen, dass sich diese an einem oder mehreren Systemen nach Abs. 3 beteiligen. Insoweit handelt es sich um eine aufschiebend bedingte originäre Beteiligungspflicht, die durch das „Verlangen" des die Serviceverpackungen verwendenden Letztvertreibers in Kraft gesetzt wird (im Ergebnis ähnlich: Rumm-

ler/Seitel, AbfallR 2008, 129 (132)). Insoweit bedarf es auch keiner ausdrücklichen – vertraglichen – Einigung zwischen den Beteiligten. Vielmehr reicht es aus, dass der Letztvertreiber seinen Willen eindeutig äußert und diese Willenserklärung nachweislich einem der Beteiligten auf den vorgelagerten Vertriebsstufen zugeht. Ausdrücklich nicht geregelt ist die Frage, ob ein Vorvertreiber seinerseits vertraglich die Beteiligungspflicht bis hin zum Hersteller weitergeben kann. Entgegen dem aus Satz 1 abgeleiteten „Verbot der Handelslizenzierung" stehen hier Sinn und Zweck einer solchen Rückverlagerung nicht entgegen. Vielmehr ist es sinnvoll, die entsprechenden Verpackungsmengen durch eine solche Rückverlagerung bis hin zum Hersteller zu bündeln und eindeutig zuzuordnen.

c) Sanktionen

Der Ordnungswidrigkeitenkatalog in § 15, insbesondere Nr. 6, enthält keine Regelung, die ausdrücklich auf Satz 2 Bezug nimmt. Insoweit besteht auch nicht die Möglichkeit, bei Verstößen ein entsprechendes Bußgeld zu verhängen. Gleichwohl bleiben die allgemeinen Möglichkeiten des Vorgehens nach UWG sowie des Erlasses entsprechender Verfügungen auf der Basis des allgemeinen Abfallrechts. 25

3. Verkehrsverbot bei fehlender Systembeteiligung

In Ergänzung zu Satz 1 enthält Satz 3 ein Verbot des Inverkehrbringens von Verkaufsverpackungen, sofern keine Systembeteiligung nach Satz 1 gegeben ist. 26

Dieses Abgabeverbot betrifft lediglich die Abgabe an private Endverbraucher. Insoweit ist in erster Linie der Einzelhandel Adressat dieser Regelung. Dieser hat sich in angemessener Form, z. B. durch Zusicherung seiner Lieferanten, Gewissheit darüber zu verschaffen, dass diese nur lizenzierte Verpackungen an ihn weitergeben (vgl. auch Fischer, AbfallR 2008, 191 (195)). Insoweit enthält die Verordnung mit dieser Vorschrift ein neues, den Handel unmittelbar treffendes Instrument, mit dem im Sinne des Regelungszweckes auch auf dieser Ebene „Trittbrettfahrern" entgegengewirkt werden soll. Ermächtigungsgrundlage für ein derartiges Verbot ist § 23 Nr. 1 i. V. m. § 24 Abs. 1 Nr. 1 KrW-/AbfG. 27

Gemäß § 6 Abs. 2 entfällt die Pflicht nach Abs. 1 in Fällen einer ordnungsgemäßen branchenbezogenen Selbstentsorgung, so dass dann auch das genannte Abgabeverbot nicht greift. Das Abgabeverbot ist ausdrücklich gem. § 15 Nr. 7 mit einem Bußgeldtatbestand bewehrt, so dass im Falle eines Verstoßes entsprechende Ordnungsgelder bis zu einer Höhe von 50 000,00 € festgesetzt werden können. 28

4. Kostenerstattungsanspruch des Systembetreibers (Abs. 1 Satz 4)

Nach der Begründung der Bundesregierung zur 5. Novelle (BT-Drs. 16/6400, S. 20) könnte man den Eindruck bekommen, dass mit der Novelle nun auch erstmals ein unmittelbarer Kostenerstattungsanspruch der dualen Systeme gegen sog. „Trittbrettfahrer" eingeführt worden sei. Tatsächlich entspricht diese Regelung aber weitestgehend der zuvor in Anhang I Nr. 3 Abs. 5 a.F. aufgeführten Bestimmung. Diese Vorschrift wurde durch den Bundesrat in die Verordnung eingefügt (Ziff. 32 BR-Drs. 445/98) und hat eine Entsprechung in der Batterieverordnung. Schon der Bundestag hatte dazu einschränkend festgestellt (BR-Drs. 29

13/11163 (neu)), dass die damals neu geschaffene Möglichkeit der Kostenerstattung nur gegen echte Trittbrettfahrer angewandt werden dürfe. Auch der BGH hält sich in der sog. „Amazon-Entscheidung" (NJW 2003, 138) auffallend zurück und stellt lediglich fest, dass weder § 6 Abs. 1 noch Abs. 3 eine Anspruchsgrundlage für Zahlungsansprüche eines Systembetreibers gegen sog. „Trittbrettfahrer" enthält. In der Praxis ist diese Regelung bislang nicht zur Anwendung gekommen. Insoweit gibt es bisher auch keinerlei zivilrechtliche Klärung, inwieweit die dafür notwendigen Anspruchsgrundlagen gegebenenfalls dargelegt werden müssen.

Neben den bereits nach der vorausgegangenen Fassung der Verpackungsverordnungen bekannten Problemen bei der Geltendmachung eines derartigen Anspruches kommt nunmehr hinzu, dass mittlerweile eine Mehrzahl von dualen Systemen am Markt tätig ist. Insoweit stellt sich schon die Eingangsfrage, wer von den am Markt tätigen dualen Systemen eigentlich Anspruchsgläubiger ist und damit berechtigterweise überhaupt in einem solchen Fall vorgehen kann. Derzeit erscheint es jedenfalls unwahrscheinlich, dass auf Basis dieser Vorschrift wesentliche Änderungen in der Beteiligungspraxis herbeigeführt werden können.

5. Rücknahme von Verkaufsverpackungen am POS (Abs. 1 Satz 5–7)

30 Erst nach massivem Druck des Bundeswirtschaftsministeriums hatte das federführende Umweltressort einen Anspruch auf Rückerstattung für im Ladenlokal zurückgenommene Verpackungen in die Novelle aufgenommen. Nach einer gegensätzlichen Vorbefassung im Umweltausschuss (Niederschrift, 256. U, 6.12.07, S. 39 f.) und im Wirtschaftsausschuss (Niederschrift, 764. Wi, 6.12.07, S. 76 f.) wurde dann im Plenum des Bundesrates am 20.12.2007 unter Nr. 4 eine Änderung der Vorlage der Bundesregierung beschlossen, die wesentliche Vereinfachungen zur Geltendmachung eines solchen Anspruchs und zum Nachweisverfahren enthält (BR-Drs. 800/07 (Beschluss), S. 5 f.). Die Regelung ist trotz der vorgenommenen Änderungen immer noch komplex und systematisch wie sprachlich zum Teil schwierig abgefasst, so dass sich eine ganze Reihe von Auslegungsfragen ergeben.

a) Reichweite und Inhalt eines möglichen Individualanspruchs

31 Sprachlich abgefasst ist die Regelung als Individualanspruch, so dass nachfolgend zunächst einmal dessen Voraussetzungen dargestellt werden.

aa) Anspruchsgläubiger

32 Die Novelle setzt hier auf den Vertreiberbegriff auf (§ 3 Abs. 9). Nach Entstehungsgeschichte, Begründung und systematischer Stellung ist der Begriff als „Letztvertreiber" zu lesen. Es handelt sich insoweit um einen originären Händleranspruch (so auch Fischer, AbfallR 2008, 191 (196), sowie Hendler, Rechtsgutachten S. 20; a. A.: Rummler/Seitel, AbfallR 2008, 129 (135)).

bb) Schuldner

33 Ein möglicher Schuldner des Anspruchs ist nicht ausdrücklich definiert. Der Text gibt insoweit nur vor, dass geleistete Entgelte für eine Systembeteiligung nach § 6

Abs. 3 zurückverlangt werden können. Naturgemäß kann damit Schuldner eines solchen Anspruchs nur ein zugelassenes duales System sein.

Dem Wortlaut nach kann der Anspruch gegen jedes duale System gerichtet werden und nicht nur gegen das System, bei dem konkret lizenziert wurde. Insoweit liegt ein öffentl.-rechtl. begründetes Gesamtschuldverhältnis entsprechend § 421 BGB vor (vgl. Palandt, 64. Aufl., § 421 RN 9). Danach kann der Anspruchsberechtigte ein beliebiges duales System in Anspruch nehmen, dem aber dann wiederum ein entsprechender Ausgleichsanspruch gegen andere duale Systeme in Höhe der an diese zuvor geleisteten Entgelte zusteht.

cc) Anspruchsinhalt

Insoweit gibt die Norm vor, dass „geleistete Entgelte zurückverlangt werden können". D. h. es muss auch tatsächlich ein Lizenzentgelt bezahlt worden sein. Nicht erforderlich – und das ist eine der wesentlichen Änderungen des Bundesrates – ist, dass die Lizenzentgelte vom Anspruchsgläubiger selbst (Händler) bezahlt wurden. Auch von seinen Lieferanten geleistete Zahlungen an ein oder mehrere duale Systeme werden grundsätzlich von dem Anspruch umfasst (vgl. Begründung, BR-Drs. 800/07 (Beschluss), S. 5). 34

Die Höhe des Anspruchs leitet sich aus dem Wort „geleistet" ab. Danach besteht ein Rückzahlungsanspruch in voller Höhe der tatsächlich zuvor geleisteten Entgelte. Abzüge dualer Systeme für Verwaltungsaufwand oder ähnliche Positionen sind nicht vorgesehen. 35

Bemessungsgrundlage für den Anspruch sind zunächst die vom Vertreiber nachweislich zuvor in Verkehr gebrachten und dann von ihm auch zurückgenommenen Verkaufsverpackungen. Dabei können zwei Varianten auftreten: Der Vertreiber hat selbst lizenziert und selbst zurückgenommen (Eigenlizenzierung); der Vertreiber hat zwar selbst zurück genommen, aber sein Lieferant hat lizenziert (Lieferantenlizenzierung). 36

Der Fall der Eigenlizenzierung entspricht der ursprünglichen Vorlage der Bundesregierung, wonach ein Rückerstattungsanspruch nur für solche Verpackungen bestand, für die zuvor vom Vertreiber selbst ein Lizenzentgelt bezahlt worden ist. Soweit also solche Verpackungen zurückgenommen werden, besteht ein Anspruch in der Höhe, wie zuvor entsprechende Lizenzentgelte auf Basis einer individuellen Vereinbarung zwischen dem Vertreiber und einem dualen System entrichtet worden sind. Die Höhe bestimmt sich in der Regel aus der Materialfraktion, der jeweiligen Rücknahmemenge und des für die Fraktion zuvor vereinbarten und bezahlten Entgeltes.

Im Unterschied zur Eigenlizenzierung besteht bei der Lieferantenlizenzierung das spezifische Problem, dass der Vertreiber im Regelfall weder das duale System kennt, bei dem sein Lieferant Vertragspartner ist, noch Kenntnis von der Höhe der individuell vereinbarten Preise hat. Zumindest die Kenntnis des Preises braucht er aber, um einen etwaigen Rückzahlungsanspruch überhaupt beziffern zu können. Denkbar ist, dass sich der Vertreiber von seinen Lieferanten entsprechende Angaben bestätigen lässt, um damit seiner Darlegungslast genügen zu können. Dabei erscheint auch die Benennung des Systems erforderlich, bei dem ein Lieferant seiner Lizenzierungspflicht nachkommt, da ansonsten der sich aus dem Gesamtschuldcharakter ergebende interne Ausgleichsanspruch gegen andere duale Systeme nicht geltend gemacht werden kann. Aufgrund der in der Regel bestehenden Vielzahl von Lieferanten und dem Zusammenhang der Angaben mit der jeweils individuellen Preiskalkulation erscheint eine praktische Umsetzung dieser Vorgaben zumindest schwierig, so dass die Geltendmachung dieses Anspruchs in der Praxis häufig scheitern dürfte.

dd) Zurechnung von Fremdverpackungen (Satz 6)

37 Nach Satz 6 dürfen auch solche Verkaufsverpackungen einbezogen werden, die nicht vom Vertreiber selbst in Verkehr gebracht worden sind (Fremdverpackungen). Voraussetzung ist allerdings, dass es sich um Verpackungen derselben Art, Form und Größe und solcher Waren handelt, die der Vertreiber in seinem Sortiment führt. Die Vorschrift übernimmt damit den Wortlaut von § 6 Abs. 1 Satz 4 VerpackV a. F., so dass bei Abgrenzungsfragen darauf zurückgegriffen werden kann. Der Rechtsnatur nach handelt es sich hier um einen eigenen öffentlichrechtlichen Erstattungsanspruch, dem kein äquivalentes Vertragsverhältnis vorausgehen muss, so dass für derartige Verpackungsmengen – wenn sie denn identifiziert werden können – kein anderes duales System als Vertragspartner nachgewiesen werden muss. Schwierigkeiten ergeben sich in besonderer Weise bei der Bestimmung der Anspruchshöhe, da für diese Verpackungen ein zuvor bezahltes individuelles Entgelt für die Systembeteiligung schon der Natur nach nicht ermittelt werden kann.

ee) Fälligkeit/Verwirkung

38 Ausdrückliche Regelungen zur Fälligkeit enthält die Norm nicht. Insoweit gilt der allgemeine Grundsatz, dass ein Anspruch dann fällig ist, wenn alle Voraussetzungen gegeben sind. Dazu gehört im vorliegenden Fall auch der ordnungsgemäße Nachweis nach Satz 7, der auf die entsprechenden Vorschriften des Anhangs I verweist. In der Praxis bedeutet dies, dass erst mit Vorlage der Bestätigung des Sachverständigen der Anspruch geltend gemacht werden kann.

Die Norm enthält auch keine Regelung über eine zeitliche Befristung, innerhalb derer ein Anspruch geltend gemacht werden muss, so dass insoweit grundsätzlich an die Anwendung der allgemeinen Verjährungsregeln zu denken ist. Gleichwohl ist durch den Verweis auf Anhang I vorgegeben, dass die erforderliche Dokumentation bis zum 1. Mai des Folgejahres zu erfolgen hat. Wird diese Frist nicht eingehalten, besteht ein übergeordnetes Bedürfnis der Systembetreiber nach Rechtssicherheit und der Anspruch ist dann als verwirkt zu betrachten.

b) Abtretung

39 Wie dargelegt, ist originärer Anspruchsinhaber der Händler. Gleichwohl handelt es sich seiner Natur nach um einen Zahlungsanspruch, so dass dieser grundsätzlich abgetreten oder teilabgetreten werden kann. Insoweit sind daher auch Konstruktionen denkbar, wonach entsprechende Teilabtretungen an die Lieferanten erfolgen, die dann ihrerseits innerhalb ihres jeweiligen Vertragsverhältnisses mit einem dualen System einen solchen Anspruch zum Beispiel durch Aufrechnung geltend machen können.

c) Bilaterale Regelungen

Wie dargestellt, liegen die praktischen Probleme dieses Anspruchs für den Gläubiger im Wesentlichen bei der Darlegung der Anspruchshöhe. Insoweit sind Regelungen denkbar, wonach dem Gläubiger Erleichterungen bei seiner Darlegungslast eingeräumt werden, wenn er sich im Gegenzug zu anderen Zugeständnissen bereit erklärt. In Betracht kommen in diesem Zusammenhang insbesondere bilaterale Vereinbarungen zwischen Handelsunternehmen und dualen Systemen zur Gewährleistung der praktischen Umsetzung des von der Verordnung vorgezeichneten Anspruchs. 40

d) Sanktionen

Unmittelbare Sanktionen zur Gewährleistung dieses Anspruchs oder zur Sicherstellung der Voraussetzungen, unter denen er geltend gemacht werden kann, enthält die Verordnung nicht. Insbesondere fehlt es an einem Bußgeldtatbestand in § 15. 41

6. Branchenbezogene Selbstentsorgerlösungen (Abs. 2)

Nach § 6 Abs. 2 VerpackV entfällt die Pflicht zur Beteiligung an einem dualen System, soweit Hersteller und Vertreiber in einem zulässigen Rahmen eine Selbstentsorgung ihrer Verpackungen organisieren. Diese Regelung ist erst im Laufe des Verfahrens vom BMU in den ursprünglichen Entwurf eingefügt worden und dann noch einmal im Bundesrat geändert worden (BR-Drs. 800/07 (Beschluss), S. 6 f.). Die Änderung des BMU korrespondiert mit einer gleichzeitig vorgenommenen Veränderung der Schnittstelle nach § 3 Abs. 11, die das sogenannte Kleingewerbe wieder dem privaten Endverbraucher gleichstellte, nachdem es zuvor komplett dem Anwendungsbereich des § 7 zugerechnet wurde. 42

Auslegungsgrundlage für die Anwendung der Vorschrift ist grundsätzlich der Wortlaut. Dieser ist indes mindestens schwer verständlich, teilweise sogar in sich widersprüchlich. Insoweit kommen der historischen und der teleologischen Auslegung besondere Bedeutung zu, will man die Vorschrift in einer Weise anwenden, die eine praktikable Umsetzung ermöglicht. So erstreckt sich § 6 Abs. 2 Satz 1 im Bundesgesetzblatt über drei Unterabsätze und 28 Zeilen und indiziert daher schon aufgrund seiner Länge, dass es sich um eine komplexe und schwer zu lesende Vorschrift handelt. 43

Auch die Länder erkannten schon kurz nach Verabschiedung der Novelle Klarstellungsbedarf und verabschiedeten bereits am 10.6.2008 im Ausschuss für Fragen der Produktverantwortung und der Rücknahmepflicht APV der Bund/Länder-Arbeitsgemeinschaft Abfall (LAGA) „Eckpunkte zur Konkretisierung der Anforderungen an branchenbezogene Selbstentsorgermodelle nach § 6 Abs. 2 der 5. Novelle VerpackV (Branchenlösungen)". 44

a) Materieller Regelungsinhalt

Satz 1 kann prinzipiell in zwei Regelungsbereiche unterteilt werden: Zum einen regelt er im ersten Teil die materiellen Voraussetzungen, die erfüllt sein müssen, damit eine Beteiligungspflicht nach § 6 Abs. 1 entfällt (ähnlich: Rummler/Seitel, AbfallR 2008, 129 (133)). Dieser Teil der Vorschrift entspricht den ursprünglichen 45

Sätzen 1 und 2 des von der Bundesregierung eingebrachten Vorschlags (BT-Drs. 16/6400, S. 6). Im zweiten Teil, beginnend mit „und der Hersteller oder Vertreiber ... durch Bescheinigung ... nachweist ...", wird dagegen lediglich das Verfahren gegenüber der obersten Landesbehörde geregelt, das Voraussetzung dafür ist, diese Tätigkeit überhaupt aufzunehmen. Dieser Teil war Gegenstand der Änderung im Bundesrat und wurde dabei mit der vorausgegangenen Regelung – sprachlich unglücklich – in einem Satz zusammengefasst (BR-Drs. 800/07 (Beschluss), S. 6 f.). Beide Regelungsbereiche sind systematisch strickt voneinander zu trennen.

aa) Entfallen der Systembeteiligungspflicht

46 Nach dem Wortlaut der Vorschrift „entfällt" die Systembeteiligungspflicht nach § 6 Abs. 1. Der Wortlaut entspricht insoweit der alten Regelung in § 6 Abs. 3, wonach die individuelle Rücknahmepflicht dann nicht entstanden ist, wenn dafür eine Systembeteiligungspflicht an einem dualen System eingegangen wurde. Damit ist ein wesentlicher systematischer Unterschied zu der in Abs. 1 Satz 5 bis 7 vorgesehenen Rücknahme am POS gegeben. Dort besteht lediglich ein Rückerstattungsanspruch, der aber im Grunde die rechtliche Verpflichtung einer Beteiligung an einem dualen System unberührt lässt.

bb) Gestaltungsrahmen

47 Der mögliche Gestaltungsrahmen, in dem sich eine Befreiung von der Teilnahmepflicht nach § 6 Abs. 1 bewegen kann, wird durch das Tatbestandsmerkmal der „vergleichbaren Anfallstellen" nach § 3 Abs. 11 Satz 2 und 3 maßgeblich bestimmt. Insoweit bildet das sog. Kleingewerbe die Grundlage und auch die Grenze für das Einbringen von Verpackungsmengen in den Bereich der Selbstentsorgung. Dieser Auffassung entsprechen auch die Ausführungen und Stellungnahmen zum Vorentwurf, als dieser Bereich noch § 7 zugeordnet war. Insbesondere die vom BMU in Auftrag gegebene Studie der Gesellschaft für Verpackungsmarktforschung mbH (GVM) „Ansatzpunkte für die Abgrenzung des Tätigkeitsbereichs haushaltsnaher Erfassungssysteme (Duale Systeme)" vom 15.12.2006 folgt diesem Ansatz. In gleicher Weise enthalten die „Hinweise des BMU zur 5. Novelle der VerpackV" vom 5.3.2007 auf S. 8 f. die Formulierung: „Hersteller und Vertreiber von Verkaufsverpackungen, die an diesen gewerblichen Anfallstellen anfallen, haben diese Verkaufsverpackungen künftig gem. § 7 selbst einer Entsorgung zuzuführen, wobei sie kollektive Entsorgungsmodelle, z. B. auch bereits bestehende Modelle der Selbstentsorgung nutzen können. Da für die in diesen Bereichen zukünftig anfallenden Verkaufsverpackungen keine Entgelte an Systeme nach § 6 Abs. 1 mehr entrichtet werden müssen, können die damit verbundenen Kostenersparnisse dazu verwendet werden, die nun selbst zu organisierende Entsorgung der Verkaufsverpackungen zu finanzieren."

48 An diesem Regelungshintergrund hat sich durch die Neufassung der Schnittstelle in § 3 Abs. 11 und die damit verbundene Neuregelung der Selbstentsorgung in § 6 Abs. 2 ausweislich der zur Verfügung stehenden Materialien nichts geändert. Insbesondere findet sich kein Hinweis der Bundesregierung, dass mit dem Wechsel der Regelungssystematik auch eine materielle Eingrenzung des zuvor für die Selbstentsorgung zur Verfügung stehenden Bereichs beabsichtigt gewesen wäre.

Die bereits zitierte GVM-Studie zeigt beispielhaft Möglichkeiten der sachgerech- 49
ten Eingrenzung des zur Verfügung stehenden Lizenzierungsumfangs auf. Nach
dieser Studie scheint es vorzughaft, Branchen und Vertriebskanäle miteinander
zu kombinieren (a.a.O., S. 34, Abb. 12). Auf Basis einer solchen Eingrenzung würden am Beispiel der H-Milch 81,5 % der in Verkehr gebrachten Verpackungen
dem privaten Endverbrauch und damit der Lizenzierungspflicht nach Abs. 1
zugeordnet und 18,5 % könnten prinzipiell einer Lösung nach Abs. 2 zugeführt
werden. Am Beispiel Trockenmilch würden 85,2 % der Lizenzierungspflicht nach
Abs. 1 unterliegen und 14,8 % könnten prinzipiell über eine Selbstentsorgungsregelung auf Basis des Abs. 2 lizenziert werden.

cc) Erfassungsbereich

Das Tatbestandsmerkmal „Kleingewerbe" grenzt aber nicht nur den Lizenzie- 50
rungs-, sondern auch den möglichen Bereich ein, der in die Organisation eines
übergreifenden Rücknahmesystems einbezogen werden kann. Jedenfalls ist dies
ein wesentlicher Unterschied im Vergleich zur Verpackungsverordnung a. F.,
nach der nicht klar war, ob auch Großanfallstellen in ein Entsorgungskonzept
eingebunden werden können. Wichtig ist an dieser Stelle, dass eine branchenmäßige Eingrenzung der Anfallstellen für die Erfüllung der materiellen Befreiungsvoraussetzungen hier zunächst nicht vorgesehen ist und sich diese Vorgabe
lediglich auf das Bescheinigungsverfahren durch den unabhängigen Sachverständigen bezieht.

dd) Rücknahme und Verwertung

Hinsichtlich der Anforderung an die Rücknahme und Verwertung der Verpa- 51
ckungen verweist die Vorschrift auf Abs. 8 Satz 1. Insoweit hat die Rücknahme
am Ort der tatsächlichen Übergabe oder in dessen unmittelbarer Nähe unentgeltlich zu erfolgen. Hinsichtlich der Verwertung gelten insbesondere Anhang I Nr. 1
(Quoten) und Anhang I Nr. 4 (Mengenstromnachweis).

b) Sachverständigennachweis/Bescheinigungsverfahren

aa) Anwendungsbereich

Der als Bescheinigung vorzulegende Sachverständigennachweis ergänzt 52
abschließend die Voraussetzungen, die erfüllt sein müssen, damit eine Befreiung
von der Lizenzierungspflicht nach § 6 Abs. 1 erfolgen kann. Insoweit ist er verfahrensmäßige Ergänzung der zuvor beschriebenen materiellen Regelungsvoraussetzungen. Bescheinigung und Nachweis gelten nur im Verhältnis Selbstentsorger/Behörde, sie modifizieren nicht unmittelbar den zuvor beschriebenen
materiellen Regelungsgehalt der Vorschrift, der letztlich zur Befreiung von der
Lizenzierungsverpflichtung führt. Der Bescheinigung kommt insoweit lediglich
die Aufgabe einer qualifizierten Information der obersten Landesbehörde zu,
dass die angezeigte Selbstentsorgung den erforderlichen Qualitätsanforderungen
entspricht (vgl. BR-Drs. 800/07 (Beschluss), S. 7).

bb) Branchenbezogene Erfassungsstrukturen

53 Der in § 6 Abs. 2 Ziff. 1 gewählte Branchenbezug betrifft vom Wortlaut her (als Adjektiv) zunächst allein die Erfassungsstrukturen und ist somit auf Anfallstellen bezogen. Insoweit ist eine Orientierung an der Aufzählung in § 3 Abs. 11 naheliegend und sachgerecht. D. h. beispielsweise, dass ein Branchenbezug dann gegeben ist, wenn in der geforderten Form Hotels und Gaststätten in die Erfassungsstruktur eingebettet sind.

54 Darüber hinaus wird der Nachweis gefordert, dass eine regelmäßige kostenlose Rückgabe bei allen belieferten Anfallstellen gewährleistet ist. Aus dem Tatbestandsmerkmal „gewährleistet" ist abzuleiten, dass eine Erfassung nicht tatsächlich überall durchgeführt werden muss. Wird aber von einer Anfallstelle ein Bedarf auf Entsorgung angemeldet, muss strukturell sichergestellt sein, dass dann auch eine Entsorgung der dort anfallenden Verkaufsverpackungen erfolgt. Dies kann z. B. schon durch Einrichtung und Bekanntmachung einer entsprechenden Telefonhotline gewährleistet werden (vgl. auch Pauly, AbfallR 2008, 51). Die Einrichtung der Erfassungsstrukturen hat zudem unter Berücksichtigung bestehender, entsprechender branchenbezogener Erfassungsstrukturen nach § 7 Abs. 1 zu erfolgen. Diesbezüglich handelt es sich um eine Erweiterung des in Betracht kommenden Anfallstellenbereichs über den Bereich des Kleingewerbes hinaus. Beispielsweise können danach für den Aufbau eines Selbstentsorgungssystems im Bereich Lacke und Farben auch Baustellen aufgenommen werden, die per se nicht als gleichberechtigte Anfallstellen nach § 3 Abs. 11 gelten.

55 Die in Abs. 2 Ziff. 2 zu Beginn aufgeführten Anforderungen an die Verwertung entsprechen materiell denen aus dem ersten Halbsatz. Ergänzt werden sie hier um ein Verrechnungsverbot, sodass Transport- und Umverpackungen nicht in einen solchen Mengenstromnachweis einbezogen werden dürfen. Das Gleiche gilt für Verkaufsverpackungen, die außerhalb des installierten Erfassungssystems anfallen.

c) Verfahren

aa) Vorlagepflicht/-frist

56 Die ursprünglich von der Bundesregierung vorgesehene Genehmigungspflicht ist aufgrund der vom Bundesrat beschlossenen Änderungen entfallen und stattdessen durch die Pflicht zur Vorlage einer Bescheinigung ersetzt worden (BR-Drs. 800/07 (Beschluss), S. 6 f.). Danach ist die Bescheinigung mindestens einen Monat vor Beginn der Durchführung der Rücknahme der zuständigen obersten Landesbehörde oder der von ihr bestimmten Behörde vorzulegen. Insoweit kann sie ihrer Natur nach lediglich eine Prognosebeurteilung sein. Zudem ist der Beginn der Rücknahme schriftlich anzuzeigen. Beides dürfte in der Praxis in der Regel zusammen erfolgen. Zuständige oberste Landesbehörde ist das jeweilige Umweltministerium oder die von ihm bestimmte Behörde. Die Bescheinigung ist in allen 16 Bundesländern einzureichen. Anders verhält es sich dagegen bei der Einreichung und Überprüfung des Mengenstromnachweises. Hier hatten sich die Länder für bestehende Selbstentsorgerlösungen dahingehend verständigt, dass das jeweilige Sitzland eines Unternehmens als zuständige Behörde fungiert. Für bereits bestehende Selbstentsorgungslösungen gibt es nach Abs. 2 Satz 3 eine

Sonderregelung, wonach die Bescheinigung innerhalb von 30 Kalendertagen nach dem 1.1.2009 an die zuständige Behörde zu übermitteln ist.

bb) Sicherheitsleistung

Abs. 2 Satz 4 verweist zunächst auf Abs. 5 Satz 3 und ermöglicht dadurch der zuständigen Behörde, von dem Betreiber eines Selbstentsorgungsmodells eine angemessene, insolvenzsichere Sicherheit zu verlangen. Diesbezüglich sind die im Rahmen einer Systemfreistellung nach § 6 Abs. 3 entwickelten Grundsätze für die Praxis heranzuziehen. Es kommen demnach Bürgschaftserklärungen, Patronatserklärungen oder auch Rückstellungen als geeignete Möglichkeiten in Betracht. 57

cc) Regelung des Nachweisverfahrens

Abs. 2 Satz 4 verweist insofern auf die entsprechenden Vorschriften des Anhangs I, als dass die Regelungen für die Quoten (Anhang I Nr. 1), die Sachverständigenvoraussetzungen (Anhang I Nr. 2 Abs. 4) und den Mengenstromnachweis (Anhang I Nr. 4) zur Anwendung kommen. 58

d) Differenzlizenzierungspflicht

Eine ausdrückliche Vorschrift, wonach bei Nichterfüllung der im Anhang I genannten Voraussetzungen eine sog. Differenzlizenzierungspflicht besteht, enthält die Novelle im Gegensatz zu § 6 Abs. 1 Satz 9 VerpackV a. F. nicht mehr. Gleichwohl gehen die Länder davon aus, dass die bußgeldbewehrten Grundpflichten nach § 6 Abs. 1 dann wieder aufleben, wenn die materiellen Voraussetzungen für eine Befreiung nach § 6 Abs. 1 nicht erfüllt werden (vgl. BR-Drs. 800/07 (Beschluss), S. 6 f.). Daraus wird allgemein eine sog. Differenzlizenzierungspflicht für den oder diejenigen abgeleitet, die die Anforderungen nach Anhang I nicht erfüllen (vgl. Rummler/Seitel, AbfallR 2008, 129 (133)). Im Gegensatz zur VerpackV a. F. wird dabei ganz überwiegend die Auffassung vertreten, dass dann nicht nur die Mengen nachzulizenzieren sind, die notwendig sind, um die im Anhang I genannten Quoten zu erreichen. Vielmehr erstreckt sich die Pflicht zur Nachlizenzierung in diesen Fällen auf die Differenz zwischen erreichter Verwertungsmenge und tatsächlich in Verkehr gebrachter Verpackungsmenge (sog. 100-%-Pflicht). 59

7. Systemanforderungen (Abs. 3)

§ 6 Abs. 3 enthält im Wesentlichen die Bedingungen (Systemanforderungen), denen ein sog. duales System genügen muss, um die behördliche Anerkennung zu erhalten. Dabei deutet schon der Begriff „System" darauf hin, dass nur eine umfassende Erfassungs-, Sortier- und Verwertungslogistik den Vorgaben der Verordnung genügt. An den Systemanforderungen hat sich im Vergleich zu den Vorfassungen materiell auch nichts durch die 5. Novelle geändert. Lediglich Satz 3 enthält eine – klarstellende – Regelung, wonach mehrere Systeme bei der Einrichtung und dem Betrieb zusammenwirken können. 60

a) Flächendeckung

61 § 6 Abs. 3 Satz 1 verlangt zunächst, dass ein solches System im Einzugsgebiet, dies ist gemäß § 3 Abs. 10 das jeweilige Bundesland, flächendeckend eingerichtet sein muss. Um diesem Merkmal zu genügen, muss sich ein System also mindestens über ein Bundesland erstrecken und darf dabei nicht etwa nur einzelne Städte und Regionen einbeziehen und andere Gebiete unberücksichtigt lassen (vgl. Rummler/Schutt, S. 116 sowie Hoffmann-Höppel DVBl. 1993, S. 873). Grundsätzlich wird man aus dem Merkmal der „Flächendeckung" auch Vorgaben für eine gewisse Verdichtung des Systems ableiten können, so dass im Prinzip jede entsorgungspflichtige Körperschaft erfasst sein muss.

b) Endverbrauchernähe

62 Als weitere Voraussetzung nennt Abs. 3, dass ein solches System die Abholung gebrauchter Verkaufsverpackungen beim privaten Endverbraucher oder in dessen Nähe zu gewährleisten hat. Zum Begriff des privaten Endverbrauchers wird auf die Legaldefinition in § 3 Abs. 11 verwiesen. Danach sind private Endverbraucher im Sinne der Verordnung Haushaltungen und vergleichbare Anfallstellen von Verpackungen.

63 Nähere Ausführungen zur Endverbrauchernähe enthält zunächst Nr. 2 Abs. 1 des Anhangs I zu § 6. Danach ist mit Systemen nach § 6 Abs. 3 sicherzustellen, dass Verpackungen beim privaten Endverbraucher (sog. Holsysteme) oder in dessen Nähe durch geeignete Sammelsysteme (sog. Bringsysteme) oder durch eine Kombination beider Systeme erfasst werden. Holsysteme beim Endverbraucher sind z. B. Wertstofftonnen oder -säcke. Bezüglich eines Bringsystems sind Altglas- und Papiercontainer bekannte Beispiele. Welche Anforderungen an das Merkmal „Nähe zum Endverbraucher" zu stellen sind, richtet sich nach den jeweiligen örtlichen Gegebenheiten und kann nicht einheitlich beurteilt werden. Im Prinzip sollte die Entfernung zum nächsten Entsorgungscontainer im Rahmen eines Bringsystems für den Endverbraucher nicht weiter sein als die ihm zur Verfügung stehenden Einkaufsmöglichkeiten. Insoweit kann es deutliche Unterschiede bei der Verdichtung des Systems im ländlichen und im städtischen Bereich geben.

c) Regelmäßige Abholung

64 Neben der örtlichen Komponente hat ein duales System auch Anforderungen an die Erfassung zu genügen. Die von der Bundesregierung im Ursprungsentwurf zur VerpackV 1991 verlangte „regelmäßige Abholung" der gebrauchten Verkaufsverpackungen wurde auf Verlangen des Bundesrates verschärft und hat zusätzlich in „ausreichender Weise" zu erfolgen (BR-Drs. 436/91, 12 ff. Nr. 21). Damit wird dem System nicht nur abverlangt, dass die gebrauchten Verkaufsverpackungen in Anlehnung an die kommunale Entsorgung in regelmäßigen Abfuhrrhythmen eingesammelt werden, sondern diese zudem so gestaltet werden, dass strukturbedingte Überfüllungen von Sammelbehältern vermieden werden.

d) Anhang I

Das System muss neben den genannten Voraussetzungen auch die in Anhang I genannten Anforderungen erfüllen. Solche Anforderungen sind in Nr. 1, Nr. 2 und Nr. 3 des Anhangs I enthalten. Abs. 3 Satz 2 führt dies noch einmal klarstellend aus, enthält aber keine weitergehende Regelung als zuvor schon Satz 1. Auf die zu Anhang I gemachten Ausführungen wird zudem verwiesen. **65**

e) Zusammenwirken mehrerer Systeme

Nach Satz 3 können mehrere Systeme bei Einrichtung und Betrieb zusammenwirken. Insoweit wird in der Begründung der Bundesregierung (BT-Drs. 16/7954, S. 15) ausgeführt, dass die gemeinsame Nutzung der Erfassungsinfrastruktur bereits mit der Entscheidung der Europäischen Kommission (2001/837/EG) vom 17.9.2001 konkretisiert wurde. Mit der Neuregelung soll darüber hinaus der Rahmen für die Zusammenarbeit zwischen den Systemen auf der Grundlage der Erfahrungen mit dem Markteintritt und der Feststellung weiterer Systeme in den vergangenen Jahren nochmals ergänzt werden. Dabei gelte es, die flächendeckende haushaltsnahe Entsorgung von Verkaufsverpackungen auf hohem ökologischem Niveau zu gewährleisten und den Wirtschaftsbeteiligten möglichst viel Spielraum für die konkrete Ausgestaltung der Erfassung im Wettbewerb einzuräumen (BT-Drs. 16/7954, S. 15). Schließlich stellt die Bundesregierung in ihrer Begründung klar, dass jedenfalls das Merkmal der Flächendeckung bei jeder Form des Zusammenwirkens gewährleistet bleiben muss und erteilt damit insbesondere der vom Bundeskartellamt immer wieder erhobenen Forderung nach einer sog. „additiven Flächendeckung" eine klare Absage (BT-Drs., ebenda). **66**

Letztlich wird man feststellen können, dass das konkrete Zusammenwirken der dualen Systeme nicht maßgeblich durch diese Neuregelung bestimmt werden wird. Vielmehr – und das ist die durchgängige Erfahrung der letzten Jahre – werden Grenzen und Möglichkeiten eines solchen Handelns vorwiegend kartellrechtlich bestimmt und von der EU-Kommission und dem Bundeskartellamt mit Argusaugen überwacht.

8. Abstimmung mit den öffentlich-rechtlichen Entsorgungsträgern (Abs. 4)

Das Abstimmungsgebot mit den öffentlich-rechtlichen Entsorgungsträgern wurde durch die 5. Novelle im Wesentlichen dahingehend geändert, dass neu hinzukommende Systeme sich bestehenden Abstimmungserklärungen unterwerfen können und die Kommunen die Erfassung weiterer stoffgleicher Wertstoffe mit den Systemträgern vereinbaren können. Ansonsten sind die bislang geltenden Regelungen materiell nicht wesentlich verändert worden. **67**

a) Vorhandene Sammelsysteme (Satz 1)

Das System ist auf vorhandene Sammel- und Verwertungssysteme der öffentlich-rechtlichen Entsorgungsträger abzustimmen. Damit erfolgt zunächst eine zeitliche Eingrenzung des Abstimmungserfordernisses auf den Ist-Zustand bei den betroffenen Körperschaften zum Zeitpunkt der Einführung eines Systems. Nicht unter die Abstimmungspflicht fallen somit erst für die Zukunft von den entsorgungspflichtigen Körperschaften geplante Sammel- und Verwertungssysteme. **68**

Auch eine Anpassung an nachträglich zusätzlich von den entsorgungspflichtigen Körperschaften eingeführten Systemen ist nicht vorgesehen. Die öffentlich-rechtlichen Entsorgungsträger können das abgestimmte System nicht nachträglich einseitig ändern (VG Gießen 6 E 1972/97). Das abgestimmte System gewährt dem Systembetreiber in Verbindung mit den Art. 12, 14 GG einen Abwehranspruch gegen hoheitliche Eingriffe (HessVGH 8 TG 3140/98).

Daneben enthält diese Vorschrift aber auch eine örtliche Komponente, da das Abstimmungserfordernis auf den Bereich begrenzt wird, in dem ein System konkret eingeführt wird.

b) Abstimmung als Feststellungsvoraussetzung (Satz 2)

69 Dass die Abstimmung Voraussetzung für die Feststellung nach Absatz 5 Satz 1 ist, hat nicht nur klarstellende Funktion, sondern erweitert inhaltlich den Kreis der Feststellungsvoraussetzungen, die von den obersten Landesbehörden zu prüfen sind (vgl. Porz, AbfallPrax 1999, S. 79).

c) Schriftformerfordernis (Satz 3)

70 Im Gegensatz zur Rechtslage nach der Verpackungsverordnung von 1991 wurde im Rahmen der Novelle von 1998 das Schriftformerfordernis neu eingefügt. Dies entsprach der bis dahin weitgehend ausgeübten Praxis. Damit entfiel die Grundlage für die bis zu diesem Zeitpunkt bestehende Ansicht, dass eine tatsächliche Abstimmung mit den bestehenden entsorgungspflichtigen Körperschaften ohne ausdrückliche schriftliche Vereinbarung zur Erfüllung der Voraussetzungen ausreiche.

d) Berücksichtigung der Belange der öffentlich-rechtlichen Entsorgungsträger (Satz 4)

71 Neben den bereits eingerichteten Sammel- und Verwertungssystemen sind nach Satz 4 auch andere Belange der öffentlich-rechtlichen Entsorgungsträger besonders zu berücksichtigen. Voraussetzung dafür ist, dass solche Belange einen konkreten Bezug zu dem Tätigkeitsbereich eines dualen Systems haben. Auf diese Vorschrift kann z. B. eine Verpflichtung zum Zusammenwirken im Rahmen der Öffentlichkeitsarbeit gestützt werden.

e) Übernahme oder Mitbenutzung von Einrichtungen (Satz 5)

72 Nach Satz 5 können die öffentlich-rechtlichen Entsorgungsträger auch die Übernahme oder Mitbenutzung von Einrichtungen, die für die Sammlung und Sortierung von Materialien der im Anhang zu dieser Verordnung genannten Art erforderlich sind, gegen ein angemessenes Entgelt verlangen. Der Anspruch ist dahingehend einzugrenzen, dass nur die Übernahme und Mitbenutzung von Einrichtungen gefordert werden kann, die für eine duale Sammlung und Sortierung erforderlich sind. Dass solche Einrichtungen für eine duale Sammlung lediglich geeignet sind, reicht also allein nicht aus. Somit müssen Anlagen und Einrichtungen der Kommunen und Kreise, die weitergehenden Ansprüchen gerecht werden und damit kostenträchtiger sind, nicht zwingend in ein duales System übernommen werden. Für die Übernahme

bzw. Mitbenutzung können die entsorgungspflichtigen Körperschaften ein angemessenes Entgelt verlangen. Zur Bestimmung dieses Entgelts ist eine Orientierung an gebührenrechtlichen Grundsätzen zweckmäßig. Der Kostenerstattungsanspruch ist danach unter Heranziehung des Äquivalenz- und Kostendeckungsprinzips einzugrenzen (vgl. dazu auch LG Köln Urt. 220 134/05 vom 15.12.2005).

f) Gestattung der Mitbenutzung für Systembetreiber (Satz 6)

Nach Satz 6 können nunmehr auch die Systembetreiber von den öffentlich-rechtlichen Entsorgungsträgern ihrerseits die Mitbenutzung ihrer Einrichtungen gegen ein angemessenes Entgelt verlangen. Die Neuregelung hat insoweit einen gewissen „Komplementärcharakter" zur vorausgegangenen Vorschrift. Sie wird dann relevant, wenn die Papiersammlung – wie regelmäßig der Fall – durch den öffentlich-rechtlichen Entsorgungsträger erfolgt. Der Neuregelung kommt insoweit eine klarstellende Funktion zu, da ein entsprechender Mitbenutzungsanspruch auch zuvor regelmäßig bereits auf Basis des Kartellrechts gegründet werden konnte. 73

g) Erfassung stoffgleicher Nicht-Verpackungsabfälle (Satz 7)

Auch die Möglichkeit der Miterfassung stoffgleicher Abfälle wurde durch die 5. Novelle formal in die Verpackungsverordnung eingeführt. Tatsächlich wurde dies bereits zuvor in verschiedenen Kommunen und Landkreisen auf Basis vertraglicher Vereinbarungen mit den Systemträgern praktiziert (z. B. „Gelbe Tonne plus" in Leipzig). Vom Wortlaut her ist ein solcher Anspruch zeitlich und inhaltlich an die Abstimmung gekoppelt, da mit einer solchen Neuregelung regelmäßig das vor Ort durchgeführte Entsorgungssystem verändert wird. 74

h) Kostenbeteiligungspflicht (Satz 8)

Mit der VerpackV von 1998 wurde auch eine Regelung aufgenommen, nach der der Systembetreiber verpflichtet ist, sich an den Kosten für die Abfallberatung sowie an den durch die Errichtung, Bereitstellung, Unterhaltung sowie Sauberhaltung von Flächen für die Aufstellung von Sammel- und Großbehältnissen entstehenden Kosten zu beteiligen. Damit wurde einer im Rahmen der Einführung des Dualen Systems geübten Praxis nachträglich auf der Verordnungsebene entsprochen. In der Praxis erfolgt die Umsetzung regelmäßig durch sog. „Nebenentgeltvereinbarungen" zwischen den Systemträgern und dem öffentlich-rechtlichen Entsorgungsträger. Wegen der nunmehr bestehenden Mehrzahl von Systemträgern ist zudem ein spezifisches Clearingverfahren auf vertraglicher Grundlage vorgeschaltet worden. 75

i) Vergabe im Wettbewerb (Satz 9)

Im Gegensatz zur Rechtslage nach der Verpackungsverordnung von 1991 wurde mit der VerpackV von 1998 geregelt, dass die Abstimmung der Vergabe von Entsorgungsdienstleistungen im Wettbewerb nicht entgegenstehen darf. Durch diese Vorschrift sollte verhindert werden, dass – wie von den Kartellbehörden jahrelang beklagt – die entsorgungspflichtigen Körperschaften durch das Abstimmungserfordernis Einfluss auf die Auswahl des Entsorgungsvertragspartners 76 nehmen oder aber bei der Vertragsgestaltung mitbestimmen. Beide Möglichkeiten trugen zu Beginn des Dualen Systems dazu bei, dass zum Teil Entsorgungsverträge geschlossen werden mussten, die nicht den marktüblichen Bedingungen entsprachen.

Inzwischen werden die Entsorgungsverträge von der Der Grüne Punkt – Duales System Deutschland GmbH seit dem Jahr 2004 regelmäßig ausgeschrieben (vgl. dazu Lotze/Pape, WuW 2003, 364; Flanderka/Sieberger, WiVerw 2004, 205). Die Vergabe der Entsorgungsleistungen im Wettbewerb hat neben sinkenden Preisen für Entsorgungsdienstleistungen auch zu einer signifikanten Marktbereinigung geführt, welche insbesondere kommunale Entsorgungsunternehmen getroffen hat.

j) Abstimmung durch Unterwerfung (Satz 10)

77 Nach Satz 10 kann sich ein System, welches im Gebiet eines öffentlich-rechtlichen Entsorgungsträgers neu hinzutritt, nunmehr der bereits geltenden Abstimmung unterwerfen. Damit wird durch die 5. Novelle eine Praxis in die Verordnung übernommen, die zuvor schon bei der Zulassung weiterer Systemträger von einigen Bundesländern geduldet wurde.

k) Anpassung der Abstimmung (Satz 11)

78 Der neu eingeführte Satz 11 regelt nun, unter welchen Voraussetzungen öffentlich-rechtliche Entsorgungsträger eine Anpassung der Abstimmung verlangen können. Damit trägt der Verordnungsgeber einer wesentlichen Forderung der kommunalen Spitzenverbände Rechnung. Zugleich wird damit der Meinungsstreit beendet, wonach unklar war, ob nach einmal erfolgter Abstimmung überhaupt eine Änderung verlangt werden kann („einmal abgestimmt, immer abgestimmt").

9. Systemfeststellung (Abs. 5)

79 § 6 Abs. 5 enthält nunmehr die wesentlichen Verfahrensfragen, die im Zusammenhang mit einer Systemfeststellung relevant sind. Wesentliche Änderungen sind im Rahmen der 5. Novelle nicht vorgenommen worden. Neu aufgenommen wurde eine Regelung, wonach von der zuständigen Behörde eine Sicherheitsleistung verlangt werden kann, was aber bereits zuvor so schon praktiziert wurde.

a) Zuständige Behörde

80 Zuständig für die Feststellung ist die oberste Landesbehörde oder die von ihr bestimmte Behörde. Dies sind in der Regel die Umweltministerien der Länder. Verfahrensmäßig hat dies zur Folge, dass ein Vorverfahren gemäß § 68 ff. VwGO im Regelfall entbehrlich ist und so direkt Anfechtungsklage gegen einen solchen Bescheid vor den Verwaltungsgerichten erhoben werden muss.

b) Antrag

81 Die Entscheidung der Feststellungsbehörde ergeht auf Antrag des Systembetreibers. Damit ist im Gegensatz zur Fassung der Verpackungsverordnung von 1991 festgelegt, wer als Antragsteller auftreten kann (vgl. zur früheren Rechtslage

Rummler/Schutt, S. 123 sowie Fluck DB 1993, S. 211, 214 ff.). Eine Form – wie etwa die Schriftform – ist für den Antrag nicht zwingend vorgeschrieben.

c) Form und Inhalt der Entscheidung

Bei der Systemanerkennung handelt es sich um einen feststellenden Verwaltungsakt. Der Erklärungsgehalt eines solchen Verwaltungsaktes liegt in der Feststellung, dass in dem betreffenden Bundesland ein System nach § 6 Abs. 3 eingerichtet ist, das eine regelmäßige und endverbrauchernahe Erfassung gebrauchter Verkaufsverpackungen gewährleistet (vgl. Rummler/Schutt, S. 125). Dieser Verwaltungsakt stellt eine so genannte Rechtstatsache fest – Einrichtung des privatwirtschaftlichen Erfassungsnetzes (Weidemann DVBl. 1992, S. 1568, 1573). Die so genannte Freistellungserklärung ist damit zentraler Anknüpfungspunkt für die von der Verordnung vorgesehenen Beteiligungspflichten. 82

War in der Fassung der Verordnung von 1991 noch festgelegt, dass die Feststellung in Form einer Allgemeinverfügung ergeht, entfiel diese Bestimmung im Rahmen der Novelle von 1998 ersatzlos. Der Grund dafür liegt in der Doppelnatur dieses Verwaltungsaktes. Zum einen ist er Allgemeinverfügung gegenüber den betroffenen Herstellern und Vertreibern, zum anderen Individualverwaltungsakt gegenüber dem Systembetreiber. Gemäß § 35 Satz 2 VwVfG handelt es sich bei einer Allgemeinverfügung um einen Verwaltungsakt, der einen nach allgemeinen Merkmalen bestimmten oder bestimmbaren Personenkreis oder die öffentlich-rechtliche Eigenschaft einer Sache oder ihre Benutzung durch die Allgemeinheit betrifft. Im vorliegenden Bereich handelt es sich gegenüber den betroffenen Herstellern und Vertreibern um eine Allgemeinverfügung, weil die Regelung für Zu- und Abgänge im unmittelbaren personellen Adressatenkreis – das sind die beteiligten Hersteller und Vertreiber im jeweiligen Bundesland – offen ist (Weidemann DVBl. 1992, S. 1568, 1573). Gegenüber dem Systembetreiber hat der Verwaltungsakt individuellen Charakter, da nur ihm gegenüber die Nebenbestimmungen ergehen können. 83

Weil es im öffentlichen Interesse liegt, dass für die betroffenen Hersteller und Vertreiber Rechtssicherheit dahingehend besteht, ob sie gebrauchte Verkaufsverpackungen zurücknehmen müssen oder nicht (nunmehr § 6 Abs. 8), kann für die Feststellung des Systems die sofortige Vollziehung der Verfügung nach § 80 Abs. 2 Nr. 4 VwGO von der Behörde angeordnet werden. 84

Nach Abs. 5 Satz 1 stellt die für die Abfallwirtschaft zuständige oberste Landesbehörde fest, dass ein System nach Satz 1 flächendeckend eingerichtet ist. Zu den Feststellungsvoraussetzungen gehören somit: 85

– die Antragstellung durch den Systembetreiber,
– ein duales System gem. Absatz 3, das die regelmäßige Abholung gebrauchter Verkaufsverpackungen beim Endverbraucher oder in dessen Nähe in ausreichender Weise gewährleistet,
– das Merkmal der Flächendeckung – insoweit handelt es sich streng genommen um eine Wiederholung, weil dieses Tatbestandsmerkmal nach Absatz 3 schon zu den Systemanforderungen gehört –,
– die Erfüllung der in Anhang I zu § 6 genannten Voraussetzungen.

86 Umstritten und Gegenstand verwaltungsgerichtlicher Auseinandersetzungen mit den Bundesländern war bei der Fassung der Verpackungsverordnung von 1991 die Frage, inwieweit Nebenbestimmungen gegenüber dem Systembetreiber zulässig sind. Das Verwaltungsgericht Potsdam entschied dann, dass Nebenbestimmungen zur Systemfeststellung nach § 6 Abs. 3 grundsätzlich unzulässig sind, die lediglich dem Systembetreiber (damals Duales System Deutschland GmbH) Verpflichtungen auferlegen und den eigentlichen Adressaten der Verfügung – Hersteller und Vertreiber – die Möglichkeit nehmen, auf die Erfüllung der Nebenbestimmungen Einfluss zu nehmen (NVwZ 1994, S. 925, 927; vgl. dazu auch Wolnicki NVwZ 1994, S. 872). Diese Frage ist mit der Novelle von 1998 vom Verordnungsgeber geregelt worden. Seither sind Nebenbestimmungen zulässig, die erforderlich sind, um die beim Erlass der Feststellung vorliegenden Voraussetzungen auch während des Betriebs des Systems dauerhaft sicherzustellen. Das bedeutet, dass nur solche Nebenbestimmungen zulässig sind, die zur Aufrechterhaltung der Feststellungsvoraussetzung – nämlich Flächendeckung, Endverbrauchernähe, regelmäßige Abholung und Voraussetzungen aus Anhang I – erforderlich sind. Für weitergehende Nebenbestimmungen bleibt es bei der vom Verwaltungsgericht Potsdam festgestellten Unzulässigkeit.

87 Die 5. Novelle enthält in § 6 Abs. 5 Satz 2 eine sprachliche Unschärfe, da bei der Übernahme des Textes das Wort „auch" entfallen ist. Damit könnte man meinen, dass Nebenbestimmungen nur nachträglich erlassen werden dürfen, was weder der Praxis entspricht noch so intendiert war.

88 Nach Abs. 5 Satz 3 können die Behörden zudem verlangen, dass ein Systembetreiber auch eine angemessene Sicherheit für den Fall leistet, dass er oder die von ihm Beauftragten die Pflichten der Verordnung ganz oder teilweise nicht erfüllen. Die Anordnung einer entsprechenden Sicherheitsleistung im Wege der Nebenbestimmung war zuvor schon gängige Praxis. Insoweit haben sich Bilanzrückstellungen, Patronatserklärungen und Bürgschaften als adäquate Handlungsformen etabliert. Neu ist hingegen, dass die Inanspruchnahme dieser Sicherheit daran gekoppelt ist, dass die öffentlich-rechtlichen Entsorgungsträger oder die zuständigen Behörden Kostenerstattung wegen Ersatzvornahme verlangen können. Damit wird der Wirkungskreis dieser Sicherheiten maßgeblich eingeschränkt.

d) Bekanntmachung

89 Gemäß Abs. 5 Satz 4 ist die Feststellung öffentlich bekannt zu geben und vom Zeitpunkt der öffentlichen Bekanntgabe an wirksam. Die Verpackungsverordnung folgt damit der Regelung aus § 41 Abs. 3 Satz 2 VwVfG, wonach die öffentliche Bekanntgabe dann erfolgen kann, wenn eine Bekanntgabe an die Beteiligten untunlich ist. Angesichts der Vielzahl der von einer Befreiung betroffenen Hersteller und Vertreiber ist dies für den Teil des Verwaltungsaktes, der den Charakter einer Allgemeinverfügung hat, die geeignete Form der Bekanntgabe. Gemäß § 41 Abs. 4 Satz 1 VwVfG erfolgt die Bekanntgabe dadurch, dass der verfügende Teil ortsüblich bekannt gemacht wird. Im Regelfall erfolgt dies angesichts der landesweiten Bedeutung in dem jeweiligen Amtsblatt des Landes. Die Freistellung nach Satz 1 wird vom Zeitpunkt der öffentlichen Bekanntmachung an wirksam, so dass das Erscheinungsdatum des jeweiligen Amtsblattes maßgeblich ist.

Die Verpackungsverordnung enthält somit eine abweichende Sondervorschrift zu § 41 Abs. 2 VwVfG, wonach der Verwaltungsakt zwei Wochen nach der ortsüblichen Bekanntmachung als bekannt gegeben gilt.

10. Widerruf der Freistellung (Abs. 6)

Die zuständige Behörde kann die Freistellung nach Abs. 6 widerrufen, sobald und soweit sie feststellt, dass die in Abs. 3 genannten Anforderungen nicht eingehalten werden. Die Verpackungsverordnung enthält damit eine spezielle Regelung, die die allgemeinen Widerrufsvorschriften aus § 49 Abs. 2 VwVfG verdrängt (vgl. BVerwGE 19, 284, 289; 38, 290, 295). Danach kann ein Widerruf der Freistellung nur darauf gestützt werden, dass die in Abs. 3 genannten Anforderungen – Flächendeckung, Endverbrauchernähe, regelmäßige Abholung, Voraussetzungen aus Anhang I zu § 6 – nicht eingehalten werden. Dagegen ist ein Widerruf bei Nichteinhaltung einer Nebenbestimmung ebenso wenig möglich wie bei Verletzung der Vorschriften über die Abstimmung mit den entsorgungspflichtigen Körperschaften. 90

Der Widerruf der erteilten Freistellungserklärung steht im Ermessen der zuständigen Behörde. Diese hat damit den notwendigen Spielraum, wenn die genannten Voraussetzungen nur geringfügig verfehlt werden (vgl. Rummler/Schutt, S. 123 ff.). Darüber hinaus muss die Behörde nach dem Wortlaut der Vorschrift definitiv feststellen, dass die genannten Anforderungen nicht eingehalten werden. Vermutungen oder Prognosen reichen für einen Widerruf der Freistellungserklärung nicht aus. 91

Auch der Widerruf der Freistellung ist nach den gleichen Grundsätzen öffentlich bekannt zu geben wie die Erteilung der Freistellungserklärung. Gemäß Abs. 6 Satz 3 ist der Widerruf auf Verpackungen bestimmter Materialien zu beschränken, soweit nur für diese die im Anhang zu § 6 genannten Verwertungsquoten nicht erreicht werden. Die Vorschrift ist Ausdruck des „Verhältnismäßigkeitsgrundsatzes", da im Übrigen die erteilte Freistellungserklärung unberührt bleibt (vgl. Rummler/Schutt, S. 123 ff.). 92

Ausdrücklich geregelt ist als weiterer Widerrufsgrund der Fall, dass der Betrieb des Systems eingestellt ist. 93

11. Gemeinsame Stelle (Abs. 7)

Als „Forum" für die nach seiner Ansicht zwingend notwendige Koordinierung zwischen den am Markt tätigen Systemen (vgl. BT-Drs. 16/7954, S. 22) hat der Verordnungsgeber nun die „Gemeinsame Stelle" vorgesehen. 94

a) Vorgeschichte

Durch den seit August 2004 aufgekommenen Wettbewerb und dem damit verbundenen Tätigwerden mehrerer dualer Systeme stellen sich auch zunehmend Koordinationsfragen bei der praktischen Umsetzung. Explizit betrifft dies die Aufteilung der kommunalen Nebenentgelte sowie die Zurechnung von Mengenanteilen an der Erfassung. Entsprechende Clearingvereinbarungen wurden von den dualen Systemen geschlossen, die zudem vorsehen, dass dem Markt neu hinzutretende Systeme jeweils beitreten können. Die 5. Novelle sah schon in den 95 ersten Entwürfen eine organisatorische Absicherung dieser Aufgaben vor, vermied aber einen „Beliehenenstatus", wie er beispielsweise nach dem ElektroG für die Stiftung Elektro-Altgeräte-Register (EAR) erfolgte. Neben den bereits vertraglich abgesicherten Clearingaufgaben wurde dem Aufgabenkatalog der Gemeinsamen Stelle dann noch die Koordination der Ausschreibungsverpflichtung hinzugefügt, die bis zur Streichung im Bundesrat (BR-Drs. 800/07 (Beschluss), S. 14 Nr. 14) in Anhang I Nr. 2 Abs. 2 Nr. 2 und 3 verankert war.

96 Im Vorgriff auf das Inkrafttreten der 5. Novelle gründeten mehrere bereits bundesweit zugelassene Systembetreiber Ende 2007 eine Gemeinsame Stelle in Form einer GmbH. Es folgten dann zähe Verhandlungen mit allen am Markt tätigen Systembetreibern über die weitere Ausgestaltung des Gesellschaftsvertrages und der Gestaltung der Ausschreibungsbedingungen. Dabei traten immer wieder unterschiedliche Interessen der Marktbeteiligten, des Bundeskartellamtes und der Umweltbehörden zutage, wobei das ganze Verfahren stark kartellrechtlich determiniert wurde. Insoweit spielt das Bundeskartellamt bei der praktischen Ausgestaltung dieser Regelung die entscheidende Rolle und macht immer wieder Vorgaben, die durch die Verfahrensbeteiligten umzusetzen sind.

b) Beteiligungspflicht und Aufgaben (Satz 1 und 2)

97 Zugelassene duale Systeme haben sich an einer Gemeinsamen Stelle zu beteiligen. Nach Satz 1 ist die Anzahl der Gemeinsamen Stellen unbestimmt, so dass zumindest von den am Markt tätigen Systemen zeitweise ernsthaft erwogen wurde, mehrere Gemeinsame Stellen entsprechend den unterschiedlichen Interessen einzurichten. In den nachfolgenden Sätzen dieses Absatzes ist dagegen nur noch von einer bestimmten Gemeinsamen Stelle die Rede, so dass die Intention des Verordnungsgebers dahingehend ihren Ausdruck findet, dass lediglich eine einzige für alle am Markt tätigen Systeme zuständige Gemeinsame Stelle eingerichtet werden soll (vgl. BT-Drs. 16/7954, S. 21).

98 Die Aufgaben sind dann in Nr. 1, 2 und 3 umschrieben. Es handelt sich um die bereits zuvor vertraglich geregelten Formen des Mengenclearings und der Aufteilung der Nebenentgelte. Zusätzlich enthält Nr. 3 die Aufgabe der Koordination der Ausschreibungen. Damit wird in Absatz 7 eine Aufgabe organisatorisch festgeschrieben, deren materielle Verankerung durch den Bundesrat in Anhang I Nr. 2 Abs. 2 Nr. 2 und 3 ersatzlos gestrichen worden ist (vgl. BR-Drs. 800/07 (Beschluss), S. 14 Nr. 14). Das Bundeskartellamt sieht diese Aufgabe gleichwohl aus kartellrechtlichen Gründen als geboten an. Es stellt dabei maßgeblich darauf ab, dass durch die Einrichtung der Gemeinsamen Stelle und das Zusammenwirken der dualen Systeme faktisch ein Einkaufskartell gegenüber der Entsorgungswirtschaft entstehe.

c) Rechtsfolge bei Nichtbeteiligung (Satz 3)

99 Satz 3 verknüpft die Beteiligungspflicht mit dem Erhalt der Freistellungserklärung für ein duales System. Damit wird einem dualen System die Tätigkeitsgrundlage entzogen, wenn es dieser Verpflichtung nicht nachkommt. Insoweit ist es nachvollziehbar, dass der Verordnungsgeber entsprechend breite Ausführungen in der Begründung zur Erforderlichkeit dieser Regelung macht (vgl. BT-Drs. 16/7954, S. 21 f.).

d) Gestaltungsvorgaben (Satz 4)

Mit der vorgeschriebenen Beteiligungspflicht korrespondieren Gestaltungsvorgaben, die gewährleisten sollen, dass ein diskriminierungsfreier Zugang für alle Marktbeteiligten gewährleistet ist. In gleicher Weise muss sichergestellt sein, dass die Gemeinsame Stelle keine marktrelevanten Daten von den beteiligten Unternehmen erhebt, die dann in wettbewerbswidriger Weise verwendet werden können. 100

e) Anhörung der Kommunalen Spitzenverbände (Satz 5)

Die Verordnung sieht nunmehr ein Anhörungsrecht der kommunalen Spitzenverbände vor, wenn es um Entscheidungen geht, die die öffentlich-rechtlichen Entsorgungsträger betreffen. Dies dürfte insbesondere dann der Fall sein, wenn es um Fragen im Zusammenhang mit den Nebenentgelten geht. Neben den kommunalen Spitzenverbänden hatten auch die Verbände der privaten Entsorgungswirtschaft ein derartiges Anhörungs- bzw. Beteiligungsrecht gefordert, konnten sich aber nicht durchsetzen. Kommunale Spitzenverbände sind namentlich der Deutsche Städtetag, der Deutsche Landkreistag und der Deutsche Städte- und Gemeindebund, die ihrerseits wiederum in der Bundesvereinigung der kommunalen Spitzenverbände mit Sitz in Berlin organisiert sind. 101

12. Allgemeine Rücknahme- und Verwertungspflicht bei Systemwegfall (Abs. 8 Satz 1)

Absatz 8 ergibt sich als Konsequenz aus der durch die 5. Novelle vorgenommenen Umkehrung des zuvor geltenden Regel-/Ausnahme-Verhältnisses. Die nach Absatz 1 geltende Beteiligungspflicht setzt voraus, dass zumindest ein duales System existiert. Fehlt es daran, leben die nach der VerpackV a. F. geltenden individuellen Rücknahme- und Verwertungspflichten wieder auf. Absatz 8 kommt insoweit eine Reservefunktion zu. 102

a) Letztvertreiber

Hierbei handelt es sich um die letzte Handelsstufe vor Abgabe an den privaten Endverbraucher. Explizit ist dies der Einzelhandel. 103

b) Privater Endverbraucher

Die Rücknahmeverpflichtung besteht nur gegenüber dem privaten Endverbraucher. Diesbezüglich fällt auf, dass in der VerpackV a. F. noch generell vom „Endverbraucher" die Rede war. Insoweit besteht nunmehr keine unmittelbare Rücknahmepflicht gegenüber Verpackungen aus sog. gleichgestellten Anfallstellen nach § 3 Abs. 11 Satz 2 und 3, so dass der Großhandel nicht der unmittelbaren Rücknahmepflicht unterfällt, sondern lediglich als „Vorvertreiber" in den Pflichtenkreis eingebunden wird. 104

c) Verkaufsverpackungen

Zurückzunehmen sind lediglich gebrauchte, restentleerte Verkaufsverpackungen, nicht aber gebrauchte Produkte. Zur Begriffsbestimmung vergleiche die Legaldefinition in § 3 Abs. 1 Nr. 2. Maßgeblich für die Abgrenzung ist, dass es sich um Verpackungen handelt, die beim Endverbraucher anfallen. 105

106 Die Rücknahmepflicht besteht nur für gebrauchte Verpackungen (vgl. auch Fischer/Arndt, S. 142). Eine Verkaufsverpackung ist dann „gebraucht", wenn sie ihre Funktion verloren hat. Zur Bestimmung dieser Verpackungsfunktion ist auf § 3 Abs. 1 Nr. 1 abzustellen. Danach dienen Verpackungen zur Aufnahme, zum Schutz, zur Handhabung, zur Lieferung oder zur Darbietung von Waren. Werden diese Funktionen nicht mehr erfüllt, handelt es sich um eine „gebrauchte" Verpackung.

107 Durch die Novelle von 1998 wurde das Merkmal der „Restentleerung" eingeführt. Gemeint ist damit, dass sich die Verpackung in einem Zustand befindet, der nach bestimmungsgemäßer Ausschöpfung des Verpackungsinhaltes gegeben ist (vgl. § 3 Abs. 12). Weist eine Verpackung beispielsweise konstruktionsbedingte Nester oder Sicken auf, in denen sich nach bestimmungsgemäßem Gebrauch stets noch Teilmengen des ursprünglichen Füllgutes befinden, handelt es sich um Reste, die keine Auswirkung auf die Rücknahmepflicht haben. Ein solcher bestimmungsgemäßer Gebrauch liegt beispielsweise vor, wenn der Endverbraucher das Füllgut vollständig ge- oder verbraucht hat, die Verpackung also rieselfrei (trockene Füllgüter), tropffrei (flüssige Füllgüter), ausgewischt (zähflüssige Füllgüter) oder spachtelrein (pasteuse Füllgüter) ist. Entschließt sich dagegen der Endverbraucher beispielsweise, eine nur halb geleerte Verpackung zurückzugeben, liegt keine Verpackung vor, die bis auf unvermeidliche Reste des Füllgutes entleert wurde. Eine solche Verpackung unterliegt dann nicht der Rücknahmepflicht.

d) Rücknahmeort

108 Die Rücknahme der Verkaufsverpackungen hat am Ort der tatsächlichen Übergabe oder in dessen unmittelbarer Nähe zu erfolgen. Mit der Novelle von 1998 wurde aus Klarstellungsgründen der bis dahin maßgebliche Begriff „Verkaufsstelle" ersetzt. Eine inhaltliche Änderung war durch die Änderung der Begrifflichkeit nicht bezweckt.

Da das allgemeine Polizei- und Ordnungsrecht durch die Verpackungsverordnung in seiner Anwendbarkeit nicht eingeschränkt wird und insbesondere bei Lebensmittelgeschäften Hygienevorschriften mit einer Rücknahmepflicht unmittelbar im Laden kollidieren können, ist die Möglichkeit zur Rücknahme in „unmittelbarer Nähe" zum Ort der tatsächlichen Übergabe von großer praktischer Bedeutung. Die Bewertung, ob eine solche Rückgabemöglichkeit sich im Einzelfall noch in unmittelbarer Nähe zum Ort der tatsächlichen Übergabe befindet, hängt von der Ausgestaltung der Verkaufsstelle und dem typischerweise damit verbundenen Verhalten des Endverbrauchers ab. Für einen großen Supermarkt bedeutet dies, dass entsprechende Rückgabemöglichkeiten auf dem Firmengelände als ausreichend betrachtet werden müssen.

e) Unentgeltlichkeit der Rücknahme

109 Die bisherige Formulierung „kostenlos" wurde aus Gründen des einheitlichen Sprachgebrauchs im Rahmen der Novelle 1998 durch das Wort „unentgeltlich" ersetzt. Dieses Merkmal schließt aus, dass der Letztvertreiber vom Endverbraucher eine direkte Rücknahme- oder Verwertungsvergütung erhebt. Dagegen kann – und soll – aber durchaus eine Internalisierung der durch die Rücknahme und Verwertung entstehenden Kosten im Produktpreis erfolgen und der Endverbraucher so indirekt zur Finanzierung herangezogen werden. Diese an der Ladenkasse vorweggenommene, für alle Endverbraucher einheitliche Erhebung der entstehenden Kosten stellt im Gegensatz zur Erhebung von direkten Rücknahmeentgelten keine Verminderung, sondern eher eine Erhöhung des Rückgabeanreizes dar. Naturgemäß will der Endverbraucher, wenn er bereits für eine Leistung bezahlt hat, diese auch in Anspruch nehmen.

f) Verwertungsanforderungen

Die zurückgenommenen Verkaufsverpackungen sind einer Verwertung nach den Anforderungen in Nummer 1 des Anhangs I zu § 6 zuzuführen. Das bedeutet, für die betroffenen Vertreiber gelten insbesondere die in Ziffer 1 genannten Quotenvorgaben und die besonderen Anforderungen an die Kunststoffverwertung. Daneben gilt die in Nummer 4 des Anhangs I vorgeschriebene Dokumentations- und Nachweispflicht (Mengenstromnachweis). Auf die dort gemachten Ausführungen wird verwiesen. 110

13. Sonderregeln bei Systemwegfall (Abs. 8 Satz 2–8)

a) Alternativen zur Verwertung (Satz 2)

Nach Abs. 8 Satz 2 können die Anforderungen an die Verwertung auch durch eine erneute Verwendung der Verpackung oder Weitergabe an den Vorvertreiber oder Hersteller erfüllt werden. Mit der Möglichkeit der Wiederverwendung wird die abfallwirtschaftliche Zielvorgabe aus § 12 Nr. 2 umgesetzt. Die Möglichkeit der Weitergabe an den Vorvertreiber oder den Hersteller der Verpackung ist Ausdruck der Kreislaufwirtschaft und schließt an dieser Stelle konsequent die Kette im Rahmen der Rückführung. 111

b) Hinweispflichten (Satz 3)

Mit der Novellierung von 1998 wurde die nunmehr in Abs. 8 Satz 3 geregelte Hinweispflicht in die Verordnung aufgenommen. Sie soll den Endverbraucher auf sein Rückgaberecht hinweisen und ihn so animieren, Verpackungen auch tatsächlich in die Verkaufsstelle zurückzubringen. 112

c) Sortimentszugehörigkeit (Satz 4)

Nach Abs. 8 Satz 4 hat der Vertreiber nur diejenigen Verkaufsverpackungen zurückzunehmen, die er nach Art, Form, Größe und Ware in seinem Sortiment führt. Identität zwischen der in Verkehr gebrachten und der zurückgenommenen Verpackung ist somit nicht erforderlich. Diese Regelung durchbricht damit das dem Kreislaufwirtschafts- und Abfallgesetz und somit auch der Verpackungsverordnung zugrunde liegende Verursacherprinzip aus Gründen der Praktikabilität, weil eine individuelle Zuordnung von gleichen, massenhaft in Verkehr gebrachten Verpackungen nicht möglich ist. Um die so gegenüber „Fremdverpackungen" bestehende Rücknahmepflicht des Letztvertreibers nicht ausufern zu lassen und konform zu Artikel 12 und 14 des Grundgesetzes zu gestalten, wird diese Pflicht anhand des genannten Kriterienkatalogs eingegrenzt. Die zurückzuneh- 113 menden Verpackungen müssen danach entweder nach Art, Form und Größe der vom Vertreiber in Verkehr gebrachten Verpackungen entsprechen oder aber Verpackungen von Waren sein, die der Vertreiber in seinem Sortiment führt (a. A. und für einen kumulativen Ansatz: Fischer/Arndt, S. 148). Sofern ein Vertreiber zum Beispiel Plastikeinkaufstaschen an seine Kunden abgibt, erstreckt sich seine Rücknahmepflicht somit auf alle Einkaufstaschen, die nach Art, Form und Größe der von ihm vertriebenen entsprechen. Wer beispielsweise Gemüse in Konserven vertreibt, muss grundsätzlich alle Gemüsekonserven zurücknehmen, unabhängig davon, ob sie nach Art, Form und Größe der von ihm vertriebenen Konserven entsprechen.

d) Vertreiber mit geringer Verkaufsfläche (Satz 5)

114 Um kleinere Einzelhandelsgeschäfte nicht zur Annahmestelle der von großen Discountern vertriebenen Verpackungen werden zu lassen, sieht Satz 5 eine Regelung vor, wonach bei Geschäften mit Verkaufsflächen von weniger als 200 qm anstelle der schwer zu fassenden Warengleichartigkeit auf die Markengleichartigkeit der vertriebenen Verpackungen abgestellt wird. Der Grundsatz, dass auch vom Vertreiber nicht selbst in Verkehr gebrachte Verpackungen unter die Rücknahmepflicht fallen, wird damit weiter eingeschränkt, bleibt aber im Prinzip aufrechterhalten.

e) Rücknahme- und Verwertungspflicht von Herstellern und Vorvertreibern (Satz 6)

115 Mit der Verpflichtung von Herstellern und Vorvertreibern, die von Letztvertreibern zurückgenommenen Verpackungen ebenfalls zurückzunehmen und zu verwerten, wird das Prinzip der Produktverantwortung innerhalb der Vertriebskette rückwärtsgewandt konsequent weitergeführt.

f) Vereinbarungen zu Rückgabeort und Kosten (Satz 7)

116 Insoweit sind abweichende individualvertragliche Vereinbarungen im gewerblichen Bereich möglich. Damit wird insbesondere dem Umstand Rechnung getragen, dass hier eine Trennung der Erfassung zwischen Transport- und Verkaufsverpackungen in der Praxis nicht erfolgt, so dass auf diesem Weg eine einheitliche Kostenregelung für beide Verpackungsarten gefunden werden kann.

g) Erneute Verwendung (Satz 8)

117 Gem. Satz 8 können Vorvertreiber und Hersteller ihre Anforderungen an die Verwertung auch durch eine erneute Verwendung der Verpackungen erfüllen.

h) Einschränkungen der Verpflichtungen (Satz 9)

118 Nach Satz 9 haben auch Hersteller und Vorvertreiber nur solche Verkaufsverpackungen zurückzunehmen, die nach Art, Form, Größe und Ware zu ihrem Sortiment gehören. Ist die Verkaufsfläche kleiner als 200 qm, gilt zudem das „Markenkriterium" aus Satz 5 in gleicher, die Rücknahmepflicht einschränkender Weise.

14. Verkaufsverpackungen schadstoffhaltiger Füllgüter und pfandpflichtiger Einweggetränkeverpackungen (Abs. 9)

Gemäß Abs. 9 gilt § 6 grundsätzlich nicht für Verkaufsverpackungen schadstoff‑ 119
haltiger Füllgüter. § 8 der Verordnung hat insoweit Vorrang vor den allgemeinen Beteiligungs- sowie Rücknahme- und Verwertungspflichten. Hinsichtlich der Begriffsbestimmung wird auf § 3 Abs. 7 verwiesen. Schadstoffhaltige Füllgüter im Sinne der Verordnung sind danach Stoffe und Zubereitungen, die dem Selbstbedingungsverbot nach § 4 der Chemikalien-Verbotsverordnung unterliegen bzw. bestimmte Pflanzenschutzmittel im Sinne des § 2 Nr. 9 des Pflanzenschutzgesetzes sowie bestimmte in Druckgaspackungen vertriebene Zubereitungen.

Nach Satz 2 bleibt allerdings Nr. 3 Abs. 1 des Anhangs I unberührt. Danach kön‑ 120
nen solche Verpackungen in ein duales System aufgenommen werden – und damit den erhöhten Anforderungen einer Rücknahme und Verwertung nach § 8 entzogen werden –, wenn Hersteller oder Vertreiber durch Gutachten eines unabhängigen Sachverständigen unter Berücksichtigung des gewöhnlichen Verbraucherverhaltens die Systemverträglichkeit glaubhaft machen. Auf die Ausführungen zu Nr. 3 Abs. 1 des Anhangs I wird verwiesen.

Dem Hinweis auf die pfandpflichtigen Einweggetränkeverpackungen kommt 121
lediglich klarstellende Funktion zu.

15. Mehrwegverpackungen (Abs. 10)

Nach Absatz 10 gilt § 6 nicht für Mehrwegverpackungen. Diese unterliegen ins‑ 122
besondere der nicht nach § 6 Abs. 1 bestehenden Beteiligungspflicht, da sie über eigene Rückführungswege einer Wiederverwendung zugeführt werden. In gleicher Weise unterliegen sie nicht der Rücknahmepflicht nach Absatz 8 (missverständlich und mit dem Wortlaut nicht vereinbar ist hier die Begründung der Bundesregierung, BT-Drs. 16/7954, S. 22).

16. Exkurs: Praktische Umsetzung der Sammlung und Verwertung von Verkaufsverpackungen

a) Der Grüne Punkt – Duales System Deutschland GmbH

Als zweites (duales) Entsorgungssystem für gebrauchte Verkaufsverpackungen 123
neben der öffentlichen Abfallentsorgung wurde vom Handel, der abpackenden Industrie, Verpackungsherstellern sowie Vormateriallieferanten am 28.9.1990 die Firma „Der Grüne Punkt – Duales System Deutschland Gesellschaft für Abfallvermeidung und Sekundärrohstoffgewinnung mbH" mit Sitz in Bonn gegründet. Der Firmensitz wurde später nach Köln verlegt.

1997 wurde die Gesellschaft in eine Aktiengesellschaft unter der Firma „Der 124
Grüne Punkt – Duales System Deutschland Aktiengesellschaft" umgewandelt. Die Gesellschaft hatte ein Stammkapital von 1,5 Mio. €, das in Geschäftsanteilen von jeweils 2560,00 € von Unternehmen des Handels, der abfüllenden und verpackungsherstellenden bzw. vormateriallieferenden Industrie gehalten wurde. Die Mitgliedschaft in der Gesellschaft führte zu keinen wirtschaftlichen Privilegien. Eine Ausschüttung etwaiger Überschüsse an die Aktionäre war durch die Satzung ausgeschlossen (Non-Profit-Gesellschaft). Die im Rahmen der Finanz-

krise 1993 von Handel, abfüllender Industrie, Materialherstellern und Entsorgungswirtschaft gewährten Darlehen in einer Größenordnung von über 1 Milliarde DM wurden im Rahmen eines Konsolidierungsplanes teilweise in stille Beteiligungen mit eigenkapitalähnlichem Charakter umgewandelt.

125 Die Struktur des Unternehmens hat aufgrund kartellrechtlicher Vorgaben zahlreiche Änderungen erfahren (vgl. dazu Flanderka/Sieberger, WiVerw 2004, S. 205). Die Konzeption des Dualen Systems begegnete schon im Gründungsstadium kartellrechtlichen Bedenken. Mit Datum vom 27.8.1991 teilte das Kartellamt mit, es wolle die Geschäftätigkeit dulden. 2002 änderte das Kartellamt seine Einschätzung und drohte an, die Duldung zu entziehen und den Geschäftsbetrieb des Dualen Systems zu untersagen. Schließlich teilte das Amt mit Datum vom 29.10.2002 förmlich mit, gegen die Gesellschaft ein Untersagungsverfahren nach § 32 GWB i. V. m. § 1 GWB eingeleitet zu haben. Als Ergebnis der daraufhin mit dem Bundeskartellamt geführten Verhandlungen wurden folgende Maßnahmen getroffen:

Das Kartellamt beanstandete u. a., dass die Entsorgungswirtschaft als Auftragnehmer des Dualen Systems gleichzeitig in dessen Aufsichtsrat an Unternehmensentscheidungen beteiligt war. Die vom Amt geforderte „Entflechtung mit der Marktgegenseite" wurde durch das Ausscheiden der Vertreter der Entsorgungswirtschaft aus dem Aufsichtsrat im April 2003 erreicht. Gleichzeitig wurden die stillen Beteiligungen von Unternehmen der Entsorgungswirtschaft aufgelöst (vgl. Flanderka/Sieberger, WiVerw 2004, S. 205 [218]). Schließlich wurde das Unternehmen für den Kapitalmarkt geöffnet und Ende 2005 durch ein amerikanisches Investmentunternehmen übernommen. Die Gesellschaft wurde in eine GmbH umgewandelt und firmiert seitdem als Der Grüne Punkt – Duales System Deutschland GmbH.

b) Die Marke „Der Grüne Punkt"

126 Das Duale System finanzierte sich ursprünglich allein über Lizenzentgelte, die die Zeichennehmer für die Verwendung der Marke „Der Grüne Punkt" entrichteten. Der Grüne Punkt ist eine international geschützte Marke. Die Vergabe des Nutzungsrechtes erfolgte über den Abschluss eines Zeichennutzungsvertrages. Dieser wurde in der Regel als Rahmenvertrag gestaltet und galt in Verbindung mit einem Produktblatt, das der Aufnahme verpackungsspezifischer Informationen diente. Mit dem Abschluss eines Zeichennutzungsvertrages erhielt die Zeichennehmerin das Recht, den Grünen Punkt auf ihre Verkaufsverpackungen aufzubringen.

127 Maßstab für das Lizenzentgelt war zunächst materialunabhängig das Volumen der befüllten Verpackung. Ab dem 1.10.1993 war dann das Gewicht in Kombination mit dem verwendeten Verpackungsmaterial Grundlage für die Lizenzentgeltabrechnung. Dabei wurde das Lizenzentgelt für jedes Packmaterial entsprechend den tatsächlich anfallenden Entsorgungskosten zugerechnet. Seit dem 1.10.1994 errechnete sich das Lizenzentgelt pro Verpackung durch Addition aus einem Gewichts- und Stückentgelt. Über das Gewichtsentgelt wurden dabei die materialspezifischen Kosten zugeordnet. Mit dem Stückentgelt wurden dagegen materialunabhängig Handlingskosten für die Sortierung umgelegt.

Seit dem 1.1.2005 wird das Lizenzentgelt wieder auf Basis eines materialspezifischen Gewichtsentgeltes erhoben, von dem bestimmte verpackungs- und warenbezogene Kürzungen vorgenommen werden.

Bis zur Aufgabe des „Non-Profit"-Status des Unternehmens in 2005 wurde das Lizenzentgelt ausweislich der Regelung des §4 Abs. 3 des Zeichennutzungsvertrages vom 1.10.1994 ohne Gewinnzuschläge kalkuliert. Mit der Änderung des Zeichennutzungsvertrages zum 1.1.2005 ist diese Regelung entfallen. **128**

„Der Grüne Punkt" ist kein Umweltzeichen. Er dient allein zur Kennzeichnung der in das Duale System einbezogenen Verkaufsverpackungen und wird an Hersteller und Vertreiber zur Freistellung von den Rücknahme- und Verwertungspflichten aus der Verpackungsverordnung vergeben (zutreffend Kisseler WRP 1994, S. 149 [155]; vgl. auch Präambel und §2 des Zeichennutzungsvertrages i.d.F. vom 5.9.1994). Dagegen wurde zunächst in Teilen der juristischen Literatur (Lappe BB 1992, S. 1661; Götz ZLR 1993, S. 534) eingewendet, die Kennzeichnung von Verpackungen mit dem „Grünen Punkt" suggeriere besondere Umweltfreundlichkeit und sei deshalb als Irreführung des Verbrauchers als Verstoß gegen §3 UWG zu beanstanden. Dieser Auffassung konnte sich das Kammergericht Berlin (14.6.1994, BB 1994, S. 2299 m. Anm. Strecker) nicht anschließen. Vielmehr hat es in seiner Entscheidung festgestellt, dass der Verbraucher dem Zeichen „Der Grüne Punkt" keine Aussage zumisst, die über die einzige Aussage hinausgeht, die darin bestehe, dass das so gekennzeichnete Produkt an das Entsorgungssystem „Duales System" angeschlossen ist, so dass keine Irreführung durch die Verwendung des Zeichens stattfinde (BB 1994, S. 2299; vgl. auch Köhler, BB 1998, S. 2065). Letztlich hat auch der BGH in der sog. „Schlauchbeutelentscheidung" vom 19.2.2004 (BGH, NJW 2004, 2521) eine Irreführung verneint. **129**

Zum 1.1.2009 hat die DSD GmbH eine Neuregelung dahingehend vorgenommen, dass die Nutzung des „Grünen Punktes" über einen von der Befreiungsdienstleistung gesonderten Markenvertrag angeboten wird.

c) Organisation der Sammlung und Verwertung

Im Auftrag der Duales System Deutschland GmbH übernehmen Entsorgungsunternehmen das Sammeln der gebrauchten Verkaufsverpackungen und ihre Trennung in die einzelnen Materialfraktionen. Gemäß den Vorgaben der Verpackungsverordnung bestehende Sammel- und Sortiersysteme wurden zu Beginn des Systems integriert und das jeweils einzuführende Entsorgungsmodell mit den entsorgungspflichtigen Körperschaften abgestimmt. Es gibt daher kein bundesweit einheitliches Sammelsystem, sondern mehrere, auf die Wünsche der Kommunen sowie Gewohnheiten der Bürger abgestimmte Modelle. Zu unterscheiden ist insoweit zwischen Hol- und Bringsystemen sowie einigen Misch- und Sonderformen. **130**

Für ihre Tätigkeit erhielten die Entsorger die ersten Jahre eine tonnageabhängige Vergütung. Anschließend wurde das Vergütungssystem auf die Zahlung von einwohnerbezogenen Entgelten umgestellt. **131**

Für die einzelnen Verpackungsmaterialien, die erfasst und sortiert werden, existieren unterschiedliche, historisch bedingte Recyclingtraditionen. Neben den „Klassikern" Glas und Papier, für die bei der Einführung des Dualen Systems **132** bereits gut entwickelte Recyclingstrukturen vorlagen, gab es Materialien, für die ausreichende Verwertungskapazitäten erst mit großem Aufwand geschaffen werden mussten. Zu nennen sind vor allem Kunststoffverpackungen. Um deren Verwertung zu sichern, wurde seinerzeit als Garantiegeber die „DKR Deutsche Gesellschaft für Kunststoffrecycling mbH" als gemeinsames Unternehmen der chemischen Industrie und der Duales System Deutschland AG gegründet. Die Gesellschaft ist nach dem Ausscheiden der chemischen Industrie in 2005 durch DSD übernommen worden.

d) Europäische Einbindung

133 Die Auswirkungen der Kreislaufwirtschaft und des Verursacherprinzips sind inzwischen in vielen Ländern zu spüren und Gegenstand internationaler Erörterungen. Mit der Richtlinie 94/62/EG des Europäischen Parlaments und des Rates über Verpackungen und Verpackungsabfälle vom 20.12.1994 (ABl. EG L 365/10) wurde eine Grundlage zur Einrichtung ähnlicher Systeme innerhalb der europäischen Union geschaffen. Aus diesem Grund gründete die Duales System Deutschland GmbH 1995 als europäische Dachorganisation die „Packaging Recovery Organisation Europe s.p.r.l." kurz PRO EUROPE mit Sitz in Brüssel. Sie bildet heute den organisatorischen Rahmen für die notwendige Kooperation zwischen den verschiedenen nationalen Systemen mit Produzentenverantwortung innerhalb der EU in Europa und Kanada (vgl. dazu Einführung VII).

e) Entscheidungen der Europäischen Kommission

aa) Entscheidung zum Zeichennutzungsvertrag

134 § 4 Abs. 2 des Zeichennutzungsvertrages des Dualen Systems sah zunächst vor, dass für jede angemeldete und in Verkehr gebrachte Verkaufsverpackung ein entsprechendes Lizenzentgelt gezahlt werden muss (vgl. Flanderka/Sieberger, WiVerw 2004, S. 205 [211]). Mit ihrer Entscheidung vom 20.4.2001 (ABl. EG L 166, S. 1) bestimmte die Europäische Kommission zwei Ausnahmen von dieser grundsätzlichen Zahlungsverpflichtung des Zeichennutzungsvertrages:

135 – Lizenznehmer einer im Ausland ansässigen „Grüner Punkt" – Partnerorganisation, die die Marke „Der Grüne Punkt" auch auf ihren in Deutschland vertriebenen identischen Verpackungen aufbringen, ohne aber hier am Dualen System teilzunehmen, müssen für die in Deutschland in Verkehr gebrachten Verpackungen kein Entgelt an die Duales System Deutschland GmbH entrichten, wenn auf der Verpackung ein Hinweis aufgebracht wird, dass die Kennzeichnung mit der Marke „Der Grüne Punkt" nicht für den deutschen Markt gilt und die Verpflichtungen aus der Verpackungsverordnung nachweislich in anderer Weise als durch die Beteiligung am Dualen System erfüllt werden (ABl. EG L 166, S. 24).

– Lizenznehmer, die mit einer Teilmenge ihrer Verpackungen am Dualen System teilnehmen und den „Grünen Punkt" verwenden möchten, einen anderen Teil der Verpackungsmengen aber selbst einer Verwertung zuführen bzw. sich dazu Dritter bedienen oder an einem alternativen Befreiungssystem nach § 6 Abs. 3 teilnehmen wollen, müssen für Verpackungen, für die die Verpflichtungen der Verpackungsverordnung nachweislich anderweitig erfüllt worden sind, kein Lizenzentgelt entrichten (ABl. EG L 166, S. 23 f.).

Das Duale System hat am 5.7.2001 gegen die Entscheidung der EU-Kommission 136
Klage vor dem Europäischen Gericht in Erster Instanz erhoben. Der zudem eingereichte Antrag auf Aussetzung des Vollzugs wurde mit Entscheidung des Gerichts vom 15.11.2001 zurückgewiesen. Auch im Hauptsacheverfahren hat das Gericht Erster Instanz die Klage mit Urteil vom 24.5.2007 abgewiesen. Die Umsetzung der Kommissionsentscheidung erfolgt bislang durch eine Zusatzvereinbarung zum Zeichennutzungsvertrag (vgl. Flanderka/Sieberger, WiVerw 2004, S. 205 [213]).

bb) Entscheidung zu den Leistungsverträgen

Mit Entscheidung vom 17.9.2001 (ABl. EG L 319, S.1) stellte die Europäische 137
Kommission die zuvor von der DSD angemeldeten Entsorgungsverträge befristet vom Kartellverbot frei (vgl. Flanderka/Sieberger, WiVerw 2004, S. 205 [213]). Gleichzeitig forderte die Kommission die DSD auf, die Entsorgungsverträge für längstens drei Jahre im Wettbewerb zu vergeben (ABl. EG L 319, S. 20) und die Benutzung der Sammelgefäße durch Wettbewerber zuzulassen (ABl. EG L 319, S. 22). Die Mitbenutzung der Sammelgefäße hat die DSD erstmals im Rahmen der zum 1.1.2004 bzw. zum 1.1.2005 ausgeschriebenen Entsorgungsverträge ermöglicht. Danach ist der Entsorger berechtigt, die zur Erfüllung des Entsorgungsvertrages eingesetzten Infrastruktureinrichtungen, wie beispielsweise Sammelbehälter, Fahrzeuge und Sortieranlagen, zur Mitentsorgung systemfremder Materialien zu nutzen. Die DSD hat sich für diesen Fall einen vertraglichen Anspruch auf entsprechende Reduzierung des Entgeltes eingeräumt. Des Weiteren behält sie sich die Untersagung der Mitbenutzung vor, soweit diese mit dem Inhalt der behördlichen Freistellung des Systems unvereinbar sein sollte.

f) Wettbewerb

Die Entscheidungen der Kommission haben für Wettbewerb gesorgt. Die Konkurrenz zum dualen System der DSD GmbH besteht zum einen aus alternativen 138
dualen Systemen nach § 6 Abs. 3 der Verordnung. Zum anderen waren bis zur 5. Novelle eine ganze Reihe sog. Selbstentsorgergemeinschaften gem. § 6 Abs. 1 i. V. m. § 11 VerpackV a. F. tätig.

Die Zulässigkeit von Selbstentsorgergemeinschaften, bei denen unterschiedliche 139
Verpflichtete nach § 6 Abs. 1 einen Dritten gem. § 11 der Verordnung mit der Erfüllung ihrer Rücknahme- und Verwertungspflichten beauftragen, war zunächst rechtlich umstritten (vgl. Flanderka/Sieberger, WiVerw 2004, S. 205 [220 f.]). Zunehmend hatten sich diese Gemeinschaften dann faktisch etabliert. Mit der 4. Änderungsverordnung fand die Praxis der Selbstentsorgergemeinschaften durch die Einfügung von Satz 6 in Anhang I Nr. 2 vorübergehend auch rechtlich Eingang in die Regelungen der Verordnung.

Diese Möglichkeiten des Wettbewerbs sah der Verordnungsgeber insbesondere 140
mit Blick auf sog. Selbstentsorgermodelle bei Drogeriemarktketten als unfairen Wettbewerb zu Lasten der dualen Systeme an (vgl. BT-Drs. 16/7954, S. 19) und schaffte sie mit der 5. Novelle der Verpackungsverordnung ab. Inwieweit sich

stattdessen eigenständiger Wettbewerb auf Basis der Neuregelung in §6 Abs. 2 (branchenbezogene Selbstentsorgung) entwickeln kann, muss sich erst noch erweisen.

141 Die umfangreichen Vertragswerke verschiedener Systemanbieter, unterschiedliche Leistungsangebote sowie rechtliche Vorgaben der Verpackungsverordnung erschweren es Herstellern und Vertreibern von Verpackungen, sich mit vertretbarem Aufwand einen Überblick über den Markt zu verschaffen. Zudem können Fragen nach Rücknahme- und Pfandpflichten von Verpackungen häufig nur noch von Experten zuverlässig beantwortet werden. Insoweit ist es nur sachlogisch, dass neben den direkten Leistungserbringern vermehrt auch Anbieter auftreten, die ihr spezielles Know-how und ihre Marktkenntnis dadurch nutzen, dass sie unternehmensspezifische Entsorgungsangebote zusammenstellen.

§ 7
Rücknahmepflichten für Verkaufsverpackungen, die nicht beim privaten Endverbraucher anfallen

(1) Letztvertreiber von Verkaufsverpackungen, die nicht beim privaten Endverbraucher anfallen, sind verpflichtet, vom Endverbraucher gebrauchte, restentleerte Verkaufsverpackungen am Ort der tatsächlichen Übergabe oder in dessen unmittelbarer Nähe unentgeltlich zurückzunehmen und einer Verwertung zuzuführen. § 4 Abs. 2 gilt entsprechend. Die Verpflichtung nach Satz 1 beschränkt sich auf Verpackungen der Art, Form und Größe sowie solcher Waren, die der Vertreiber in seinem Sortiment führt. Es können abweichende Vereinbarungen über den Ort der Rückgabe und die Kostenregelung getroffen werden.

(2) Hersteller und Vorvertreiber von Verpackungen nach Absatz 1 Satz 1 sind verpflichtet, die nach Absatz 1 zurückgenommenen Verpackungen am Ort der tatsächlichen Übergabe unentgeltlich zurückzunehmen und einer Verwertung zuzuführen. Absatz 1 Satz 2 bis 4 gilt entsprechend.

(3) Hersteller und Vertreiber nach den Absätzen 1 und 2 können bei der Erfüllung ihrer Pflichten nach dieser Verordnung zusammenwirken.

Gliederungsübersicht

		RN
I.	Vorbemerkung	1, 2
II.	Erläuterungen	3–21
1.	Allgemeine Rücknahme- und Verwertungspflicht der Letztvertreiber von Verkaufsverpackungen, die nicht beim privaten Endverbraucher anfallen (Abs. 1 Satz 1)	3–11
	a) Letztvertreiber	3
	b) Nicht-private Endverbraucher	4
	c) Verkaufsverpackungen	5
	d) Rücknahmepflicht für gebrauchte und restentleerte Verkaufsverpackungen	6–8
	e) Rücknahmeort	9, 10
	f) Unentgeltliche Rücknahme	11
2.	Verwertungsanforderungen (Abs. 1 Satz 2)	12, 13
3.	Sortimentszugehörigkeit (Abs. 1 Satz 3)	14
4.	Abweichende Vereinbarungen zum Ort der Übergabe und der Pflicht der unentgeltlichen Rücknahme (Abs. 1 Satz 4)	15
5.	Rücknahme- und Verwertungspflichten von Herstellern und Vorvertreibern (Abs. 2)	16–19
	a) Grundsätzliche Bedeutung der Vorschrift	16
	b) Hersteller und Vorvertreiber	17, 18
	c) Anforderungen an die Rücknahme- und Verwertungspflichten (Satz 2)	19
6.	Zusammenwirken von Herstellern und Vertreibern (Abs. 3)	20, 21

I. Vorbemerkung

Nachdem in § 6 nunmehr der Systemwechsel von der bis zum Inkrafttreten der 5. Novelle der Verpackungsverordnung bestehenden Wahlfreiheit zwischen der Grundpflicht der Selbstentsorgung und dem Ausnahmetatbestand der Beteili-

IV § 7 Verkaufsverpackungen, die nicht beim privaten Endverbraucher anfallen

gung an einem Dualen System zur Grundpflicht der Beteiligung an einem Dualen System (§ 6 Abs. 1) und der ausnahmsweise möglichen Selbstentsorgung (§ 6 Abs. 2) vollzogen ist, regelt § 7 nun die noch offen gebliebenen Fragen der Rücknahme und Verwertung solcher „Verkaufsverpackungen, die nicht beim privaten Endverbraucher anfallen".

2 Dazu greift der Verordnungsgeber im Wesentlichen auf zuvor schon bestehende Regelungen des § 6 Abs. 1 und 2 der alten Fassung zurück, um die grundsätzlichen Anforderungen der Rücknahme- und Verwertungspflichten festzulegen. Neu ist jedoch, dass mit der in § 7 Abs. 1 Satz 2 verordneten entsprechenden Geltung von § 4 Abs. 2 die bisher auch für den Bereich der Anfallstellen des gewerblichen Bereiches geltende Pflicht „zur Verwertung entsprechend den Anforderungen in Nummer 1 des Anhang I" und zur Erfüllung der Anforderungen nach Nummer 2 des Anhangs I wegfallen. Damit wird die bisher auch im Bereich gewerblicher Anfallstellen bestehende Pflicht zur Erfüllung von Verwertungsquoten sowie die Pflichten zur Erstellung, Testierung und Abgabe eines Mengenstromnachweises gestrichen. An ihre Stelle treten nunmehr in entsprechender Anwendung von § 4 Abs. 2 die für Transportverpackungen geltenden allgemeinen Pflichten der Zuführung der zurückgenommenen Verkaufsverpackungen zu einer erneuten Verwendung oder einer stofflichen Verwertung.

II. Erläuterungen

1. Allgemeine Rücknahme- und Verwertungspflicht der Letztvertreiber von Verkaufsverpackungen, die nicht beim privaten Endverbraucher anfallen (Abs. 1 Satz 1)

a) Letztvertreiber

3 Mit der 5. Novelle der Verpackungsverordnung hat der Verordnungsgeber, ohne dass er dies allerdings in der Definition in § 3 Abs. 9 hat Ausdruck finden lassen, sowohl den Begriff des Erstinverkehrbringers (siehe dazu Erl. 1.a) zu § 6) als auch den Begriff des Letztvertreibers neu eingeführt. Zwar war bisher schon klar, dass der verpflichtete Vertreiber nach § 6 Abs. 1 der bis zum 31. Dezember 2008 gültigen Fassung nur der Letztvertreiber sein konnte. Aber erst mit der 5. Novelle wird dies auch im Verordnungstext zum Ausdruck gebracht – eine Klarstellung, die zu begrüßen ist. „Letztvertreiber" i. S. der VerpackV ist derjenige Vertreiber, der die Verkaufsverpackung an einen Endverbraucher abgibt. Abs. 1 Satz 1 regelt in enger Anlehnung an § 6 Abs. 1 Satz 1 der alten Fassung die Verpflichtung des Letztvertreibers von Verkaufsverpackungen, die nicht beim privaten Endverbraucher anfallen.

b) Nicht-private Endverbraucher

4 § 3 Abs. 11 enthält die allgemeine Definition des Endverbrauchers, ergänzt um eine Definition des privaten Endverbrauchers. Danach ist Endverbraucher im Sinne der Verordnung derjenige, der die Waren in der an ihn gelieferten Form nicht mehr weiter veräußert. Wer nicht-privater Endverbraucher ist, ergibt sich aus dem Umkehrschluss von § 3 Abs. 11 Satz 2 1. Halbsatz. Danach sind alle Anfallstellen von Verkaufsverpackungen, die nicht Haushaltungen sind, nicht-

private Endverbraucher. Dies gilt prinzipiell auch für die in § 3 Abs. 11 Satz 2 2. Halbsatz und Satz 3 erwähnten Anfallstellen, die freilich aus Gründen der Zweckmäßigkeit den privaten Endverbrauchern gleichgestellt sind.

Im Sinne des § 7 Abs. 1 sind danach „nicht-private Endverbraucher" alle Endverbraucher, die nicht Haushaltungen oder gleichgestellte Anfallstellen i. S. von § 3 Abs. 11 Satz 2 sind.

c) Verkaufsverpackungen

Zurückzunehmen sind lediglich gebrauchte, restentleerte Verkaufsverpackungen, nicht aber gebrauchte Produkte. 5

Zur Begriffsbestimmung vergleiche die Legaldefinition in § 3 Abs. 1 Nr. 2. Maßgeblich für die Abgrenzung ist, dass es sich um Verpackungen handelt, die beim Endverbraucher anfallen.

d) Rücknahmepflicht für gebrauchte und restentleerte Verkaufsverpackungen

Die Rücknahmepflicht besteht nur für gebrauchte Verpackungen. Eine Verkaufsverpackung ist dann „gebraucht", wenn sie ihre Funktion verloren hat. Zur Bestimmung dieser Verpackungsfunktion ist auf § 3 Abs. 1 Nr. 1 abzustellen. Danach dienen Verpackungen zur Aufnahme, zum Schutz, zur Handhabung, zur Lieferung oder zur Darbietung von Waren. Werden diese Funktionen nicht mehr erfüllt, handelt es sich um eine „gebrauchte" Verpackung. 6

Durch die Novelle von 1998 neu eingeführt wurde das Merkmal der „Restentleerung". Gemeint ist damit, dass sich die Verpackung in einem Zustand befindet, der nach bestimmungsgemäßer Ausschöpfung des Verpackungsinhaltes gegeben ist (vgl. § 3 Abs. 12). Weist eine Verpackung beispielsweise konstruktionsbedingte Nester oder Sicken auf, in denen sich nach bestimmungsgemäßem Gebrauch stets noch Teilmengen des ursprünglichen Füllgutes befinden, handelt es sich um Reste, die keine Auswirkung auf die Rücknahmepflicht haben. Ein solcher bestimmungsgemäßer Gebrauch liegt beispielsweise vor, wenn der Endverbraucher das Füllgut vollständig ge- oder verbraucht hat, die Verpackung also rieselfrei (trockene Füllgüter), tropffrei (flüssige Füllgüter), ausgewischt (zähflüssige Füllgüter) oder spachtelrein (pasteuse Füllgüter) ist. Entschließt sich dagegen der Endverbraucher beispielsweise eine nur halb geleerte Verpackung zurückzugeben, liegt keine restentleerte Verpackung vor, da sie nicht bis auf unvermeidliche Reste des Füllgutes entleert wurde. Eine solche Verpackung unterliegt nicht dem Anwendungsbereich des § 7. 7

Ebenso wie für Transportverpackungen gilt auch für Verkaufsverpackungen eine immanente Begrenzung der Rücknahmepflicht im Falle von groben Verunreinigungen, die sich aus Sinn und Zweck der Verordnung sowie allgemeinen Grundsätzen ableiten lässt (vgl. Fluck DB 1992, 193 (195)). Da zurückgenommene Verkaufsverpackungen einer Verwertung zuzuführen sind, fallen nur solche Verkaufsverpackungen unter die Rücknahmepflicht des Vertreibers, die in einem Zustand zurückgegeben werden, der eine Verwertung auch zulässt. Jedenfalls ist bei Verunreinigungen, die nicht auf das verpackte Produkt zurückgehen und deshalb nicht dem Vertreiber zurechenbar sind und die zudem die 8

Verwertung nicht unerheblich erschweren, eine Rücknahmepflicht zu verneinen (vgl. Fluck DB 1992, 193 (195) sowie die Erl. zu § 3 Abs. 12).

e) Rücknahmeort

9 Die Rücknahme der Verkaufsverpackungen hat grundsätzlich am Ort der tatsächlichen Übergabe oder in dessen unmittelbarer Nähe zu erfolgen. Mit der Novelle von 1998 wurde aus Klarstellungsgründen der bis dahin maßgebliche Begriff „Verkaufsstelle" durch den Begriff „Ort der tatsächlichen Übergabe" ersetzt. Eine inhaltliche Änderung war durch die Änderung der Begrifflichkeit nicht bezweckt. § 7 Abs. 1 nimmt nicht nur mit der Verwendung des Ortes der tatsächlichen Übergabe, sondern auch mit der Verwendung des Begriffes der „unmittelbaren Nähe" den Wortlaut von § 6 Abs. 1 Satz 1 a. F. auf. Dort hatte die Bestimmung, nach der die Rücknahmestelle auch in unmittelbarer Nähe zum Ort der tatsächlichen Übergabe liegen konnte, sowohl für den Letztvertreiber (größere Flexibilität), als auch für den privaten Endverbraucher eine erhebliche Bedeutung. Mit der Tatsache, dass § 7 nunmehr ausschließlich auf nicht-private Endverbraucher Anwendung findet, nimmt diese Bedeutung in dem Maße ab, als die Beteiligten (Letztvertreiber und gewerbliche Endverbraucher) von der mit § 7 Abs. 1 Satz 4 geschaffenen Möglichkeit Gebrauch machen, über den Ort der Rücknahme und die mit der Rücknahme verbundenen Kosten „abweichende Vereinbarungen" zu treffen. Die abweichende Vereinbarung dürfte indessen zur Regel geworden sein. Sie wird auch in Zukunft ihre Rolle als „Mittel der Wahl" nicht verlieren.

10 Immerhin bleibt zutreffend, dass es keine allgemein gültige Antwort auf die Frage geben kann, wie der Begriff der „unmittelbaren Nähe" zu verstehen ist (so schon Rummler/Schutt, S. 112), nach denen die Frage, welche Rücknahmestelle noch in unmittelbarer Nähe liegt, im jeweiligen Einzelfall „unter Berücksichtigung mehrerer Momente" zu entscheiden ist. Neben der Auflistung von Fallbeispielen halten Rummler/Schutt es z. B. in einer Innenstadtlage mit Fußgängerzone noch für ausreichend, wenn in fußläufiger Entfernung zu den dort vorhanden Ladenlokalen Sammelbehälter aufgestellt werden. Es ist also anhand verschiedener Kriterien, z. B. der räumlichen Lage der Betriebsstätte des Letztvertreibers, dem jeweiligen Verpackungsmaterial und – nicht zuletzt – dem tatsächlichen Rückgabeverhalten des (gewerblichen) Endverbrauchers im Einzelfall zu entscheiden, ob die Anforderung der „unmittelbaren Nähe" der Rücknahmestelle zum Ort der tatsächlichen Übergabe noch erfüllt ist oder nicht (vgl. Bröcker, in Fluck, KrW-/Abf-/BodSchR, § 6 VerpackV, RN 145).

f) Unentgeltliche Rücknahme

11 Dieses Merkmal schließt aus, dass der Letztvertreiber vom Endverbraucher eine direkte Rücknahme- oder Verwertungsvergütung erhebt. Dagegen kann – und soll – aber durchaus eine Internalisierung der durch die Rücknahme und Verwertung entstehenden Kosten im Produktpreis erfolgen und der Endverbraucher so indirekt zur Finanzierung herangezogen werden. Diese beim Verkauf vorweggenommene, für alle Endverbraucher einheitliche Erhebung der entstehenden Kosten stellt im Gegensatz zur Erhebung von direkten Rücknahmeentgelten keine Verminderung, sondern eher eine Erhöhung des Rückgabeanreizes dar. Naturge-

mäß will der Endverbraucher, wenn er bereits für eine Leistung bezahlt hat, diese auch in Anspruch nehmen.

Allerdings gilt auch für die Pflicht zur unentgeltlichen Rücknahme, was über den Ort der Rückgabe schon gesagt wurde: abweichende Vereinbarungen zwischen Letztvertreiber und Endverbraucher sind möglich.

2. Verwertungsanforderungen (Abs. 1 Satz 2)

Die zurückgenommenen Verkaufsverpackungen sind einer Verwertung zuzuführen. Die Anforderungen an die Verwertung bestimmen sich für Verkaufsverpackungen, die nicht beim privaten Endverbraucher anfallen, nunmehr in entsprechender Anwendung von § 4 Abs. 2 nach den dort getroffenen Regeln für Transportverpackungen. D. h., dass für diese Verkaufsverpackungen die Anforderungen des Anhanges I zu § 6 nicht gelten. Dieser „bewusste Verzicht" auf die Festlegung von Mindestverwertungsquoten und deren Nachweis wird mit dem Willen zu spürbarem Beitrag zum Abbau von Bürokratie sowie besonderen Anreizen zur möglichst sortenreinen Erfassung begründet, wobei sich die Anreizfunktion aus den positiven Marktpreisen vor allem für die Materialien Papier, Pappe, Kartonagen, Metalle und Glas ergibt (vgl. BT-Drs. 16/6400, S. 22). Diese – zutreffende – Analyse ist im Hinblick auf die z. Zt. noch immer negativen Marktpreise für Verbundverpackungen jedoch unvollständig. Im Hinblick darauf, dass Verbundverpackungen einen nicht unerheblichen Anteil am Gesamtaufkommen von Verkaufsverpackungen ausmachen, dürfte der Verzicht auf eine Verwertungsquote zumindest in Bezug auf die stoffliche Verwertung derartiger Verpackungen ökologisch suboptimale Folgen haben. In diesem Zusammenhang erschließt sich der Sinn des Satzes aus der amtl. Begründung, dass die gewerbliche Anfallstellen beliefernden Hersteller und Vertreiber „heute ohne weitere staatliche Kontrolle durch Mengenstromnachweise in der Lage sind, sich der bestehenden Verwertungsstrukturen zu bedienen", jedenfalls dann nicht auf den ersten Blick, wenn gleichzeitig die Pflicht zur Führung eines Mengenstromnachweises für Verkaufsverpackungen, die an gewerblichen Anfallstellen anfallen, gestrichen wird (amtl. Begründung, a.a.O.). 12

So verbleibt es für Verkaufsverpackungen gewerblicher Anfallstellen bei der allgemeinen Anforderung des § 5 Abs. 4 KrW-/AbfG, nach der diese Verpackungen einer erneuten Verwendung (Mehrwegsysteme außerhalb der für Getränkeverpackungen geltenden Sonderregelungen) oder einer stofflichen Verwertung zuzuführen sind (vgl. dazu Erl. 4. a) zu § 4). 13

3. Sortimentszugehörigkeit (Abs. 1 Satz 3)

Nach Abs. 1 Satz 4 hat der Vertreiber nur diejenigen Verkaufsverpackungen zurückzunehmen, die er nach Art, Form, Größe und Ware in seinem Sortiment führt. Eine Identität zwischen der in Verkehr gebrachten und der zurückgenommenen Verpackung ist somit nicht erforderlich. Diese Regelung durchbricht damit das dem Kreislaufwirtschafts- und Abfallgesetz und somit auch der Verpackungsverordnung zugrunde liegende Verursacherprinzip aus Gründen der Praktikabilität, weil eine individuelle Zuordnung von gleichen, massenhaft in Verkehr gebrachten Verpackungen nicht möglich ist. Um die so gegenüber 14

„Fremdverpackungen" bestehende Rücknahmepflicht des Letztvertreibers nicht ausufern zu lassen und grundrechtskonform zu Art. 12 und 14 des Grundgesetzes zu gestalten, wird diese Pflicht anhand des genannten Kriterienkataloges eingegrenzt. Die zurückzunehmenden Verpackungen müssen danach nach Art, Form und Größe den vom Vertreiber in Verkehr gebrachten Verpackungen entsprechen sowie Verpackungen von Waren sein, die der Vertreiber in seinem Sortiment führt. Fehlt auch nur eines dieser Kriterien, entfällt die Pflicht zur Rücknahme; ist auch nur eines dieser Kriterien erfüllt, erstreckt sich die Rücknahmepflicht auf alle Verkaufsverpackungen, die dieses Kriterium erfüllen. Gibt der Letztvertreiber z. B. Plastiktüten ab, ist er nicht verpflichtet, Papiertüten zurückzunehmen (Art der Verpackung); vertreibt er Mehl nur in 5-kg-Gebinden, so ist er nicht verpflichtet, eine 1-kg-Verpackung (Größe der Verpackung zurückzunehmen), jedoch erstreckt sich seine Rücknahmepflicht auf alle 5-kg-Gebindeverpackungen von Mehl des gleichen Verpackungsmaterials (Sortimentsware).

4. Abweichende Vereinbarungen zum Ort der Übergabe und der Pflicht der unentgeltlichen Rücknahme (Abs. 1 Satz 4)

15 Die Bedeutung der Vorschrift, nach der abweichende Vereinbarungen über den Ort der Rückgabe und die Kosten der Rücknahme getroffen werden können, wurde im Sachzusammenhang mit der Rücknahmepflicht erläutert (vgl. Erl. 1. e) und f) zu § 7).

5. Rücknahme- und Verwertungspflichten von Herstellern und Vorvertreibern (Abs. 2)

a) Grundsätzliche Bedeutung der Vorschrift

16 Mit § 7 Abs. 2 wird – wie bisher (§ 6 Abs. 2 a. F.) – die Rücknahme- und Verwertungspflicht in der gesamten Vertriebskette begründet. Damit wird der in § 22 KrW-/AbfG festgelegten Produktverantwortung Rechnung getragen, nach der jedermann, der Erzeugnisse entwickelt oder herstellt, be- und verarbeitet oder vertreibt, zur Erfüllung der Ziele der Kreislaufwirtschaft beizutragen hat. Produktverantwortung – auch als „kategorischer Imperativ der Kreislaufwirtschaft" bezeichnet (Beckmann, DVBl. 1995, 313 (315), wird in der Verpackungsverordnung dadurch umgesetzt, dass jeder, der Verpackungen herstellt und/oder in Verkehr bringt, auch zur Rücknahme und Verwertung verpflichtet wird.

b) Hersteller und Vorvertreiber

17 Nach der Legaldefinition in § 3 Abs. 8 ist Hersteller im Sinne der Verordnung derjenige, der Verpackungen, Packstoffe oder Erzeugnisse herstellt, aus denen unmittelbar Verpackungen hergestellt werden. Auf die Ausführungen zu § 3 Abs. 8 wird verwiesen.

18 Abweichend von der Legaldefinition des Vertreibers in § 3 Abs. 9, aber in Übereinstimmung mit der Einführung des Begriffes des Letztvertreibers wird für die Zwecke der Rücknahme und der Verwertungspflichten von Verkaufsverpackungen, die nicht beim privaten Endverbraucher anfallen, klargestellt, dass sich Abs. 2 nur auf den Vorvertreiber (denjenigen, der in der Handelskette nicht Letztvertreiber ist) bezieht. Dies ergibt sich daraus, dass die Rücknahmepflicht nur

unmittelbar gegenüber den nach Abs. 1 verpflichteten Letztvertreibern besteht. Adressat dieser Regelung ist somit im Wesentlichen der Großhandel, aber auch der Hersteller.

c) Anforderungen an die Rücknahme- und Verwertungspflichten (Satz 2)

Mit Abs. 2 Satz 2 wird für Hersteller und Vorvertreiber die entsprechende Anwendung der für die Letztvertreiber nach Abs. 1 geltenden Anforderungen für die Rücknahmepflicht, die Pflicht zur Verwertung, den Ausschluss von der Rücknahmepflicht sowie die abweichenden Vereinbarungen über den Ort der Rücknahme und die Kostenregelung verordnet. **19**

Auf die Erläuterungen zu Abs. 1 wird verwiesen.

6. Zusammenwirken von Herstellern und Vertreibern (Abs. 3)

§ 7 Abs. 3 erlaubt ausdrücklich, dass „Hersteller und Vertreiber nach den Absätzen 1 und 2 ... bei der Erfüllung ihrer Pflichten nach dieser Verordnung zusammenwirken (können)". Es bleibt unklar, welche Ziele der Verordnungsgeber mit dieser Bestimmung verfolgt. Die Begründung zur 5. Novelle enthält zu dieser Bestimmung kein Wort. Vor der 4. Novelle war strittig, ob ein Zusammenwirken mehrerer Verpflichteter nur bezüglich der Führung eines Mengenstromes (Anhang I zu § 6 Nr. 2 Abs. 1 Satz 5) oder ob auch ein Zusammenwirken bei der Erfüllung der Verwertungsquoten möglich und zulässig ist. Mit der 4. Novelle der Verpackungsverordnung vom 30. Dezember 2005 wurde klar gestellt, dass auch ein Zusammenwirken bei der Erfüllung der Verwertungsquoten für Selbstentsorger und Selbstentsorgungsgemeinschaften möglich ist. **20**

Ein überzeugender Grund für die Notwendigkeit der Bestimmung des neuen Abs. 3 ist nicht ersichtlich. Weder müssen die Beteiligten einen Mengenstromnachweis erstellen, noch haben sie bestimmte Verwertungsquoten zu erfüllen. Die in § 7 Abs. 1 und 2 normierten Pflichten beschränken sich auf die Pflicht zur Rücknahme; hier ist ein mögliches Zusammenwirken schon durch die Zulässigkeit abweichender Vereinbarungen von der Regel der Rücknahme am Ort der Übergabe oder in unmittelbarer Nähe dazu gedeckt.

Bezüglich der Pflicht zur – vorrangig – stofflichen Verwertung hat eine Vorschrift über die Zulässigkeit des Zusammenwirkens mehrerer Verpflichteter allenfalls deklaratorische Bedeutung, da die Pflicht zur (stofflichen) Verwertung keine persönliche, sondern eine solche darstellt, zu deren Erfüllung sich der Verpflichtete Dritter bedienen darf (§ 11). Vermittels des Instrumentes der Beauftragung Dritter wäre ein faktisches Zusammenwirken Dritter verpackungsrechtlich abgedeckt; in Ermangelung persönlich zu erbringender Pflichten steht auch zivilrechtlich einem Zusammenwirken nichts entgegen, so dass es eines § 7 Abs. 3 nicht bedarf (Grundsatz der Vertragsfreiheit). **21**

§ 8
Rücknahmepflichten für Verkaufsverpackungen schadstoffhaltiger Füllgüter

(1) Hersteller und Vertreiber von Verkaufsverpackungen schadstoffhaltiger Füllgüter sind verpflichtet, durch geeignete Maßnahmen dafür zu sorgen, dass gebrauchte, restentleerte Verpackungen vom Endverbraucher in zumutbarer Entfernung unentgeltlich zurückgegeben werden können. Sie müssen den Endverbraucher durch deutlich erkennbare und lesbare Schrifttafeln in der Verkaufsstelle und im Versandhandel durch andere geeignete Maßnahmen auf die Rückgabemöglichkeit hinweisen. Soweit Verkaufsverpackungen nicht bei privaten Endverbrauchern anfallen, können abweichende Vereinbarungen über den Ort der Rückgabe und die Kostenregelung getroffen werden.

(2) Die zurückgenommenen Verpackungen sind einer erneuten Verwendung oder einer Verwertung, Verpackungen gemäß § 3 Abs. 7 Nr. 3 einer stofflichen Verwertung zuzuführen, soweit dies technisch möglich und wirtschaftlich zumutbar ist.

(3) Hersteller und Vertreiber von Verkaufsverpackungen schadstoffhaltiger Füllgüter sind verpflichtet, die Anforderungen nach Anhang I Nr. 4 Satz 1 bis 5 entsprechend zu erfüllen. Die Dokumentation ist der für den Vollzug des Abfallrechts zuständigen Behörde, auf deren Gebiet der Hersteller oder Vertreiber ansässig ist, auf Verlangen vorzulegen. Anhang I Nr. 4 Satz 13 und 14 gilt entsprechend.

Gliederungsübersicht

	RN
I. Vorbemerkung	1–3
II. Erläuterungen	4–23
1. Adressatenkreis	4
2. Schadstoffhaltige Füllgüter	5
3. Rücknahmepflicht (Abs. 1)	6–17
a) Ort der Rücknahme	6
b) Zumutbare Entfernung	7, 8
c) Unentgeltlichkeit	9
d) Sonderregelung für nicht-private Endverbraucher	10
e) Umfang der Rücknahmepflicht	11, 12
f) Endverbraucherbezogene Informationspflichten	13, 14
g) Anforderungen an den Zustand der zurückzunehmenden Verkaufsverpackungen	15–17
4. Verwertungspflicht (Abs. 2)	18–22
a) Erneute Verwendung oder Verwertung	18–21
b) Art der Verwertung	22
5. Dokumentationspflicht (Abs. 3)	23

I. Vorbemerkung

1 § 8 enthält nunmehr die bislang in § 7 a. F. aufgeführten Bestimmungen zu den Rücknahmepflichten für Verkaufsverpackungen schadstoffhaltiger Füllgüter. Inhaltlich-materielle Änderungen sind mit der 5. Novelle nicht vorgenommen worden. Lediglich formelle Anpassungen an die neue Struktur des Anhangs I sind in Absatz 3 eingearbeitet worden.

Ursprünglich (VerpackV 1991) waren Verkaufsverpackungen schadstoffhaltiger 2
Füllgüter vom Anwendungsbereich der VerpackV vollständig ausgeschlossen
(§ 2 Abs. 3 VerpackV 1991) und sollten in einer eigenständigen Verordnung für
Verpackungen mit schädlichen Restinhalten geregelt werden; der erste Entwurf
einer derartigen Verordnung wurde vom Bundesumweltministerium bereits 1991
vorgelegt, ist aber aus unterschiedlichen Gründen nicht weiter verfolgt worden
(vgl. Henseler-Ludwig, 1998, S. 62).

Die Novellierung 1998 nahm dann erstmals die Regelungen über die Rücknah- 3
me- und Verwertungspflichten von Verkaufsverpackungen schadstoffhaltiger
Füllgüter in die Verordnung auf. Begründet wurde dies mit der Ausweitung der
Produktverantwortung auch auf diese Gruppe von Herstellern und Vertreibern
und der Entsprechung mit dem Regelungsbereich der EG-VerpackRL 1994, deren
Geltungsbereich sich nach Artikel 2 ausdrücklich auf alle in der Gemeinschaft in
Verkehr gebrachten Verpackungen und Verpackungsabfälle erstreckt (vgl. BT-
Drs. 13/7761, 25). Mit der 2. Novelle (VerpackV 2002) wurde der Abs. 3 hinzuge-
fügt, mit dem die Pflicht zur Führung eines Mengenstromnachweises und seiner
Vorlage an die zuständige Behörde auch auf Verkaufsverpackungen schadstoff-
haltiger Füllgüter erstreckt wurde.

II. Erläuterungen

1. Adressatenkreis

§ 8 erfasst sowohl Hersteller als auch Vertreiber von Verkaufsverpackungen 4
schadstoffhaltiger Füllgüter. Auf die Legaldefinitionen in § 3 Abs. 8 und Abs. 9
sowie deren Erläuterungen wird verwiesen. Wie bei Transportverpackungen gilt
die Rücknahmepflicht für Verkaufsverpackungen schadstoffhaltiger Füllgüter
uneingeschränkt. Sie trifft in Verbindung mit § 3 Abs. 8 auch denjenigen, der Verpackungen schadstoffhaltiger Füllgüter in den Geltungsbereich der Verpackungsverordnung einführt (Importeur).

2. Schadstoffhaltige Füllgüter

Hinsichtlich der Begriffsbestimmung für „schadstoffhaltige Füllgüter" wird auf 5
die Legaldefinition in § 3 Abs. 7 sowie dessen Erläuterung verwiesen. Danach
handelt es sich um Verkaufsverpackungen, die Füllgüter beinhalten, die dem
Selbstbedienungsverbot bei einem Vertrieb im Einzelhandel nach § 4 Chemikalienverbotsverordnung unterliegen, die Pflanzenschutzmittel im Sinne des § 2 Nr. 9
Pflanzenschutzgesetz oder so genannte Polyurethan-(PU)Schaumdosen sind;
Letztere enthalten als Druckgaspackungen infolge der technischen Gegebenheiten auch bei bestimmungsgemäßem Gebrauch regelmäßig deutlich höhere Restinhalte als „normale" Verkaufsverpackungen.

3. Rücknahmepflicht (Abs. 1)

a) Ort der Rücknahme

Anders als bei Verkaufsverpackungen, die bei gewerblichen Anfallstellen 6
(nicht-private Endverbraucher) oder auch gem. § 6 Abs. 8 beim privaten Endverbraucher anfallen, ist für Verkaufsverpackungen schadstoffhaltiger Füllgü-

ter als Ort der Rücknahme nicht der Ort der tatsächlichen Übergabe (also das Ladenlokal) oder ein Ort in unmittelbarer Nähe dazu bestimmt. Es reicht vielmehr aus, dass der Endverbraucher die gebrauchten Verkaufsverpackungen in „zumutbarer Entfernung" unentgeltlich zurückgeben kann. Damit trägt der Verordnungsgeber dem Umstand Rechnung, dass es sich bei Verkaufsverpackungen schadstoffhaltiger Füllgüter um Verpackungen handelt, die getrennt von den übrigen Verkaufsverpackungen aufgrund ihrer schadstoffhaltigen Restinhalte regelmäßig eine besondere Entsorgungsinfrastruktur benötigen. Allerdings schließt dies die Rücknahme am Ort der tatsächlichen Übergabe oder in dessen unmittelbarer Nähe nicht aus, wie z. B. Rückgabestationen an Bau- und Fachmärkten zeigen.

b) Zumutbare Entfernung

7 Der Verordnungsgeber hat den Begriff der „zumutbaren Entfernung" nicht definiert. Ähnlich wie bei der „unmittelbaren Nähe" muss dieser unbestimmte Rechtsbegriff deshalb anhand von Kriterien ausgelegt werden, die im Kern die gleichen sind: die räumliche Nähe zur Verkaufsstelle oder zur Betriebsstätte des (gewerblichen) Endverbrauchers oder zur Wohnung des (privaten) Endverbrauchers, das jeweilige Verpackungsmaterial unter Berücksichtigung der Toxizität der Restinhaltsstoffe und das tatsächliche Rückgabeverhalten des Endverbrauchers. Dabei ist jedoch der Begriff der „zumutbaren Nähe" weiter zu interpretieren als der Begriff der „unmittelbaren Nähe". Der amtlichen Begründung ist zu entnehmen, dass der Weg zu einer kommunalen Sammelstelle, deren Nutzung über § 11 durch den Hersteller oder Vertreiber sichergestellt ist, noch als zumutbar erachtet wird (vgl. BT-Drs. 13/7761, S. 25). In Zweifelsfällen wird man im Wege der Analogie auch § 8 Abs. 2 der Altölverordnung heranziehen können, nach der sich die Annahmestelle für Altöl „am Verkaufsort" befinden und, wenn dies nicht möglich ist, „in einem solchen räumlichen Zusammenhang" mit dem Verkaufsort stehen (muss), dass ihre Inanspruchnahme für den Endverbraucher zumutbar ist.

8 Schließlich verbleibt in der Praxis die Möglichkeit, sich unter bestimmten Voraussetzungen auch mit Verpackungen schadstoffhaltiger Füllgüter an einem System gem. § 6 Abs. 3 zu beteiligen. Zwar dürfen Verkaufsverpackungen schadstoffhaltiger Füllgüter gem. Anhang I Nr. 3 Abs. 1 grundsätzlich nicht in Systeme nach § 6 Abs. 3 aufgenommen werden. Eine Ausnahme besteht aber dann, wenn die Verpflichteten durch ein Gutachten eines unabhängigen Sachverständigen unter Berücksichtigung des gewöhnlichen Verbraucherverhaltens die Systemverträglichkeit glaubhaft gemacht haben. Bezüglich der näheren Einzelheiten wird auf die Kommentierung von § 6 Abs. 9 und Anhang I Nr. 3 Abs. 1 verwiesen.

c) Unentgeltlichkeit

9 Verkaufsverpackungen schadstoffhaltiger Füllgüter, die bei privaten Endverbrauchern anfallen, müssen von Herstellern und Vertreibern dieser Verpackungen unentgeltlich zurückgenommen werden. Das Merkmal „unentgeltlich" schließt aus, dass der Letztvertreiber bzw. der mit der Rücknahme beauftragte Dritte vom Endverbraucher eine direkte Rücknahme- oder Verwertungsvergütung erhebt. Dagegen kann – und soll – aber durchaus eine Internalisierung

der durch die Rücknahme und Verwertung entstehenden Kosten im Produktpreis erfolgen und der Endverbraucher so indirekt zur Finanzierung herangezogen werden.

d) Sonderregelung für nicht-private Endverbraucher

Ähnlich wie bei Verkaufsverpackungen, die gem. §7 beim nicht-privaten Endverbraucher anfallen, enthält auch §8 Abs. 1 Satz 3 eine Sonderregelung, die es Herstellern und Vertreibern erlaubt, mit gewerblichen Endverbrauchern von der Regel der unentgeltlichen Rücknahme in zumutbarer Entfernung abweichende Vereinbarungen zu beiden Punkten zu treffen.

e) Umfang der Rücknahmepflicht

Anders als §6 Abs. 8 Satz 4, §7 Abs. 1 Satz 3 enthält §8 keine vergleichbare Bestimmung, mit der die Rücknahmepflicht der Hersteller auch auf solche Verpackungen schadstoffhaltiger Füllgüter erstreckt wird, die er nach Art, Form und Größe sowie Waren in seinem Sortiment führt. Aus argumentum in contrario folgt deshalb, dass der Verzicht auf eine derartige Vorschrift bedeutet, dass die nach §8 verpflichteten Hersteller und Vertreiber nur solche Verkaufsverpackungen schadstoffhaltiger Füllgüter zurückzunehmen haben, die sie selbst in Verkehr gebracht und/oder vertrieben haben.

Eine ganz andere Frage ist, ob die Rücknahmepflicht nur gegenüber dem konkreten Abnehmer (Käufer) oder auch gegenüber jedem Dritten besteht, der im Besitz einer grundsätzlich rücknahmepflichtigen Verkaufsverpackung schadstoffhaltiger Füllgüter ist. Auch zu dieser Frage hat sich der Verordnungsgeber verschwiegen. Allerdings ist nach Wortlaut, Sinn und Zweck der Verordnung eine ausdrückliche Regelung dazu entbehrlich: Die Rücknahmepflicht von Herstellern und Vertreibern besteht expressis verbis gegenüber dem Endverbraucher, nicht gegenüber dem Käufer. Der „Endverbraucher" wiederum ist nicht individualisierbar, so dass die einzelnen Verkaufsverpackungen auch nicht einem bestimmten Adressaten zugeordnet werden können. Daraus folgt, dass die nach §8 verpflichteten Hersteller und Vertreiber alle von ihnen in Verkehr gebrachten Verkaufsverpackungen schadstoffhaltiger Füllgüter unabhängig davon, wer sie zur Rücknahme heranträgt, zurückzunehmen haben.

f) Endverbraucherbezogene Informationspflichten

Der Verzicht des Verordnungsgebers auf eine präzise Festlegung des Ortes der Rücknahme für Verkaufsverpackungen schadstoffhaltiger Füllgüter wird teilweise dadurch aufgefangen, dass den rücknahmepflichtigen Herstellern und Vertreibern mit Abs. 1 Satz 2 nunmehr die Pflicht auferlegt wird, den Endverbraucher „durch deutlich erkennbare und lesbare Schrifttafeln in der Verkaufsstelle und im Versandhandel durch andere geeignete Maßnahmen auf die Rückgabemöglichkeit hinzuweisen".

Während sich das Erfordernis deutlich erkennbarer und lesbarer Schrifttafeln in der Verkaufsstelle aus sich selbst heraus erklärt (wenn auch in der Praxis häufig nicht beachtet), lässt das Kriterium „andere geeignete Maßnahmen" im Bereich des Versandhandels unterschiedliche Verfahrensweisen zu. So kann als andere geeignete Maßnahme ein Beipackzettel ebenso in Frage kommen wie der Hinweis im Katalog des Versandhändlers (der allerdings nicht im Kleingedruckten versteckt werden darf) oder ein entsprechender Hinweis auf der Rechnung. Auch ein Aufdruck auf der Verpackung selbst kann eine geeignete andere Maßnahme darstellen. Die Vorschrift zu den endverbraucherbezogenen Informationspflichten ist gem. § 15 Nr. 3 bußgeldbewehrt. Von dieser Möglichkeit wurde in der Praxis bisher jedoch offenbar nicht in hinreichender Weise Gebrauch gemacht. So hat eine Recherche der Deutschen Umwelthilfe aus dem Jahr 2006 ergeben, dass bei Testkäufen in 21 % der Fälle keinerlei Informationen über Rückgabemöglichkeiten gegeben wurden (DUH, Kreislaufwirtschaft in der Praxis, Recherchen zur Informationsbereitstellung und Rücknahme von P-Produkten in der DIY-Branche, 2006).

g) Anforderungen an den Zustand der zurückzunehmenden Verkaufsverpackungen

15 Die Rücknahmepflicht erstreckt sich, wie bei allen Verkaufsverpackungen, auf gebrauchte Verkaufsverpackungen schadstoffhaltiger Füllgüter, nicht aber auf nicht verbrauchte Produkte. Sofern also Verkaufsverpackungen schadstoffhaltiger Füllgüter noch befüllt bzw. teilbefüllt sind, müssen diese grundsätzlich nicht zurückgenommen werden.

16 Eine Einschränkung erfährt dieser Grundsatz durch das Merkmal der Restentleerbarkeit (vgl. § 3 Abs. 12). Auch bei bestimmungsgemäßer Ausschöpfung des Inhaltes einer Verpackung können sich aufgrund der Art und Eigenschaft des verpackten Produktes oder aber der Konstruktion der Verpackung noch Reste in ihr befinden, die der Rücknahmepflicht nicht entgegenstehen (vgl. Fluck DB 1992, 193 (195); Rummler/Schutt, S. 65). Dies ist z. B. häufig bei Produkten, die als Schüttgut in Säcken transportiert werden bzw. bei flüssigen Stoffen der Fall. Auch bei gebrauchten Verpackungen von PU-Schaum (§ 3 Abs. 7 Nr. 3) verbleiben bei bestimmungsgemäßem Gebrauch aus technischen Gründen der Druckgasverpackung regelmäßig nicht unerhebliche Teile des Füllgutes in der Verpackung, was der Rücknahmepflicht aber nicht entgegensteht.

Der gleiche Grundsatz gilt auch für Verunreinigungen, die beim ordnungsgemäßen Umgang an Verpackungen auftreten. Auch davon wird die Rücknahmepflicht nicht berührt (vgl. Fluck, DB 1992, 193 (195)).

17 Dagegen lässt sich eine immanente Begrenzung der Rücknahmepflicht bei infolge eines nicht sachgemäßen Umgangs verunreinigten Verpackungen aus Sinn und Zweck der Verordnung sowie allgemeinen Grundsätzen ableiten (vgl. Fluck, DB 1992, 193 (195)). Da zurückgenommene Verpackungen nach Abs. 2 entweder erneut verwendet oder stofflich verwertet werden sollen, können nur solche Verpackungen der Rücknahmepflicht unterliegen, die in einem Zustand sind, der eine Verwertung auch zulässt. Jedenfalls ist bei Verunreinigungen, die nicht auf das verpackte Produkt zurückgehen und deshalb nicht dem Hersteller oder Vertreiber zurechenbar sind und die zudem die Verwertung nicht unerheblich erschweren, eine Rücknahmepflicht zu verneinen. Auch das umweltrechtliche Verursachungsprinzip, das der Verpackungsverordnung zugrunde liegt, verlangt von Verpackungsherstellern und Vertreibern nicht, dass sie Belastungen auf sich

zu nehmen haben, die nicht durch die Verpackung an sich, sondern aufgrund von Handlungen des Rückgabeberechtigten entstehen. Der Rücknahmepflichtige oder von ihm beauftragte Dritte kann deshalb verlangen, dass die gebrauchten Verkaufsverpackungen schadstoffhaltiger Füllgüter weder übermäßig verunreinigt sind noch sich sonst in einem Zustand befinden, der eine Verwertung nicht unerheblich erschwert (vgl. Fluck, DB 1992, 193 (195)).

4. Verwertungspflicht (Abs. 2)

a) Erneute Verwendung oder Verwertung

Abs. 2 schreibt vor, dass die zurückgenommenen Verpackungen schadstoffhaltiger Füllgüter grundsätzlich einer erneuten Verwendung oder einer Verwertung zuzuführen sind. Damit werden die abfallwirtschaftlichen Ziele aus § 12 Nr. 2 umgesetzt, wonach Verpackungen so herzustellen und zu vertreiben sind, dass ihre Wiederverwendung und Verwertung möglich ist und ihre Umweltauswirkungen bei der Beseitigung von Verpackungsabfällen oder von bei der Verpackungsabfallbewirtschaftung anfallenden Rückständen auf ein Mindestmaß beschränkt sind. **18**

Wiederverwendung und Wiederverwertung stehen hier grundsätzlich gleichberechtigt nebeneinander. Es gibt keinen Vorrang der Wiederverwendung. Hinsichtlich der Verwertung enthält Abs. 2 grundsätzlich ebenfalls kein Vorrang-/Nachrangverhältnis für bestimmte Verwertungsarten. Jedoch ist mit der 4. Änderungsverordnung 2005 in § 7 Abs. 2 ein neuer Halbsatz eingefügt worden, nachdem Verpackungen gem. § 3 Abs. 7 Nr. 3 vorrangig einer stofflichen Verwertung zuzuführen sind. **19**

Dabei handelt es sich um gebrauchte Verpackungen für Polyurethan-(PU)-Schaum. Diese sollen vorrangig stofflich und nicht energetisch verwertet werden, nachdem ökobilanzielle Untersuchungen gezeigt haben, dass die überwiegend stoffliche Verwertung dieser Verpackungen aus Sicht des Umweltschutzes günstiger einzustufen ist, als eine energetische Verwertung (BR-Drs. 591/05, S. 2).

Von der Pflicht zur stofflichen Verwertung sind dabei auch die Restinhaltsstoffe der gebrauchten PU-Schaumdosen erfasst, da ihre stoffliche Verwertung technisch machbar und wirtschaftlich zumutbar ist (§ 5 Abs. 4 KrW-/AbfG).

Generell stehen sowohl die erneute Verwendung als auch die Zuführung zur Verwertung unter dem Vorbehalt der technischen Möglichkeit und der wirtschaftlichen Zumutbarkeit. Es gibt keine hundertprozentige Verwertungsanforderung. Vielmehr wird – wie von § 22 Abs. 3 KrW-/AbfG gefordert – der Vorrang der Verwertung und erneuten Verwendung unter der Berücksichtigung der Kriterien des § 5 Abs. 4 festgelegt. Danach ist die Verwertung von Abfällen auch dann technisch möglich, wenn hierzu eine Vorbehandlung erforderlich ist. Eine weitergehende Definition des Begriffes „technisch möglich" fehlt allerdings im KrW-/AbfG (vgl. Fluck, KrW-/AbfG, § 5 RN 167). Die wirtschaftliche Zumutbarkeit ist gegeben, wenn die mit der Verwertung verbundenen Kosten nicht außer Verhältnis zu den Kosten stehen, die für eine Abfallbeseitigung zu tragen wären (§ 5 Abs. 4 Satz 3 KrW-/AbfG). **20**

21 Nach den vorhandenen Kenntnissen ist die Verwertung im Prinzip für alle im Umlauf befindlichen Verpackungsmaterialien unabhängig von ihren Inhaltsstoffen technisch möglich; ob allerdings gerade im Hinblick auf die auch bei Restentleerung noch in der Verpackung verbleibenden schadstoffhaltigen Füllgüter diese technisch mögliche Verwertung auch wirtschaftlich zumutbar ist, bedarf der Prüfung im Einzelfall. Für PU-Schaumdosen ist diese Prüfung – s. o. – i. S. der Zumutbarkeit entschieden worden.

b) Art der Verwertung

22 Im Gegensatz zu den Verwertungsanforderungen, die für Transportverpackungen, Umverpackungen und „normale" Verkaufsverpackungen aufgestellt werden, müssen Verkaufsverpackungen schadstoffhaltiger Füllgüter nicht zwingend stofflich verwertet werden. Die zurückgenommenen Verpackungen unterliegen den allgemeinen Verwertungsanforderungen des Kreislaufwirtschafts- und Abfallgesetzes. Insoweit können und müssen Hersteller und Vertreiber auch aufgrund des Schadstoffgehaltes etwaiger Füllgutanhaftungen jeweils entscheiden, welche Verwertung die umweltverträglichere ist. Unter den Voraussetzungen des KrW-/AbfG ist auch eine energetische Verwertung dieser Verpackungen zulässig. Dabei ist zu beachten, dass Verpackungen für PU-Schaum nach der Neuregelung des Absatzes 2 vorrangig stofflich zu verwerten sind.

5. Dokumentationspflicht (Abs. 3)

23 Nach § 7 Abs. 3 sind auch die Hersteller und Vertreiber von Verpackungen für schadstoffhaltige Füllgüter verpflichtet, die Dokumentationspflichten nach Anhang I Nr. 4 Sätze 1 bis 5 entsprechend zu erfüllen. Im Gegensatz zu den übrigen Verkaufsverpackungen ist die Bescheinigung über die Erfüllung der Verwertungsanforderungen nicht bei der nach § 32 Abs. 2 des Umweltauditgesetzes errichteten Stelle (vgl. hierzu die Kommentierung zu Anhang I Nr. 2) zu hinterlegen, sondern gem. § 7 Abs. 3 Satz 2 auf Verlangen der Behörde vorzulegen, auf deren Gebiet der Vertreiber ansässig ist. Die mit Abs. 3 Satz 2 angeordnete entsprechende Anwendung von Anhang I Nr. 4 S. 13 soll Vertreibern mit einer Verkaufsfläche von weniger als 200 m² die Erstellung des Mengenstromnachweises dadurch erleichtern, dass sie auf die Bescheinigung der vorgelegten Vertreiberstufe verweisen können. Die Verweisung auf Anhang I Nr. 4 S. 14 stellt klar, welche Maßstäbe bei der Ermittlung der relevanten Verkaufsfläche Anwendung finden.

§ 9[1])
Pfanderhebungs- und Rücknahmepflicht für Einweggetränkeverpackungen

(1) Vertreiber, die Getränke in Einweggetränkeverpackungen mit einem Füllvolumen von 0,1 Liter bis 3 Liter in Verkehr bringen, sind verpflichtet, von ihrem Abnehmer ein Pfand in Höhe von mindestens 0,25 Euro einschließlich Umsatzsteuer je Verpackung zu erheben. Satz 1 gilt nicht für Verpackungen, die nicht im Geltungsbereich der Verordnung an Endverbraucher abgegeben werden. Das Pfand ist von jedem weiteren Vertreiber auf allen Handelsstufen bis zur Abgabe an den Endverbraucher zu erheben. Vertreiber haben Getränke in Einweggetränkeverpackungen, die nach Satz 1 der Pfandpflicht unterliegen, vor dem Inverkehrbringen deutlich lesbar und an gut sichtbarer Stelle als pfandpflichtig zu kennzeichnen und sich an einem bundesweit tätigen Pfandsystem zu beteiligen, das Systemteilnehmern die Abwicklung von Pfanderstattungsansprüchen untereinander ermöglicht. Das Pfand ist bei Rücknahme der Verpackungen zu erstatten. Ohne eine Rücknahme der Verpackungen darf das Pfand nicht erstattet werden. Hinsichtlich der Rücknahme gilt § 6 Abs. 8 entsprechend. Bei Verpackungen, die nach Satz 1 der Pfandpflicht unterliegen, gilt an Stelle des § 6 Abs. 8 Satz 4, dass sich die Rücknahmepflicht nach § 6 Abs. 8 Satz 1 auf Verpackungen der jeweiligen Materialarten Glas, Metalle, Papier/Pappe/Karton oder Kunststoff einschließlich sämtlicher Verbundverpackungen mit diesen Hauptmaterialien beschränkt, die der Vertreiber in Verkehr bringt. Beim Verkauf aus Automaten hat der Vertreiber die Rücknahme und Pfanderstattung durch geeignete Rückgabemöglichkeiten in zumutbarer Entfernung zu den Verkaufsautomaten zu gewährleisten. Die zurückgenommenen Einweggetränkeverpackungen im Sinne von Satz 1 sind vorrangig einer stofflichen Verwertung zuzuführen.

(2) Absatz 1 findet nur Anwendung auf nicht ökologisch vorteilhafte Einweggetränkeverpackungen im Sinne von § 3 Abs. 4, die folgende Getränke enthalten:

1. Bier (einschließlich alkoholfreies Bier) und Biermischgetränke,

2. Mineral-, Quell-, Tafel- und Heilwässer und alle übrigen trinkbaren Wässer,

3. Erfrischungsgetränke mit oder ohne Kohlensäure (insbesondere Limonaden einschließlich Cola-Getränke, Brausen, Bittergetränke und Eistee). Keine Erfrischungsgetränke im Sinne von Satz 1 sind Fruchtsäfte, Fruchtnektare, Gemüsesäfte, Gemüsenektare, Getränke mit einem Mindestanteil von 50 Prozent an Milch oder an Erzeugnissen, die aus Milch gewonnen werden, diätetische Getränke im Sinne des § 1 Abs. 1 der Diätverordnung, ausgenommen solche für intensive Muskelanstrengungen, vor allem für Sportler, im Sinne von Anlage 8 Nr. 7 der Diätverordnung, und Mischungen dieser Getränke,

---

[1]) Anm. d. Verlages:
Gemäß Art. 2 G vom 2.4.2008 (BGBl. I S. 531) wird § 9 Abs. 2 Nr. 3 mit Wirkung zum 1.4.2009 wie folgt gefasst:
„3. Erfrischungsgetränke mit oder ohne Kohlensäure (insbesondere Limonaden einschließlich Cola-Getränke, Brausen, Bittergetränke und Eistee). Keine Erfrischungsgetränke im Sinne von Satz 1 sind Fruchtsäfte, Fruchtnektare, Gemüsesäfte, Gemüsenektare, Getränke mit einem Mindestanteil von 50 Prozent an Milch oder an Erzeugnissen, die aus Milch gewonnen werden, und Mischungen dieser Getränke sowie diätetische Getränke im Sinne des § 1 Abs. 2 Buchstabe c der Diätverordnung, die ausschließlich für Säuglinge oder Kleinkinder angeboten werden,".

4. alkoholhaltige Mischgetränke, die
   a) hergestellt wurden unter Verwendung von
      aa) Erzeugnissen, die nach § 130 Abs. 1 des Gesetzes über das Branntweinmonopol der Branntweinsteuer unterliegen, oder
      bb) Fermentationsalkohol aus Bier, Wein oder weinähnlichen Erzeugnissen, auch in weiterverarbeiteter Form, der einer technischen Behandlung unterzogen wurde, die nicht mehr der guten Herstellungspraxis entspricht, und einen Alkoholgehalt von weniger als 15 Volumenprozent aufweisen, oder
   b) weniger als 50 Prozent Wein oder weinähnliche Erzeugnisse, auch in weiterverarbeiteter Form, enthalten.

(3) Hersteller und Vertreiber von ökologisch vorteilhaften Einweggetränkeverpackungen sowie von Einweggetränkeverpackungen, die nach Absatz 2 keiner Pfandpflicht unterliegen, sind verpflichtet, sich an einem System nach § 6 Abs. 3 zu beteiligen, soweit es sich um Verpackungen handelt, die beim privaten Endverbraucher anfallen.

Gliederungsübersicht

RN

I.	Vorbemerkung	1–4
II.	Erläuterungen	5–34
1.	Umfang der Pfanderhebungspflicht (Abs. 1 Satz 1–3)	5–13
	a) Erstvertreiber, Mehrphasenpfand	6
	b) Getränke in Einwegverpackungen	7–9
	c) Beschränkung der Pfandpflicht nach dem Füllvolumen	10
	d) Beschränkung der Pfandpflicht auf den Inlandsabsatz (Abs. 1 Satz 2)	11
	e) Zur Rechtsnatur des Pfandes	12, 13
2.	Die Pflichten zur Kennzeichnung und zur Beteiligung am Pfandsystem (Abs. 1 Satz 4)	14–16
	a) Kennzeichnungspflicht	15
	b) Pflicht der Beteiligung am bundesweiten Pfandsystem	16
3.	Pfanderstattung (Satz 5–8)	17–25
	a) Art und Umstände der Pfanderstattung	17
	b) Ort der Rücknahme	18–20
	aa) Rücknahme „entsprechend § 6 Abs. 8"	18
	bb) Rücknahme am Ort der tatsächlichen Übergabe oder in dessen unmittelbarer Nähe	19
	cc) Rücknahme bei Verkauf aus Automaten (Satz 9)	20
	c) Materialspezifische Einschränkung der Rücknahmepflicht (Satz 8)	21–24
	d) Vorrang der stofflichen Verwertung (Satz 10)	25
4.	Einschränkung des Anwendungsbereiches (Abs. 2)	26–33
	a) Einschränkung des Anwendungsbereiches auf nicht ökologisch vorteilhafte Einweggetränkeverpackungen	27–29
	b) Einschränkung des Anwendungsbereiches auf bestimmte Getränkesegmente	30–33
5.	Beteiligungspflicht an dualen Systemen (Abs. 3)	34

I. Vorbemerkung

§ 9 VerpackV tritt mit der 5. Novelle anstelle des § 8 a. F. und regelt die Pfander- 1
hebungs- und Rücknahmepflichten für Einweg-Getränkeverpackungen. Die Vorschrift wurde mit der dritten Verordnung zur Änderung der Verpackungsverordnung vom 24. Mai 2005 (3. Novelle VerpackV) vollständig neu gefasst (BGBl. I 2005, S. 1407).

Anlass der Novellierung 2005 war die mehrmalige Unterschreitung der in § 9 2
Abs. 2 VerpackV (1998) zuvor verankerten Mehrwegquote von 72 %, so dass erstmals am 1.1.2003 die Pfandpflicht für Bier, Mineralwasser und kohlensäurehaltige Erfrischungsgetränke ausgelöst wurde. Im Frühjahr 2005 hätte auf der Grundlage der Erhebungen die Pfandpflicht zudem auch auf die Getränkebereiche Fruchtsäfte und Erfrischungsgetränke ohne Kohlensäure erstreckt werden müssen – eine Entwicklung, die nicht gewollt war (vgl. Bekanntmachung vom 28.10.2004, BAnz. 191, 21713 f.). Dadurch gewann der Novellierungsprozess noch mal erheblich an Dynamik.

Der Neufassung war ein mehrjähriger Stellungskrieg zwischen Politik und Wirt- 3
schaft über Inhalt und Reichweite von Pfandpflichten vorausgegangen. Dabei wurden alle juristischen und publizistischen Möglichkeiten umfassend genutzt. Sich überlagernde Gerichtsverfahren deutscher und europäischer Gerichte trugen dazu bei, dass zum Schluss nur noch wenigen Fachleuten der Überblick vergönnt war (vgl. Flanderka/Renke, NVwZ 2006, 23). Mit der Neufassung sollten deshalb die Bestimmungen vereinfacht (einheitlicher Pfandbetrag für alle bepfandeten Verpackungen), praxisnäher (Erstreckung der Pfandpflicht auf grundsätzlich alle Getränke in Einwegverpackungen bei definierten Ausnahmen) und vollziehbarer (Abschaffung der sog. „Insellösungen", Umgestaltung der Beschränkung der Rücknahmepflicht von den Merkmalen Art, Form und Größe zum allein bestimmenden Kriterium des Materials der Verpackung) ausgestaltet werden. Ziel dieser Umgestaltung war es – wie schon 1998 –, ökologisch vorteilhafte Getränkeverpackungen zu schützen und einer Destabilisierung bestehender Mehrwegsysteme für Massengetränke durch duale Systeme entgegenzuwirken (BT-Drs. 13/10, S. 943).

Diese Ziele wurden seit dem Inkrafttreten der 3. Änderungsverordnung nicht 4
oder nicht im erwarteten Umfang erreicht. Darüber hinaus galt es, eine verstärkt festzustellende missbräuchliche Nutzung bestimmter Ausnahmen von der Pfandpflicht abzustellen. Mit der 5. Änderungsverordnung hat sich der Verordnungsgeber bemüht, diesen Fehlentwicklungen mit der Einführung einer Kennzeichnungspflicht für Getränke in Einwegverpackungen und der Präzisierung der Ausnahmetatbestände entgegenzuwirken.

II. Erläuterungen
1. Umfang der Pfanderhebungspflicht (Abs. 1 Satz 1–3)

Der Umfang der Pfanderhebungspflicht bestimmt sich nach Abs. 1 Satz 1–3. 5
Satz 1 legt fest, dass solche Vertreiber, die Getränke in Einweggetränkeverpackungen mit einem Füllvolumen von 0,1 l bis 3,0 l in Verkehr bringen, von ihren Abnehmern ein Pfand zu erheben haben, dessen Höhe 0,25 € einschließlich

Umsatzsteuer nicht unterschreiten darf. Satz 3 bestimmt, dass das Pfand auf jeder weiteren Handelsstufe bis zur Abgabe an den Endverbraucher zu erheben ist (Mehrphasenpfand), und mit Satz 2 wird klargestellt, dass die Pfanderhebungspflicht nach Satz 1 nur für solche Getränkeverpackungen gilt, die im Geltungsbereich der Verordnung an Endverbraucher abgegeben werden.

a) Erstvertreiber, Mehrphasenpfand

6   Vertreiber i. S. von Satz 1 ist derjenige, der die Getränke in Einwegverpackungen (erstmals) in Verkehr bringt. Das bedeutet, dass über den Begriff des Inverkehrbringens in Satz 1 immer der Erstvertreiber (Abfüller) gemeint ist. Insoweit steht Satz 1 nunmehr für das Inverkehrbringen von Getränken in Einwegverpackungen in systematischer Analogie mit der Formulierung vom § 6 Abs. 1 Satz 1, mit dem ebenfalls der Erstvertreiber verpflichtet wird. Mit Satz 3 wird die Pfanderhebungspflicht dann auf die Teilnehmer der weiteren Phasen des Vertriebsweges vom Zwischenhändler (Großhändler) bis zum Einzelhändler ausgeweitet (deshalb: Mehrphasenpfand).

b) Getränke in Einwegverpackungen

7   Die Pfanderhebungspflicht entsteht nur bei Getränken, die in Einweggetränkeverpackungen in Verkehr gebracht werden. Der Verordnungsgeber hat darauf verzichtet, den Getränkebegriff in der Verordnung selbst zu definieren. Es kann aber durchaus noch immer für das Verständnis dieses Begriffes auf die Legaldefinition des § 1 Abs. 2 der Verordnung über die Rücknahme und Pfanderhebung von Getränkeverpackungen aus Kunststoffen vom 20.12.1988 (BGBl. I, S. 2455), die gem. § 14 der Verpackungsverordnung von 1991 am 1.1.1993 außer Kraft getreten ist, zurückgegriffen werden. Danach fallen unter den Getränkebegriff: Erfrischungsgetränke, Fruchtsäfte, Fruchtnektare und Gemüsesäfte, natürliche Mineralwässer, Quellwässer, Tafelwässer, abgefüllte Trink- und Heilwässer, Bier einschließlich alkoholfreien Bieren sowie Wein und mit Wein vermischte Getränke. Diese Definition ist jedoch nicht als abschließend anzusehen, da sie verschiedene, zweifelsfrei als Getränke einzustufende Produkte, wie z. B. Milch unerwähnt lässt.

8   Die in der Praxis aufgekommene Frage, ob auch Sirup u. a. Konzentrate der Pfandpflicht unterfallen, kann anhand des Getränkebegriffes beantwortet werden. Da sowohl Sirup als auch andere Konzentrate erst durch die Zugabe von Wasser trinkfähig werden, handelt es sich nicht um Getränke im eigentlichen Sinne, sondern um Vorprodukte, für die die Pfandpflichten nicht greifen.

9   Der Begriff der Einweggetränkeverpackungen ist aus der in § 3 Abs. 3 gewonnenen allgemeinen Definition der Mehrwegverpackung durch Umkehrschluss abzuleiten. Wird dort eine Mehrwegverpackung – mithin auch eine solche für Getränke – als eine Verpackung definiert, die nach Gebrauch mehrfach zum gleichen Zweck wieder verwendet werden kann, so ist es folgerichtig, als Einwegverpackung – auch für Getränke – alle Verpackungen zu definieren, die nicht Mehrwegverpackungen sind. Einweggetränkeverpackungen sind demnach Getränkeverpackungen, die nach Entleerung nicht dazu bestimmt sind wieder mit Getränken befüllt zu werden.

c) Beschränkung der Pfandpflicht nach dem Füllvolumen

Abs. 1 Satz 1 begründet eine Pfandpflicht nur für Getränkeverpackungen mit einem Füllvolumen von 0,1 l bis 3,0 l. Der Begriff „Füllvolumen" ist indes ungenau, weil dieses aus technischen Gründen bei der Abfüllung von Fertigverpackungen notwendigerweise variiert und solche Abweichungen nach dem Eichgesetz auch zulässig sind. Abzustellen ist daher allein auf das gekennzeichnete Volumen, also das Nennvolumen (vgl. Strecker/Berndt 1992, S. 110). Diese Beschränkung, die dazu führt, dass kleinere Einwegverpackungen für Getränke (z. B. für Spirituosen) und größere Einweggetränkeverpackungen (z. B. Partyfässchen für Bier) aus dem Kreis der pfandpflichtigen Einweggetränkeverpackungen generell herausfallen, ist erst mit der 3. Novelle eingeführt worden. Davor musste bei Verpackungen bis 1,5 l Füllvolumen 0,25 € und über 1,5 l Füllvolumen 0,50 € als Mindestpfand erhoben werden. Die Neuregelung wurde vom Verordnungsgeber u. a. damit begründet, dass für die aus der Pfandpflicht herausgenommenen kleineren und größeren Verpackungen keine Mehrwegalternative bestehe und der Aufbau von Mehrwegsystemen in diesen Bereichen weder ökologisch noch ökonomisch sinnvoll sei (BR-Drs. 542/04, S. 13).

d) Beschränkung der Pfandpflicht auf den Inlandsabsatz (Abs. 1 Satz 2)

Abs. 1 Satz 2 stellt klar, dass Verpackungen, die nicht im Inland an Endverbraucher abgegeben werden, möglicherweise aber im Inland auf verschiedenen Vertreiberstufen in Verkehr gebracht werden, nicht der Pfandpflicht unterliegen. Eine solche Regelung enthielt § 8 VerpackV (1998) nicht. Dies hatte bei der Einführung der Pfandpflicht 2003 zu Irritationen geführt, zumal § 2 Abs. 1 den Geltungsbereich der Verordnung auf alle im Geltungsbereich des KrW-/AbfG in Verkehr gebrachten Verpackungen erstreckte – unabhängig davon, wo sie nach Gebrauch anfallen. Mit dem mit der 3. Novelle eingefügten Satz 3 konnten diese Irritationen beseitigt werden.

e) Zur Rechtsnatur des Pfandes

Auf das in der VerpackV geregelte Pfand sind die Regelungen der §§ 1204 ff. BGB nicht anwendbar. Vielmehr handelt es sich um einen Vertrag eigener Art, bei dem ohne Rückgabe der Pfandsache (z. B. Flasche oder Getränkedose) das zusätzlich zum Kaufpreis erhobene Entgelt (Pfand) verfällt (vgl. Strecker/Berndt 1992, S. 110). Das Pfand erzwingt so wirtschaftlich, dass das Pfandobjekt wieder zurückgegeben wird, ohne dass es einer Rechtspflicht des Erwerbers zur Rückgabe bedarf (keine Rückgabepflicht).

Auch wenn die Erhebung eines Pfandes zwischen Veräußerer und Erwerber einen zivilrechtlichen Vertrag begründet, ist die grundsätzliche Pflicht zur Pfanderhebung öffentlich-rechtlicher Natur und in § 15 Nr. 26 als Ordnungswidrigkeit sanktioniert. Die Pfanderhebungspflicht ist damit auch eine persönliche Pflicht der jeweiligen Vertreiber und deshalb auch nicht gemäß § 11 auf Dritte übertragbar.

2. Die Pflichten zur Kennzeichnung und zur Beteiligung am Pfandsystem (Abs. 1 Satz 4)

14 Mit der 5. Änderungsverordnung wurden neu eingeführt die Pflichten der Vertreiber zur Kennzeichnung pfandpflichtiger Einweggetränkeverpackungen als „pfandpflichtig" und zur Beteiligung an einem bundesweit tätigen Pfandsystem, vermittels dessen den Systemteilnehmern die Abwicklung der Pfanderstattungsansprüche ermöglicht wird.

a) Kennzeichnungspflicht

15 Der Verordnungsgeber hat sich in der Begründung zur Einfügung von Satz 4 darauf beschränkt mitzuteilen, dass es nunmehr für die Vertreiber verpflichtend sei, der Pfandpflicht nach Satz 1 unterliegende Einweggetränkeverpackungen „deutlich lesbar und an gut sichtbarer Stelle als pfandpflichtig" zu kennzeichnen. Welche Motive ihn dazu bewogen haben und welche Ziele er damit erreichen will, teilt der Verordnungsgeber nicht mit. Vermutlich will der Verordnungsgeber mit der Kennzeichnungspflicht erreichen, dass der Verbraucher über die Kennzeichnung als „pfandpflichtig" die Einweggetränkeverpackung bewusst als Einwegverpackung wahrnimmt und infolge dieser bewussten Wahrnehmung möglicherweise in seinem Kaufverhalten auf die Mehrwegflasche mit geringeren Pfandsätzen oder auf pfandfreie ökologisch vorteilhafte Getränkeverpackungen ausweicht bzw. umsteigt. Am Erfolg – wenn dies denn der Beweggrund war – darf gezweifelt werden, zumal der Verordnungsgeber lediglich die Kennzeichnung als „pfandpflichtig", nicht aber eine Kennzeichnung als „pfandpflichtige Einwegverpackung" vorgeschrieben hat. Immerhin ist ein Verstoß gegen die Vorschrift, der dann gegeben ist, wenn „eine Einweggetränkeverpackung nicht, nicht richtig oder nicht rechtzeitig gekennzeichnet" ist, bußgeldbewehrt (§ 15 Nr. 27).

b) Pflicht der Beteiligung am bundesweiten Pfandsystem

16 Auch hier schweigt der Verordnungsgeber über die Motive seines Handelns. Anders als bei der Kennzeichnungspflicht lassen sich diese Motive aber unmittelbar aus dem Wortlaut und aus Sinn und Zweck eines Pfandsystems ableiten. Dem Wortlaut nach soll den Systemteilnehmern die Abwicklung von Pfanderstattungsansprüchen untereinander ermöglicht werden. Dies hat seinen Sinn deshalb, weil ja regelmäßig bei nicht individualisierbaren Pfandleistungs- und Pfanderstattungsansprüchen die vom einzelnen Letztvertreiber erhaltenen Pfandbeträge nicht mit den erstatteten Pfandbeträgen übereinstimmen, da der einzelne Verbraucher zulässiger- und zweckmäßigerweise die Verpackung bei einer Rücknahmestelle seiner Wahl abgeben und dort den Pfanderstattungsanspruch geltend machen kann. Die durch dieses Verbraucherverhalten entstehenden Unwuchten zwischen eingenommenen und ausgezahlten Pfandbeträgen müssen zwischen den Beteiligten ausgeglichen werden. Zu diesem Zweck haben die Beteiligten die Deutsche Pfandsystem GmbH gegründet, die nach einigen Anlaufschwierigkeiten nunmehr sicherstellt, wozu sie gegründet wurde: die Pfanderstattungsansprüche unter den Systemteilnehmern zu regeln.

3. Pfanderstattung (Satz 5–8)

a) Art und Umstände der Pfanderstattung

Sätze 5 bis 8 regeln nunmehr die Art und die Umstände, unter denen die Pfanderstattung stattzufinden hat. Nach Satz 5 ist das Pfand vom Vertreiber bei Rücknahme der Getränkeverpackung zu erstatten. Diese Verpflichtung betrifft, der Mehrphasigkeit der Pfanderhebung folgend, alle Vertreiber innerhalb der Vertriebskette. Dass das Pfand jeweils bei der Rücknahme der Verpackung zu erstatten ist, war auch bereits in § 8 Abs. 1 Satz 4 a. F. geregelt. Fälligkeitszeitpunkt für die Rückerstattung des Pfandes ist somit die Übergabe der gebrauchten Verpackung durch den Endverbraucher an den Letztvertreiber oder durch den Vertreiber an den jeweiligen Vorvertreiber. Satz 6 schreibt ausdrücklich vor, dass eine Pfanderstattung ohne Rücknahme der Verpackung verboten ist und bewehrt dieses Verbot gem. § 15 Nr. 28 mit einem Bußgeld bis zu 50 000,00 €. Damit soll verhindert werden, dass das Gebot der Verwertung, insbesondere die mit Satz 10 angeordnete Pflicht, zurückgenommene Einweggetränkeverpackungen vorrangig einer stofflichen Verwertung zuzuführen, umgangen wird.

17

b) Ort der Rücknahme

aa) Rücknahme „entsprechend § 6 Abs. 8"

Satz 7 ordnet „hinsichtlich der Rücknahme" der gebrauchten Einweggetränkeverpackungen die entsprechende Geltung von § 6 Abs. 8 an. Damit beschränkt sich die Verweisung auf die Rücknahmevorschriften; zu den Rücknahmevorschriften des § 6 Abs. 8 rechnet der Verordnungsgeber ausweislich der Begründung (BR-Drs. 800/07, S. 37) auch die Pflicht, über die durchgeführte Entsorgung einen Mengenstromnachweis zu führen, der durch einen unabhängigen Sachverständigen zu testieren ist. Diese Schlussfolgerung ist indessen nicht zwingend: Der Halbsatz von § 6 Abs. 8 Satz 1, nachdem alle Letztvertreiber verpflichtet sind, „die Anforderungen nach Anhang I Nr. 4 zu erfüllen", bezieht sich grammatisch (und inhaltlich) auf die davor genannte Pflicht zur Erfüllung bestimmter Verwertungsquoten gem. Anhang I Nr. 1 – also auf die Umstände der Verwertung und nicht auf die der Rücknahme. Nur in Bezug auf diese hat der Verordnungsgeber jedoch die entsprechende Anwendung von § 6 Abs. 8 angeordnet. Das vom Verordnungsgeber gewollte Ergebnis, den Rücknahmepflichtigen auch die Pflicht zur Führung eines gesonderten Mengenstromnachweises aufzuerlegen, ohne ihn zugleich mit der Erfüllung von Verwertungsquoten zu belasten, hätte unmissverständlich und besser in einer Ergänzung von § 9 Abs. 10 Satz 10 Ausdruck gefunden, mit der die Pflicht zur vorrangig stofflichen Verwertung der zurückgenommenen Einweggetränkeverpackungen mit dem Folgesatz „sowie die Anforderungen nach Anhang I Nr. 4 zu erfüllen" verknüpft worden wäre.

18

bb) Rücknahme am Ort der tatsächlichen Übergabe oder in dessen unmittelbarer Nähe

So unklar es ist, die Bestimmung zur Führung eines gesonderten Mengenstromnachweises aus einer Verweisung auf die „hinsichtlich der Rücknahme" entsprechend anzuwendende Vorschrift des § 6 Abs. 8 zu folgern, so klar ist die Bestimmung, dass die Rücknahme in der entsprechenden Anwendung dieser Vorschrift

19

am „Ort der tatsächlichen Übergabe oder in dessen unmittelbarer Nähe" zu erfolgen hat. Die Verpflichtung, gebrauchte bepfandete Verpackungen am „Ort der tatsächlichen Übergabe oder in dessen unmittelbarer Nähe" zurückzunehmen, lässt den jeweiligen örtlichen Gegebenheiten angepasste, flexible Lösungen zu (vgl. BR-Drs. 919/04, S. 14). Im Übrigen wird auf die Erläuterungen Nr. 1 e) zu § 7 verwiesen.

cc) Rücknahme bei Verkauf aus Automaten (Satz 9)

20 Abs. 1 Satz 9 sieht für den Verkauf aus Automaten ausdrücklich die Möglichkeit vor, die Rücknahme und Pfanderstattung in zumutbarer Entfernung zu den Verkaufsautomaten zu gewährleisten. Damit werden die räumlichen Einschränkungen hinsichtlich des Rücknahmeortes, wie er aus der entsprechenden Anwendung von § 6 Abs. 8 Satz 1 folgt, erweitert und der Verkauf aus Automaten gegenüber dem direkten Verkauf privilegiert. Wann eine Entfernung noch als zumutbar betrachtet werden kann, ist auch an dieser Stelle (wie schon in § 8 Abs. 1) nicht geregelt. Auch hier muss daher der unbestimmte Rechtsbegriff in gleicher Weise ausgelegt werden wie in § 8 Abs. 1 – und zwar anhand der gleichen Kriterien. Insofern wird auf die Erläuterungen Nr. 3 b) zu § 8 verwiesen.

c) Materialspezifische Einschränkung der Rücknahmepflicht (Satz 8)

21 Abs. 1 Satz 8 enthält eine für Einweggetränkeverpackungen spezifische Einschränkung der Rücknahmepflicht. Dazu wird zunächst die in § 6 Abs. 1 Satz 4 vorgesehene allgemeine Beschränkung der Rücknahmepflicht auf „Art, Form und Größe" aufgehoben. Diese Einschränkung wurde in der Praxis zum Aufbau so genannter „Insellösungen" benutzt. Dabei wurden geringfügige Abweichungen in der äußeren Form einer Verpackung dazu genutzt, die Rücknahmepflicht auf diese spezielle Verpackungsform zu beschränken. Insbesondere Discounter hatten so ihre Rücknahmepflicht praktisch auf die von ihnen selbst in Verkehr gebrachten Eigenmarken beschränkt, was von der Europäischen Kommission als Handelshemmnis im Binnenmarkt kritisiert wurde. Mit der schon im Zuge der 3. Novelle VerpackV entstandenen Regelung wurde den Bedenken der Europäischen Kommission Rechnung getragen.

22 An Stelle der Merkmale „Art, Form und Größe" hat der Verordnungsgeber mit der 3. Novelle VerpackV die jeweiligen Materialarten Glas, Metalle, Papier/Pappe/Karton oder Kunststoff einschließlich sämtlicher Verbunde gesetzt. Wer Einweggetränkeverpackungen aus Kunststoff in seinem Sortiment führt, hat danach alle Einweggetränkeverpackungen aus Kunststoff unabhängig von Design, Marke, Größe und Getränkeart zurückzunehmen. Gleiches gilt für Einweggetränkeverpackungen aus Glas, Metall usw. (vgl. BR-Drs. 919/04, S. 15 f.).

Mit dieser Regelung wurden die bisher genutzten „Insellösungen" unterbunden (so auch Fischer/Arndt 2007, RN 53 zu § 8).

23 Bei Verbundverpackungen (Verpackungen, die aus unterschiedlichen Materialien bestehen) richtet sich die Rücknahmepflicht nach dem Hauptmaterial. Für die Praxis relevant ist z. B. die Zuordnung der Getränkedose. Diese besteht im Regelfall aus Weißblech und ist aus technischen Gründen mit einem Aluminiumdeckel

versehen. Insoweit handelt es sich der Definition nach um einen Verbund, der aber nach dieser Regelung dem Weißblech zuzuordnen ist.

Fraglich ist, ob für die Beschränkung der Rücknahmepflicht nur die Materialien der vertriebenen Getränkeverpackungen herangezogen werden dürfen oder ob dafür auch die Materialarten herangezogen werden müssen, die ein Vertreiber außerhalb des Getränkesegmentes verwendet. Der Wortlaut ist insoweit unklar, als dass der Verordnungsgeber diesbezüglich nicht den Begriff „Getränkeverpackungen" oder „Einweggetränkeverpackungen" verwendet, sondern ganz allgemein auf „Verpackungen" Bezug nimmt. Demnach wäre ein Vertreiber zur Rücknahme von Getränkedosen auch dann verpflichtet, wenn er diese überhaupt nicht in seinem Sortiment führt, aber beispielsweise Gemüse oder Obst als Konserven anbietet. Vor dem Hintergrund des Eingriffs der Pfandvorschriften in den eingerichteten und ausgeübten Gewerbebetrieb ist aber eine einschränkende Auslegung geboten und sachgerecht. Danach sind lediglich die Materialarten der jeweils vertriebenen Einweggetränkeverpackungen für den Umfang der Rücknahmepflicht heranzuziehen. 24

d) Vorrang der stofflichen Verwertung (Satz 10)

Mit Abs. 1 Satz 10 schreibt der Verordnungsgeber die vorrangig stoffliche Verwertung der zurückgenommenen Einweggetränkeverpackungen vor. Der „Verzicht" auf die Festlegung bestimmter Verwertungsquoten, wie er im einzigen begründeten Satz zu dieser Regelung genannt ist (BR-Drs. 800/07, S. 37) bedeutet bei konsequenter Umsetzung eine Verschärfung der in Anhang I Nr. 1 verlangten allgemeinen Verwertungsquoten. Für Einweggetränkeverpackungen aus Kunststoff z. B. bedeutet die vorrangige stoffliche Verwertung, dass über die allgemeinen Anforderungen einer 60-prozentigen Verwertung, wovon wiederum lediglich 60 Prozent stofflich (werkstofflich) verwertet werden müssen, vor dem Hintergrund der technisch machbaren und wirtschaftlich zumutbaren stofflichen Verwertung ein erhebliches Plus. Die Regelung rechtfertigt sich daraus, dass innerhalb des Pfandsystems mit vertretbarem Aufwand eine nahezu sortenreine materialspezifische Rücknahme möglich ist und dadurch die Voraussetzungen für eine roh- oder werkstoffliche Verwertung in besonderer Weise gegeben sind. In der Abfallhierarchie des KrW-/AbfG bedeutet dies, dass mit der Pflicht zur vorrangig stofflichen Verwertung nachrangig noch immer die Pflicht zur Verwertung vor der Pflicht zur Beseitigung bleibt (§ 5 Abs. 2 KrW-/AbfG). Ob im konkreten Einzelfall eine stoffliche Verwertung oder die energetische Verwertung als Alternative zur Anwendung kommt, kann der Verordnungsgeber gem. § 6 Abs. 2 KrW-/AbfG anhand „der in § 5 Abs. 5 festgelegten Kriterien unter Berücksichtigung der in Abs. 2 genannten Anforderungen" durch Rechtsverordnung für bestimmte Abfallarten entscheiden. Davon hat der Verordnungsgeber mit der 3. Novelle VerpackV, die ausdrücklich (auch) auf die Verordnungsermächtigung des § 6 Abs. 1 KrW-/AbfG gestützt ist, für Einweggetränkeverpackungen mit § 9 Abs. 1 Satz 10 VerpackV Gebrauch gemacht. 25

4. Einschränkung des Anwendungsbereiches (Abs. 2)

Die mit Abs. 1 angeordnete generelle Pfandpflicht für sämtliche Einweggetränkeverpackungen wird durch die Konkretisierung des Anwendungsbereiches in 26

Abs. 2 deutlich eingeschränkt. Maßstäbe für den Zuschnitt des Anwendungsbereiches sind dabei die Art und der Inhalt der Einweggetränkeverpackung. Systematisch vermischt die Regelung einen materialbezogenen (ökologisch vorteilhaft) mit einem auf den Verpackungsinhalt bezogenen Ansatz, was verschiedene Abgrenzungsschwierigkeiten mit sich bringt.

a) Einschränkung des Anwendungsbereiches auf nicht ökologisch vorteilhafte Einweggetränkeverpackungen

27 So wird im einleitenden 1. Satz der Anwendungsbereich in einem ersten Schritt beschränkt auf alle nicht ökologisch vorteilhaften Getränkeverpackungen im Sinne von § 3 Abs. 4. Dies ist insoweit missverständlich, als § 3 Abs. 4 nicht die „nicht ökologisch vorteilhaften Einweggetränkeverpackungen" definiert, sondern bestimmt, was ökologisch vorteilhafte Einweggetränkeverpackungen im Sinne der VerpackV sind. Anders als in § 3 Abs. 2 Satz 2, wo ausdrücklich klargestellt wurde, dass „Einwegverpackungen im Sinne dieser Verordnung ... Verpackungen (sind), die keine Mehrwegverpackungen sind", fehlt für die Definition der nicht ökologischen Einwegverpackungen eine vergleichbare Vorschrift. Nach Sinn, Zweck und der mit § 3 Abs. 3 vorgegebenen Systematik muss aber davon ausgegangen werden, dass in § 3 Abs. 4 Vergleichbares gemeint ist, dass nämlich nicht ökologisch vorteilhafte Einweggetränkeverpackungen im Sinne der Verordnung Verpackungen sind, die keine ökologisch vorteilhaften Einweggetränkeverpackungen sind.

28 Im Umkehrschluss bedeutet dies, dass alle ökologisch vorteilhaften Einweggetränkeverpackungen grundsätzlich von der Pfandpflicht für Einweggetränkeverpackungen freigestellt sind. Dies gilt unabhängig davon, mit welchen Getränken ökologisch vorteilhafte Einweggetränkeverpackungen befüllt sind. Die Freistellung von der Pfandpflicht beruht auf „gesamtökologischen Bewertungen anerkannter und durch das Umweltbundesamt geprüfter Ökobilanz-Untersuchungen" (BT-Drs. 15/1179, S. 8 f). Schon 1988 wurde aufgrund von Erkenntnissen einer Ökobilanz-Studie des Umweltbundesamtes der Polyethylen-Schlauchbeutel für Milch den Mehrweg-Verpackungen für Milch gleichgestellt. Die vom Umweltbundesamt (UBA) im August 2000 vorgestellte Ökobilanz „Getränkeverpackungen II" hatte zum Ergebnis, dass signifikante ökologische Nachteile von Getränkekartonverpackungen in Form der Block- oder der Giebelpackung gegenüber den Mehrweg-Referenzsystemen nicht festgestellt wurden. Zu ähnlichen Ergebnissen kamen die 2001 vorgelegten und vom UBA geprüften Ökobilanz-Studien für Verbundfolien-Standbeutel. In der Folge wurden alle drei Einweggetränkeverpackungen mit der 3. Novelle VerpackV als „ökologisch vorteilhaft" eingestuft und von der Pfandpflicht befreit. Der Verordnungsgeber hat dabei allerdings davon abgesehen, allgemein gültige Prinzipien zu entwickeln, die zu einem Rechtsanspruch auf Einstufung als ökologisch vorteilhafte Einweggetränkeverpackung führen. Dies ist insoweit bedenklich, als u. U. erhebliche Entwicklungskosten letzten Endes ohne hinreichende Sicherheit einer Zielerreichung von demjenigen aufgewendet werden müssen, der aus ökologischen und/oder ökonomischen Gründen mit einer ökologisch vorteilhaften Einweggetränkeverpackung seine Marktchancen wahren oder verbessern will. Der eher nebulöse – jedenfalls mit den Mitteln der Rechtswissenschaft kaum zu greifende – Hinweis, „dass eine Anpassung der VerpackV an

neuere Erkenntnisse erforderlich werden kann" und „zu gegebener Zeit durch eine Änderung der Verordnung möglich ist", dürfte jedenfalls Anreiz zu ökologischer Optimierung von Getränkeverpackungen nur begrenzt auslösen (BT-Drs. 15/1179, S. 8 f.; vgl. dazu auch Schmidt, Verpackungs-Rundschau 11/2000, 31).

Bezüglich der Freistellung ökologisch vorteilhafter Einweggetränkeverpackun- 29 gen ist allerdings zu beachten, dass diese Freistellung mit der Pflicht für Hersteller und Vertreiber solcher Verpackungen korrespondiert, diese ökologisch vorteilhaften Einweggetränkeverpackungen im Regelfall bei einem dualen System zu lizenzieren (siehe dazu im Einzelnen die Erläuterungen unter Nr. 5).

b) Einschränkung des Anwendungsbereiches auf bestimmte Getränkesegmente

Wurde in einem ersten Schritt der Anwendungsbereich von Abs. 1 auf Einweg- 30 verpackungen beschränkt, die nicht ökologisch vorteilhaft sind, wird mit Abs. 2 Halbsatz 2 in einem zweiten Schritt die Anwendung der Pfandpflicht auf bestimmte Getränkearten beschränkt, die in nicht ökologisch vorteilhaften Einweggetränkeverpackungen abgefüllt sind.

Vereinfacht dargestellt sind dies:

1. Bier, einschließlich alkoholfreier Biere und Biermischgetränke
2. Mineral-, Quell-, Tafel- und Heilwässer und alle übrigen trinkbaren Wässer
3. Erfrischungsgetränke und
4. alkoholhaltige Mischgetränke.

Mit der 5. Novelle VerpackV wurde die Nr. 2 ausdrücklich um den Zusatz „alle übrigen trinkbaren Wässer" ergänzt. Damit soll klargestellt werden, dass alle in nicht ökologisch vorteilhaften Einweggetränkeverpackungen abgefüllten trinkbaren Wässer unabhängig von ihrer Bezeichnung als Mineral-, Quell-, Tafel- oder sonstige Wässer der Pfandpflicht unterworfen sein sollen (BR-Drs. 800/07, S. 37).

Nr. 3 in der Fassung, wie sie am 1.4.2009 in Kraft tritt (Art. 2 der 5. Verordnung 31 zur Änderung der VerpackV), enthält die Bestimmungen über die Pfandpflichtigkeit für Erfrischungsgetränke. Im ersten Teil werden die Erfrischungsgetränke mit und ohne Kohlensäure, abgefüllt in nicht ökologisch vorteilhaften Einweggetränkeverpackungen, der Pfandpflicht unterworfen, wobei einige – nicht abschließend aufgeführte – Erfrischungsgetränke namentlich genannt werden. Im zweiten Teil wird dann definiert, was in keinem Fall als Erfrischungsgetränk i. S. der Verordnung anzusehen ist: Fruchtsäfte, Fruchtnektare usw. Von besonderem Interesse ist die Neufassung der Ausnahme für diätetische Getränke, die deutlich enger gefasst worden ist. Ursache dafür, dass ab dem 1.4.2009 nicht mehr nahezu alle Einweggetränkeverpackungen diätetischer Getränke wie bisher von der Pfandpflicht freigestellt sind, war eine Entwicklung im Markt. Diese war davon gekennzeichnet, dass infolge der Pfandfreiheit auf einmal zahlreiche „diätetische Erfrischungsgetränke" in Konkurrenz zu herkömmlichen Erfrischungsgetränken auf den Markt kamen, mit denen die angeordnete Pfandpflicht unterlaufen und die ökologischen Ziele des Pflichtpfandes nicht mehr ausreichend gewährleistet wurden (BR-Drs. 800/17, S. 44). Ab dem 1.4.2009 bleiben daher nur noch solche Einweggetränkeverpackungen für diätetische Getränke pfandfrei, die ausschließlich für Säuglinge oder Kleinkinder angeboten werden.

32 Nicht unter die Pfandpflicht fallen schließlich Einweggetränkeverpackungen für Wein, Spirituosen, Sekt und andere alkoholhaltige Getränke mit Ausnahme der in Nr. 4 genannten alkoholhaltigen Mischgetränke.

33 Die Beschränkung der Pfandpflicht auf die in Abs. 2 Nr. 1 bis 4 genannten Getränkesegmente ergibt sich aus der Abwägung des ökologischen Nutzens des Pflichtpfandes einerseits mit dem ökonomischen Aufwand für die Einrichtung und den Betrieb eines Rücknahme- und Pfandsystems andererseits (vgl. BR-Drs. 919/04, S. 17). Zur Abgrenzung der Getränkesegmente sind die einschlägigen lebensmittelrechtlichen Vorschriften heranzuziehen (z. B. vorläufiges Biergesetz (BGBl. I 1993, 1400) und Durchführungsverordnung (BGBl. I 1993, 1424); Mineralwasser-Richtlinie 80/777/EG).

5. Beteiligungspflicht an dualen Systemen (Abs. 3)

34 Mit Abs. 3 wird der sprachlich missglückte und teilweise widersprüchliche § 8 Abs. 2 Satz 2 (a. F.) ersetzt, nach dessen Formulierung Abs. 1 (!) in allen anderen (als den in Abs. 2) geregelten Fällen keine Anwendung finden sollte, soweit sich Hersteller und Vertreiber an einem System nach § 6 Abs. 3 (a. F.) beteiligten. Die mit den Worten „in allen anderen Fällen" vorgenommene Ausgrenzung hätte nämlich bei streng am Wortlaut vorgenommener Auslegung so verstanden werden können, dass für die von der Pfandpflicht befreiten Einweggetränkeverpackungen der durch Legaldefinition aus dem Bereich der Erfrischungsgetränke in Nr. 2 herausdefinierten Fruchtsäfte, Fruchtnektare usw. auch keine Pflicht zur Beteiligung an einem dualen System besteht, eben weil sie in Abs. 2 geregelt waren und insoweit nicht zu den „anderen Fällen" zu zählen sind (so OLG Hamm AZ 4 U 92/06; zuvor LG Münster AZ 24 O 154/05).

Abs. 3 der 5. Novelle stellt das Gewollte nunmehr klar: Für alle ökologisch vorteilhaften Einweggetränkeverpackungen, die von der Pfandpflicht nach Abs. 2 1. Halbsatz ausgenommen sind und beim privaten Endverbraucher anfallen, haben sich Hersteller und Vertreiber an einem dualen System zu beteiligen. Gleiches gilt für solche Einweggetränkeverpackungen, die durch Abs. 2 von der Pfandpflicht ausgenommen sind. Alle übrigen Einweggetränkeverpackungen, die keiner Pfandpflicht unterliegen, wie z. B. die Verpackungen für Wein, Sekt und Spirituosen werden, soweit sie beim privaten Endverbraucher anfallen, über § 6 Abs. 1 i. V. mit § 6 Abs. 9 von der Beteiligungspflicht an einem dualen System erfasst.

Es ist nun die Frage aufgeworfen und im Ergebnis mit „Ja" beantwortet worden, ob für die in Abs. 3 genannten Verpackungen alternativ und für den Fall, dass sie an Anfallstellen anfallen, die gemäß § 3 Abs. 11 Satz 2 den Haushaltungen gleichgestellt sind, auch die Branchenlösung gemäß § 6 Abs. 2 eine mögliche Option ist (so Pauly, LZ 38-2008, 82).

Die Frage ist nicht einfach zu beantworten, da der Wortlaut von Abs. 3 auf den ersten Blick – „sind verpflichtet, sich an einem System nach § 6 Abs. 3 zu beteiligen" – eine strikte Bindung an ein duales System zu signalisieren scheint. Auf den zweiten Blick allerdings wird man sich einer Argumentation nicht verweigern können, die in Analogie zur Formulierung des § 6 Abs. 1 Satz 1, nach der Hersteller und Vertreiber sich mit den von ihnen vertriebenen Verkaufsverpackungen an einem oder mehreren dualen Systemen nach Abs. 3 zu beteiligen haben, die logische Schlussfolgerung ziehen, dass in § 9 Abs. 3 mit der fast wortgleichen Bestimmung des Satzes 2 nichts Anderes gemeint sein kann.

Ist aber nichts Anderes gemeint – und es gibt in der Entstehungsgeschichte und Begründung zu § 9 Abs. 3 keinen gegenteiligen Hinweis –, greift für die in Abs. 3 genannten Einweggetränkeverpackungen nicht nur die generelle Pflicht zur Einbringung in ein duales System, sondern es eröffnet sich auch die vom Verordnungsgeber als Ausnahme zur generellen Lizenzierungspflicht eingeräumte Möglichkeit, sich mit diesen Verpackungen unter den Voraussetzungen des § 6 Abs. 2 an einer Branchenlösung zu beteiligen.

Diese Auffassung wird durch § 6 Abs. 9 ausdrücklich gestützt. Danach gelten § 6 Abs. 1 bis 8 nicht – also auch nicht die Regelungen zu Branchenlösungen nach § 6 Abs. 2 – für pfandpflichtige Einweggetränkeverpackungen. Im Umkehrschluss gelten die aufgeführten Vorschriften also dann für Einweggetränkeverpackungen, die nicht pfandpflichtig sind, so dass diese auch in Branchenlösungen eingebracht werden können.

Alle übrigen Einweggetränkeverpackungen, die keiner Pfandpflicht unterliegen (wie z. B. die Verpackungen für Wein, Sekt und Spirituosen), werden, soweit sie beim privaten Endverbraucher anfallen, über § 6 Abs. 1 i. V. mit § 6 Abs. 9 von der Beteiligungspflicht an einem dualen System erfasst. Auch für sie steht – selbstverständlich – unter den Voraussetzungen des § 6 Abs. 2 die Beteiligung an einer Branchenlösung offen.

§ 10
Vollständigkeitserklärung für Verkaufsverpackungen, die in den Verkehr gebracht werden

(1) Wer Verkaufsverpackungen nach § 6 in Verkehr bringt, ist verpflichtet, jährlich bis zum 1. Mai eines Kalenderjahres für sämtliche von ihm mit Ware befüllten Verkaufsverpackungen, die er im vorangegangenen Kalenderjahr erstmals in den Verkehr gebracht hat, eine Vollständigkeitserklärung, die von einem Wirtschaftsprüfer, einem Steuerberater, einem vereidigten Buchprüfer oder einem unabhängigen Sachverständigen nach Anhang I Nr. 2 Abs. 4 geprüft wurde, abzugeben und nach Absatz 5 zu hinterlegen.

(2) Die Vollständigkeitserklärung hat Angaben zu enthalten
1. zu Materialart und Masse der im vorangegangenen Kalenderjahr in Verkehr gebrachten Verkaufsverpackungen nach den §§ 6 und 7, jeweils gesondert zu den in Anhang I Nr. 1 Abs. 2 genannten Materialarten,
2. zur Beteiligung an Systemen nach § 6 Abs. 3 für die Verkaufsverpackungen, die dazu bestimmt waren, bei privaten Endverbrauchern anzufallen,
3. zu Materialart und Masse der im vorangegangenen Kalenderjahr nach § 6 Abs. 2 in Verkehr gebrachten Verkaufsverpackungen einschließlich des Namens desjenigen, der den Nachweis nach Anhang I Nr. 4 hinterlegt,
4. zur Erfüllung der Verwertungsanforderungen nach § 7.

(3) Vertreiber, die mit Ware befüllte Serviceverkaufsverpackungen im Sinne von § 3 Abs. 1 Nr. 2 Satz 2, die typischerweise beim privaten Endverbraucher anfallen, erstmals in den Verkehr bringen, können von den Herstellern oder Vertreibern oder Vorvertreibern dieser Serviceverpackungen verlangen, dass letztere die Verpflichtung nach Absatz 1 Satz 1 übernehmen, soweit sie sich hinsichtlich der von ihnen gelieferten Serviceverpackungen an einem oder mehreren Systemen nach § 6 Abs. 3 beteiligen.

(4) Hersteller und Vertreiber, die Verkaufsverpackungen nach § 6 der Materialarten Glas von mehr als 80 000 Kilogramm oder Papier, Pappe, Karton von mehr als 50 000 Kilogramm oder der übrigen in Anhang I Nr. 1 Abs. 2 genannten Materialarten von mehr als 30 000 Kilogramm im Kalenderjahr in Verkehr bringen, haben jährlich eine Vollständigkeitserklärung nach Absatz 1 abzugeben. Unterhalb der Mengenschwellen nach Satz 1 sind Vollständigkeitserklärungen nur auf Verlangen der Behörden abzugeben, die für die Überwachung der Abfallwirtschaft zuständig sind.

(5) Hersteller und Vertreiber haben die Vollständigkeitserklärungen bei der örtlich zuständigen Industrie- und Handelskammer in elektronischer Form für drei Jahre gemäß den Anforderungen von Anhang VI zu hinterlegen. Die Prüfbescheinigung nach Absatz 1 Satz 1 der Wirtschaftsprüfer, Steuerberater, vereidigten Buchprüfer oder unabhängigen Sachverständigen nach Anhang I Nr. 2 Abs. 4 ist mit qualifizierter elektronischer Signatur gemäß § 2 des Signaturgesetzes zu versehen. Die Industrie- und Handelskammern betreiben die Hinterlegungsstellen in Selbstverwaltung. Sie informieren die Öffentlichkeit laufend im Internet darüber, wer eine Vollständigkeitserklärung abgegeben hat. Sie haben jeder Behörde, die für die Überwachung der abfallwirtschaftlichen Vorschriften

zuständig ist, Einsicht in die hinterlegten Vollständigkeitserklärungen zu gewähren. Sie bedienen sich zur Erfüllung ihrer Pflichten nach diesem Absatz der Stelle, die nach § 32 Abs. 2 des Umweltauditgesetzes in der Fassung der Bekanntmachung vom 4. September 2002 (BGBl. I S. 3490), zuletzt geändert durch Artikel 8 Abs. 1 des Gesetzes vom 4. Dezember 2004 (BGBl. I S. 3166), benannt ist.

(6) Die Systeme (Systembetreiber, Antragsteller) nach § 6 Abs. 3 sind verpflichtet, die Informationen nach Absatz 2 Nr. 2 über eine Beteiligung an ihrem System für das vorangegangene Kalenderjahr bei der in Absatz 5 Satz 6 genannten Stelle jährlich bis zum 1. Mai eines Kalenderjahres zu hinterlegen. Absatz 5 Satz 5 gilt entsprechend.

(7) Die Systeme nach § 6 Abs. 3 erstatten der Stelle nach Absatz 5 Satz 6 die erforderlichen Kosten und Auslagen für die Hinterlegungen nach den Absätzen 5 und 6 sowie die Einrichtung und den Betrieb der Hinterlegungsstelle. Die Stelle nach Absatz 5 Satz 6 ermittelt die Kostenanteile für die einzelnen Systeme nach § 6 Abs. 3 entsprechend dem Verhältnis der Anzahl der von ihnen nach Absatz 6 jeweils übermittelten Systembeteiligungen. Die Systeme nach § 6 Abs. 3 haften insoweit gesamtschuldnerisch.

Gliederungsübersicht

RN

I.	**Vorbemerkung**	1
II.	**Erläuterungen**	2–27
1.	Allgemeine Abgabe- und Hinterlegungspflicht (Abs. 1)	2–9
	a) Verpflichteter	3
	b) Von der Nachweispflicht umfasste Verpackungen	4, 5
	c) Nachweiszeitraum/-frist	6
	d) Überprüfung	7
	e) Abgabe und Hinterlegung	8, 9
2.	Inhalt der Vollständigkeitserklärung (Abs. 2)	10–15
	a) Angaben zu Materialart und Masse (Abs. 2 Nr. 1)	11
	b) Angaben zur Beteiligung an dualen Systemen (Abs. 2 Nr. 2)	12
	c) Angaben zu branchenbezogener Selbstentsorgung (Abs. 2 Nr. 3)	13
	d) Angaben zu Verkaufsverpackungen aus Gewerbe und Industrie (Abs. 2 Nr. 4)	14, 15
3.	Pflichtenübernahme durch Vorvertreiber bei Serviceverpackungen (Abs. 3)	16–19
	a) Serviceverpackungen	17
	b) Verlangen der Pflichtenübernahme	18
	c) Beteiligung an einem dualen System	19
4.	Mengenschwellen (Abs. 4)	20–24
	a) Jährliche Verpflichtung zur Abgabe der Vollständigkeitserklärung (Abs. 4 S. 1)	21–23
	b) Abgabe auf Verlangen der Behörde (Abs. 4 S. 2)	24
5.	Hinterlegung bei den IHK (Abs. 5)	25
6.	Komplementärmeldepflicht dualer Systeme (Abs. 6)	26
7.	Kostenerstattungspflicht dualer Systeme (Abs. 7)	27

I. Vorbemerkung

1 Mit § 10 wird als neues Vollzugsinstrument die Vollständigkeitserklärung eingeführt. Damit wird im Grundsatz eine Forderung aus dem Bericht der Bund/Länder-Arbeitsgemeinschaft Abfall (LAGA) vom 28.8.2006 aufgegriffen, in dem die Unkenntnis der zuständigen Überwachungsbehörden von den jeweils in Verkehr gebrachten Verpackungsmengen sowie unzureichende Vollzugsaktivitäten beklagt werden. Primäres Ziel dieser Regelung ist es, Hersteller und Vertreiber dazu anzuhalten, ihren Beteiligungspflichten an dualen Systemen nach § 6 Abs. 1 vollständig und korrekt nachzukommen (BT-Drs. 16/6400, S. 23; vgl. zum Folgenden auch Pauly, AbfallR 2008, 52 sowie Rummler/Seitel, AbfallR 2008, 137). Die Vorschrift wurde im Bundesrat an zwei Stellen modifiziert (BR-Drs. 800/07 (Beschluss), Nr. 9 und 10). Insbesondere wurde auf Antrag des Landes Baden-Württemberg, dem eine entsprechende Initiative des DIHK vorausging, das zuvor bestehende mittlere Segment in § 10 Abs. 4 gestrichen, so dass die dort aufgeführten Unternehmen ebenfalls nur auf behördliche Aufforderung zur Abgabe einer Vollständigkeitserklärung verpflichtet sind.

Ob das neue Instrument den hochgesteckten Erwartungen in allen Fällen gerecht werden kann, wird sich zeigen müssen. Dort wo es greift, sind die Hürden für potenzielle Trittbrettfahrer jedenfalls hoch gesteckt. Insoweit ist die Neuregelung trotz der vom Bundesrat vorgenommenen strukturellen Einschränkungen begrüßenswert und ein wertvoller Beitrag des Verordnungsgebers, bereits begonnenen Erosionserscheinungen zu begegnen.

II. Erläuterungen

1. Allgemeine Abgabe- und Hinterlegungspflicht (Abs. 1)

2 § 10 Abs. 1 enthält eine allgemeine Regelung, die in den nachfolgenden Absätzen spezifiziert wird bzw. in Abs. 3 und 4 spezielle Ausnahmen erfährt.

a) Verpflichteter

3 Verpflichteter ist der „Erstinverkehrbringer". Insoweit korrespondiert die Regelung mit § 6 Abs. 1 Satz 1 (vgl. auch BMU, FAQ zur Vollständigkeitserklärung vom 3.6.2008 sowie Rummler/Seitel, AbfallR 2008, 137). Erstinverkehrbringer ist danach derjenige Hersteller oder Vertreiber, der mit Ware befüllte Verpackungen erstmals an Dritte abgibt. Zum Problem der sog. „Handelslizenzierung" vgl. die Erläuterungen zu § 6, II Nr. 1b. Nicht eingeschränkt ist die Möglichkeit des Verpflichteten, sich gem. § 11 VerpackV bei der Erfüllung seiner Verpflichtungen eines beauftragten Dritten zu bedienen, also bspw. einen Rechtsanwalt oder einen spezialisierten Dienstleister damit zu betrauen.

b) Von der Nachweispflicht umfasste Verpackungen

4 Die Verpflichtung zur Abgabe einer Vollständigkeitserklärung gilt nur für mit Ware befüllte Verkaufsverpackungen, die im Geltungsbereich der Verpackungsverordnung in Verkehr gebracht wurden. Nicht darunter fallen demnach ins Ausland abgesetzte Verpackungen sowie solche Verpackungen, bei denen der Vorgang des Inverkehrbringens abgebrochen bzw. umgekehrt wurde (bspw.

Retouren). Dagegen kommt es auf die Art des Packmaterials nicht an. Die Beschränkung auf die in Anhang I Nr. 1 Abs. 2 benannten Verpackungsmaterialien (sog. quotierte Verpackungen) betrifft nur die speziell in § 10 Abs. 2 Nr. 1 geforderten Angaben, nicht aber alle anderen im Rahmen einer Vollständigkeitserklärung zu erbringenden Nachweise. So unterfallen bspw. auch Holzverpackungen grundsätzlich der Abgabepflicht (so auch BMU, a.a.O.).

Die Verpflichtung erstreckt sich nur auf Verkaufsverpackungen, so dass also 5 grundsätzlich keine Angaben zu Transport- und Umverpackungen zu erfolgen haben. Auch pfandpflichtige Einweggetränkeverpackungen sind in der Vollständigkeitserklärung nicht zu berücksichtigen. Dies folgt daraus, dass lediglich die nach § 6 in Verkehr gebrachten Verkaufsverpackungen anzugeben sind. Nach § 6 Abs. 9 findet die Vorschrift auf pfandpflichtige Einweggetränkeverpackungen gerade keine Anwendung.

c) Nachweiszeitraum/-frist

Entscheidend für die zeitliche Eingrenzung ist das vorausgegangene Kalender- 6 jahr, so dass abweichende Geschäftsjahre insoweit keine Rolle spielen. In diesen Fällen ist es möglich, dass Jahresabschluss und Vollständigkeitserklärung zeitlich auseinanderfallen.

Die Abgabe der Vollständigkeitserklärung hat jährlich jeweils bis zum 1. Mai zu erfolgen. Damit lehnt sich diese Regelung an die zeitlichen Vorgaben für duale Systeme und branchenbezogene Selbstentsorgungslösungen nach Anhang I Nr. 2 Abs. 3 an.

Da § 10 bereits am 5.4.2008 in Kraft getreten ist, die übrigen Regelungen der 5. Novelle, insbesondere § 6, aber erst zum 1.1.2009 in Kraft treten, stellt sich die Frage, welcher Zeitraum für die Vollständigkeitserklärung 2008 relevant ist. Wegen des allg. Rückwirkungsverbots hat die zum 1.5.2009 zu hinterlegende Vollständigkeitserklärung lediglich Angaben für den Zeitraum vom 5.4.2008 bis zum 31.12.2008 zu enthalten (so auch BMU a. a. O). Allerdings ist für die Berechnung der Bagatellgrenzen das komplette Kalenderjahr 2008 zugrunde zu legen.

d) Überprüfung

Die Vollständigkeitserklärung muss zudem von einem Wirtschaftsprüfer, einem 7 Steuerberater, einem vereidigten Buchprüfer oder einem unabhängigen Sachverständigen für Verpackungsentsorgung geprüft werden. Diese Regelung korrespondiert weitestgehend mit der seit Bestehen des dualen Systems praktizierten Nachweispflicht im Rahmen des Zeichennutzungsvertrages. Insoweit kann zunächst auf die dazu ergangenen Richtlinien und Hinweise der jeweiligen Standesorganisationen zur Durchführung einer solchen Überprüfung zurückgegriffen werden.

e) Abgabe und Hinterlegung

Vom Wortlaut her umfasst die Verpflichtung sowohl die Abgabe als auch die 8 Hinterlegung der Vollständigkeitserklärung. Mit dem Wort „Abgabe" folgt der Verordnungsgeber dem rechtlich üblichen Sprachgebrauch von der „Abgabe einer Willenserklärung". Praktisch gemeint ist jedoch die Erstellung einer Vollständigkeitserklärung einschließlich des jeweiligen Prüfungsnachweises. Die so erstellte Vollständigkeitserklärung ist dann gem. Abs. 5 bei der örtlichen IHK zu hinterlegen.

9 Diese „gestufte" Verpflichtung zur Erstellung und Hinterlegung einer Vollständigkeitserklärung wird vom Wortlaut her in Abs. 4 und 5 zum Problem. Nach Abs. 4 gelten die dort vorgesehenen Mengenschwellen lediglich für die Abgabe (Erstellung) einer Vollständigkeitserklärung, so dass es danach sprachlich bei der in Abs. 5 vorgesehenen Hinterlegungspflicht bliebe. Da die Erstellung notwendigerweise aber der Hinterlegung vorausgeht, ist die Hinterlegungsverpflichtung insoweit einzugrenzen, als dass sie nur soweit greifen kann, wie zuvor überhaupt eine Pflicht zur Erstellung einer Vollständigkeitserklärung besteht.

2. Inhalt der Vollständigkeitserklärung (Abs. 2)

10 Absatz 2 weist aus, welche Angaben die Vollständigkeitserklärung zu enthalten hat.

a) Angaben zu Materialart und Masse (Abs. 2 Nr. 1)

11 Abs. 2 Nr. 1 schränkt die Angaben zur Materialart auf sog. quotierte Verpackungsmaterialien (Anhang I Nr. 1 Abs. 2) ein. Zu dort nicht angegebenen Verpackungsmaterialien (bspw. Naturmaterialien wie Holz, Jute, Ton) müssen keine Angaben gemacht werden, so dass die saldierten Einzelmengenangaben von der Gesamtmenge nach Abs. 1 abweichen können.

b) Angaben zur Beteiligung an dualen Systemen (Abs. 2 Nr. 2)

12 Nach Abs. 2 Nr. 2 sind die Angaben zur Beteiligung an dualen Systemen für solche Verkaufsverpackungen zu machen, die dazu bestimmt waren, an private Endverbraucher zu gelangen. Im Regelfall dürften diese Angaben wiederum nach Materialart und Masse unterteilt sein. Zwingend ist dies nach dem Wortlaut der Vorschrift allerdings nicht.

Anzugeben sind grundsätzlich auch Verpackungen, die nach § 6 Abs. 1 Satz 5 am Ort der Abgabe zurückgenommen wurden (sog. POS-Regelung). § 6 Abs. 1 Satz 5 vermittelt lediglich einen Rückerstattungsanspruch für geleistete Lizenzentgelte, befreit aber nicht von der nach § 6 Abs. 1 Satz 1 originär bestehenden Beteiligungspflicht.

c) Angaben zu branchenbezogener Selbstentsorgung (Abs. 2 Nr. 3)

13 Diese Regelung wurde erst durch den Bundesrat in die Verordnung eingefügt (BR-Drs. 800/07 (Beschluss), Nr. 9). Ziel war es dabei, feststellen zu können, ob der Verpflichtete auch ordnungsgemäß seinen Verpflichtungen für die Gesamtmenge der von ihm in Verkehr gebrachten Verpackungsmenge nachkommt. Da die Regelungen zur branchenbezogenen Selbstentsorgung erst zum 1.1.2009 in Kraft treten, sie mithin im Kalenderjahr 2008 noch nicht gelten, ist diesbezüglich in der ersten zum 1.5.2009 vorzulegenden Vollständigkeitserklärung dazu noch keine Angabe zu machen oder eine „0" zu melden (so auch BMU, a.a.O. sowie Rummler/Seitel, AbfallR 2008, 138).

d) Angaben zu Verkaufsverpackungen aus Gewerbe und Industrie (Abs. 2 Nr. 4)

Für Verkaufsverpackungen, die nicht beim privaten Endverbraucher anfallen, 14
d. h. sog. gewerbliche Verkaufsverpackungen, sind Angaben zur Erfüllung der Verwertungsanforderungen nach § 7 zu machen. Wie diese Angaben zu machen sind, wird in der Verordnung nicht weiter konkretisiert. Da die Vollständigkeitserklärung nicht mit einem ansonsten nach der VerpackV zur Darlegung der Verwertungsanforderungen geforderten Mengenstromnachweis verwechselt werden darf, reichen hier grundsätzliche Angaben aus.

Die sog. gewerblichen Verkaufsverpackungen wurden bereits vor der Novelle 15
von der Regelung in § 6 Abs. 1 Satz 1 VerpackV a. F. erfasst. Insoweit vertritt das BMU die Auffassung, dass mit § 7 keine materielle Neuregelung erfolge und insoweit diese Angaben bereits mit der ersten zum 1.5.2009 abzugebenden Vollständigkeitserklärung darzulegen seien (ebenso BMU, a.a.O.). Formal tritt § 7 allerdings erst zum 1.1.2009 in Kraft, so dass diese Auffassung aus Gründen der unzulässigen Rückwirkung rechtlich problematisch ist und die Angaben eigentlich erstmals für das Kalenderjahr 2009 zum 1.5.2010 zu machen sind.

3. Pflichtenübernahme durch Vorvertreiber bei Serviceverpackungen (Abs. 3)

§ 10 Abs. 3 enthält eine mit § 6 Abs. 1 korrespondierende Sonderregelung für Ser- 16
viceverpackungen, wonach Erstabfüller von den vorgelagerten Handelsstufen oder dem Hersteller verlangen können, die Verpflichtung zu übernehmen. Insoweit folgt auch hier die Pflicht zur Abgabe und Erstellung einer Vollständigkeitserklärung der jeweiligen zugrunde liegenden materiellen Systembeteiligungspflicht.

a) Serviceverpackungen

Eine Legaldefinition des Begriffs Serviceverpackungen enthält § 3 Abs. 1 Nr. 2 17
Satz 2. Ergänzend finden sich in Anhang V Nr. 1 lit. b ergänzende (europäische) Kriterien zur Begriffsbestimmung. Letztlich ist die Serviceverpackung ein Unterfall der Verkaufsverpackung mit der Besonderheit, dass sie erst in der Verkaufsstelle befüllt wird. Beispiele sind Tragetaschen, Hemdchenbeutel für Obst und Gemüse sowie Menüschalen an der Selbstbedienungstheke.

b) Verlangen der Pflichtenübernahme

Der Erstabfüller kann die Pflichtenübernahme von der vorgelagerten Handels- 18
stufe bzw. von dem Hersteller der Serviceverpackungen verlangen. Dagegen ist eine umgekehrte Vereinbarung mit dem Letztvertreiber ausgeschlossen (vgl. BT-Drs. 16/6400, S. 23). Auch diese Regelung soll, wie die materielle Grundregelung in § 6 Abs. 1, dazu dienen, die Vielzahl von kleinen und mittleren Betrieben des Lebensmittelhandwerks (z. B. Metzger und Bäcker) von bürokratischen Lasten zu befreien.

c) Beteiligung an einem dualen System

19 Die Übernahme der Verpflichtung zur Abgabe einer Vollständigkeitserklärung reicht nur soweit, wie zuvor materiell auch die Beteiligung dieser Verpackungen an einem dualen System vom Letztvertreiber von der Vorstufe gefordert wurde. Sie entspricht insoweit wiederum der korrespondierenden Regelung in § 6 Abs. 1 Satz 2. Soweit ein Letztvertreiber allerdings mit Ware befüllte Serviceverpackungen in das sog. Kleingewerbe nach § 3 Abs. 11 abgibt und sich mit diesen Serviceverpackungen an einer sog. branchenbezogenen Selbstentsorgerlösung nach § 6 Abs. 2 beteiligt, bleibt er verpflichtet, die entsprechende Vollständigkeitserklärung selbst abzugeben und kann nicht auf die vorgelagerte Handelsstufe verweisen.

4. Mengenschwellen (Abs. 4)

20 Absatz 4 enthält eine Kleinmengenregelung, die dazu dient, den zusätzlich entstehenden bürokratischen Aufwand vor allem für kleine und mittelständische Unternehmen deutlich zu begrenzen (vgl. BT-Drs. 16/6400, S. 23 sowie Rummler/Seitel, AbfallR 2008, 129 (137 f.)).

a) Jährliche Verpflichtung zur Abgabe der Vollständigkeitserklärung (Abs. 4 S. 1)

21 Nach Abs. 4 Satz 1 haben lediglich diejenigen Hersteller und Vertreiber, die Verkaufsverpackungen in großen Mengen im vorangegangenen Kalenderjahr in Verkehr bringen, ihre Vollständigkeitserklärung jährlich und dann geprüft und bestätigt abzugeben und zu hinterlegen. Nach Einschätzung des DIHK handelt es sich dabei um rund 5000 Unternehmen, die ca. 95 % der Verpackungen in Verkehr bringen sollen. Die übrigen rund 25 000 Unternehmen seien dagegen nur für rund 5 % der Gesamtmenge verantwortlich.

Die Bagatellgrenze orientiert sich an der Lizenzierungspflicht nach § 6 Abs. 1 Satz 1. Danach ist ausschlaggebend, wer als Erstinverkehrbringer anzusehen ist und inwieweit ihm in dieser Funktion Verpackungsmengen zuzurechnen sind.

22 Wird auch nur eine der in Abs. 4 Satz 1 genannten Mengenschwellen überschritten, ist nach dem Wortlaut („oder") eine Vollständigkeitserklärung für sämtliche im vorausgegangenen Kalenderjahr in Verkehr gebrachten Verkaufsverpackungen zu erstellen (so auch BMU, a.a.O. sowie Rummler/Seitel, AbfallR 2008, 137). Wie schon zuvor bei der Angabe der Gesamtmenge sind auch im Rahmen der Bagatellgrenze Verpackungsmengen, die am Ort der Abgabe zurückgenommen werden (§ 6 Abs. 1 Satz 5, sog. POS-Regelung), bei der Berechnung außer Acht zu lassen und nicht abzugsfähig.

23 Fraglich ist, ob für die zum 1.5.2009 zu hinterlegende Vollständigkeitserklärung zur Berechnung der Bagatellgrenze die Gesamtjahresmenge heranzuziehen ist oder aber lediglich die Menge, die ab dem 5.4.2008 in Verkehr gebracht wurde. § 16 Abs. 3 lautet insoweit: „für die im Jahr 2008 ab dem 5.4.2008 in Verkehr gebrachten Verpackungen". Diese Regelung ist entsprechend auch auf die Berechnung der Bagatellgrenze anzuwenden, da es sich ansonsten um einen Fall der sog. unechten „Rückwirkung" handeln würde (anderer Ansicht BMU, a.a.O.).

b) Abgabe auf Verlangen der Behörde (Abs. 4 S. 2)

Unterhalb der Mengenschwellen nach Satz 1 sind Vollständigkeitserklärungen 24 nur auf Verlangen der Behörden abzugeben, die für die Überwachung der Abfallwirtschaft zuständig sind. Dies sind in der Regel die unteren Abfallbehörden (Landkreise oder kreisfreien Städte). Wie zuvor ausgeführt, ist das Wort „Abgabe" mit dem Erstellen der Vollständigkeitserklärung gleichzusetzen. Dies bedeutet im konkreten Fall, dass eine Vollständigkeitserklärung nicht bereitgehalten, sondern erst dann erstellt werden muss, wenn die untere Abfallbehörde dies verlangt. Die Verordnung kennt auch keine Obliegenheit zur Führung besonderer interner Aufzeichnungen, um eine kurzfristige Abgabe einer Vollständigkeitserklärung sicherzustellen (so aber Rummler/Seitel, AbfallR 2008, 129 (138)). Naturgemäß muss dem Verpflichteten deshalb von der Behörde eine angemessene Frist zur Erstellung eingeräumt werden.

5. Hinterlegung bei den IHK (Abs. 5)

Absatz 5 regelt die Hinterlegung bei den örtlich zuständigen Industrie- und Han- 25 delskammern, die die Hinterlegungsstelle in Selbstverwaltung betreiben und keiner Fachaufsicht unterliegen (vgl. BT-Drs. 16/6400, S. 23).

In der Praxis gestaltet sich der Hinterlegungsablauf wie folgt (vgl. DIHK, Artikeldienst „Eckpunkte der Verpackungsverordnung", Februar 2008):

- Der Verpflichtete erstellt die Vollständigkeitserklärung und übermittelt sie an den Testierer.
- Der Testierer überprüft die Vollständigkeitserklärung, bestätigt sie gegebenenfalls durch qualifizierte elektronische Signatur und sendet sie dann zurück an den Verpflichteten.
- Der Verpflichtete übermittelt die Vollständigkeitserklärung elektronisch an die örtlich zuständige IHK.
- Die örtlich zuständige IHK nimmt die Vollständigkeitserklärung in das Datenbankregister auf.
- Die Unternehmensadresse des Verpflichteten wird im Internet veröffentlicht.
- Parallel erfolgt die Einspeisung der Verpackungsmengen durch die dualen Systeme in einen geschützten Bereich.
- Vollständige Einsichtnahme der Landesbehörden in die elektronische Vollständigkeitserklärung.

Zur Gewährleistung dieses Ablaufes hält Abs. 5 Satz 1 die Hinterlegungsanforderungen im Grundsatz fest und verweist im Übrigen auf die Detailregelungen in Anhang VI. Satz 2 legt – gleichlautend mit Anhang VI Nr. 1 – fest, dass die Prüfbescheinigung (Testat) mit einer qualifizierten elektronischen Signatur nach § 2 SigG zu versehen ist. Satz 3 normiert, dass die IHK die Hinterlegungsstellen in Selbstverwaltung betreiben. Nach Satz 4 ist die Öffentlichkeit laufend im Internet darüber zu informieren, wer eine Vollständigkeitserklärung abgegeben hat. Weitere Informationen dürfen der Öffentlichkeit nicht gegeben werden. Insbesondere wehrte sich der DIHK von Anfang an gegen Forderungen, die spezifisch gemeldeten Verpackungsmengen der allgemeinen Einsichtnahme oder der Einsicht durch Umweltverbände zugänglich zu machen. Eine solche weitreichende

Einsichtnahme ist nach Satz 5 lediglich den Behörden zuzugestehen, die für die Überwachung der abfallwirtschaftlichen Vorschriften zuständig sind. Nach Satz 6 bedienen sich die IHK zur Erfüllung ihrer Pflichten des DIHK in Berlin, der als zentrale Hinterlegungsstelle fungiert.

6. Komplementärmeldepflicht dualer Systeme (Abs. 6)

26 Nach Abs. 6 haben auch die Systembetreiber die Hinterlegungsstelle über die bei ihnen lizenzierten Verkaufsverpackungen zu unterrichten (Komplementärmeldepflicht). Damit soll den für die Kontrolle zuständigen öffentlichen Stellen eine möglichst umfassende Datengrundlage zur Verfügung gestellt werden, die diesen ermöglicht zu beurteilen, ob die jeweils zur Lizenzierung verpflichteten Erstinverkehrbringer ihren Pflichten auch tatsächlich vollständig nachgekommen sind.

7. Kostenerstattungspflicht dualer Systeme (Abs. 7)

27 Abs. 7 enthält einen umfassenden Kostenerstattungsanspruch der IHK und der Hinterlegungsstelle (DIHK) gegen die dualen Systeme. Dieser Kostenerstattungsanspruch umfasst sowohl die Einrichtung als auch den Betrieb der Hinterlegungsstelle, so dass auch entsprechende Entwicklungs- und Vorlaufkosten, insbesondere für die Entwicklung der notwendigen EDV, zu tragen sind. Die Aufteilung der Kosten hat im Verhältnis der jeweils gemeldeten Anzahl an Systembeteiligungen der Erstinverkehrbringer zu erfolgen. Zudem wird ausdrücklich eine gesamtschuldnerische Haftung der Systeme untereinander vorgegeben (Zweifel an der sachgerechten Ausgestaltung: Pauly, AbfallR 2008, 53).

§ 11
Beauftragung Dritter

Hersteller und Vertreiber können sich zur Erfüllung ihrer Pflichten aus dieser Verordnung Dritter bedienen. Die Rücknahme von Verpackungen und die Erstattung von Pfandbeträgen kann auch über Automaten erfolgen. § 16 Abs. 1 Satz 2 und 3 des Kreislaufwirtschafts- und Abfallgesetzes gilt entsprechend.

Gliederungsübersicht

RN

I.	Vorbemerkung	1
II.	Erläuterungen	2–15
1.	Auftraggeber	2
2.	Delegierbare Pflichten	3–8
	a) Transportverpackungen	4
	b) Umverpackungen	5
	c) Verkaufsverpackungen	6
	d) Verpackungen schadstoffhaltiger Füllgüter	7
	e) Pfandpflichtige Einweggetränkeverpackungen	8
3.	Dritte als Auftragnehmer	9–12
	a) Entsorgungsunternehmen	9
	b) Duale Systeme	10
	c) Selbstentsorgergemeinschaften	11
	d) Sonstige Dienstleister	12
4.	Grundsätze der Beauftragung	13, 14
5.	Einsatz von Automaten (Satz 2)	15

I. Vorbemerkung

Die Vorschrift hat lediglich klarstellenden Charakter, da es bereits allgemeinen Grundsätzen entspricht, dass Pflichten, die nicht höchstpersönlicher Natur sind, durch Beauftragte erfüllt werden können. Dennoch wurde dieser allgemeine Rechtsgrundsatz vom Verordnungsgeber ausdrücklich aufgenommen, um insbesondere Hersteller und Vertreiber aus dem Ausland auf diese Möglichkeit hinzuweisen, damit sie die mit der Verordnung verbundenen Belastungen so gering wie möglich halten können (vgl. BT-Drs. 13/7761, S. 26).

1

Die Bedeutung der Beauftragung Dritter ist mit aufkommendem Wettbewerb bei der Verpackungsentsorgung überproportional gestiegen. Dienstleister bieten den verpflichteten Unternehmen ihre Leistung zwischenzeitlich in vielfältiger Weise an. Dabei gibt es „Full-Service-Angebote" ebenso wie die Spezialisten, die sich auf bestimmte Bereiche konzentrieren. Die unmittelbare Pflicht zur Erfüllung der Vorgaben aus der Verordnung verlagert sich so praktisch mehr und mehr auf eine Verpflichtung der Unternehmen zur sachgerechten Auswahl und anschließenden Kontrolle entsprechender Dienstleister.

II. Erläuterungen

1. Auftraggeber

2 § 11 richtet sich nach seinem Wortlaut an Hersteller und Vertreiber (vgl. Legaldefinitionen § 3 Abs. 8 und 9). Sie sind die zentralen Adressaten der Verpflichtung aus der VerpackV. Vom Wortlaut her nicht erfasst, aber gleichwohl potenzielle Auftraggeber für die Übernahme von Pflichten aus der VerpackV, sind beispielsweise auch duale Systeme, die die Durchführung von Sammlung, Sortierung und Verwertung geeigneten Entsorgungsunternehmen übertragen. In gleicher Weise können auch Selbstentsorgergemeinschaften als Auftraggeber gegenüber der Entsorgungswirtschaft auftreten.

2. Delegierbare Pflichten

3 Nicht alle Pflichten aus der Verpackungsverordnung sind uneingeschränkt übertragbar. Vielmehr kommt eine Delegation von Pflichten im Wege der Beauftragung eines Dritten nur dann in Betracht, soweit diese nicht höchstpersönlich oder ihrer Natur nach nicht übertragbar sind. Je nach Regelungsziel der einzelnen Vorschriften ist dies recht unterschiedlich ausgestaltet.

a) Transportverpackungen

4 Im Rahmen des § 4 sind sowohl die Rücknahme- als auch die Verwertungspflichten uneingeschränkt auf Dritte übertragbar.

b) Umverpackungen

5 Dagegen sind die Rücknahmepflichten aus § 5 ihrer Natur nach nicht übertragbar, weil sie örtlich an die Verkaufsstelle des Vertreibers gebunden sind. Denkbar ist lediglich, dass ein Dritter mit der Aufstellung, Kontrolle und Abholung der Behälter, in die die Umverpackungen durch den Endverbraucher eingeworfen werden sollen, innerhalb der Verkaufsstelle beauftragt wird. Ebenso können zur Erfüllung der Verwertungspflicht Dritte herangezogen werden.

c) Verkaufsverpackungen

6 Die mit der 5. Änderungsverordnung eingeführte Beteiligungspflicht nach § 6 Abs. 1 ist ihrer Rechtsnatur nach im Grunde nicht übertragbar. Dagegen kann die konkrete organisatorische Abwicklung über einen Dienstleister erfolgen, der sich beispielsweise im Rahmen einer Vollmacht um den Abschluss und die Durchführung eines entsprechenden Systemvertrages kümmert. Auch die Verpflichtung zur Abgabe einer Vollständigkeitserklärung nach § 10 ist vom Grundsatz her höchstpersönlicher Natur und muss letztlich den Verpflichteten erkennen lassen. Auch hierbei kann zur organisatorischen Durchführung selbstverständlich die Hilfe eines Dienstleisters in Anspruch genommen werden. Dagegen ist die Organisation und Durchführung einer branchenbezogenen Selbstentsorgungslösung nach § 6 Abs. 2 umfassend auf entsprechende Dienstleister übertragbar. Dies kommt u. a. darin zum Ausdruck, dass derartig Beauftragte nach § 6 Abs. 2 Satz 1 ein eigenständiges Recht zur Vorlage der notwendigen Sachverständigenbescheinigung haben. Umfassend übertragbar sind zudem die Pflichten aus § 7 für Verkaufsverpackungen, die nicht beim privaten

Endverbraucher anfallen. Insoweit sieht §7 Abs. 1 Satz 4 ausdrücklich vor, dass abweichende Vereinbarungen getroffen werden können.

d) Verpackungen schadstoffhaltiger Füllgüter

Im Rahmen des §8 (Rücknahme- und Verwertungspflichten für Verkaufsverpackungen schadstoffhaltiger Füllgüter) sind wiederum sowohl die Rücknahme- als auch die Verwertungspflichten uneingeschränkt auf Dritte übertragbar, unabhängig von der Frage, ob die Verpackungen bei privaten oder bei gewerblichen Endverbrauchern anfallen. Dies ergibt sich aus der Regelung in §8 Abs. 1 Satz 1, wonach diese Verpackungen nicht in der Verkaufsstelle zurückgenommen werden müssen, sondern eine Rücknahme in zumutbarer Entfernung genügt, so dass hier auch Dritte mit der Erfüllung der gesetzlichen Rücknahmepflichten beauftragt werden können. 7

e) Pfandpflichtige Einweggetränkeverpackungen

Die Pfanderhebungspflicht selbst ist ihrer Natur nach nicht übertragbar. Dagegen kann die weitere Abwicklung wie z. B. als Pfand-Clearing und die Rückerstattung auf einen Dienstleister übertragen werden. Nicht übertragbar sind auch die Durchführung der notwendigen Kennzeichnung der Verpackungen und die Beteiligung an einem Pfandsystem. 8

3. Dritte als Auftragnehmer

a) Entsorgungsunternehmen

Bereits kurz nach Inkrafttreten der Verpackungsverordnung boten zahlreiche Entsorgungsunternehmen sowohl die Sammlung als auch die Verwertung von Verpackungen an. Meist geschieht dies in der Form, dass mit Herstellern oder Lieferanten Verträge abgeschlossen werden, wonach deren Abnehmer die gebrauchten Verpackungen an dezentralen Sammelpunkten abgeben können, von denen aus der Entsorger die weitere Verwertung übernimmt. Wie bereits oben ausgeführt, ist der Rückgabeberechtigte ohne vertragliche Vereinbarung nicht verpflichtet, von der ihm so eingeräumten Entsorgungsmöglichkeit Gebrauch zu machen, sondern kann vielmehr weiterhin darauf bestehen, dass Hersteller und Vertreiber ihre Pflichten in der von der Verpackungsverordnung geforderten Form erfüllen. 9

b) Duale Systeme

Auch Betreiber eines dualen Systems im Sinne von §6 Abs. 3 können zugleich Dritter im Sinne des §11 sein (Rummler/Schutt, S. 140; Fischer/Arndt, S. 268). Dabei ist allerdings zu berücksichtigen, dass im Unterschied zum Dritten im Sinne des §11 der Betreiber eines dualen Systems den gemäß §6 Abs. 8 ansonsten zur Rücknahme von Verkaufsverpackungen Verpflichteten unmittelbar befreit. Eine derartige befreiende Übernahme von weiteren Pflichten aus der Verpackungsverordnung ist dem Betreiber eines dualen Systems dagegen nicht möglich, weil dafür keine Ermächtigungsgrundlage vorhanden ist und ansonsten die weiterhin bestehende Verpflichtung der originär verpflichteten Hersteller und Vertreiber unterlaufen würde. In Betracht kommt daher auch für den Betreiber 10 eines dualen Systems im Sinne von § 6 Abs. 3 lediglich die Übernahme weiterer Pflichten als Dritter im Sinne von § 11. In diesem Fall tritt der Betreiber eines solchen Systems genauso am Markt auf wie jedes andere Entsorgungsunternehmen auch. So kann ein duales System zwar z. B. die Rücknahme und Entsorgung von Transportverpackungen übernehmen, nicht aber die betroffenen Hersteller und Vertreiber von ihrer Rücknahmepflicht befreien, wie dies bei Verkaufsverpackungen der Fall ist.

c) Selbstentsorgergemeinschaften

11 Zulässigkeit und Reichweite des Zusammenwirkens von Herstellern und Vertreibern im Rahmen sog. Selbstentsorgergemeinschaften waren lange Zeit rechtlich ungeklärt (vgl. Schmidt-Preuß, DB 2002, 775; sowie Anhang I, Erläuterungen Nr. 4 c). Mit Inkrafttreten der 5. Änderungsnovelle wird der mögliche Tätigkeitsbereich von diesen Gemeinschaften im Vergleich zur zuvor geübten Praxis stark eingeschränkt. Insbesondere ist es nicht mehr möglich, die Rücknahme im Ladenlokal zu propagieren und im Rahmen des Nachweiswesens die an anderen Anfallstellen zurückgenommenen Verkaufsverpackungen zum Mengenausgleich heranzuziehen. Gleichwohl bleiben mit branchenbezogenen Selbstentsorgerlösungen nach § 6 Abs. 2 sowie entsprechenden gewerblichen Ausgestaltungen nach § 7 und bei der Rücknahme von Verkaufsverpackungen schadstoffhaltiger Füllgüter Tätigkeitsfelder, in denen Anbieter von Selbstentsorgerlösungen weiterhin qualifiziert auftreten können.

d) Sonstige Dienstleister

12 Die umfangreichen Vertragswerke verschiedener Systemanbieter, unterschiedliche Leistungsangebote sowie rechtliche Vorgaben der Verpackungsverordnung erschweren es Herstellern und Vertreibern von Verpackungen, sich mit vertretbarem Aufwand einen Überblick über den Markt zu verschaffen. Zudem können Fragen nach Rücknahme- und Pfandpflichten von Verpackungen häufig nur von Experten zuverlässig beantwortet werden. Daher treten neben den direkten Leistungserbringern vermehrt auch Anbieter auf, die ihr spezielles Know-how und ihre Marktkenntnisse dadurch nutzen, dass sie unternehmensspezifische Entsorgungsangebote zusammenstellen. Diese Angebote reichen von spezialisierten Dienstleistungen, wie z. B. der Kontoführung beim Pfand-Clearing, bis hin zur Komplettlösung, bei der der Tätigkeitsumfang auf Basis einer Vollmacht alle denkbaren Verpflichtungen nach der VerpackV umfasst (z. B. lizAG, Herborn).

4. Grundsätze der Beauftragung

13 Auch wenn die VerpackV selbst dem Abfallrecht zuzurechnen ist und ihr damit grundsätzlich ein öffentlich-rechtlicher Charakter zukommt, gehört das Rechtsverhältnis zwischen Hersteller/Vertreiber und dem beauftragten Dritten dem Zivilrecht an (Fischer/Arndt, S. 270 m. w. Nachw.). Je nach Ausgestaltung kommen dabei werk- und dienstvertragliche Elemente zum Tragen.

Auch das öffentliche Vergaberecht ist nicht anwendbar, da Hersteller und Vertreiber keine öffentlichen Auftraggeber sind. Selbst die von der Der Grüne Punkt – Duales System Deutschland GmbH durchgeführte „Ausschreibung" der Entsorgungsverträge ist zwar kartellrechtlich geboten, unterfällt aber nicht dem Regelwerk der §§ 97 ff. GWB über die Vergabe öffentlicher Aufträge (zum Ablauf der Ausschreibung im Einzelnen: Flanderka/Sieberger, WiVerw 2004, 205; vgl. auch Lotze/Pape, WuW 2003, 364 ff.).

Da es letztlich um die Wahrnehmung abfallrechtlicher Pflichten geht, kommt allerdings § 16 Abs. 1 Satz 3 KrW-/AbfG zum Tragen, wonach beauftragte Dritte über die erforderliche Zuverlässigkeit verfügen müssen (Fischer/Arndt, S. 271; Fluck, in Fluck, KrW-/Abf-/BodSchR, § 16 KrW-/AbfG RN 49). Insoweit trifft den Auftraggeber eine Auswahl- und eine nachfolgende Aufsichtspflicht, so dass er sich über die persönliche Zuverlässigkeit, die Fachkunde und die wirtschaftliche und finanzielle Leistungsfähigkeit seines Vertragspartners zu informieren hat. 14

Die Beauftragung eines Dritten allein befreit den verpflichteten Hersteller oder Vertreiber aber noch nicht abschließend von den verpackungsrechtlichen Pflichten. Vielmehr wird dieser erst dann abschließend von der Pflichterfüllung befreit, wenn der beauftragte Dritte als Erfüllungsgehilfe seinerseits dieser Pflicht tatsächlich nachgekommen ist. Bis zur endgültigen Erfüllung der Pflicht bleibt der originär verpflichtete Hersteller oder Vertreiber sowohl dem Berechtigten als auch der zuständigen Behörde gegenüber in vollem Umfang verantwortlich (vgl. Schmidt-Preuß, DB 2002, 775 (776)).

5. Einsatz von Automaten (Satz 2)

Satz 2 weist lediglich auf eine spezielle Ausprägung eines Rücknahmesystems hin. Dieses Satzes hätte es nicht bedurft, da es allgemeinen Grundsätzen entspricht, dass man sich bei der Erfüllung einer Pflicht technischer Hilfsmittel bedienen darf. Mit der Einführung der neuen Pfandpflichten für Getränkeverpackungen durch die dritte Novelle (2005) hat die Verbreitung von Rücknahme- und Pfanderstattungsautomaten stark zugenommen. Auch die mit der 5. Änderungsverordnung eingeführte Möglichkeit der Rücknahme am POS (§ 6 Abs. 1 Satz 5–7) eröffnet zusätzlichen Raum für automatengestützte Ausgestaltungen. 15

ABSCHNITT III
Herstellen, Inverkehrbringen und Kennzeichnen von Verpackungen

§ 12
Allgemeine Anforderungen

Verpackungen sind so herzustellen und zu vertreiben, dass

1. Verpackungsvolumen und -masse auf das Mindestmaß begrenzt werden, das zur Erhaltung der erforderlichen Sicherheit und Hygiene des verpackten Produkts und zu dessen Akzeptanz für den Verbraucher angemessen ist;
2. ihre Wiederverwendung oder Verwertung möglich ist und die Umweltauswirkungen bei der Verwertung oder Beseitigung von Verpackungsabfällen auf ein Mindestmaß beschränkt sind;
3. schädliche und gefährliche Stoffe und Materialien bei der Beseitigung von Verpackungen oder Verpackungsbestandteilen in Emissionen, Asche oder Sickerwasser auf ein Mindestmaß beschränkt sind.

Gliederungsübersicht

	RN
I. Vorbemerkung	1
II. Erläuterungen	2–6
1. Inhaltliche Vorgaben	2–4
a) Verpackungsminimierung (Ziffer 1)	2
b) Wiederverwendung, Verwertung und Beschränkung von Umweltauswirkungen (Ziffer 2)	3
c) Minimierung des bei Beseitigungsvorgängen anfallenden Schadstoffpotentials (Ziffer 3)	4
2. Bedeutung des § 12	5, 6
a) Verhältnis zu § 1	5
b) Sanktionen	6

I. Vorbemerkung

1 § 12 dient der Harmonisierung des nationalen Rechts mit dem EU-Recht. Mit dieser Vorschrift werden die Anforderungen an die Herstellung und Zusammensetzung von Verpackungen aus Anhang II Ziffer 1 der EG-Verpackungsrichtlinie übernommen. Inhalt des § 12 ist eine Gestaltungspflicht für Hersteller und Vertreiber von Verpackungen.

Die Vorschrift setzt den Gedanken der Kreislaufwirtschaft konsequent um. Die am Ende des Lebenszyklusses einer Verpackung stehenden Probleme der Minimierung des durch die Verpackung entstehenden Abfallaufkommens (Verpackungsvolumen und -masse), deren Verwertbarkeit sowie die Möglichkeit zu einer schadstoffarmen Beseitigung werden an den Anfang der Kette gestellt, in dem Herstellern/Vertreibern die Pflicht aufgegeben wird, ihre Verpackungen unter Berücksichtigung dieser nachgelagerten Probleme herzustellen und zu vertreiben.

Art. 9 Abs. 1 der Verpackungsrichtlinie bestimmt, dass drei Jahre nach deren Inkrafttreten im Jahre 1994 nur noch Verpackungen in Verkehr gebracht werden dürfen, die den Vorgaben der Richtlinie entsprechen.

II. Erläuterungen

1. Inhaltliche Vorgaben

a) Verpackungsminimierung (Ziffer 1)

Nach § 12 Ziffer 1 soll das Ziel der Verpackungsminimierung zunächst dadurch erreicht werden, dass Volumen und Gewicht auf ein Mindestmaß begrenzt werden. Die Vorschrift greift damit die Zielvorgaben der Vermeidung und Verringerung aus § 1 Satz 1 auf. Volumen und Gewicht sind für die Bewertung und den Vergleich abfallwirtschaftlicher Zielvorgaben die relevanten Parameter, so dass diese Vorgabe abfallwirtschaftspolitisch von grundsätzlicher Bedeutung ist. 2

Verpackungsminimierung wird indes nicht als Selbstzweck betrachtet, sondern findet nach dem Wortlaut der Vorschrift seine Grenze in der Angemessenheit unter den Gesichtspunkten der erforderlichen Sicherheit und Hygiene sowie der Verbraucherakzeptanz. Das Merkmal der Angemessenheit eröffnet einen weiten Beurteilungsspielraum für Hersteller und Vertreiber, innerhalb dessen kein Raum für eine behördliche oder gerichtliche Überprüfung gegeben ist. Hier liegt auch eine wesentliche Änderung im Vergleich zu § 1 Abs. 2 Ziff. 1 VerpackV von 1991: War dort noch die Begrenzung auf das unmittelbar notwendige Maß zum Schutz des Füllgutes und zur Vermarktung vorgegeben, hat sich die Sichtweise des Verordnungsgebers unter den Vorgaben der EU-Richtlinie erweitert.

b) Wiederverwendung, Verwertung und Beschränkung von Umweltauswirkungen (Ziffer 2)

Nach Ziffer 2 sind Verpackungen zudem so herzustellen und zu vertreiben, dass ihre Wiederverwendung oder Verwertung möglich ist. 3

Der Begriff der Wiederverwendung entspricht hier der Definition der Mehrwegverpackung gem. § 3 Abs. 3. Unter Verwertung ist eine stoffliche oder energetische Verwertung gem. §§ 5 und 6 KrW-/AbfG zu verstehen.

Wiederverwendung und Verwertung haben den gleichen Stellenwert. Entgegen zahlreicher politischer Forderungen kennt die Verordnung keinen generellen Vorrang für Mehrwegverpackungen, der im Übrigen auch mit den Vorgaben der EU-Richtlinie nicht vereinbar wäre.

Zusätzliche Vorgabe ist die Beschränkung der Umweltauswirkungen bei der Verwertung oder Beseitigung. Die Vorschrift richtet sich dem Wortlaut nach auf die Herstellung und den Vertrieb von Verpackungen und trägt damit dem Grundgedanken der Kreislaufwirtschaft Rechnung, dass die Beschränkung von Umweltauswirkungen bereits integraler Bestandteil von Produktion und Vertrieb sein soll (vgl. §§ 1 und 5 Abs. 2 KrW-/AbfG). Beispiele sind Vorgaben an die stoffliche Zusammensetzung von Verpackungen oder aber die Angabe von Trenn- und Entsorgungshinweisen.

c) Minimierung des bei Beseitigungsvorgängen anfallenden Schadstoffpotentials (Ziffer 3)

4 Gemäß Ziffer 3 sind Verpackungen so herzustellen und zu vertreiben, dass schädliche und gefährliche Stoffe und Materialien bei der Beseitigung von Verpackungen oder Verpackungsbestandteilen in Emissionen, Asche oder Sickerwasser auf ein Mindestmaß beschränkt sind. Die Vorschrift entspricht Ziffer 1 dritter Spiegelstrich des Anhangs II zur EG-Verpackungsrichtlinie. In den Erwägungsgründen der Richtlinie heißt es insoweit, dass „es notwendig ist, den Gehalt an schädlichen Metallen und sonstigen Substanzen in Verpackungen wegen ihrer Umweltauswirkungen zu begrenzen, da diese insbesondere bei Verbrennung durch Emissionen freigesetzt werden oder in der Asche enthalten sein oder bei Deponierung in Sickerwasser gelangen können. Um die Toxizität von Verpackungsabfällen zu vermindern, ist es notwendig, zunächst die Verwendung schädlicher Schwermetalle zu vermeiden und zu kontrollieren, so dass sich diese Elemente nicht in der Umwelt ausbreiten, wobei angemessene Ausnahmen in besonderen Fällen vorgesehen werden, die von der Kommission gemäß dem Ausschlussverfahren festgelegt werden".

2. Bedeutung des § 12

a) Verhältnis zu § 1

5 Die Vorgaben des § 12 waren zunächst als Absatz 2 der in § 1 enthaltenen abfallwirtschaftlichen Ziele aufgeführt (vgl. BT-Drs. 13/5999). Die spätere Einführung in Form eines eigenen Paragraphen erfolgte aus systematischen Gründen. § 1 enthält nunmehr allein klassische allgemeine, staatliche abfallwirtschaftliche Zielebestimmungen, die mit der Umsetzung der Verordnung erreicht werden sollen. § 12 wendet sich dagegen in Form allgemeiner Anforderungen an die konkrete Verpackungsgestaltung und hat damit unmittelbaren Regelungscharakter gegenüber Herstellern und Vertreibern von Verpackungen.

b) Sanktionen

6 Auch wenn § 12 im Gegensatz zu § 1 unmittelbaren Regelungscharakter gegenüber Herstellern und Vertreibern hat, ist er aufgrund der Unbestimmtheit seines Regelungsinhalts nicht geeignet, durch ordnungsrechtliche Tatbestände ergänzt zu werden. Insofern fehlt es bei Verstößen an einer Sanktionsmöglichkeit nach dem Ordnungswidrigkeitenkatalog des § 15.

Eine Sanktionsmöglichkeit folgt wohl auch nicht aus Art. 9 Abs. 1 der Richtlinie. Dieser bestimmt, dass drei Jahre nach deren Inkrafttreten im Jahre 1994 nur noch Verpackungen in Verkehr gebracht werden dürfen, die den Vorgaben der Richtlinie entsprechen. Von dieser Bestimmung sind auch die Vorgaben zur Herstellung und Zusammensetzung von Verpackungen in Anhang II Nr. 1 umfasst, der inhaltlich nahezu wortgleich mit § 12 VerpackV ist.

Art. 9 Abs. 1 hat aufgrund der Rechtsprechung zur unmittelbaren Anwendbarkeit von Richtlinien in Mitgliedstaaten grundsätzlich auch Gültigkeit für Verpackungen, die im Anwendungsbereich der Verpackungsverordnung in Verkehr gebracht werden. Allerdings dürfte es hierzu an einer unmittelbaren Umsetzbarkeit des Anhangs II Nr. 1 fehlen, da dessen Regelungsgehalt hierfür zu unbestimmt erscheint.

§ 13
Konzentration von Schwermetallen

(1) Verpackungen oder Verpackungsbestandteile dürfen nur in Verkehr gebracht werden, wenn die Konzentration von Blei, Cadmium, Quecksilber und Chrom VI kumulativ 100 Milligramm je Kilogramm nicht überschreitet.

(2) Absatz 1 gilt nicht für
1. Verpackungen, die vollständig aus Bleikristallglas hergestellt sind,
2. Verpackungen in eingerichteten Systemen zur Wiederverwendung,
3. Kunststoffkästen und -paletten, die die Bedingungen des Anhangs II erfüllen.

(3) Abweichend von Absatz 1 gilt für Verpackungen aus sonstigem Glas, die die Bedingungen des Anhangs III erfüllen, ein Grenzwert von 250 Milligramm je Kilogramm.

Gliederungsübersicht

		RN
I.	Vorbemerkung	1
II.	Erläuterungen	2–7
1.	Anforderungen an Verpackungen (Abs. 1)	2
2.	Ausnahmen (Abs. 2 und 3)	3–7
	a) Verpackungen aus Bleikristall	4
	b) Verpackungen in eingerichteten Systemen zur Wiederverwendung	5
	c) Kunststoffkästen und -paletten	6
	d) Glasverpackungen	7

I. Vorbemerkung

In der Verpackungsverordnung von 1991 war die Konzentration von Schwermetallen in Verpackungen noch nicht geregelt. Die mit der Novellierung 1998 eingeführte stufenweise Herabsetzung der Konzentration von Blei, Cadmium, Quecksilber und Chrom VI hat sich durch Zeitablauf erledigt. Mit der vorliegenden Regelung wird Art. 11 der EG-Verpackungsrichtlinie in nationales Recht umgesetzt (vgl. BT-Drs. 13/7761, S. 26). **1**

Die 5. Änderungsverordnung hat bei dieser Vorschrift zu keinen materiellen Änderungen geführt. Die vorgenommenen Korrekturen sind vielmehr redaktioneller Natur (BT-Drs. 16/6400, S. 24).

II. Erläuterungen
1. Anforderungen an Verpackungen (Abs. 1)

Seit dem 1.7.2001 dürfen Verpackungen nur noch bis zu 100 Milligramm je Kilogramm der Schwermetalle Blei, Cadmium, Quecksilber und Chrom VI enthalten, wobei die Konzentration der vier aufgeführten Schwermetalle kumuliert diesen Wert nicht überschreiten darf. **2**

2. Ausnahmen (Abs. 2 und 3)

3 Bei einigen Verpackungen wurden jedoch Ausnahmen von den Höchstgrenzen an Schwermetallen zugelassen; zum einen, weil es technisch bei manchen Verpackungen nicht möglich, zum anderen, weil eine Emission der Schwermetalle nicht zu befürchten ist.

a) Verpackungen aus Bleikristall

4 Verpackungen, die vollständig aus Bleikristall hergestellt sind, brauchen die in Absatz 1 aufgeführten Grenzwerte nicht zu erfüllen. Nach Artikel 11 Abs. 2 der EU-Richtlinie 94/62/EG gilt dies für alle Bleikristallverpackungen im Sinne der Richtlinie 69/493/EWG (Amtsblatt Nr. L 326, 36 vom 29.12.1996).

Hiermit wird dem Umstand Rechnung getragen, dass diese Verpackungen wegen der Beschaffenheit des Materials die Grenzwerte nicht erfüllen können; wenn diese Verpackungen in den Anwendungsbereich des § 13 fielen, käme das einem Verkehrsverbot für dieses Verpackungsmaterial gleich.

b) Verpackungen in eingerichteten Systemen zur Wiederverwendung

5 Die in Absatz 1 aufgeführten Grenzwerte gelten ebenfalls nicht für Verpackungen in eingerichteten Systemen zur Wiederverwendung (Mehrwegsysteme). Bei diesen Verpackungen ist gewährleistet, dass durch geschlossene Stoffkreisläufe die Emission der genannten Schwermetalle verhindert wird.

c) Kunststoffkästen und -paletten

6 Mit der Novelle von 2006 (4. Änderungsnovelle) wurde die bis dahin geltende Privilegierung für Mehrwegverpackungen allgemein auf Kunststoffkästen und Kunststoffpaletten erweitert und damit Forderungen aus der Praxis Rechnung getragen. Um den Text der Verordnung an dieser Stelle nicht zu überfrachten, wurden die weiteren Einzelheiten in einem neuen Anhang II festgelegt.

d) Glasverpackungen

7 Glasverpackungen müssen sich an der seit 1.7.2001 geltenden Konzentrationshöchstgrenze von Schwermetallen nicht messen lassen. Diese Ausnahmebestimmung soll den im Behälterglas aus der früheren Verwendung von Bleikapseln stammenden Gehalt an Schwermetallen berücksichtigen (vgl. BT-Drs. 13/7761, S. 26). Nähere Einzelheiten sind gesondert in Anhang III (zu § 13 Abs. 3) geregelt.

§ 14
Kennzeichnung

Verpackungen können zur Identifizierung des Materials mit den im Anhang IV festgelegten Nummern und Abkürzungen gekennzeichnet werden. Die Verwendung anderer Nummern und Abkürzungen zur Identifizierung der gleichen Materialien ist nicht zulässig.

Gliederungsübersicht

	RN
I. Vorbemerkung	1
II. Erläuterungen	2

I. Vorbemerkung

In der Verpackungsverordnung von 1991 war die Kennzeichnung von Verpackungen noch nicht geregelt, so dass jeder Hersteller/Vertreiber selbst entscheiden konnte, ob und wie er auf das von ihm verwendete Verpackungsmaterial hinweisen wollte. Stark verbreitet war der so genannte Möbius-Loop, in dessen Mitte jeweils das Kürzel des verwendeten Materials stand. Mit der Novelle von 1998 wurde die Entscheidung der Europäischen Kommission zur Festlegung eines Kennzeichnungssystems für Verpackungsmaterialien vom 28.1.1997 (ABl. EG Nr. I 50 vom 20.2.1997, S. 28) umgesetzt. Hierdurch soll eine Harmonisierung der Verpackungskennzeichnung innerhalb der Europäischen Union erfolgen. Die Europäische Kommission hat sich eine regelmäßige Überprüfung sowie die spätere Einführung einer verbindlichen Kennzeichnung vorbehalten (vgl. BT-Drs. 13/7761, S. 26). Die Vorschrift ist inhaltlich seit ihrer Einführung (1998) nicht geändert worden. 1

II. Erläuterungen

Im Anhang IV zur Verpackungsverordnung ist getrennt nach sieben Materialgruppen (Kunststoffe, Papier und Pappe, Metalle, Holz, Textilien, Glas und Verbundstoffe) aufgeführt, welche Abkürzungen und Nummern zu verwenden sind. Es sind derzeit 18 Abkürzungen und 99 Nummern vorgesehen. 2

Die Kennzeichnung der Verpackungen anhand dieser Kürzel ist für Hersteller/Vertreiber grundsätzlich freiwillig; die Verwendung von anderen Nummern und Abkürzungen zur Identifizierung der gleichen Materialien ist allerdings nicht erlaubt.

In welcher Art und Weise und an welchem Ort auf einer Verpackung diese Kürzel aufzubringen sind, hat der Verordnungsgeber nicht geregelt. Insofern ist eine Beibehaltung der bisherigen Praxis möglich. Von der Vorschrift nicht erfasst ist die Kennzeichnung einer Verpackung mit Symbolen, die eine Aussage über die Wiederverwertbarkeit oder Umweltfreundlichkeit einer Verpackung treffen. Insbesondere die Verwendung von Finanzierungskennzeichen wie dem „Grünen Punkt" wird durch diese Regelung nicht berührt.

ABSCHNITT IV
Ordnungswidrigkeiten, Übergangs- und Schlussbestimmungen

§ 15
Ordnungswidrigkeiten

Ordnungswidrig im Sinne des § 61 Abs. 1 Nr. 5 des Kreislaufwirtschafts- und Abfallgesetzes handelt, wer vorsätzlich oder fahrlässig

1. entgegen § 4 Abs. 1 Satz 1 oder Abs. 2 Satz 1 eine Verpackung nicht oder nicht rechtzeitig zurücknimmt oder einer erneuten Verwendung oder einer stofflichen Verwertung nicht zuführt,
2. entgegen § 5 Abs. 1 Satz 1 eine Umverpackung nicht oder nicht rechtzeitig entfernt und dem Endverbraucher Gelegenheit zum Entfernen oder zur Rückgabe der Umverpackung nicht gibt,
3. entgegen § 5 Abs. 2, § 6 Abs. 8 Satz 3 oder § 8 Abs. 1 Satz 2 einen Hinweis nicht, nicht richtig oder nicht vollständig gibt,
4. entgegen § 5 Abs. 3 Satz 1 Sammelgefäße nicht oder nicht in der vorgeschriebenen Weise bereitstellt,
5. entgegen § 5 Abs. 3 Satz 3 eine Umverpackung einer erneuten Verwendung oder einer stofflichen Verwertung nicht zuführt,
6. entgegen § 6 Abs. 1 Satz 1 sich an einem dort genannten System nicht beteiligt,
7. entgegen § 6 Abs. 1 Satz 3 eine Verkaufsverpackung an Endverbraucher abgibt,
8. entgegen § 6 Abs. 2 Satz 5 in Verbindung mit Anhang I Nr. 4 Satz 2 oder 3 eine Dokumentation nicht, nicht richtig, nicht vollständig oder nicht rechtzeitig erstellt,
9. entgegen § 6 Abs. 2 Satz 5 in Verbindung mit Anhang I Nr. 4 Satz 9 eine Bescheinigung nicht, nicht richtig, nicht vollständig oder nicht rechtzeitig hinterlegt,
10. entgegen § 6 Abs. 2 Satz 5 in Verbindung mit Anhang I Nr. 4 Satz 11 eine Dokumentation nicht oder nicht rechtzeitig vorlegt,
11. entgegen § 6 Abs. 3 Satz 2 eine Verpackung einer Verwertung nicht zuführt,
12. entgegen § 6 Abs. 3 Satz 2 in Verbindung mit Anhang I Nr. 2 Abs. 1 Satz 1 nicht sicherstellt, dass Verpackungen erfasst werden,
13. entgegen § 6 Abs. 3 Satz 2 in Verbindung mit Anhang I Nr. 2 Abs. 3 Satz 3 einen Nachweis nicht, nicht richtig, nicht vollständig oder nicht rechtzeitig erbringt,
14. entgegen § 6 Abs. 3 Satz 2 in Verbindung mit Anhang I Nr. 2 Abs. 3 Satz 5 eine Bescheinigung nicht, nicht richtig, nicht vollständig oder nicht rechtzeitig hinterlegt,
15. entgegen § 6 Abs. 3 Satz 2 in Verbindung mit Anhang I Nr. 2 Abs. 3 Satz 7 einen Nachweis nicht oder nicht rechtzeitig vorlegt,

16. entgegen § 6 Abs. 3 Satz 2 in Verbindung mit Anhang I Nr. 3 Abs. 3 Satz 1 einen Nachweis nicht, nicht richtig, nicht vollständig oder nicht rechtzeitig führt,
17. entgegen § 6 Abs. 8 Satz 1 oder 6 eine Verkaufsverpackung nicht zurücknimmt oder einer Verwertung nicht zuführt,
18. entgegen § 6 Abs. 8 Satz 1 oder 6, jeweils in Verbindung mit Anhang I Nr. 4 Satz 2 oder 3, eine Dokumentation nicht, nicht richtig, nicht vollständig oder nicht rechtzeitig erstellt,
19. entgegen § 6 Abs. 8 Satz 1 oder 6, jeweils in Verbindung mit Anhang I Nr. 4 Satz 9, eine Bescheinigung nicht, nicht richtig, nicht vollständig oder nicht rechtzeitig hinterlegt,
20. entgegen § 6 Abs. 8 Satz 1 oder 6, jeweils in Verbindung mit Anhang I Nr. 4 Satz 11, eine Dokumentation nicht oder nicht rechtzeitig vorlegt,
21. entgegen § 7 Abs. 1 Satz 1 oder Abs. 2 Satz 1 eine Verkaufsverpackung nicht zurücknimmt oder einer Verwertung nicht zuführt,
22. entgegen § 8 Abs. 1 Satz 1 nicht dafür sorgt, dass Verpackungen zurückgegeben werden können,
23. entgegen § 8 Abs. 2 zurückgenommene Verpackungen einer erneuten Verwendung oder einer Verwertung nicht zuführt,
24. entgegen § 8 Abs. 3 Satz 1 in Verbindung mit Anhang I Nr. 4 Satz 2 oder 3 eine Dokumentation nicht, nicht richtig, nicht vollständig oder nicht rechtzeitig erstellt,
25. entgegen § 8 Abs. 3 Satz 2 eine Dokumentation nicht oder nicht rechtzeitig vorlegt,
26. entgegen § 9 Abs. 1 Satz 1, 3 oder 5 ein Pfand nicht erhebt oder nicht oder nicht rechtzeitig erstattet,
27. entgegen § 9 Abs. 1 Satz 4 eine Einweggetränkeverpackung nicht, nicht richtig oder nicht rechtzeitig kennzeichnet oder sich an einem bundesweiten Pfandsystem nicht beteiligt,
28. entgegen § 9 Abs. 1 Satz 6 ein Pfand ohne Rücknahme der Verpackung erstattet,
29. entgegen § 10 Abs. 1 Satz 1 eine Vollständigkeitserklärung nicht, nicht richtig, nicht vollständig oder nicht rechtzeitig abgibt oder nicht, nicht richtig, nicht vollständig, nicht in der vorgeschriebenen Weise oder nicht rechtzeitig hinterlegt,
30. entgegen § 10 Abs. 6 Satz 1 eine Information nicht, nicht richtig, nicht vollständig oder nicht rechtzeitig hinterlegt,
31. entgegen § 13 Abs. 1 Verpackungen oder Verpackungsbestandteile in Verkehr bringt oder
32. entgegen § 14 Satz 2 andere Nummern oder Abkürzungen verwendet.

Gliederungsübersicht

		RN
I.	Vorbemerkung	1–6
II.	Erläuterungen	7–41
1.	Rechtsnatur der Verpflichtungen aus der Verpackungsverordnung	7–14
	a) Öffentlich-rechtliche Pflichten	7–9
	b) Zivilrechtliche Ansprüche	10–14
2.	Verfolgung von Ordnungswidrigkeiten	15–39
	a) Allgemeine Anmerkungen	15
	b) Wahrung des Bestimmtheitsgrundsatzes gemäß Art. 103 Abs. 2 GG	16, 17
	c) Täter einer Ordnungswidrigkeit	18, 19
	d) Die Ordnungswidrigkeitentatbestände im Einzelnen	20–37
	e) Opportunitätsprinzip des OWi-Verfahrens	38, 39
3.	Zuständige Landesbehörden	40
4.	Gerichtliche Kontrolle	41

I. Vorbemerkung

1 Mit der Verpackungsverordnung werden Herstellern und Vertreibern von Verpackungen sowie Systemen gemäß § 6 Abs. 3 eine Reihe von Pflichten auferlegt, deren wichtigste zur Umsetzung der Produktverantwortung (§ 22 KrW-/AbfG) die Pflichten zur grundsätzlich unentgeltlichen Rücknahme und zur Verwertung gebrauchter Verpackungen sind. Diese Pflichten sind unbestritten öffentlich-rechtlicher Natur, da sie auf dem öffentlichen Recht zuzuordnenden Rechtsvorschriften (KrW-/AbfG, VerpackV) beruhen, in denen die Beziehung zwischen dem die Rechtsnormen setzenden Staat und dem Bürger in klassischer Weise als hoheitliches Über- und Unterordnungsverhältnis abgebildet wird (vgl. dazu statt vieler Kopp/Schenke RN 11 zu § 40 VwGO). Dies schließt nicht aus, dass den mit den Pflichten Belasteten ein breites Spektrum von privatrechtlichen Gestaltungsmöglichkeiten zur Erfüllung derselben verbleibt und ihre Erfüllung auf der Grundlage des Privatrechts sogar gewollt ist.

2 Legt der Verordnungsgeber den rechtsunterworfenen natürlichen juristischen Personen Pflichten auf, so hat er regelmäßig auch die Instrumente zu ihrer Durchsetzung zur Verfügung zu stellen. Mit § 15 werden deshalb eine Reihe von Ordnungswidrigkeitentatbestände geschaffen, die im Falle ihrer Verwirklichung Geldbußen bis zu 50 000,00 € in jedem Einzelfall nach sich ziehen können.

3 Allerdings ist dies nicht die einzige Möglichkeit, um die Durchsetzung der in der VerpackV normierten Pflichten sicherzustellen. Einmal steht über die mit § 15 verbundenen Möglichkeiten hinaus auch § 21 Abs. 1 KrW-/AbfG zur Verfügung, nach dem die zuständige Behörde im Einzelfall die zur Durchführung des KrW-/AbfG oder einer auf dessen Grundlage erlassenen Verordnung notwendigen Anordnungen treffen kann.

Es ist jedoch zu beachten, dass § 21 KrW-/AbfG stets nur als Auffangtatbestand in Frage kommt; d. h. die in der VerpackV normierten Pflichten sind zuerst aufgrund der Vorschriften über die Ordnungswidrigkeiten des § 15 i. V. mit § 61 Abs. 1 Nr. 5 KrW-/AbfG durchzusetzen (Versteyl in: Kunig/Paetow/Versteyl 2003, RN 6 ff. zu § 21 KrW-/AbfG).

Ferner eröffnet die mit der 5. Novelle VerpackV in § 1 Satz 3 eingefügte Bestim- 4
mung, nach der auch eine Regelung des Marktverhaltens der Beteiligten in der
Weise bezweckt wird, dass diese vor unlauterem Wettbewerb geschützt werden,
die Anwendung des Wettbewerbsrechtes insbesondere des UWG. Zwar hat die
Rechtsprechung (beispielhaft: Kammergericht Berlin, Beschluss vom 27.5.2005, 5
W 53/05, BGH, Urteil vom 29.6.2006 I ZR 171/03) auch schon vor der 5. Novelle
anerkannt, dass der VerpackV zumindest auch wettbewerbliche Schutzzwecke
innewohnen, doch war dies nicht durchgängige Meinung (siehe z. B. LG Münster, Urteil vom 5. Mai 2006, 24 O 154/05). Mit der Ergänzung von § 1 ist dies i. S.
des Schutzzieles des lauteren Wettbewerbes klargestellt worden (siehe dazu im
Einzelnen die Erläuterungen zu § 1 Nr. 4).

In der Praxis wird davon auszugehen sein, dass der Durchsetzung der Pflichten 5
der VerpackV unter Einsatz des wettbewerbsrechtlichen Instrumentariums
zukünftig eine weit größere Bedeutung zukommen wird als der bisherigen und
zukünftigen Anwendung des Ordnungswidrigkeitenrechtes. Schon in der Vergangenheit hat sich das Ordnungswidrigkeitenrecht als vergleichsweise stumpfes, das
Wettbewerbsrecht dagegen als vergleichsweise scharfes Schwert erwiesen.

Dies dürfte nicht nur daran liegen, dass die Einleitung eines Ordnungswidrigkei- 6
tenverfahrens im Ermessen der zuständigen Behörde liegt (vgl. Versteyl 1996,
RN 25 zu § 61 KrW-/AbfG), sondern vor allem daran, dass der Vollzug in den
Ländern an der Grenze seiner personellen und finanziellen Ressourcen angekommen ist (Freund, Edgar, Vortrag anlässlich des 1. Reclay Verpackungsforums
am 1.4.2008 in Köln, Manuskript), was nicht zuletzt dazu beigetragen haben
dürfte, den Begriff der „Selbstexekutierbarkeit" salonfähig zu machen (siehe
dazu weiter unten).

An den Möglichkeiten und den Verfahrensvorschriften der Vollzugsbehörden
gemessen verhält sich das Wettbewerbsrecht, vor allem mit seinen Instrumenten
des einstweiligen Rechtsschutzes, zum Ordnungwidrigkeitenrecht wie ein
Schnellboot zu einem Vergnügungsdampfer. Dies wird noch dadurch unterstrichen, dass bei verbraucherschutzbezogenen Fragestellungen auch anerkannte
Verbraucherschutzverbände das Instrumentarium in Zukunft nutzen können.

Man wird deshalb nicht fehlgehen in der Annahme, dass „die Selbstexekutierbarkeit" der VerpackV nicht nur mit der Einführung der Vollständigkeitserklärung des
§ 10 verbessert wird (so das Vorblatt zum Verordnungsentwurf in der Kabinettsvorlage des BMU vom 22.1.2008, AZ WA II 3–30114–3/23, S. 2), sondern auch mit der
ausdrücklichen Klarstellung des § 1 Satz 3, dass mit der VerpackV auch wettbewerbliche Ziele verfolgt werden. § 15 wurde im Hinblick auf die erheblichen materiellen
Änderungen der 5. Novelle neu gefasst und enthält – so der einzige Satz der
Begründung – „die erforderlichen Ordnungswidrigkeitentatbestände unter Berücksichtigung dieser Änderungsverordnung" (BR-Drs. 800/07, S. 41).

II. Erläuterungen
1. Rechtsnatur der Verpflichtungen aus der Verpackungsverordnung
a) Öffentlich-rechtliche Pflichten

Die Verpackungsverordnung hat ihre Ermächtigungsgrundlage in § 24 KrW-/ 7
AbfG. Diese Vorschrift gehört dem öffentlichen Recht an, so dass auch die darauf

beruhende Verordnung dem öffentlichen Recht zuzuordnen ist. Kennzeichnend für dieses Rechtsgebiet ist, dass die Vorschriften in der Regel unmittelbar zwischen dem Staat und dem jeweiligen Normadressaten im Wege des Über- und Unterordnungsverhältnisses wirken (siehe auch die Vorbemerkung dazu).

8 Es ist schon darauf hingewiesen worden, dass dem öffentlich-rechtlichen Charakter der Vorschriften nicht entgegensteht, dass sich der Verordnungsgeber bei der Umsetzung der von ihm dekretierten Pflichten marktwirtschaftlicher Instrumente bedient. Dies bedeutet nichts anderes, als dass der Verordnungsgeber sich in zahlreichen Fällen mit der Definition der zu erfüllenden Pflicht begnügt bzw. Art und Umfang der Pflichterfüllung nur insoweit festlegt, als es erforderlich ist, um auch im Falle einer fehlenden Einigung zwischen den Beteiligten die Durchsetzung des (umweltpolitischen) Zieles zu gewährleisten. Beispielhaft dafür stehen die Regelungen des § 7 und des § 8, wo der Verordnungsgeber ausdrücklich abweichende Vereinbarungen (zivilrechtlicher Natur) zwischen den Verpflichteten zulässt und sie geradezu ermuntert, Lösungen zu suchen, die ihnen die Zielerreichung einfacher, kostengünstiger und flexibler ermöglichen, als dies voraussichtlich mit der vom Verordnungsgeber vorgesehenen „Basislösung" möglich wäre. So haben schon Rummler/Schutt (1991, S. 24) darauf hingewiesen, dass der Wirtschaft „kein dichtes Netz staatlicher Reglementierung", „kein enges Zwangskorsett auferlegt (werden), vielmehr soll Freiraum für marktwirtschaftliche Lösungen soweit möglich offen bleiben."

9 Auch das Instrument des „beauftragten Dritten" lässt diesen Willen des Verordnungsgebers zu größtmöglichem Spielraum erkennen. Da mit der Beauftragung eines Dritten zwar die eigenen Pflichten erfüllt werden können, die öffentlich-rechtliche Verantwortung für ihre Erfüllung aber beim Auftraggeber verbleibt, ist ein Verstoß gegen die dem Auftraggeber obliegenden Pflichten durch den beauftragten Dritten folgerichtig keine Ordnungswidrigkeit, die durch den beauftragten Dritten begangen werden könnte. Er wird deshalb auch vom Ordnungswidrigkeitenkatalog des § 15 nicht erfasst. Erst wenn die beteiligten Parteien nicht in der Lage sind, die vom Verordnungsgeber vorgegebenen (öffentlich-rechtlichen) Ziele durch zivilrechtliche Vereinbarungen zu erfüllen, wird er diese im Wege des Vollzuges durch die zuständigen Behörden durchsetzen (siehe dazu unten Nr. 2 und grundsätzlich Schmidt-Preuß, VVDStRL 56/1997, 160).

Dass sich die an der Rücknahme und Verwertung beteiligten Parteien beim Abschluss zivilrechtlich möglicher und gewünschter Vereinbarungen „auf Augenhöhe" begegnen, ist dabei ebenso selbstverständlich wie das Faktum, dass dadurch der öffentlich-rechtliche Charakter der Verpflichtung nicht auf eine privatrechtliche Ebene gezogen wird.

b) **Zivilrechtliche Ansprüche**

10 Nach den vorstehenden Erläuterungen kann es nicht überraschen, dass eine unmittelbare zivilrechtliche Durchsetzung der öffentlich-rechtlich angeordneten Pflichten gegenüber dem Verpflichteten nicht möglich ist. Der öffentlich-rechtlich angeordneten Pflicht zur Rücknahme durch den Hersteller oder Vertreiber entspricht kein zivilrechtlich mit der Verpackungsverordnung begründbares Rückgaberecht des Verpackungsbesitzers. Daher kann die Rücknahmepflicht für Ver-

kaufs-, Um- und Transportverpackungen nicht auf zivilrechtlichem Wege von den betroffenen Endverbrauchern oder Vorvertreibern eingeklagt werden. Auch eine Selbsthilfe bei Verweigerung des Verpflichteten ist nicht möglich. So wäre z. B. das Abkippen von Verpackungen vor dem Werkstor eines Unternehmens, um auf diese Weise den Pflichtigen zur Rücknahme zu zwingen, eine unzulässige Ablagerung von Abfall, die als Ordnungswidrigkeit gemäß § 61 Abs. 1 Nr. 2 KrW-/AbfG verfolgt werden könnte und von den Abfallbehörden untersagt werden müsste (Fluck, DB 1992, 194 (195)).

Anders liegt es jedoch bei Einweggetränkeverpackungen, die einer Pfandpflicht unterliegen. Hier hat der Verordnungsgeber durch öffentlich-rechtliche Norm entschieden, dass die Rückerstattung des Pfandes im/zum Zeitpunkt der Rücknahme zu erfolgen hat und eine Pfanderstattung ohne Rücknahme nicht erfolgen darf (§ 9 Abs. 1 Sätze 4 und 5). Mit dem öffentlich-rechtlich verfügten Pfanderstattungsanspruch bei Rücknahme ist damit zugleich ein privatrechtlicher Anspruch auf Pfanderstattung entstanden, der im Streitfall im Zivilrechtsweg geltend gemacht werden kann (so auch Fischer/Arndt 2007, RN 31 zu § 8 a. F.; BGH vgl. auch Urteil vom 9.7.2007 II ZR 232/05). Da die Pfanderstattung ohne Rücknahme der Pfandsache nicht statthaft ist, wird man für diese Fallkonstellation zumindest von einem faktischen Rückgaberecht, das zivilrechtlich einklagbar ist, sprechen können. 11

Darüber hinaus kommen zivilrechtliche Ersatzansprüche bei einer unberechtigten Ablehnung der Rücknahme in Betracht (vgl. Ekkenga, BB 1993, 945 (947); a. A. Fluck, DB 1992, 193 (195 ff.)). Entstehen dem zur Rückgabe Berechtigten aufgrund der Weigerung des Verpflichteten z. B. Kosten für einen zusätzlichen Transport und eine in Auftrag gegebene stoffliche Verwertung, kann dieser ggf. sowohl Schadenersatz als auch einen Erstattungsanspruch aus Geschäftsführung ohne Auftrag geltend machen. 12

Als Anspruchsgrundlage für einen Schadenersatzanspruch kommt § 823 Abs. 2 BGB in Betracht, wenn es sich bei den Vorschriften der Verpackungsverordnung um Schutzgesetze im Sinne dieser Vorschrift handelt. Dagegen wird eingewandt, dass die Vorschriften der Verordnung nicht den Schutz des Rückgabeberechtigten bezwecken, sondern allein dem öffentlichen Interesse an der Abfallvermeidung dienen, so dass die Voraussetzung für einen Schadenersatzanspruch nicht gegeben ist (vgl. Fluck, DB 1992, 193 (196)). Jedoch liegt es in der Natur der Sache, dass Ablaufstörungen innerhalb des privatisierten Entsorgungssystems stets den Verpackungsbesitzer treffen, der hierfür z. B. erhöhte Lagerkosten aufzuwenden hat; seine Schadloshaltung ist daher ein haftungsrelevanter Nebenzweck im Sinne der Schutzzwecklehre (vgl. Ekkenga, BB 1993, 945 (947)). 13

Für einen Erstattungsanspruch auf der Grundlage einer Geschäftsführung ohne Auftrag – GoA – (§§ 679, 683 BGB) ist Voraussetzung, dass ohne diese eine Pflicht, deren Erfüllung im öffentlichen Interesse liegt, nicht rechtzeitig erfüllt würde. Nicht jede Erfüllung einer öffentlich-rechtlichen Rechtspflicht für einen anderen, der sich weigert diese zu erfüllen, liegt aber im öffentlichen Interesse. Es ist nötig, dass ohne die Erfüllung gerade der in Frage stehenden Verpflichtung dringende, konkrete Belange der Allgemeinheit gefährdet oder gar beeinträchtigt würden (LG Köln, Urteil 22 O 134/05 vom 15.12.2005). Dies ist bei der Verlet- 14 zung der Rücknahmepflichten aus der Verpackungsverordnung der Fall, da ansonsten der beabsichtigte Zweck der Verpackungsverordnung – Verlagerung der Verpflichtung zur Entsorgung von gebrauchten Verpackungen von den öffentlich-rechtlichen Entsorgungsträgern auf die Hersteller und Vertreiber von Verpackungen – ad absurdum geführt würde (so auch Ekkenga, BB 1993, 945 (947); a. A. Fluck, DB 1992, 193 (196)).

Allerdings ist bei der Abstützung eines Erstattungsanspruches über GoA zu beachten, dass nach § 679 der entgegenstehende Wille des tatsächlichen Geschäftsherrn nur dann unbeachtlich ist, wenn eine ihm obliegende Pflicht, deren Erfüllung im öffentlichen Interesse liegt, nicht rechtzeitig erfüllt werden würde. „Nicht rechtzeitig erfüllt" bedeutet zwar nicht, dass Verzug vorliegen muss, aber die Pflicht des Geschäftsherrn muss zum Zeitpunkt ihrer Erfüllung durch den Geschäftsführer ohne Auftrag zumindest fällig gewesen sein (Palandt, RN 5 zu § 679 BGB).

2. Verfolgung von Ordnungswidrigkeiten

a) Allgemeine Anmerkungen

15 Neben den – wie in den Vorbemerkungen erläutert – gemäß § 21 Abs. 1 KrW-/AbfG nur subsidiär anzuwendenden Sanktionen durch Erlass von Verwaltungsakten, mit denen der Einzelne zu einem bestimmten Tun oder Unterlassen verpflichtet wird und zu deren Durchsetzung dann die allgemeinen Mittel des Verwaltungszwanges gemäß § 9 VwVG zur Verfügung stehen, hat sich der Verordnungsgeber dazu entschieden, Verstöße gegen den Pflichtenkreis der Verpackungsverordnung als mit Bußgeldern bewehrte Ordnungswidrigkeiten zu ahnden. Er hat sich damit für eine verhältnismäßig milde Form der Ahndung entschieden, da der Ordnungswidrigkeit als „Verwaltungsungehorsam" eine geringere Verwerflichkeit anhaftet als dem ethisch zu missbilligenden Verhalten einer Straftat (siehe dazu Versteyl in: Kunig/Paetow/Versteyl, KrW-/AbfG 2003, RN 3 zu § 61 KrW-/AbfG).

b) Wahrung des Bestimmtheitsgrundsatzes gemäß Art. 103 Abs. 2 GG

16 Gemäß § 61 Abs. 1 Nr. 5 KrW-/AbfG handelt ordnungswidrig, wer vorsätzlich oder fahrlässig einer Rechtsverordnung nach § 6 Abs. 1, § 7, § 7 Abs. 3 auch in Verbindung mit § 36c Abs. 5, § 8, § 12 Abs. 1, § 23, § 24, § 27 Abs. 3 Satz 1 und 2, § 36c Abs. 1 Satz 1 Nr. 1–5, 7, 8 oder 9, § 49 Abs. 3 oder § 50 Abs. 2 oder einer vollziehbaren Anordnung aufgrund einer solchen Rechtsverordnung zuwider handelt, soweit die Rechtsverordnung für einen bestimmten Tatbestand auf diese Bußgeldvorschrift verweist.

17 Es ist immer wieder thematisiert worden, ob ein in dieser Weise relativ abstrakt gefasster Tatbestand Art. 103 Abs. 2 GG entspricht, nach dem eine Tat nur bestraft werden kann, wenn ihre Strafbarkeit vor Begehen der Tat schon strafrechtlich sanktioniert war. Einmal umfasst dieses verfassungsrechtliche Gebot auch Ordnungsstrafen (vgl. Fischer/Arndt 2007, RN 9 zu § 15 mit zahlr. Nachw.), zum Zweiten trägt es immanent den Bestimmtheitsgrundsatz in sich. D. h., dass das Gesetz oder die aufgrund eines Gesetzes erlassene Rechtsverordnung die Tat genau zu bezeichnen und die Tatfolgen exakt festzulegen hat.

Diese Diskussion kann indessen als ausgestanden betrachtet werden. Insbesondere an der Erfüllung des Bestimmtheitsgrundsatzes werden ernstliche Zweifel nicht mehr oder allenfalls in eng umgrenzten Einzelfällen geltend gemacht (so auch Fischer/Arndt 2007, RN 8 ff. zu § 15).

c) Täter einer Ordnungswidrigkeit

Täter einer Ordnungswidrigkeit kann nicht nur jede natürliche Person sein, die 14 Jahre oder älter ist (§ 12 Abs. 1 OWiG), sondern auch eine juristische Person oder Personenvereinigung. Diese Möglichkeit ist gerade für den Vollzug der Verpackungsverordnung von erheblicher Bedeutung, da die betroffenen Firmen oftmals in der Form von Personen- oder Kapitalgesellschaften geführt werden. 18

Täter einer Ordnungswidrigkeit kann insbesondere (seit der Novelle 1998) auch ein Betreiber eines dualen Systems sein. 1998 wurden dazu die Tatbestände Nr. 9 bis 13 a. F. in den Ordnungswidrigkeitenkatalog integriert. Bis dahin konnten die für den Vollzug zuständigen obersten Abfallwirtschaftsbehörden Verstöße der Systembetreiber nur entweder über Anordnungen gemäß § 21 Abs. 1 KrW-/AbfG oder durch Widerruf der Systemfeststellung ahnden. Insbesondere ein Widerruf, aber auch ein Teilwiderruf der Systemfeststellung wäre jedoch in fast allen Fällen unverhältnismäßig, da dieser in der Praxis vermutlich den Zusammenbruch des betroffenen Systems nach § 6 Abs. 3 zur Folge hätte. Den Behörden steht nunmehr ein milderes Mittel zur Verfügung, um Verstöße gegen die VerpackV zu ahnden (vgl. BR-Drs. 445/98, S. 13). 19

d) Die Ordnungswidrigkeitentatbestände im Einzelnen

Nr. 1 ahndet Verstöße gegen die Pflicht zur Rücknahme, Wiederverwendung oder stofflichen Verwertung von Transportverpackungen. Die Vorschrift ist an die Veränderungen der 5. Novelle im Wesentlichen redaktionell angepasst worden. 20

Nr. 2 betrifft Verstöße gegen § 5 Abs. 1 und ist gegenüber der Vorfassung im Anwendungsbereich auch auf die nicht rechtzeitige Entfernung von Umverpackungen ausgedehnt worden; dabei bleibt indessen zweifelhaft, wie der mögliche Täter den Tatbestand einer „nicht rechtzeitigen Entfernung" der Umverpackung verwirklichen will, wenn der Zeitpunkt der Entfernung mit dem Begriff „bei der Abgabe an den Endverbraucher" relativ präzise bestimmt ist. Erst wenn die Abgabe vollendet ist, ist auch der Tatbestand einer unterlassenen Entfernung der Umverpackung erfüllt. Ist die Abgabe nicht vollendet, kann es sich denknotwendig auch nicht um eine „nicht rechtzeitige Entfernung" der Umverpackung handeln, da eine Pflicht zur Entfernung vor der Abgabe nicht besteht. 21

Nr. 3 ahndet Verstöße gegen die Informationspflichten des Vertreibers über die Rückgabemöglichkeiten für Umverpackungen (§ 5 Abs. 2) und Verpackungen für schadstoffhaltige Füllgüter (§ 8 Abs. 1 Satz 2) sowie im Falle der Selbstentsorgung bei Fehlen eines dualen Systems (§ 6 Abs. 8 Satz 3). 22

Nr. 4 betrifft Verstöße gegen die Pflicht zur Bereitstellung von Sammelgefäßen für Umverpackungen in der Verkaufsstelle oder auf dem zur Verkaufsstelle gehörenden Gelände (§ 5 Abs. 3 Satz 1). Die Vorschrift blieb unverändert. 23

24 Nr. 5 betrifft die Pflicht, auch Umverpackungen einer erneuten Verwendung oder stofflichen Verwertung zuzuführen (§ 5 Abs. 3 Satz 3). Die Vorschrift blieb unverändert.

25 Nr. 6 stellt Verstöße gegen die Pflicht von Herstellern und Vertreibern zur Beteiligung der erstmals mit Ware befüllten und für den privaten Endverbraucher bestimmten Verkaufsverpackungen an einem oder mehreren dualen Systemen unter Bußgeld (§ 6 Abs. 1 Satz 1). Die Vorschrift wurde durch die 5. Novelle neu aufgenommen.

26 Nr. 7 ahndet Verstöße gegen die Pflicht der Letztvertreiber, nur noch Verkaufsverpackungen an den privaten Endverbraucher abzugeben, für die die Beteiligung an einem oder mehreren dualen Systemen nachgewiesen ist (§ 6 Abs. 1 Satz 3). Die Vorschrift wurde durch die 5. Novelle neu aufgenommen.

27 Nr. 8 betrifft Verstöße von Herstellern und Vertreibern, die sich für eine branchenbezogene Selbstentsorgungslösung entschieden haben, gegen die auch ihnen obliegenden Pflichten zur Führung eines Mengenstromnachweises (entsprechende Anwendung von Anhang I Nr. 4 Satz 2) und seiner vorgeschriebenen Struktur (entsprechende Anwendung von Anhang I Nr. 4 Satz 3). Die Vorschrift wurde mit der 5. Novelle neu aufgenommen.

28 Nr. 9 soll sicherstellen, dass der Mengenstromnachweis richtig, vollständig und rechtzeitig hinterlegt wird (§ 6 Abs. 2 Satz 3 i. V. mit Anhang I Nr. 4 Satz 9).

29 Nr. 10 dient dazu, die „rechtzeitige" Vorlage des auf Verlangen der Behörde vorzulegenden Mengenstromnachweis sicherzustellen. Mit dieser Bestimmung werden durchaus Zweifel hinsichtlich der Vereinbarkeit mit Art. 103 Abs. 2 GG geweckt: Wie bemisst sich die Zeitspanne „rechtzeitig", nachdem die Behörde ihr Verlangen geäußert hat?

30 Nr. 11 bis Nr. 16 befassen sich mit Pflichtverstößen dualer Systeme; sie entsprechen im Wesentlichen den Nrn. 9 bis 14 von § 15 a. F. Jedoch ist Nr. 11 a. F. ersatzlos entfallen, da mit der 5. Novelle auch die Ausgangsnorm (Anhang I zu § 6 Abs. 3 Nr. 3) entfallen ist. Im Übrigen sind unverändert die folgenden Pflichten dualer Systeme mit Bußgeld bewehrt:

– Nr. 11: die Pflicht, erfasste Verkaufsverpackungen einer Verwertung zuzuführen (§ 6 Abs. 3 Satz 2)
– Nr. 12: die Pflicht, Verpackungen beim privaten Endverbraucher oder in dessen Nähe zu erfassen (§ 6 Abs. 3 Satz 2 i. V. mit Anhang I Nr. 2 Abs. 1 Satz 1)
– Nr. 13: die Pflicht zur Erstellung eines Mengenstromnachweises zum 1. Mai für das vorausgegangene Kalenderjahr (§ 6 Abs. 3 Satz 2 i. V. mit Anhang I Nr. 2 Abs. 3 Satz 3)
– Nr. 14: die Pflichten zur Hinterlegung der Bescheinigung eines unabhängigen Sachverständigen bis zum 1. Juni eines Jahres (§ 6 Abs. 3 Satz 2 i. V. mit Anhang I Nr. 2 Abs. 3 Satz 5)
– Nr. 15: die Pflicht zur rechtzeitigen Vorlage des Mengenstromnachweises auf Verlangen der zuständigen Behörde (§ 6 Abs. 3 Satz 2 i. V. mit Anhang I Nr. 2 Abs. 3 Satz 7) sowie

- Nr. 16: die Pflicht zur Nachweisführung bis zum 1. Mai eines Jahres über Verkaufsverpackungen schadstoffhaltiger Füllgüter, die in das duale System des Antragstellers „eingebracht" wurden (§ 6 Abs. 3 Satz 2 i. V. mit Anhang I Nr. 3 Abs. 3 Satz 1).

Nrn. 17 bis 20 können auch als „Vorratsordnungswidrigkeiten" betrachtet werden, da sie mit Geldbußen das Unterlassen von Handlungen bewirken, die nur ausgelöst werden können, wenn es kein duales System – mehr – gibt. Dann nämlich müsste sichergestellt sein, dass **31**

- Nr. 17: die Verpackungen im Wege der Selbstentsorgung zurückgenommen werden (§ 6 Abs. 8 Satz 1),
- Nr. 18: die Dokumentationspflichten erfüllt werden (§ 6 Abs. 8 Satz 1 oder § 6 i. V. mit Anhang I Nr. 4 Satz 2),
- Nr. 19: ein Ordnungswidrigkeitenverfahren eingeleitet werden kann, wenn die Hinterlegung des Mengenstromnachweises nicht, nicht richtig, nicht vollständig oder nicht rechtzeitig erfolgt, wobei die Frage erlaubt sein muss, wie ein „nicht vollständiger" von einem „nicht richtigen" Mengenstromnachweis abzugrenzen ist (§ 6 Abs. 8 Satz 1 oder § 6 i. V. mit Anhang I Nr. 4 Satz 9) und
- Nr. 20: der Mengenstromnachweis auf Verlangen der zuständigen Behörde rechtzeitig vorgelegt wird (§ 6 Abs. 8 Satz 1 oder § 6 i. V. mit Anhang I Nr. 4 Satz 11).

Nr. 21 bezweckt die Gewährleistung der Pflicht zur Rücknahme und Verwertung einer an gewerblicher Anfallstelle angefallenen Verkaufsverpackung (§ 7 Abs. 1 Satz 1 oder Abs. 2 Satz 1). **32**

Nrn. 22 bis 25 ahnden Verstöße gegen Pflichten, die im Zusammenhang mit der Rücknahme und Verwertung von Verkaufsverpackungen schadstoffhaltiger Füllgüter stehen, nämlich **33**

- Nr. 22: die Pflicht zur Einrichtung von Rückgabemöglichkeiten in zumutbarer Entfernung (§ 8 Abs. 1 Satz 1),
- Nr. 23: die Pflicht, derartige Verpackungen einer erneuten Verwendung oder einer Verwertung, im Falle von PU-Schaumdosen einer vorrangig stofflichen Verwertung zuzuführen (§ 8 Abs. 2),
- Nr. 24: die Pflicht, einen Mengenstromnachweis zu führen (§ 8 Abs. 3 Satz 1 i. V. mit Anhang I Nr. 4 Satz 2 oder 3) sowie
- Nr. 25: die Pflicht zur „rechtzeitigen" Vorlage des Mengenstromnachweises (§ 8 Abs. 3 Satz 2).

Nrn. 26 bis 28 belegen Verstöße gegen die Pflichten zur Erhebung und Rückerstattung des Pfandes von Einweggetränkeverpackungen mit einer Bußgeldandrohung, und zwar bezüglich **34**

- Nr. 26: der Pflicht zur Pfanderhebung und Pfanderstattung (§ 9 Abs. 1 Satz 1, 3 oder 5),
- Nr. 27: der Pflicht zur Kennzeichnung einer pfandpflichtigen Einweggetränkeverpackung als „pfandpflichtig" sowie der Pflicht, sich an einem bundesweiten Pfandsystem zu beteiligen (§ 9 Abs. 1 Satz 4), und
- Nr. 28: der Pflicht, eine Pfanderstattung nur bei gleichzeitiger Rücknahme der bepfandeten Einweggetränkeverpackung vorzunehmen (§ 9 Abs. 1 Satz 6).

35 Nrn. 29 und 30 sollen die Pflichtenerfüllung im Zusammenhang mit der Erstellung und Hinterlegung der Vollständigkeitserklärung (§ 10 Abs. 1 Satz 1, Nr. 29) sowie die Hinterlegung der nach § 10 Abs. 2 erforderlichen Information (§ 10 Abs. 6 Satz 1, Nr. 30) sicherstellen. Die Vorschriften sind durch die 5. Novelle neu eingefügt worden.

36 Nr. 31 droht denjenigen Bußgeld an, die eine infolge einer Überschreitung der mit § 13 verordneten Grenzwerte für Schwermetalle nicht verkehrsfähige Verpackung gleichwohl in Verkehr bringen (§ 13 Abs. 1).

37 Nr. 32 ahndet die Verwendung anderer Nummern und Abkürzungen zur Identifizierung des Verpackungsmaterials, als sie in Anhang IV festgelegt sind (§ 14 Satz 2).

e) Opportunitätsprinzip des OWi-Verfahrens

38 Gemäß § 61 Abs. 3 KrW-/AbfG kann die Ordnungswidrigkeit mit einer Geldbuße bis zu 50 000,00 € – jedoch in jedem Einzelfall – geahndet werden. Das Wort „kann" weist auf das Opportunitätsprinzip hin, das das Recht der Ordnungswidrigkeiten beherrscht (vgl. Ekkenga, BB 1993, 945 (947); Versteyl in: Kunig/Paetow/Versteyl, KrW-/AbfG 2003, RN 25 ff. zu § 61 KrW-/AbfG). Nach § 47 Abs. 1 OWiG liegt die Verfolgung von Ordnungswidrigkeiten im „pflichtgemäßen Ermessen" der Behörde. Diese ist danach – im Gegensatz zum Strafverfahren, wo der Legalitätsgrundsatz die Verfolgung zwingend verlangt (§ 152 Abs. 2 StPO) – nicht stets verpflichtet, ein Bußgeldverfahren einzuleiten und durchzuführen, sondern kann z. B. aus Zweckmäßigkeitsgesichtspunkten im Einzelfall darauf verzichten (vgl. dazu Göhler 1995, OWiG, § 47 RN 1 ff.).

39 Ist eine Ordnungswidrigkeit als geringfügig zu beurteilen, kann die zuständige Behörde von der Durchführung eines Bußgeldverfahrens sogar ganz absehen und eine Verwarnung erteilen (§ 56 Abs. 1 OWiG). Dabei soll ein Verwarnungsgeld vorgesehen werden, wenn die Verwarnung ohne Verwarnungsgeld unzureichend ist. Für die Einstufung einer Ordnungswidrigkeit als geringfügig sind vor allem das Maß der Gefährdung oder Schädigung der geschützten Umweltgüter sowie das Täterverhalten im Einzelfall nach pflichtgemäßem Ermessen zu berücksichtigen.

3. Zuständige Landesbehörden

40 Zuständig für den Erlass von Verwaltungsakten und die Verfolgung von Ordnungswidrigkeiten sind die gemäß § 63 KrW-/AbfG zuständigen Landesbehörden. Diese werden durch die Landesregierungen oder die von ihnen autorisierten Stellen bestimmt, soweit eine Regelung nicht durch Landesgesetz oder Landesverordnung erfolgt.

4. Gerichtliche Kontrolle

41 Wird eine Ordnungswidrigkeit gemäß § 15 von der Behörde geahndet, so ergeht ein Bußgeldbescheid, dessen Inhalt sich nach § 66 OWiG bestimmt. Dagegen hat der Betroffene die Möglichkeit des Einspruchs (§ 67 OWiG), über den das Amtsgericht entscheidet, in dessen Bezirk die Abfallbehörde ihren Sitz hat (§ 68 OWiG).

§ 16
Übergangsvorschriften

(1) Verpackungen, die vor dem Inkrafttreten der Verordnung für eine Ware verwendet wurden, dürfen abweichend von den §§ 13 und 14 in Verkehr gebracht werden.

(2) Die §§ 6 und 7 finden für Kunststoffverpackungen, die aus biologisch abbaubaren Werkstoffen hergestellt sind und deren sämtliche Bestandteile gemäß einer herstellerunabhängigen Zertifizierung nach anerkannten Prüfnormen kompostierbar sind, bis zum 31. Dezember 2012 keine Anwendung. Die Hersteller und Vertreiber haben sicherzustellen, dass ein möglichst hoher Anteil der Verpackungen einer Verwertung zugeführt wird. § 9 findet für Einweggetränkeverpackungen aus Kunststoff, die die in Satz 1 genannten Voraussetzungen erfüllen und zu mindestens 75 Prozent aus nachwachsenden Rohstoffen hergestellt sind, bis zum 31. Dezember 2012 keine Anwendung, soweit sich Hersteller und Vertreiber hierfür an einem oder mehreren Systemen nach § 6 Abs. 3 beteiligen. Die Erfüllung der in Satz 3 genannten Bedingung, wonach die Einweggetränkeverpackung zu mindestens 75 Prozent aus nachwachsenden Rohstoffen hergestellt werden muss, ist durch einen unabhängigen Sachverständigen im Sinne des Anhangs I Nr. 2 Abs. 4 nachzuweisen. Im Übrigen bleibt § 9 unberührt. Im Fall des Satzes 3 und soweit Einweggetränkeverpackungen aus biologisch abbaubaren Kunststoffen nach Satz 1 nach § 9 Abs. 2 keiner Pfandpflicht unterliegen, haben sich Hersteller und Vertreiber abweichend von Satz 1 hierfür an einem System nach § 6 Abs. 3 zu beteiligen, soweit es sich um Verpackungen handelt, die beim privaten Endverbraucher anfallen.

(3) § 10 gilt mit der Maßgabe, dass die Erklärung nach § 10 Abs. 1 erstmals zum 1. Mai 2009 für die im Jahr 2008 ab dem 5. April 2008 in Verkehr gebrachten Verpackungen zu hinterlegen ist.

Gliederungsübersicht

		RN
I.	Vorbemerkung	1
II.	Erläuterungen	2–8
1.	Ausnahmen für Altverpackungen (Abs. 1)	2
2.	Kunststoffverpackungen aus biologisch abbaubaren Werkstoffen (Abs. 2)	3–7
	a) Befreiung von den Systembeteiligungs- und Rücknahmepflichten (Satz 1 und 2)	3, 4
	b) Befreiung von den Pfanderhebungs- und Rücknahmepflichten (Satz 3 und 4)	5
	c) Ergänzende Geltung der Pfanderhebungs- und Rücknahmepflichten sowie der Systembeteiligungspflicht (Satz 5 und 6)	6, 7
3.	Erstmalige Hinterlegung der Vollständigkeitserklärung (Abs. 3)	8

I. Vorbemerkung

Der vom BMU im März 2007 vorgelegte Referentenentwurf wurde nach zum Teil **1** heftigen Auseinandersetzungen mit dem BMWi am 19.9.2007 vom Bundeskabinett beschlossen (BT-Drs. 16/6400; vgl. zum Folgenden auch Rummler/Seitel,

AbfallR 2008, 129 (130) sowie Pauly, AbfallR 2008, 46). Die Zustimmung des Bundestages erfolgte dann am 8.11.2007 (BT-Drs. 16/6982) und die des Bundesrates am 20.12.2007 (BR-Drs. 800/07 (Beschluss)), wobei Letzterer eine Reihe von Änderungen beschloss, die wiederum vom Bundeskabinett am 30.1.2008 (BT-Drs. 16/7954) und vom Bundestag am 21.2.2008 (BT-Drs. 16/8216) akzeptiert wurden. Wegen der ausführlichen Stellungnahmen von Großbritannien, Frankreich und Luxemburg verlängerte sich die Stillhaltefrist im EU-Notifizierungsverfahren (Verfahren nach Art. 8 der Richtlinie 98/34/EG) bis zum 31.3.2008, so dass die Verkündung der Artikelverordnung im Bundesgesetzblatt erst am 4.4.2008 erfolgte (BGBl. I, S. 531).

Artikel 4 der 5. Änderungsverordnung sieht ein zeitlich gestuftes Inkrafttreten vor:

– Als Erstes treten zum 5.4.2008 die Regelungen zur Vollständigkeitserklärung in Kraft.
– Bis auf eine Ausnahme treten dann alle anderen Vorschriften zum 1.1.2009 in Kraft.
– Die in Artikel 2 der 5. Änderungsverordnung vorgenommene Neuregelung der Pfandpflicht für diätetische Getränke tritt erst zum 1.4.2009 in Kraft.

§ 16 enthält in Abs. 1 und 2 ergänzend zu Artikel 4 der 5. Änderungsverordnung besondere Befreiungsvorschriften für Alt- und Kunststoffverpackungen aus biologisch abbaubaren Materialien. Absatz 3 enthält eine Klarstellung zur Abgabe der ersten Vollständigkeitserklärung.

II. Erläuterungen

1. Ausnahmen für Altverpackungen (Abs. 1)

2 § 16 Abs. 1 wurde mit der Novelle 1998 (BGBl. I, S. 2379) in die Verordnung eingefügt. Insofern fallen Altverpackungen nicht unter den Anwendungsbereich der §§ 13 und 14 (Konzentration von Schwermetallen und Kennzeichnungspflicht), sofern sie vor dem 27.8.1998 verwendet wurden. Angesichts des zwischenzeitlich erfolgten Zeitablaufs hat die Vorschrift weitestgehend ihre Bedeutung verloren.

2. Kunststoffverpackungen aus biologisch abbaubaren Werkstoffen (Abs. 2)

a) Befreiung von den Systembeteiligungs- und Rücknahmepflichten (Satz 1 und 2)

3 Mit der 5. Änderungsverordnung ist Satz 1 lediglich redaktionell angepasst worden. Ansonsten hat diese Ausnahmeregelung keine Änderung erfahren.

4 Damit ist weiterhin für Kunststoffverpackungen, die aus biologisch abbaubaren Werkstoffen (BAW) hergestellt sind und deren sämtliche Bestandteile gemäß einer herstellerunabhängigen Zertifizierung nach anerkannten Prüfnormen kompostierbar sind, die Geltung der Systembeteiligungs- und Rücknahmepflichten nach §§ 6 und 7 bis zum 31.12.2012 ausgesetzt. Der Verordnungsgeber hat diese Ausnahmeregelung mit der 3. Änderungsverordnung (BT-Drs. 15/4107 sowie BT-Drs. 15/4642) aufgenommen, um die Herstellung und Verbreitung von aus biologisch abbaubaren Werkstoffen hergestellten Kunststoffverpackungen zu fördern.

Da bei deren Produktion in erheblichem Maße erneuerbare Ressourcen eingesetzt werden, stellen diese Verpackungen eine wichtige Zukunftstechnologie dar und bilden ein Instrument zur Einsparung fossiler Ressourcen und des Klimaschadstoffs CO_2 (BT-Drs. 15/4642, S. 14).

Weil der Marktanteil dieser Kunststoffverpackungen derzeit noch sehr gering ist, stellen die Vorgaben der Verpackungsverordnung insbesondere wegen der Erfordernisse einer flächendeckenden Erfassung und Gewährleistung einer Verwertungsquote eine sehr hohe Hürde dar, die im Interesse der angestrebten Markteinführung dieser Verpackungsart zumindest für einen bestimmten Zeitraum beseitigt werden soll. Diesem Ziel dient die bis zum 31.12.2012 geltende Ausnahmeregelung.

Der Nachweis der Kompostierbarkeit nach normierten Prüfmethoden (DIN V 54900, DIN EN 13432) und die herstellerunabhängige Zertifizierung sind wichtige Voraussetzungen, damit nur geeignete Produkte in die Kompostierung gelangen. Da der Verpackungsmarkt das voraussichtlich größte Anwendungsgebiet von biologisch abbaubaren Werkstoffen darstellt, ist seine Entwicklung von entscheidender Bedeutung für die gesamte Entwicklung von Biokunststoffen. Die Regelung ist daher ein wesentlicher Beitrag zur Förderung dieser Entwicklung.

b) Befreiung von den Pfanderhebungs- und Rücknahmepflichten (Satz 3 und 4)

Mit der 5. Änderungsverordnung wurde eine spezielle Privilegierung von Kunststoffgetränkeverpackungen aus BAW aufgenommen. Die Begründung gleicht inhaltlich weitestgehend der der 3. Änderungsverordnung. Insoweit erschien es der Bundesregierung gerechtfertigt, diese Verpackungen wegen ihres großen Anwendungsbereichs und der Einschätzung als Zukunftstechnologie bis zum 1.1.2010 mit ökologisch vorteilhaften Einweggetränkeverpackungen (§ 3 Abs. 4) gleich zu behandeln (BT-Drs. 16/6400, S. 24). Der Bundesrat verlängerte dann die Frist – im Gleichklang mit der Regelung in Satz 1 – auf den 31.12.2012 (BR-Drs. 800/07 (Beschluss), Nr. 12).

Die Befreiung von den Pfandpflichten aus § 9 ist zusätzlich daran geknüpft, dass auch eine Systembeteiligung nach § 6 Abs. 1 vorliegt. Zudem muss der Nachweis, dass die Getränkeverpackungen zu mindestens 75 % aus nachwachsenden Rohstoffen hergestellt sind, durch Bescheinigung eines Sachverständigen für Verpackungsentsorgung nach Anhang I Nr. 2 Abs. 4 erfolgen.

c) Ergänzende Geltung der Pfanderhebungs- und Rücknahmepflichten sowie der Systembeteiligungspflicht (Satz 5 und 6)

Satz 5 hat lediglich klarstellende Funktion, indem er festschreibt, dass die Pfand- und Rücknahmepflichten nach § 9 im Übrigen unberührt bleiben.

Satz 6 ist sprachlich etwas missglückt. Inhaltlich manifestiert er die Systembeteiligungspflicht nach § 6 Abs. 1 für Einweggetränkeverpackungen aus BAW, sofern sie von der Pfandpflicht befreit sind. Mit dem sprachlichen Bezug auf Satz 3 erfolgt insoweit eine Doppelregelung, da die Systembeteiligungspflicht dort bereits als Voraussetzung für die Befreiung von der Pfandpflicht normiert ist. Im Übrigen entspricht die Regelung § 9 Abs. 3, so dass auf die dort gemachten Ausführungen verwiesen wird.

3. Erstmalige Hinterlegung der Vollständigkeitserklärung (Abs. 3)

8 Die von der Bundesregierung ursprünglich vorgesehene Regelung, wonach die Vollständigkeitserklärung „erstmals zum 1.5.2009 für das Jahr 2008 zu hinterlegen ist" (BT-Drs. 16/6400, S. 11), wurde im Bundesrat aus Gründen des Rückwirkungsverbotes ergänzt (BR-Drs. 800/07 (Beschluss), Nr. 13). Insoweit erfasst die Nachweis- und Hinterlegungspflicht nur Verpackungen, die seit dem Tag nach Verkündung der Änderungsverordnung in Verkehr gebracht wurden.

§ 17[1])
Inkrafttreten
– aufgehoben –

---

1) Die Verordnung in ihrer ursprünglichen Fassung ist am 27. August 1998 in Kraft getreten. § 8 Abs. 1 Satz 7, § 8 Abs. 2 Satz 1 Nr. 3, soweit er sich auf Erfrischungsgetränke ohne Kohlensäure bezieht, und § 8 Abs. 2 Satz 1 Nr. 4 treten am 1. Mai 2006 in Kraft.

Anhang I
(zu § 6)

1. Anforderungen an die Verwertung von Verkaufsverpackungen, die beim privaten Endverbraucher anfallen

(1) Systeme nach § 6 Abs. 3 haben hinsichtlich der Verpackungen, für die sich Hersteller oder Vertreiber an ihrem System beteiligen, die Verwertungsanforderungen der Absätze 2 bis 4 zu erfüllen.

(2) Im Jahresmittel müssen mindestens folgende Mengen an Verpackungen in Masseprozent einer stofflichen Verwertung zugeführt werden:

Material	
Glas	75 Prozent
Weißblech	70 Prozent
Aluminium	60 Prozent
Papier, Pappe, Karton	70 Prozent
Verbunde	60 Prozent.

Soweit Verbunde einem eigenen Verwertungsweg zugeführt werden, ist ein eigenständiger Nachweis der Quote nach Satz 1 zulässig. Für Verbunde, die in einem Strom eines der vorgenannten Hauptmaterialien erfasst und einer Verwertung zugeführt werden, ist die Quote nach Satz 1 durch geeignete Stichprobenerhebungen nachzuweisen. Es ist sicherzustellen, dass Verbunde mit der Hauptmaterialkomponente stofflich verwertet werden, soweit nicht die stoffliche Verwertung einer anderen Materialkomponente den Zielen der Kreislaufwirtschaft näher kommt, und im Übrigen die anderen Komponenten verwertet werden. Kunststoffverpackungen sind zu mindestens 60 Prozent einer Verwertung zuzuführen, wobei wiederum 60 Prozent dieser Verwertungsquote durch Verfahren sicherzustellen sind, bei denen stoffgleiches Neumaterial ersetzt wird oder der Kunststoff für eine weitere stoffliche Nutzung verfügbar bleibt (werkstoffliche Verfahren).

(3) Verpackungen aus Materialien, für die keine Verwertungsquoten vorgegeben sind, sind einer stofflichen Verwertung zuzuführen, soweit dies technisch möglich und wirtschaftlich zumutbar ist. Bei Verpackungen, die unmittelbar aus nachwachsenden Rohstoffen hergestellt sind, ist die energetische Verwertung der stofflichen Verwertung gleichgestellt.

(4) Die tatsächlich erfasste Menge an Verpackungen ist unbeschadet des Absatzes 2 einer Verwertung zuzuführen, soweit dies technisch möglich und wirtschaftlich zumutbar ist. Dies gilt auch im Fall der Mitbenutzung von Einrichtungen der öffentlich-rechtlichen Entsorgungsträger gemäß § 6 Abs. 4. Ansonsten sind sie nach den Grundsätzen der gemeinwohlverträglichen Abfallbeseitigung gemäß den §§ 10 und 11 des Kreislaufwirtschafts- und Abfallgesetzes zu beseitigen; dabei sind sie den öffentlich-rechtlichen Entsorgungsträgern zu überlassen, soweit sie nicht in eigenen Anlagen beseitigt werden oder soweit überwiegende öffentliche Interessen eine Überlassung erfordern.

2. Allgemeine Anforderungen an Systeme nach § 6 Abs. 3

(1) Die Betreiber der Systeme nach § 6 Abs. 3 haben sicherzustellen, dass Verpackungen beim privaten Endverbraucher (Holsysteme) oder in dessen Nähe durch geeignete Sammelsysteme (Bringsysteme) oder durch eine Kombination beider Systeme erfasst werden. Die Sammelsysteme müssen geeignet sein, alle am System beteiligten Verpackungen regelmäßig zu erfassen. Die Erfassung ist auf private Endverbraucher zu beschränken.

(2) Die Betreiber der Systeme nach § 6 Abs. 3 haben sicherzustellen, dass

1. für die in das System aufgenommenen Verpackungen tatsächlich Verwertungskapazitäten vorhanden sind,
2. die nach Nummer 1 dieses Anhangs festgelegten Anforderungen an die Wertstoffverwertung nachgewiesen werden und
3. falls der Systembetrieb eingestellt wird, die in den Sammeleinrichtungen des Systems tatsächlich erfassten Verpackungen entsorgt werden.

(3) Jeder Betreiber von Systemen nach § 6 Abs. 3 hat in überprüfbarer Form Nachweise über die erfassten und über die einer stofflichen und einer energetischen Verwertung zugeführten Mengen zu erbringen. Dabei ist in nachprüfbarer Weise darzustellen, welche Mengen in den einzelnen Ländern erfasst wurden. Der Nachweis ist jeweils zum 1. Mai des darauf folgenden Jahres auf der Grundlage der vom Antragsteller nachgewiesenen Menge an Verpackungen, die in das System eingebracht sind, aufgeschlüsselt nach Verpackungsmaterialien zu erbringen. Die Erfüllung der Erfassungs- und Verwertungsanforderungen ist durch einen unabhängigen Sachverständigen nach Absatz 4 auf der Grundlage der Nachweise zu bescheinigen. Die Bescheinigung ist vom Systembetreiber bei der nach § 32 Abs. 2 des Umweltauditgesetzes benannten Stelle jeweils zum 1. Juni zu hinterlegen. Die Bescheinigung ist von dieser Stelle der für die Abfallwirtschaft zuständigen obersten Landesbehörde oder der von ihr bestimmten Behörde vorzulegen. Die dazugehörigen Nachweise gemäß Satz 1 sind der Behörde auf Verlangen vorzulegen.

(4) Unabhängiger Sachverständiger nach Absatz 3 ist

1. wessen Befähigung durch ein Mitglied des Deutschen Akkreditierungsrates in einem allgemein anerkannten Verfahren festgestellt ist,
2. ein unabhängiger Umweltgutachter gemäß § 9 oder eine Umweltgutachterorganisation gemäß § 10 des Umweltauditgesetzes oder
3. wer nach § 36 der Gewerbeordnung öffentlich bestellt ist.

3. Beteiligung an Systemen nach § 6 Abs. 3

(1) Verpackungen von Füllgütern im Sinne des § 8 dürfen in Systeme nach § 6 Abs. 3 grundsätzlich nicht aufgenommen werden. Der Antragsteller kann solche Verpackungen in sein System aufnehmen, wenn Hersteller oder Vertreiber durch Gutachten eines unabhängigen Sachverständigen unter Berücksichtigung des gewöhnlichen Verbraucherverhaltens die Systemverträglichkeit glaubhaft machen.

(2) Der Träger des Systems hat den beteiligten Herstellern und Vertreibern die Beteiligung am System zu bestätigen.

(3) Der Antragsteller hat jeweils zum 1. Mai eines Jahres gegenüber der Antragsbehörde Nachweis zu führen, in welchem Umfang Hersteller oder Vertreiber im Vorjahr im Geltungsbereich der Verordnung Verkaufsverpackungen in sein System eingebracht haben. Der Nachweis ist aufgeschlüsselt nach Verpackungsmaterialien durch Testat eines Wirtschaftsprüfers zu bestätigen. Als eingebracht gelten sämtliche Verpackungen, für die sich Hersteller oder Vertreiber an dem System beteiligen.

(4) Die Antragsbehörde kann auf Kosten des Antragstellers selbst oder durch eine geeignete Einrichtung die Nachweise überprüfen. Soweit durch die Aufnahme von Verpackungen in das System zu befürchten ist, dass das Wohl der Allgemeinheit, insbesondere die Gesundheit und das Wohlbefinden der Menschen beeinträchtigt wird, kann die Antragsbehörde verlangen, dass der Antragsteller die Systemverträglichkeit der entsprechenden Verpackung glaubhaft macht. Die Antragsbehörde kann die Aufnahme der Verpackung im Einzelfall untersagen, wenn die Systemverträglichkeit nicht glaubhaft gemacht wird.

4. Allgemeine Anforderungen an Verpflichtete nach § 6 Abs. 8

Hersteller und Vertreiber, die zur Rücknahme von Verpackungen gemäß § 6 Abs. 8 verpflichtet sind, haben über die Erfüllung der Rücknahme- und Verwertungsanforderungen Nachweis zu führen. Hierzu sind bis zum 1. Mai eines Jahres die im vorangegangenen Kalenderjahr in Verkehr gebrachten sowie zurückgenommenen und verwerteten Verkaufsverpackungen in nachprüfbarer Weise zu dokumentieren. Die Dokumentation ist in Masse zu erstellen, aufgeschlüsselt nach den einzelnen Verpackungsmaterialien. Mehrwegverpackungen und bepfandete Einweggetränkeverpackungen nach § 9 Abs. 1 Satz 1 dürfen in die Dokumentation nicht aufgenommen werden. Ein Zusammenwirken mehrerer Hersteller und Vertreiber ist zulässig. Jeder dieser Hersteller und Vertreiber muss die Erfüllung der Rücknahme- und Verwertungsanforderungen gemäß § 6 Abs. 8 durch die Einrichtung geeigneter Erfassungs- und Verwertungsstrukturen sicherstellen. In diesem Falle ist es ausreichend, wenn die zusammenwirkenden Hersteller und Vertreiber die Verwertungsanforderungen als Gemeinschaft insgesamt erfüllen. Die Erfüllung der Rücknahme- und Verwertungsanforderungen ist durch einen unabhängigen Sachverständigen nach Nummer 2 Abs. 4 auf der Grundlage der Dokumentation zu bescheinigen. Die Bescheinigung ist von den verpflichteten Herstellern und Vertreibern bei der nach § 32 Abs. 2 des Umweltauditgesetzes benannten Stelle jeweils bis zum 1. Juni zu hinterlegen. Die Bescheinigung ist von der in Satz 9 genannten Stelle der für die Abfallwirtschaft zuständigen obersten Landesbehörde oder der von ihr bestimmten Behörde vorzulegen. Die dazugehörige Dokumentation gemäß den Sätzen 2 und 3 ist der zuständigen Behörde auf Verlangen vorzulegen. Im Fall des Zusammenwirkens mehrerer Hersteller und Vertreiber nach Satz 5 hat die Bescheinigung sämtliche zusammenwirkende Hersteller und Vertreiber mit Namen und Sitz auszuweisen. Vertreiber mit einer Verkaufsfläche von weniger als 200 Quadratmetern, die zur Rücknahme von Verpackungen gemäß § 6 Abs. 8 verpflichtet sind, können auf die Bescheinigung der vorgelagerten Vertreiberstufe verweisen. Als Verkaufsfläche zählt bei Herstellern und Vertreibern mit mehreren Filialbetrieben die Gesamtfläche aller Betriebe.

IV Anhang I zu § 6

Gliederungsübersicht

RN

I. Vorbemerkung 1
II. Erläuterungen 2–35
  1. Anforderungen an die Verwertung von Verkaufsverpackungen, die beim privaten Endverbraucher anfallen 2–16
     a) Genereller Umfang der Anforderungen (Nr. 1 Abs. 1) 2
     b) Vorgaben für die Verwertung (Nr. 1 Abs. 2) 3–12
        aa) Allgemeine Vorgaben für die stoffliche Verwertung 3–5
        bb) Besondere Vorgaben für Verbunde 6–10
        cc) Besondere Vorgaben für Kunststoffe 11, 12
     c) Nichtquotierte Materialien und Verpackungen aus nachwachsenden Rohstoffen (Nr. 1 Abs. 3) 13, 14
     d) Weitergehende Verwertungs- und Andienungspflichten (Nr. 1 Abs. 4) 15, 16
  2. Allgemeine Anforderungen an Systeme nach § 6 Abs. 3 17–24
     a) Systemausgestaltung (Nr. 2 Abs. 1) 18–20
     b) Obliegenheiten der Systembetreiber (Nr. 2 Abs. 2) 21
     c) Erfassungs- und Verwertungsnachweis (Nr. 2 Abs. 3) 22, 23
     d) Bestellung und Zertifizierung von Sachverständigen (Nr. 2 Abs. 4) 24
  3. Beteiligung an Systemen nach § 6 Abs. 3 25–29
     a) Verpackungen schadstoffhaltiger Füllgüter (Nr. 3 Abs. 1) 25, 26
     b) Bestätigung der Systembeteiligung (Nr. 3 Abs. 2) 27
     c) Nachweis des Umfangs der Systembeteiligung (Nr. 3 Abs. 3) 28
     d) Überprüfung durch die Antragsbehörde (Nr. 3 Abs. 4) 29
  4. Allgemeine Anforderungen an Verpflichtete nach § 6 Abs. 8 ... 30–35
     a) Allgemeine Nachweispflicht (Nr. 4 Satz 1) 31
     b) Dokumentationspflicht (Nr. 4 Satz 2–4) 32
     c) Zusammenwirken von Herstellern und Vertreibern, Sachverständigenbescheinigung (Nr. 4 Satz 5–13) 33–35

I. Vorbemerkung

1 Anhang I ergänzt § 6 dahingehend, dass er weitere qualitative und quantitative Vorgaben definiert, denen Systeme nach § 6 Abs. 3 oder aber – sofern diese nicht/nicht mehr existieren – die dann individuell Verpflichteten nach § 6 Abs. 8 genügen müssen. Anhang I war immer auch Gegenstand der vorausgegangenen Novellen und hat deshalb schon manche Änderungen erfahren. Richtete sich die ursprüngliche Fassung von 1991 diesbezüglich noch allein an Systeme nach § 6 Abs. 3, wurde diese Vorschrift mit der Novelle von 1998 in ihrer Struktur völlig verändert und galt gleichermaßen für Selbstentsorger mit dem Ziel, das sog. „Trittbrettfahren" von Unternehmen einzugrenzen. Die 4. Änderungsnovelle aus dem Jahr 2006 führte neben redaktionellen Anpassungen auch zu Ergänzungen, die die rechtliche Zulässigkeit der Selbstentsorgung von Verkaufsverpackungen konkretisierten. Mit dem Systemwechsel in der 5. Novelle geht notwendigerweise auch eine grundlegende strukturelle Umkehrung in Anhang I einher. Insgesamt hat sich aber der materielle Inhalt dieser Vorschrift im Vergleich zur VerpackV a. F. kaum verändert.

II. Erläuterungen

1. Anforderungen an die Verwertung von Verkaufsverpackungen, die beim privaten Endverbraucher anfallen

a) Genereller Umfang der Anforderungen (Nr. 1 Abs. 1)

Nr. 1 Abs. 1 legt lediglich einleitend fest, nach welchen Vorschriften duale Systeme nach § 6 Abs. 3 den Anforderungen an die Verwertung von Verkaufsverpackungen nachkommen müssen. Einen weitergehenden eigenen Regelungsinhalt hat dieser Absatz nicht. 2

b) Vorgaben für die Verwertung (Nr. 1 Abs. 2)

aa) Allgemeine Vorgaben für die stoffliche Verwertung

Abs. 2 Satz 1 enthält für die als Verpackungsmaterial verwendeten Hauptmaterialien Quoten (sog. quotierte Verpackungen), wonach je nach Verpackungsmaterial unterschiedliche Mindestmengen einer stofflichen Verwertung zugeführt werden müssen. Mit der Novelle von 1998 wurden die zuvor noch geltenden Erfassungs- und Sortierquoten durch Verwertungsquoten abgelöst, d. h. zur Erfüllung der quantitativen Anforderungen ist allein darauf abzustellen, welche Verpackungsmengen einer stofflichen Verwertung zugeführt und nicht darauf, in welchem Umfang die Materialien erfasst und aussortiert werden. Dabei ist Berechnungsgrundlage das Kalenderjahr. 3

Die aussortierten Verpackungen sind einer stofflichen Verwertung zuzuführen. Gemäß § 4 Abs. 3 KrW-/AbfG beinhaltet die stoffliche Verwertung die Substitution von Rohstoffen durch das Gewinnen von Stoffen aus Abfällen (Sekundärrohstoffe) oder die Nutzung der stofflichen Eigenschaften der Abfälle für den ursprünglichen Zweck oder für andere Zwecke mit Ausnahme der unmittelbaren Energierückgewinnung. D. h. im Umkehrschluss, dass die energetische Verwertung für die in Abs. 2 Satz 1 genannten Materialien und Mengen ausgeschlossen ist. 4

In der Verordnung selbst ist nicht geklärt, wann die Voraussetzungen für eine „Zuführung" zur Verwertung vorliegen. Die Bund/Länder-Arbeitsgemeinschaft Abfall (LAGA) stellt in der von ihr verabschiedeten Richtlinie für die Führung von Mengenstromnachweisen insoweit auf den Letztempfänger als Endpunkt des Mengenstromnachweises ab. Danach ist dies die Anlage, in der ein Produkt oder ein Sekundärrohstoff hergestellt wird, das keiner weiteren abfallspezifischen Behandlung mehr bedarf. Ein Nachweis nur bis zum Händler reicht dagegen nicht aus. Ebenso erfüllt eine Sortierung oder Zwischenlagerung nicht das Merkmal „einer Verwertung zugeführt". 5

bb) Besondere Vorgaben für Verbunde

Abs. 2 Satz 2–4 enthält Vorgaben, die der besonderen Situation der Verwertung von Verbundmaterialien Rechnung tragen. Zum Begriff der Verbunde vgl. die Ausführungen zu § 3 Abs. 5. Danach sind Verbundverpackungen Verpackungen aus unterschiedlichen Materialien, die von Hand nicht getrennt werden können und von denen keines einen Gewichtsanteil von 95 % überschreitet. 6

7 Für Verbunde gilt zunächst die in Abs. 2 Satz 1 festgelegte Gesamtquote von 60%. Satz 2 enthält eine wesentliche Erleichterung für solche Verbundfraktionen, die einen eigenständigen Verwertungsweg beschreiten, wie das z. B. bei Getränkekartonverpackungen der Fall ist. Für solche Verbundfraktionen besteht die Möglichkeit, die Erfüllung der in Satz 1 genannten Quote unabhängig von der Gesamtfraktion der Verbunde nachzuweisen.

8 Für Verbunde, die in einem Strom eines der in Satz 1 genannten Hauptmaterialien erfasst und einer Verwertung zugeführt werden, enthält Satz 3 eine abweichende Regelung. Die Quotenerfüllung ist in diesem Fall durch geeignete Stichprobenerhebungen nachzuweisen. So wird beispielsweise ermöglicht, dass Verbunde auf Papierbasis zusammen mit der Papierfraktion erfasst und verwertet werden können. Den existierenden Verwertungswegen wird insoweit sachgerecht Rechnung getragen.

9 Satz 4 wurde erst durch den Bundesrat in die Verordnung eingefügt (vgl. Ziff. 23 BR-Drs. 445/98). Danach sind Verbunde – entgegen der Regierungsvorlage – grundsätzlich mit der Hauptmaterialkomponente stofflich zu verwerten. Für Verbunde auf Papierbasis bedeutet dies beispielsweise, dass der Papieranteil stofflich in einer Papiermühle zu verwerten ist und die dabei herausgelösten übrigen Verbundanteile unter Beachtung des § 6 KrW-/AbfG energetisch verwertet werden können.

Der Zusatz „soweit nicht die stoffliche Verwertung einer anderen Materialkomponente den Zielen der Kreislaufwirtschaft näher kommt" ermöglicht die stoffliche Verwertung einer anderen als der Hauptmaterialkomponente, wenn dies der ökologisch und ökonomisch sinnvollere Verwertungsweg ist. Bei Verbunden mit der Hauptmaterialkomponente Kunststoff und der weiteren Materialkomponente Aluminium kann so die Materialkomponente Aluminium stofflich verwertet werden, obwohl sie nicht den Hauptanteil stellt.

10 Abschließend wird klargestellt, dass die übrigen Materialkomponenten nicht beseitigt werden dürfen, sondern auch einer Verwertung – gegebenenfalls energetisch – zugeführt werden müssen.

cc) Besondere Vorgaben für Kunststoffe

11 Im Gegensatz zu den in Abs. 2 Satz 1 genannten Materialien müssen Kunststoffverpackungen grundsätzlich nur einer Verwertung nach den Vorgaben des KrW-/AbfG zugeführt werden. D. h. zur Erfüllung der in Absatz 2 Satz 5 genannten Quote ist auch die energetische Verwertung gemäß § 6 KrW-/AbfG grundsätzlich zulässig, sofern die dort genannten Voraussetzungen erfüllt werden.

12 Abs. 2 Satz 6 trägt Ökobilanzerkenntnissen Rechnung, denen zur Folge die werkstoffliche Verwertung dann ökologische Vorteile hat, solange stoffgleiches Neumaterial im Verhältnis 1:1 oder knapp darunter ersetzt wird. Insoweit sind 60% der zuvor genannten Verwertungsquote, d. h. 36%, durch Verfahren sicherzustellen, bei denen stoffgleiches Neumaterial ersetzt wird oder Kunststoff für eine weitere stoffliche Nutzung verfügbar bleibt (sog. werkstoffliche Verwertung). Damit gehen die Anforderungen der Verpackungsverordnung über die Vorgaben

aus Art. 6 der Richtlinie 2004/12/EG hinaus, die eine stoffliche Verwertungsquote von mind. 22,5 % vorgibt. Das über die Anforderung der Richtlinie hinausgehende Verwertungsziel wird vom Verordnungsgeber mit der Schonung der natürlichen Ressourcen aus Gründen des Umweltschutzes gerechtfertigt.

c) Nichtquotierte Materialien und Verpackungen aus nachwachsenden Rohstoffen (Nr. 1 Abs. 3)

Für Verpackungen aus Materialien, für die keine konkreten Verwertungsquoten vorgegeben sind (sog. nichtquotierte Verpackungsmaterialien) wird eine stoffliche Verwertung nach Maßgabe des § 4 Abs. 3 KrW-/AbfG vorgeschrieben, soweit dies technisch möglich und wirtschaftlich zumutbar ist. 13

Die Zuführung zur stofflichen Verwertung steht unter dem Vorbehalt der technischen Möglichkeit und wirtschaftlichen Zumutbarkeit. Damit wird – wie von § 22 Abs. 3 KrW-/AbfG gefordert – der Vorrang der stofflichen Verwertung unter der Berücksichtigung der Kriterien des § 5 Abs. 4 KrW-/AbfG festgelegt. Gemäß § 5 Abs. 4 Satz 2 KrW-/AbfG ist die Verwertung von Abfällen auch dann technisch möglich, wenn hierzu eine Vorbehandlung erforderlich ist. Eine weitergehende Definition des Begriffes „technisch möglich" fehlt allerdings im KrW-/AbfG (vgl. Fluck KrW-/AbfG, § 5 RN 167). Jedoch ist der Begriff in der TA Siedlungsabfall in Punkt 4.1.2 geregelt. Dort heißt es:

„Technisch möglich ist die Verwertung, wenn ein praktisch geeignetes Verfahren zur Verfügung steht. Das Merkmal der technischen Möglichkeit bedeutet im Rahmen des Verwertungsgebots, dass grundsätzlich die Ausschöpfung aller tatsächlich in Betracht kommenden Verwertungstechniken verlangt wird. Um dieses Ziel zu erreichen, kann es erforderlich sein, unterschiedliche Rückstände nicht zu vermischen. Die Verwertung von Rückständen ist auch als technisch möglich anzusehen, wenn nur Verfahren zur Verfügung stehen, die eine vorherige Aufarbeitung der Rückstände erfordern. In derartigen Fällen umfasst die Verwertungspflicht die Durchführung von Aufarbeitungsmaßnahmen (vgl. dazu Beckmann DVBl. 1995, S. 313 [320])."

Die wirtschaftliche Zumutbarkeit ist gegeben, wenn die mit der Verwertung verbundenen Kosten nicht außer Verhältnis zu den Kosten stehen, die für eine Abfallbeseitigung zu tragen wären (§ 5 Abs. 4 Satz 3 KrW-/AbfG). Für Verpackungen, die unmittelbar aus nachwachsenden Rohstoffen hergestellt sind (z. B. Holzverpackungen) ist die energetische Verwertung der stofflichen Verwertung gleichgestellt. 14

d) Weitergehende Verwertungs- und Andienungspflichten (Nr. 1 Abs. 4)

Abs. 4 Satz 1 schreibt korrespondierend mit § 5 Abs. 4 KrW-/AbfG vor, dass die die Quoten nach Nr. 1 Abs. 2 überschreitende tatsächlich erfasste Menge an Verpackungen einer Verwertung zuzuführen ist, soweit dies technisch möglich und wirtschaftlich zumutbar ist. Damit gilt auch für diese Verpackungen die Pflicht zur stofflichen oder energetischen Verwertung, wobei die umweltverträglichere Verwertungsart gem. § 6 Abs. 1 KrW-/AbfG Vorrang hat. 15

Nur soweit die Verwertung technisch unmöglich oder wirtschaftlich unzumutbar ist, besteht die Möglichkeit der Abfallbeseitigung gem. §§ 10 und 11 KrW-/AbfG. Grundsätzlich gilt dann aber entsprechend § 13 Abs. 1 Satz 1 KrW-/AbfG die Überlassungspflicht gegenüber den öffentlich-rechtlichen Entsorgungsträgern. Wie § 13 Abs. 1 Satz 2 KrW-/AbfG greift die Überlassungspflicht nur dann nicht, 16 wenn diese Verpackungen in eigenen Anlagen beseitigt werden und keine überwiegenden öffentlichen Interessen eine Überlassung erfordern. Die Verordnung greift hier einen früher bestehenden Meinungsstreit zur Andienungspflicht von Sortierresten aus Sammlungen der dualen Systeme auf. Insofern ist die Vorschrift keine von § 13 KrW-/AbfG abweichende Regelung, sondern hat lediglich klarstellenden Charakter.

2. Allgemeine Anforderungen an Systeme nach § 6 Abs. 3

17 Die von einem System nach § 6 Abs. 3 zu erfüllenden Verpflichtungen sind umfassend. Sie reichen von Vorgaben zur Systemausgestaltung bis hin zu einem detaillierten Erfassungs- und Verwertungsnachweis.

a) Systemausgestaltung (Nr. 2 Abs. 1)

18 Auch in Nr. 2 Abs. 1 wird kein bestimmtes System für eine duale Erfassung und Entsorgung vorgeschrieben. Vielmehr werden nur bestimmte Vorgaben gemacht, die unabhängig von der konkreten Systemausgestaltung erfüllt werden müssen. So wird die Endverbrauchernähe dadurch konkretisiert, dass es sich um Hol-, Bringsysteme oder eine Kombination beider Systeme handeln muss. Auf die entsprechenden Ausführungen zu § 6 Abs. 3 Satz 1 wird verwiesen.

19 Abs. 1 Satz 2 wurde durch den Bundesrat mit der Novelle 1998 eingefügt (Ziff. 30 BR-Drs. 445/98). Danach müssen Sammelsysteme geeignet sein, alle am System beteiligten Verpackungen regelmäßig zu erfassen. Da Erfassungsquoten seit der Novelle von 1998 nicht mehr vorgesehen sind, wollten die Länder so sicherstellen, dass ein duales System die Erfassung nicht danach ausrichtet bzw. so weit reduziert, dass die geforderten Verwertungsquoten gerade noch erreicht werden.

20 Nach Abs. 1 Satz 3 ist die Erfassung auf private Endverbraucher zu beschränken. Dies schließt das sog. Kleingewerbe nach § 3 Abs. 11 Satz 2 und 3 ein.

b) Obliegenheiten der Systembetreiber (Nr. 2 Abs. 2)

21 Nr. 2 Abs. 2 des Anhangs enthält verschiedene Anforderungen, denen ein Systembetreiber nachzukommen hat. Diese dienen der Systemsicherheit und Systemkontrolle gegenüber den zuständigen Landesbehörden.

Diese Vorgaben gehören zu den Systemfeststellungsvoraussetzungen nach § 6 Abs. 3 Satz 1. Das bedeutet, dass eine Freistellungserklärung erst dann ergehen kann, wenn auch die Erfüllung der in Nr. 2 Abs. 2 des Anhangs genannten Anforderungen sichergestellt ist. Die für die Feststellung zuständige Landesbehörde kann überdies die dauerhafte Umsetzung dieser Anforderungen über Nebenbestimmungen gem. § 6 Abs. 5 Satz 2 sicherstellen.

c) Erfassungs- und Verwertungsnachweis (Nr. 2 Abs. 3)

22 Nr. 2 Abs. 3 des Anhangs enthält Vorgaben für die von einem dualen System gegenüber den zuständigen Landesbehörden zu erbringenden Nachweise.

Satz 1 legt zunächst fest, dass ein gesamthafter Erfassungs- und Verwertungsnachweis zu erbringen ist. Außer, dass dieser in überprüfbarer Form zu leisten ist, enthält Satz 1 keine weiteren Vorgaben.

Gemäß Abs. 3 Satz 2 ist darzustellen, welche Erfassungsmengen in den einzelnen Ländern erzielt wurden. Hierdurch soll die Nachprüfbarkeit des Mengenstromnachweises erleichtert und den Ländern eine Transparenz über die Erfassungsleistung in ihrem Gebiet und mithin eine Vergleichsbasis zu Erfassungsleistungen früherer Jahre ermöglicht werden.

Gemäß Abs. 3 Satz 3 ist der Nachweis jeweils zum 1. Mai des darauf folgenden Jahres zu erbringen. Bemessungsgrundlage ist die vom Antragsteller nachgewiesene Menge an Verpackungen, die in sein System eingebracht wurde. Die Verpackungsmaterialien sind einzeln aufgeschlüsselt darzustellen.

Mit der Novelle 2006 wurden die Sätze 4 und 5 neu geregelt. Zuvor war der jährlich vorzulegende Mengenstromnachweis unmittelbar gegenüber der zuständigen obersten Landesbehörde zu erbringen. Zunächst ist eine Sachverständigenbescheinigung (Abs. 3 Satz 4) über die Erfüllung der Erfassungs- und Verwertungsanforderungen erforderlich, die dann beim DIHK als der nach § 32 Abs. 2 des Umweltauditgesetzes errichteten Stelle zu hinterlegen ist (Abs. 3 Satz 5). Der DIHK leitet diese Bescheinigung dann an die jeweils zuständige Landesbehörde weiter (Abs. 3 Satz 6). Nach Satz 7 sind die dazugehörigen Nachweise der Behörde auf Verlangen vorzulegen. Diese Verpflichtung betrifft wieder unmittelbar den Systembetreiber, da beim DIHK zuvor lediglich die Bescheinigung, nicht aber die Nachweise eingereicht werden müssen. 23

d) Bestellung und Zertifizierung von Sachverständigen (Nr. 2 Abs. 4)

Die Festlegung der unabhängigen Sachverständigen entspricht im Wesentlichen der in der Altauto-Verordnung enthaltenen Regelung. 24

3. Beteiligung an Systemen nach § 6 Abs. 3

a) Verpackungen schadstoffhaltiger Füllgüter (Nr. 3 Abs. 1)

Die Rücknahme- und Verwertungspflichten für Verkaufsverpackungen schadstoffhaltiger Füllgüter richten sich grundsätzlich nach § 8. Danach müssen Hersteller und Vertreiber durch geeignete Maßnahmen dafür sorgen, dass gebrauchte, restentleerte Verpackungen vom Endverbraucher in zumutbarer Entfernung unentgeltlich zurückgegeben werden können. Die Beteiligungsmöglichkeit an einem dualen System im Sinne von § 6 Abs. 3 gilt für Verkaufsverpackungen schadstoffhaltiger Füllgüter grundsätzlich nicht. Dies wird klarstellend in § 6 Abs. 9 bestätigt. Als Ausnahme von diesem Grundsatz eröffnet jedoch § 6 Abs. 9 Satz 2 eine Beteiligungsmöglichkeit an einem dualen System, sofern die Voraussetzungen in Nr. 3 Abs. 1 des Anhangs I erfüllt sind. 25

Dieses Verhältnis von Ausnahme und Regel greift Nr. 3 Abs. 1 Satz 1 des Anhangs I auf und stellt noch einmal deklaratorisch fest, dass Verpackungen von Füllgütern im Sinne von § 8 in Systeme nach § 6 Abs. 3 grundsätzlich nicht aufgenommen werden dürfen. Für die Praxis außerordentlich bedeutend ist jedoch die Regelung in Nr. 3 Abs. 1 Satz 2. Danach kann ein duales System solche Verpackungen schadstoffhaltiger Füllgüter aufnehmen, für die Hersteller oder Vertreiber durch Gutachten eines unabhängigen Sachverständigen unter Berücksichtigung des gewöhnlichen Verbraucherverhaltens die Systemverträglichkeit glaubhaft machen. Grund für diese Anforderung ist der Schutz der bei 26 der Erfassung, Sortierung und Verwertung tätigen Personen, so dass aus dem Gutachten hervorgehen muss, dass bei Berücksichtigung des gewöhnlichen Verbraucherverhaltens von solchen Verpackungen im Laufe der Erfassung, Sortierung und Verwertung keine Gefahren für das eingesetzte Personal ausgehen. Hierdurch soll ein Anreiz für Hersteller und Vertreiber gegeben werden, Verpackungen für schadstoffhaltige Füllgüter so zu konzipieren, dass ihr Inhalt leicht und bei einem herkömmlich zu erwartenden Verbrauch auch vollständig entnommen werden kann.

b) Bestätigung der Systembeteiligung (Nr. 3 Abs. 2)

27 Nr. 3 Abs. 2 trägt dem Umstand Rechnung, dass seit der Novelle 1998 allein auf eine verpackungsbezogene Beteiligung an einem dualen System abgestellt wird. Insoweit hat der Träger des Systems den beteiligten Herstellern die Teilnahme am System zu bestätigen. Keine Vorgaben enthält der Anhang für die weitere Ausgestaltung der Bestätigung. Insoweit ist der jeweils spezifischen Ausgestaltung des Systems Rechnung zu tragen. Soweit die finanziellen Pflichten der Systembeteiligung auf der Grundlage einer material- und gewichtsspezifischen Grundlage ermittelt werden, ist eine Beteiligung ebenfalls im gleichen Umfang zu betätigen.

c) Nachweis des Umfangs der Systembeteiligung (Nr. 3 Abs. 3)

28 Gemäß Nr. 3 Abs. 3 hat der Träger eines dualen Systems – mit Testat eines Wirtschaftsprüfers – gegenüber den zuständigen Landesbehörden anzugeben, welche Verpackungsmenge in sein System bundesweit eingebracht wurde. Diese Vorschrift korrespondierte ursprünglich mit den Vorgaben zum Mengenstromnachweis, so dass sowohl der Umfang der Systembeteiligung wie auch der Erfassungs- und Verwertungsnachweis gegenüber der zuständigen Landesbehörde vorzulegen war. Mit der Neuregelung von Nr. 3 Abs. 3 Satz 4 bis 7 durch die 4. Novelle fallen die Adressaten der jeweiligen Nachweise aber auseinander, so dass die Bescheinigung zum Mengenstromnachweis zunächst gegenüber dem DIHK und der Nachweis über den Umfang der Systembeteiligung unmittelbar gegenüber der zuständigen Landesbehörde vorzulegen ist.

d) Überprüfung durch die Antragsbehörde (Nr. 3 Abs. 4)

29 Gemäß Nr. 3 Abs. 4 Satz 1 ist die Antragsbehörde berechtigt, auf Kosten des Antragstellers selbst oder durch eine geeignete Einrichtung eine Überprüfung der Nachweise vorzunehmen. Trotz des im Wortlaut verwandten Plurals „Nachweise" ergibt sich aus dem Sinnzusammenhang, dass es hier allein um den nach Nr. 3 Abs. 3 des Anhangs geforderten Nachweis über den Umfang der Systembeteiligung geht. Steht dagegen die Systemverträglichkeit einer Verpackung in Frage, richtet sich das Verfahren nach Nr. 3 Abs. 4 Satz 2. Die Behörde kann insoweit verlangen, dass der Antragsteller die Systemverträglichkeit der entsprechenden Verpackung glaubhaft macht. Gelingt die Glaubhaftmachung nicht, kann die Antragsbehörde die Aufnahme der Verpackung im Einzelfall untersagen (Nr. 3 Abs. 4 Satz 3).

4. Allgemeine Anforderungen an Verpflichtete nach § 6 Abs. 8

Nr. 4 konkretisiert die nach § 6 Abs. 8 wieder auflebenden individuellen Rücknahme- und Verwertungspflichten, falls kein duales System mehr existiert. Materiell entspricht das den Individualpflichten nach § 6 Abs. 1 und 2 VerpackV a. F. Insoweit kommen in diesem Fall dann auch wieder alle Fragen zu Umfang und Zulässigkeit des Zusammenwirkens in Selbstentsorgergemeinschaften zum Tragen, die dann ihrerseits freilich nicht mehr im Wettbewerb zu dualen Systemen stehen, so dass mancher Streit, der früher mit Schärfe ausgetragen wurde, dann entspannt betrachtet werden kann. 30

a) Allgemeine Nachweispflicht (Nr. 4 Satz 1)

Bei der in Nr. 4 Abs. 1 geregelten allgemeinen Dokumentationspflicht handelte es sich ursprünglich um eines der zentralen Instrumente zur Eindämmung der sog. „Trittbrettfahrer". Damit sollte verhindert werden, dass sich Verpflichtete nach § 6 Abs. 1 und 2 VerpackV a. F. nicht an einem dualen System beteiligen und stattdessen darauf vertrauen, dass keine Verpackungen oder diese nur in geringem Umfang tatsächlich zurückgegeben werden. 31

b) Dokumentationspflicht (Nr. 4 Satz 2–4)

Satz 2 verlangt zunächst, dass die im Kalenderjahr in Verkehr gebrachten sowie zurückgenommenen und verwerteten Verkaufsverpackungen in nachprüfbarer Weise zu dokumentieren sind. Satz 3 konkretisiert diese Pflicht dahingehend, dass die Dokumentation in Masse, aufgeschlüsselt nach den einzelnen Verpackungsmaterialien zu erstellen ist. Mehrwegverpackungen und mit der 5. Novelle nunmehr auch bepfandete Einwegverpackungen sind in diese Dokumentation nicht aufzunehmen (Satz 4). Damit entfällt die nach der VerpackV a. F. für den Handel bestehende Pflicht zur Erstellung von Mengenstromnachweisen für die in den Verkaufsstellen zurückgenommenen Einweggetränkeverpackungen. 32

c) Zusammenwirken von Herstellern und Vertreibern, Sachverständigenbescheinigung (Nr. 4 Satz 5–13)

Die Regelungen in Satz 5 bis 13 enthalten sowohl Vorgaben für ein Zusammenwirken von Herstellern und Vertreibern (Sätze 5, 7 und 8) als auch Anforderungen an die Sachverständigenbescheinigung. 33

Satz 5 lässt ein Zusammenwirken mehrerer Hersteller und Vertreiber zu. Dies war in der VerpackV a. F. der zentrale Anknüpfungspunkt zur Frage der rechtlichen Zulässigkeit von Selbstentsorgergemeinschaften. Entsprechend breit wurde diese Vorschrift dann auch – den jeweiligen Interessen folgend – ausgelegt (vgl. Fischer/Arndt, S. 157 ff.). Die „Selbstentsorgergemeinschaften" sahen in dieser Vorschrift dagegen den Beleg für die Zulässigkeit ihrer Tätigkeit (Hendler, WiVerw 2004, S. 243), andere folgten hingegen einer engen Auslegung und sahen in sogen. Selbstentsorgergemeinschaften eher unzulässige de-facto-Systeme (Schmidt-Preuß, DB 2002, S. 779; OLG Köln Urt. 6 U 212/02 und 6 U 213/02 vom 27.6.2003). Die ungeklärte Rechtslage stand der faktischen Anerkennung der Selbstentsorgergemeinschaften indes nicht im Wege. So stellte die Bund/Länder-

IV Anhang I zu § 6

Arbeitsgemeinschaft-Abfall die Zulässigkeit von Selbstentsorgergemeinschaften rechtlich nie in Frage, formulierte aber Anforderungen für die Führung des Mengenstromnachweises (sog. LAGA-Richtlinie), die auf Basis der Verwaltungserfahrung ständig fortentwickelt wurden.

34 Mit der 4. Änderungsnovelle aus dem Jahr 2006 wurden die Sätze 6 und 7 aus „Klarstellungsgründen" eingefügt. Damit hat auch der Verordnungsgeber die gewachsenen Formen der Selbstentsorgung von Verkaufsverpackungen zunächst im Grundsatz bestätigt. Der Regelung liegt ein Antrag des Landes Rheinland-Pfalz im Bundesrat (BR-Drs. 591/05) zu Grunde. Zur Begründung wird dort ausgeführt (BR-Drs. 591/05, S. 3): „Von jedem Selbstentsorger ist bereits nach § 6 Abs. 1 Satz 1 VerpackV eine eigene Anstrengung zur Erfüllung der Rücknahme- und Verwertungspflichten gefordert. Nur dann ist es gerechtfertigt, den Verwertungserfolg der Gemeinschaft insgesamt den beteiligten Selbstentsorgern zuzurechnen. Hier liegt der wesentliche strukturelle Unterschied zur Systembeteiligung."

35 Wie bereits oben ausgeführt, können diese Regelungen mit Verabschiedung der 5. Novelle wesentlich gelassener betrachtet werden, als dies in der Vergangenheit der Fall war. Eine praktische Bedeutung kommt ihnen – solange duale Systeme tatsächlich am Markt agieren – lediglich bei der Konkretisierung der weiteren Anforderungen von branchenbezogenen Selbstentsorgerlösungen nach § 6 Abs. 2 zu.

Entsprechend § 6 Abs. 8 ist für kleinere Letztvertreiber eine Erleichterung dahingehend vorgesehen, dass diese die Erfüllung der Verpflichtung auf die Vorstufe (Vorvertreiber oder Hersteller) verlagern können. Um Filialbetriebe dabei nicht ungerechtfertigt zu bevorzugen, wird bei diesen die Gesamtfläche aller Betriebe zur Abgrenzung herangezogen.

V.
Anhang

1.
Gesetz zur Förderung der Kreislaufwirtschaft und Sicherung der umweltverträglichen Beseitigung von Abfällen (Kreislaufwirtschafts- und Abfallgesetz – KrW-/AbfG)[1])

vom 27.9.1994 (BGBl. I S. 2705),
zuletzt geändert durch Art. 2 G vom 19.7.2007 (BGBl. I S. 1462)

Inhaltsübersicht

ERSTER TEIL
Allgemeine Vorschriften

§ 1	Zweck des Gesetzes
§ 2	Geltungsbereich
§ 3	Begriffsbestimmungen
§ 3a	Elektronische Kommunikation

ZWEITER TEIL
Grundsätze und Pflichten der Erzeuger und Besitzer von Abfällen sowie der Entsorgungsträger

§ 4	Grundsätze der Kreislaufwirtschaft
§ 5	Grundpflichten der Kreislaufwirtschaft
§ 6	Stoffliche und energetische Verwertung
§ 7	Anforderungen an die Kreislaufwirtschaft
§ 8	Anforderungen an die Kreislaufwirtschaft im Bereich der landwirtschaftlichen Düngung
§ 9	Pflichten der Anlagenbetreiber
§ 10	Grundsätze der gemeinwohlverträglichen Abfallbeseitigung
§ 11	Grundpflichten der Abfallbeseitigung
§ 12	Anforderungen an die Abfallbeseitigung
§ 13	Überlassungspflichten
§ 14	Duldungspflichten bei Grundstücken
§ 15	Pflichten der öffentlich-rechtlichen Entsorgungsträger
§ 16	Beauftragung Dritter
§ 17	Wahrnehmung von Aufgaben durch Verbände
§ 18	Wahrnehmung von Aufgaben durch Selbstverwaltungskörperschaften der Wirtschaft
§ 19	Abfallwirtschaftskonzepte und Abfallbilanzen
§ 20	– aufgehoben –
§ 21	Anordnungen im Einzelfall

---

[1] **Anm. d. Verlages:**
Verkündet als Artikel 1 des Gesetzes zur Vermeidung, Verwertung und Beseitigung von Abfällen vom 27.9.1994 (BGBl. I S. 2705). In Kraft getreten am 6.10.1996.

DRITTER TEIL
Produktverantwortung

§ 22 Produktverantwortung
§ 23 Verbote, Beschränkungen und Kennzeichnungen
§ 24 Rücknahme- und Rückgabepflichten
§ 25 Freiwillige Rücknahme
§ 26 Besitzerpflichten nach Rücknahme

VIERTER TEIL
Planungsverantwortung

1. ABSCHNITT
Ordnung und Planung

§ 27 Ordnung der Beseitigung
§ 28 Durchführung der Beseitigung
§ 29 Abfallwirtschaftsplanung
§ 29a Öffentlichkeitsbeteiligung bei Abfallwirtschaftsplänen

2. ABSCHNITT
Zulassung von Abfallbeseitigungsanlagen

§ 30 Erkundung geeigneter Standorte
§ 31 Planfeststellung und Genehmigung
§ 32 Erteilung, Sicherheitsleistung, Nebenbestimmungen
§ 33 Zulassung vorzeitigen Beginns
§ 34 Planfeststellungsverfahren und weitere Verwaltungsverfahren
§ 35 Bestehende Abfallbeseitigungsanlagen
§ 36 Stilllegung
§ 36a Emissionserklärung
§ 36b Zugang zu Informationen
§ 36c Rechtsverordnungen über Anforderungen an Deponien
§ 36d Kosten der Ablagerung von Abfällen

FÜNFTER TEIL
Absatzförderung

§ 37 Pflichten der öffentlichen Hand

SECHSTER TEIL
Informationspflichten

§ 38 Abfallberatungspflicht
§ 39 Unterrichtung der Öffentlichkeit

SIEBENTER TEIL
Überwachung

§ 40 Allgemeine Überwachung
§ 41 Abfallbezeichnung, Gefährliche Abfälle
§ 42 Registerpflichten
§ 43 Nachweispflichten

§ 44   Anordnungen im Einzelfall
§ 45   Anforderungen an Nachweise und Register
§§ 46 bis 48   – *aufgehoben* –
§ 49   Transportgenehmigung
§ 50   Genehmigung für Vermittlungsgeschäfte und in sonstigen Fällen
§ 51   Verzicht auf die Transportgenehmigung und die Genehmigung für Vermittlungsgeschäfte
§ 52   Entsorgungsfachbetriebe, Entsorgergemeinschaften

ACHTER TEIL
Betriebsorganisation, Beauftragter für Abfall und Erleichterungen für auditierte Unternehmensstandorte

§ 53   Mitteilungspflichten zur Betriebsorganisation
§ 54   Bestellung eines Betriebsbeauftragten für Abfall
§ 55   Aufgaben
§ 55a   Erleichterungen für auditierte Unternehmensstandorte

NEUNTER TEIL
Schlussbestimmungen

§ 56   Geheimhaltung und Datenschutz
§ 57   Umsetzung von Rechtsakten der Europäischen Gemeinschaften
§ 58   Vollzug im Bereich der Bundeswehr
§ 59   Beteiligung des Bundestages beim Erlass von Rechtsverordnungen
§ 60   Anhörung beteiligter Kreise
§ 61   Bußgeldvorschriften
§ 62   Einziehung
§ 63   Zuständige Behörden
§ 63a   Bestimmungen zum Verwaltungsverfahren
§ 64   Übergangsvorschriften
Anhang I   Abfallgruppen
Anhang IIA   Beseitigungsverfahren
Anhang IIB   Verwertungsverfahren
Anhang III   Kriterien zur Bestimmung des Standes der Technik

ERSTER TEIL
Allgemeine Vorschriften

§ 1
Zweck des Gesetzes

Zweck des Gesetzes ist die Förderung der Kreislaufwirtschaft zur Schonung der natürlichen Ressourcen und die Sicherung der umweltverträglichen Beseitigung von Abfällen.

§ 2
Geltungsbereich

(1) Die Vorschriften dieses Gesetzes gelten für
1. die Vermeidung,
2. die Verwertung und
3. die Beseitigung von Abfällen.

(2) Die Vorschriften dieses Gesetzes gelten nicht für
1. die nach dem Lebensmittel- und Futtermittelgesetzbuch, soweit es für Lebensmittel, Lebensmittel-Zusatzstoffe, kosmetische Mittel, Bedarfsgegenstände und mit Lebensmitteln verwechselbare Produkte gilt, nach dem Vorläufigen Tabakgesetz, nach dem Milch- und Margarinegesetz, nach dem Tierseuchengesetz, nach dem Pflanzenschutzgesetz und nach den auf Grund dieser Gesetze erlassenen Rechtsverordnungen zu beseitigenden Stoffe,
1a. die nach der Verordnung (EG) Nr. 1774/2002 des Europäischen Parlaments und des Rates vom 3. Oktober 2002 mit Hygienevorschriften für nicht für den menschlichen Verzehr bestimmte tierische Nebenprodukte (ABl. EG Nr. L 273 S. 1) in der jeweils geltenden Fassung, nach den zu ihrer Durchführung ergangenen Rechtsakte der Europäischen Gemeinschaft, nach dem Tierische Nebenprodukte-Beseitigungsgesetz oder nach den auf Grund dieses Gesetzes erlassenen Rechtsverordnungen abzuholenden, zu sammelnden, zu befördernden, zu lagernden, zu behandelnden, zu verarbeitenden, zu verwendenden, zu beseitigenden oder in den Verkehr zu bringenden tierischen Nebenprodukte,
2. Kernbrennstoffe und sonstige radioaktive Stoffe im Sinne des Atomgesetzes,
3. Stoffe, deren Beseitigung in einer auf Grund des Strahlenschutzvorsorgegesetzes erlassenen Rechtsverordnung geregelt ist,
4. Abfälle, die beim Aufsuchen, Gewinnen, Aufbereiten und Weiterverarbeiten von Bodenschätzen in den der Bergaufsicht unterstehenden Betrieben anfallen, ausgenommen Abfälle, die nicht unmittelbar und nicht üblicherweise nur bei den im 1. Halbsatz genannten Tätigkeiten anfallen,
5. nicht in Behälter gefasste gasförmige Stoffe,
6. Stoffe, sobald diese in Gewässer oder Abwasseranlagen eingeleitet oder eingebracht werden,
7. das Aufsuchen, Bergen, Befördern, Lagern, Behandeln und Vernichten von Kampfmitteln.

§ 3
Begriffsbestimmungen

(1) Abfälle im Sinne dieses Gesetzes sind alle beweglichen Sachen, die unter die in Anhang I aufgeführten Gruppen fallen und deren sich ihr Besitzer entledigt, entledigen will oder entledigen muss. Abfälle zur Verwertung sind Abfälle, die verwertet werden; Abfälle, die nicht verwertet werden, sind Abfälle zur Beseitigung.

(2) Die Entledigung im Sinne des Absatzes 1 liegt vor, wenn der Besitzer bewegliche Sachen einer Verwertung im Sinne des Anhangs IIB oder einer Beseitigung im Sinne des Anhangs IIA zuführt oder die tatsächliche Sachherrschaft über sie unter Wegfall jeder weiteren Zweckbestimmung aufgibt.

(3) Der Wille zur Entledigung im Sinne des Absatzes 1 ist hinsichtlich solcher beweglicher Sachen anzunehmen,
1. die bei der Energieumwandlung, Herstellung, Behandlung oder Nutzung von Stoffen oder Erzeugnissen oder bei Dienstleistungen anfallen, ohne dass der Zweck der jeweiligen Handlung hierauf gerichtet ist, oder
2. deren ursprüngliche Zweckbestimmung entfällt oder aufgegeben wird, ohne dass ein neuer Verwendungszweck unmittelbar an deren Stelle tritt.

Für die Beurteilung der Zweckbestimmung ist die Auffassung des Erzeugers oder Besitzers unter Berücksichtigung der Verkehrsanschauung zugrunde zu legen.

(4) Der Besitzer muss sich beweglicher Sachen im Sinne des Absatzes 1 entledigen, wenn diese entsprechend ihrer ursprünglichen Zweckbestimmung nicht mehr verwendet werden, auf Grund ihres konkreten Zustandes geeignet sind, gegenwärtig oder künftig das Wohl der Allgemeinheit, insbesondere die Umwelt zu gefährden und deren Gefährdungspotenzial nur durch eine ordnungsgemäße und schadlose Verwertung oder gemeinwohlverträgliche Beseitigung nach den Vorschriften dieses Gesetzes und der auf Grund dieses Gesetzes erlassenen Rechtsverordnungen ausgeschlossen werden kann.

(5) Erzeuger von Abfällen im Sinne dieses Gesetzes ist jede natürliche oder juristische Person, durch deren Tätigkeit Abfälle angefallen sind, oder jede Person, die Vorbehandlungen, Mischungen oder sonstige Behandlungen vorgenommen hat, die eine Veränderung der Natur oder der Zusammensetzung dieser Abfälle bewirken.

(6) Besitzer von Abfällen im Sinne dieses Gesetzes ist jede natürliche oder juristische Person, die die tatsächliche Sachherrschaft über Abfälle hat.

(7) Abfallentsorgung umfasst die Verwertung und Beseitigung von Abfällen.

(8) Gefährlich sind die Abfälle, die durch Rechtsverordnung nach § 41 Satz 2 bestimmt worden sind. Nicht gefährlich im Sinne dieses Gesetzes sind alle übrigen Abfälle.

(9) Die Bundesregierung wird ermächtigt, zur Umsetzung von Rechtsakten der Europäischen Gemeinschaften durch Rechtsverordnung mit Zustimmung des Bundesrates Abfallgruppen, Beseitigungsverfahren oder Verwertungsverfahren in die Anhänge I, IIA oder IIB aufzunehmen, aus diesen Anhängen herauszunehmen oder zu ändern.

(10) Deponien im Sinne dieses Gesetzes sind Beseitigungsanlagen zur Ablagerung von Abfällen oberhalb der Erdoberfläche (oberirdische Deponien) oder unterhalb der Erdoberfläche (Untertagedeponien). Zu den Deponien zählen auch betriebsinterne Abfallbeseitigungsanlagen für die Ablagerung von Abfällen, in denen ein Abfallerzeuger die Abfallbeseitigung am Erzeugungsort vornimmt.

(11) Inertabfälle sind mineralische Abfälle, die keinen wesentlichen physikalischen, chemischen oder biologischen Veränderungen unterliegen, sich nicht auflösen, nicht brennen und nicht in anderer Weise physikalisch oder chemisch reagieren, sich nicht biologisch abbauen und andere Materialien, mit denen sie in Kontakt kommen, nicht in einer Weise beeinträchtigen, die zu nachteiligen Auswirkungen auf die Umwelt oder die menschliche Gesundheit führen könnte. Die gesamte Auslaugbarkeit und der Schadstoffgehalt der Abfälle und die Ökotoxizität des Sickerwassers müssen unerheblich sein und dürfen insbesondere nicht die Qualität von Oberflächen- oder Grundwasser gefährden. Die Bundesregierung wird ermächtigt, nach Anhörung der beteiligten Kreise (§ 60) durch Rechtsverordnung mit Zustimmung des Bundesrates Inertabfälle zu bestimmen.

(12) Stand der Technik im Sinne dieses Gesetzes ist der Entwicklungsstand fortschrittlicher Verfahren, Einrichtungen oder Betriebsweisen, der die praktische Eignung einer Maßnahme zur Begrenzung von Emissionen in Luft, Wasser und Boden, zur Gewährleistung der Anlagensicherheit, zur Gewährleistung einer umweltverträglichen Abfallentsorgung oder sonst zur Vermeidung oder Verminderung von Auswirkungen auf die Umwelt zur Erreichung eines allgemein hohen Schutzniveaus für die Umwelt insgesamt gesichert erscheinen lässt. Bei der Bestimmung des Standes der Technik sind insbesondere die in Anhang III aufgeführten Kriterien zu berücksichtigen.

§ 3a
Elektronische Kommunikation

Soweit auf Grund dieses Gesetzes oder einer auf Grund dieses Gesetzes erlassenen Rechtsverordnung die Schriftform angeordnet wird, ist die elektronische Form ausgeschlossen, soweit diese Form nicht ausdrücklich zugelassen wird.

ZWEITER TEIL
Grundsätze und Pflichten der Erzeuger und Besitzer von Abfällen sowie der Entsorgungsträger

§ 4
Grundsätze der Kreislaufwirtschaft

(1) Abfälle sind
1. in erster Linie zu vermeiden, insbesondere durch die Verminderung ihrer Menge und Schädlichkeit,
2. in zweiter Linie
    a) stofflich zu verwerten oder
    b) zur Gewinnung von Energie zu nutzen (energetische Verwertung).

(2) Maßnahmen zur Vermeidung von Abfällen sind insbesondere die anlageninterne Kreislaufführung von Stoffen, die abfallarme Produktgestaltung sowie ein auf den Erwerb abfall- und schadstoffarmer Produkte gerichtetes Konsumverhalten.

(3) Die stoffliche Verwertung beinhaltet die Substitution von Rohstoffen durch das Gewinnen von Stoffen aus Abfällen (sekundäre Rohstoffe) oder die Nutzung der stofflichen Eigenschaften der Abfälle für den ursprünglichen Zweck oder für andere Zwecke mit Ausnahme der unmittelbaren Energierückgewinnung. Eine stoffliche Verwertung liegt vor, wenn nach einer wirtschaftlichen Betrachtungsweise, unter Berücksichtigung der im einzelnen Abfall bestehenden Verunreinigungen, der Hauptzweck der Maßnahme in der Nutzung des Abfalls und nicht in der Beseitigung des Schadstoffpotenzials liegt.

(4) Die energetische Verwertung beinhaltet den Einsatz von Abfällen als Ersatzbrennstoff; vom Vorrang der energetischen Verwertung unberührt bleibt die thermische Behandlung von Abfällen zur Beseitigung, insbesondere von Hausmüll. Für die Abgrenzung ist auf den Hauptzweck der Maßnahme abzustellen. Ausgehend vom einzelnen Abfall, ohne Vermischung mit anderen Stoffen, bestimmen Art und Ausmaß seiner Verunreinigungen sowie die durch seine Behandlung anfallenden weiteren Abfälle und entstehenden Emissionen, ob der Hauptzweck auf die Verwertung oder die Behandlung gerichtet ist.

(5) Die Kreislaufwirtschaft umfasst auch das Bereitstellen, Überlassen, Sammeln, Einsammeln durch Hol- und Bringsysteme, Befördern, Lagern und Behandeln von Abfällen zur Verwertung.

§ 5
Grundpflichten der Kreislaufwirtschaft

(1) Die Pflichten zur Abfallvermeidung richten sich nach § 9 sowie den auf Grund der §§ 23 und 24 erlassenen Rechtsverordnungen.

(2) Die Erzeuger oder Besitzer von Abfällen sind verpflichtet, diese nach Maßgabe des § 6 zu verwerten. Soweit sich aus diesem Gesetz nichts anderes ergibt, hat die Verwertung von Abfällen Vorrang vor deren Beseitigung. Eine der Art und Beschaffenheit des Abfalls entsprechende hochwertige Verwertung ist anzustreben. Soweit dies zur Erfüllung der Anforderungen nach den §§ 4 und 5 erforderlich ist, sind Abfälle zur Verwertung getrennt zu halten und zu behandeln.

(3) Die Verwertung von Abfällen, insbesondere durch ihre Einbindung in Erzeugnisse, hat ordnungsgemäß und schadlos zu erfolgen. Die Verwertung erfolgt ordnungsgemäß, wenn sie im Einklang mit den Vorschriften dieses Gesetzes und anderen öffentlich-rechtlichen Vorschriften steht. Sie erfolgt schadlos, wenn nach der Beschaffenheit der Abfälle, dem Ausmaß der Verunreinigungen und der Art der Verwertung Beeinträchtigungen des Wohls der Allgemeinheit nicht zu erwarten sind, insbesondere keine Schadstoffanreicherung im Wertstoffkreislauf erfolgt.

(4) Die Pflicht zur Verwertung von Abfällen ist einzuhalten, soweit dies technisch möglich und wirtschaftlich zumutbar ist, insbesondere für einen gewonnenen Stoff oder gewonnene Energie ein Markt vorhanden ist oder geschaffen werden kann. Die Verwertung von Abfällen ist auch dann technisch möglich, wenn hierzu eine Vorbehandlung erforderlich ist. Die wirtschaftliche Zumutbarkeit ist gegeben, wenn die mit der Verwertung verbundenen Kosten nicht außer Verhältnis zu den Kosten stehen, die für eine Abfallbeseitigung zu tragen wären.

(5) Der in Absatz 2 festgelegte Vorrang der Verwertung von Abfällen entfällt, wenn deren Beseitigung die umweltverträglichere Lösung darstellt. Dabei sind insbesondere zu berücksichtigen

1. die zu erwartenden Emissionen,
2. das Ziel der Schonung der natürlichen Ressourcen,
3. die einzusetzende oder zu gewinnende Energie und
4. die Anreicherung von Schadstoffen in Erzeugnissen, Abfällen zur Verwertung oder daraus gewonnenen Erzeugnissen.

(6) Der Vorrang der Verwertung gilt nicht für Abfälle, die unmittelbar und üblicherweise durch Maßnahmen der Forschung und Entwicklung anfallen.

§ 6
Stoffliche und energetische Verwertung

(1) Abfälle können

a) stofflich verwertet werden oder
b) zur Gewinnung von Energie genutzt werden.

Vorrang hat die besser umweltverträgliche Verwertungsart. § 5 Abs. 4 gilt entsprechend. Die Bundesregierung wird ermächtigt, nach Anhörung der beteiligten Kreise (§ 60) durch Rechtsverordnung mit Zustimmung des Bundesrates für bestimmte Abfallarten auf Grund der in § 5 Abs. 5 festgelegten Kriterien unter Berücksichtigung der in Absatz 2 genannten Anforderungen den Vorrang der stofflichen oder energetischen Verwertung zu bestimmen.

(2) Soweit der Vorrang einer Verwertungsart nicht in einer Rechtsverordnung nach Absatz 1 festgelegt ist, ist eine energetische Verwertung im Sinne des § 4 Abs. 4 nur zulässig, wenn

1. der Heizwert des einzelnen Abfalls, ohne Vermischung mit anderen Stoffen, mindestens 11 000 kj/kg beträgt,
2. ein Feuerungswirkungsgrad von mindestens 75% erzielt wird,
3. entstehende Wärme selbst genutzt oder an Dritte abgegeben wird und
4. die im Rahmen der Verwertung anfallenden weiteren Abfälle möglichst ohne weitere Behandlung abgelagert werden können.

Abfälle aus nachwachsenden Rohstoffen können energetisch verwertet werden, wenn die in Satz 1 Nr. 2 bis 4 genannten Voraussetzungen vorliegen.

§ 7
Anforderungen an die Kreislaufwirtschaft

(1) Die Bundesregierung wird ermächtigt, nach Anhörung der beteiligten Kreise (§ 60) durch Rechtsverordnung mit Zustimmung des Bundesrates, soweit es zur Erfüllung der Pflichten nach § 5, insbesondere zur Sicherung der schadlosen Verwertung, erforderlich ist,

1. die Einbindung oder das Verbleiben von bestimmten Abfällen in Erzeugnissen nach Art, Beschaffenheit und Inhaltsstoffen zu beschränken,

2. Anforderungen an die Getrennthaltung, Beförderung und Lagerung von Abfällen festzulegen,
3. Anforderungen an das Bereitstellen, Überlassen, Sammeln und Einsammeln von Abfällen durch Hol- und Bringsysteme festzulegen,
4. für bestimmte Abfälle, deren Verwertung auf Grund ihrer Art, Beschaffenheit oder Menge in besonderer Weise geeignet ist, Beeinträchtigungen des Wohls der Allgemeinheit, insbesondere der in § 10 Abs. 4 genannten Schutzgüter, herbeizuführen, nach Herkunftsbereich, Anfallstelle oder Ausgangsprodukt festzulegen,
   a) dass diese nur in bestimmter Menge oder Beschaffenheit oder für bestimmte Zwecke in den Verkehr gebracht oder verwertet werden dürfen,
   b) dass diese mit bestimmter Beschaffenheit nicht in den Verkehr gebracht werden dürfen,
5. *– aufgehoben –*
6. *– aufgehoben –*

(2) Durch Rechtsverordnung nach Absatz 1 können stoffliche Anforderungen festgelegt werden, wenn Kraftwerksabfälle, Gips aus Rauchgasentschwefelungsanlagen oder sonstige Abfälle in der Bergaufsicht unterstehenden Betrieben aus bergtechnischen oder bergsicherheitlichen Gründen oder zur Wiedernutzbarmachung eingesetzt werden.

(3) Durch Rechtsverordnung nach Absatz 1 können auch Verfahren zur Überprüfung der dort festgelegten Anforderungen bestimmt werden, insbesondere
1. dass Nachweise oder Register
   a) auch ohne eine Anordnung nach § 44 oder
   b) abweichend von bestimmten Anforderungen nach den §§ 42 und 43 oder einer Rechtsverordnung nach § 45
   zu führen und vorzulegen sind,
2. dass die Abfallentsorger bei der Annahme oder Weitergabe die Abfälle in bestimmter Art und Weise zu überprüfen und das Ergebnis dieser Prüfung in den Nachweisen oder Registern zu verzeichnen haben,
3. dass die Abfallbeförderer und Abfallentsorger ein Betriebstagebuch führen, in welchem bestimmte Angaben zu den Betriebsabläufen zu verzeichnen sind, die nicht schon in die Register aufgenommen werden,
4. dass die Erzeuger, Besitzer oder Entsorger von Abfällen bei Annahme oder Weitergabe der Abfälle auf die sich aus der Verordnung ergebenden Anforderungen hinzuweisen oder die Abfälle oder die für deren Beförderung vorgesehenen Behältnisse in bestimmter Weise zu kennzeichnen haben,
5. die Entnahmen von Proben, der Verbleib und die Aufbewahrung von Rückstellproben und die hierfür anzuwendenden Verfahren,
6. die zur Bestimmung von einzelnen Stoffen oder Stoffgruppen erforderlichen Analyseverfahren,
7. dass der Verpflichtete mit der Durchführung der Probenahme und der Analysen nach den Nummern 6 und 7 einen von der zuständigen Landesbehörde bekannt gegebenen Sachverständigen oder eine von dieser Behörde bekannt gegebene Stelle beauftragt.

Pflichten nach Satz 1 Nr. 1 bis 4 oder andere Pflichten als nach Satz 1 Nr. 1 bis 7 vorgesehen sollen nur angeordnet werden, soweit auch unter Berücksichtigung der in den §§ 40 bis 45 oder der in einer Rechtsverordnung nach § 45 bestimmten Überwachungsmaßnahmen die Überprüfung der Anforderungen der Verordnung anders nicht gewährleistet werden kann.

(4) Wegen der Anforderungen nach Absatz 3 Satz 1 Nr. 5, 6 und 7 kann auf jedermann zugängliche Bekanntmachungen verwiesen werden. Hierbei ist

1. in der Rechtsverordnung das Datum der Bekanntmachung anzugeben und die Bezugsquelle genau zu bezeichnen,
2. die Bekanntmachung bei dem Deutschen Patent- und Markenamt archivmäßig gesichert niederzulegen und in der Rechtsverordnung darauf hinzuweisen.

(5) Durch Rechtsverordnung nach Absatz 1 kann zugelassen oder angeordnet werden, dass Nachweise, Register und Betriebstagebücher nach Absatz 3 Satz 1 Nr. 1 bis 3 in elektronischer Form oder elektronisch geführt werden.

§ 8
Anforderungen an die Kreislaufwirtschaft im Bereich der landwirtschaftlichen Düngung

(1) Das Bundesministerium für Umwelt, Naturschutz und Reaktorsicherheit wird ermächtigt, im Einvernehmen mit dem Bundesministerium für Ernährung, Landwirtschaft und Verbraucherschutz nach Anhörung der beteiligten Kreise (§ 60) durch Rechtsverordnung mit Zustimmung des Bundesrates für den Bereich der Landwirtschaft Anforderungen zur Sicherung der ordnungsgemäßen und schadlosen Verwertung nach Maßgabe des Absatzes 2 festzulegen.

(2) Werden Abfälle zur Verwertung als Sekundärrohstoffdünger oder Wirtschaftsdünger im Sinne des § 1 des Düngemittelgesetzes auf landwirtschaftlich, forstwirtschaftlich oder gärtnerisch genutzte Böden aufgebracht, können in Rechtsverordnungen nach Absatz 1 für die Abgabe und die Aufbringung hinsichtlich der Schadstoffe insbesondere

1. Verbote oder Beschränkungen nach Maßgabe von Merkmalen wie Art und Beschaffenheit des Bodens, Aufbringungsort und -zeit und natürliche Standortverhältnisse sowie
2. Untersuchungen der Abfälle oder Wirtschaftsdünger oder des Bodens, Maßnahmen zur Vorbehandlung dieser Stoffe oder geeignete andere Maßnahmen oder
3. Verfahren zur Überprüfung der Anforderungen entsprechend § 7 Abs. 3 bis 5

bestimmt werden. Dies gilt für Wirtschaftsdünger insoweit, als das Maß der guten fachlichen Praxis im Sinne des § 1a des Düngemittelgesetzes überschritten wird.

(3) Die Landesregierungen können Rechtsverordnungen nach Absatz 2 erlassen, soweit das Bundesministerium für Umwelt, Naturschutz und Reaktorsicherheit von der Ermächtigung keinen Gebrauch macht; sie können die Ermächtigung durch Rechtsverordnung ganz oder teilweise auf andere Behörden übertragen.

§ 9
Pflichten der Anlagenbetreiber

Die Pflichten der Betreiber von genehmigungsbedürftigen und nicht genehmigungsbedürftigen Anlagen nach dem Bundes-Immissionsschutzgesetz, diese so zu errichten und zu betreiben, dass Abfälle vermieden, verwertet oder beseitigt werden, richten sich nach den Vorschriften des Bundes-Immissionsschutzgesetzes.

§ 10
Grundsätze der gemeinwohlverträglichen Abfallbeseitigung

(1) Abfälle, die nicht verwertet werden, sind dauerhaft von der Kreislaufwirtschaft auszuschließen und zur Wahrung des Wohls der Allgemeinheit zu beseitigen.

(2) Die Abfallbeseitigung umfasst das Bereitstellen, Überlassen, Einsammeln, die Beförderung, die Behandlung, die Lagerung und die Ablagerung von Abfällen zur Beseitigung. Durch die Behandlung von Abfällen sind deren Menge und Schädlichkeit zu vermindern. Bei der Behandlung und Ablagerung anfallende Energie oder Abfälle sind so weit wie möglich zu nutzen. Die Behandlung und Ablagerung ist auch dann als Abfallbeseitigung anzusehen, wenn dabei anfallende Energie oder Abfälle genutzt werden können und diese Nutzung nur untergeordneter Nebenzweck der Beseitigung ist.

(3) Abfälle sind im Inland zu beseitigen. Die Vorschriften der Verordnung (EG) Nr. 1013/2006 des Europäischen Parlaments und des Rates vom 14. Juni 2006 über die Verbringung von Abfällen (ABl. EU Nr. L 190 S. 1) in der jeweils geltenden Fassung und des Abfallverbringungsgesetzes bleiben unberührt.

(4) Abfälle sind so zu beseitigen, dass das Wohl der Allgemeinheit nicht beeinträchtigt wird. Eine Beeinträchtigung liegt insbesondere vor, wenn
1. die Gesundheit der Menschen beeinträchtigt,
2. Tiere und Pflanzen gefährdet,
3. Gewässer und Boden schädlich beeinflusst,
4. schädliche Umwelteinwirkungen durch Luftverunreinigungen oder Lärm herbeigeführt,
5. die Ziele der Raumordnung nicht beachtet, die Grundsätze und sonstigen Erfordernisse der Raumordnung nicht berücksichtigt und die Belange des Naturschutzes und der Landschaftspflege sowie des Städtebaus nicht gewahrt oder
6. sonst die öffentliche Sicherheit und Ordnung gefährdet oder gestört

werden.

§ 11
Grundpflichten der Abfallbeseitigung

(1) Die Erzeuger oder Besitzer von Abfällen, die nicht verwertet werden, sind verpflichtet, diese nach den Grundsätzen der gemeinwohlverträglichen Abfallbeseitigung gemäß § 10 zu beseitigen, soweit in den §§ 13 bis 18 nichts anderes bestimmt ist.

(2) Soweit dies zur Erfüllung der Anforderungen nach § 10 erforderlich ist, sind Abfälle zur Beseitigung getrennt zu halten und zu behandeln.

§ 12
Anforderungen an die Abfallbeseitigung

(1) Die Bundesregierung wird ermächtigt, nach Anhörung der beteiligten Kreise (§ 60) durch Rechtsverordnung mit Zustimmung des Bundesrates zur Erfüllung der Pflichten nach § 11 entsprechend dem Stand der Technik Anforderungen an die Beseitigung von Abfällen nach Herkunftsbereich, Anfallstelle sowie nach Art, Menge und Beschaffenheit festzulegen, insbesondere

1. Anforderungen an die Getrennthaltung und die Behandlung von Abfällen,
2. Anforderungen an das Bereitstellen, Überlassen, das Einsammeln, die Beförderung, Lagerung und die Ablagerung von Abfällen und
3. Verfahren zur Überprüfung der Anforderungen entsprechend § 7 Abs. 3 bis 5.

(2) Die Bundesregierung erlässt nach Anhörung der beteiligten Kreise (§ 60) mit Zustimmung des Bundesrates zur Durchführung dieses Gesetzes und der auf Grund dieses Gesetzes erlassenen Rechtsverordnungen des Bundes allgemeine Verwaltungsvorschriften über Anforderungen an die umweltverträgliche Beseitigung von Abfällen nach dem Stand der Technik. Hierzu sind auch Verfahren der Sammlung, Behandlung, Lagerung und Ablagerung festzulegen, die in der Regel eine umweltverträgliche Abfallbeseitigung gewährleisten.

(3) – *aufgehoben* –

§ 13
Überlassungspflichten

(1) Abweichend von § 5 Abs. 2 und § 11 Abs. 1 sind Erzeuger oder Besitzer von Abfällen aus privaten Haushaltungen verpflichtet, diese den nach Landesrecht zur Entsorgung verpflichteten juristischen Personen (öffentlich-rechtliche Entsorgungsträger) zu überlassen, soweit sie zu einer Verwertung nicht in der Lage sind oder diese nicht beabsichtigen. Satz 1 gilt auch für Erzeuger und Besitzer von Abfällen zur Beseitigung aus anderen Herkunftsbereichen, soweit sie diese nicht in eigenen Anlagen beseitigen oder überwiegende öffentliche Interessen eine Überlassung erfordern.

(2) Die Überlassungspflicht gegenüber den öffentlich-rechtlichen Entsorgungsträgern besteht nicht, soweit Dritten oder privaten Entsorgungsträgern Pflichten zur Verwertung und Beseitigung nach § 16, 17 oder 18 übertragen worden sind.

(3) Die Überlassungspflicht besteht nicht für Abfälle,

1. die einer Rücknahme- oder Rückgabepflicht auf Grund einer Rechtsverordnung nach § 24 unterliegen, soweit nicht die öffentlich-rechtlichen Entsorgungsträger auf Grund einer Bestimmung nach § 24 Abs. 2 Nr. 4 an der Rücknahme mitwirken,
1a. die in Wahrnehmung der Produktverantwortung nach § 25 freiwillig zurückgenommen werden, soweit dem zurücknehmenden Hersteller oder Vertreiber ein Freistellungs- oder Feststellungsbescheid nach § 25 Abs. 3 oder 6 erteilt worden ist,
2. die durch gemeinnützige Sammlung einer ordnungsgemäßen und schadlosen Verwertung zugeführt werden,

3. die durch gewerbliche Sammlung einer ordnungsgemäßen und schadlosen Verwertung zugeführt werden, soweit dies den öffentlich-rechtlichen Entsorgungsträgern nachgewiesen wird und nicht überwiegende öffentliche Interessen entgegenstehen.

Die Nummern 2 und 3 gelten nicht für gefährliche Abfälle. Sonderregelungen der Überlassungspflicht durch Rechtsverordnungen nach den §§ 7 und 24 bleiben unberührt.

(4) Die Länder können zur Sicherstellung der umweltverträglichen Beseitigung Andienungs- und Überlassungspflichten für gefährliche Abfälle zur Beseitigung bestimmen. Sie können zur Sicherstellung der umweltverträglichen Abfallentsorgung Andienungs- und Überlassungspflichten für gefährliche Abfälle zur Verwertung bestimmen, soweit eine ordnungsgemäße Verwertung nicht anderweitig gewährleistet werden kann. Die in Satz 2 genannten Abfälle zur Verwertung werden von der Bundesregierung durch Rechtsverordnung mit Zustimmung des Bundesrates bestimmt. Andienungspflichten für gefährliche Abfälle zur Verwertung, die die Länder bis zum Inkrafttreten dieses Gesetzes bestimmt haben, bleiben unberührt. Soweit Dritten oder privaten Entsorgungsträgern Pflichten zur Entsorgung nach § 16, 17 oder 18 übertragen worden sind, unterliegen diese nicht der Andienungs- oder Überlassungspflicht.

§ 14
Duldungspflichten bei Grundstücken

(1) Die Eigentümer und Besitzer von Grundstücken, auf denen überlassungspflichtige Abfälle anfallen, sind verpflichtet, das Aufstellen zur Erfassung notwendiger Behältnisse sowie das Betreten des Grundstücks zum Zwecke des Einsammelns und zur Überwachung der Getrennthaltung und Verwertung von Abfällen zu dulden.

(2) Absatz 1 gilt entsprechend für Rücknahme- und Sammelsysteme, die zur Durchführung von Rücknahmepflichten auf Grund einer Rechtsverordnung nach § 24 erforderlich sind.

§ 15
Pflichten der öffentlich-rechtlichen Entsorgungsträger

(1) Die öffentlich-rechtlichen Entsorgungsträger haben die in ihrem Gebiet angefallenen und überlassenen Abfälle aus privaten Haushaltungen und Abfälle zur Beseitigung aus anderen Herkunftsbereichen nach Maßgabe der §§ 4 bis 7 zu verwerten oder nach Maßgabe der §§ 10 bis 12 zu beseitigen. Werden Abfälle aus den in § 5 Abs. 4 genannten Gründen zur Beseitigung überlassen, sind die öffentlich-rechtlichen Entsorgungsträger zur Verwertung verpflichtet, soweit bei ihnen diese Gründe nicht vorliegen.

(2) Die öffentlich-rechtlichen Entsorgungsträger sind von ihren Pflichten zur Entsorgung von Abfällen aus anderen Herkunftsbereichen als privaten Haushaltungen befreit, soweit Dritten oder privaten Entsorgungsträgern Pflichten zur Entsorgung nach § 16, 17 oder 18 übertragen worden sind.

(3) Die öffentlich-rechtlichen Entsorgungsträger können mit Zustimmung der zuständigen Behörde Abfälle von der Entsorgung ausschließen, soweit diese der Rücknahmepflicht auf Grund einer nach § 24 erlassenen Rechtsverordnung unterliegen und entsprechende Rücknahmeeinrichtungen tatsächlich zur Verfügung stehen. Satz 1 gilt auch für Abfälle zur Beseitigung aus anderen Herkunftsbereichen als privaten Haushaltungen, soweit diese nach Art, Menge oder Beschaffenheit nicht mit den in Haushaltungen anfallenden Abfällen beseitigt werden können oder die Sicherheit der umweltverträglichen Beseitigung im Einklang mit den Abfallwirtschaftsplänen der Länder durch einen anderen Entsorgungsträger oder Dritten gewährleistet ist. Die öffentlich-rechtlichen Entsorgungsträger können den Ausschluss von der Entsorgung nach den Sätzen 1 und 2 mit Zustimmung der zuständigen Behörde widerrufen, soweit die dort genannten Voraussetzungen für einen Ausschluss nicht mehr vorliegen.

(4) Die Pflichten nach Absatz 1 gelten auch für Kraftfahrzeuge oder Anhänger ohne gültige amtliche Kennzeichen, wenn diese auf öffentlichen Flächen oder außerhalb im Zusammenhang bebauter Ortsteile abgestellt sind, keine Anhaltspunkte für deren Entwendung oder bestimmungsgemäße Nutzung bestehen und sie nicht innerhalb eines Monats nach einer am Fahrzeug angebrachten, deutlich sichtbaren Aufforderung entfernt worden sind.

§ 16
Beauftragung Dritter

(1) Die zur Verwertung und Beseitigung Verpflichteten können Dritte mit der Erfüllung ihrer Pflichten beauftragen. Ihre Verantwortlichkeit für die Erfüllung der Pflichten bleibt hiervon unberührt. Die beauftragten Dritten müssen über die erforderliche Zuverlässigkeit verfügen.

(2) Die zuständige Behörde kann auf Antrag mit Zustimmung der Entsorgungsträger im Sinne der §§ 15, 17 und 18 deren Pflichten auf einen Dritten ganz oder teilweise übertragen, wenn

1. der Dritte sach- und fachkundig und zuverlässig ist,
2. die Erfüllung der übertragenen Pflichten sichergestellt ist und
3. keine überwiegenden öffentlichen Interessen entgegenstehen.

Die Pflichtenübertragung der privaten Entsorgungsträger auf Dritte bedarf der Zustimmung der öffentlich-rechtlichen Entsorgungsträger im Sinne des § 15. Ist der Antragsteller Entsorgungsfachbetrieb im Sinne des § 52 Abs. 1 oder auditierter Unternehmensstandort im Sinne des § 55a, so hat die zuständige Behörde dies bei ihrer Entscheidung zu berücksichtigen.

(3) Zur Darlegung der Voraussetzungen nach Absatz 2 hat der Dritte insbesondere ein Abfallwirtschaftskonzept vorzulegen. Das Abfallwirtschaftskonzept hat zu enthalten

1. Angaben über Art, Menge und Verbleib der zu verwertenden oder zu beseitigenden Abfälle,
2. Darstellung der getroffenen und geplanten Maßnahmen zur Verwertung oder zur Beseitigung der Abfälle,

3. Darlegung der vorgesehenen Entsorgungswege für die nächsten fünf Jahre einschließlich der Angaben zur notwendigen Standort- und Anlagenplanung sowie ihrer zeitlichen Abfolge,

4. gesonderte Darstellung der unter Nr. 1 genannten Abfälle bei der Verwertung oder Beseitigung außerhalb der Bundesrepublik Deutschland.

Bei der Erstellung des Abfallwirtschaftskonzepts sind die Vorgaben der Abfallwirtschaftsplanung nach § 29 zu berücksichtigen. Das Abfallwirtschaftskonzept ist erstmalig für fünf Jahre zu erstellen und alle fünf Jahre fortzuschreiben, soweit die zuständige Behörde nichts anderes bestimmt. Nach Ablauf eines Jahres nach der Übertragung der Pflichten ist darüber hinaus jährlich eine Abfallbilanz zu erstellen und vorzulegen, welche Angaben zu Art, Menge, Anfall und Verbleib der in Satz 2 Nr. 1 und 4 genannten Abfälle enthält; die zuständige Behörde kann abweichende Bilanzierungsfristen zulassen. Im Falle einer Beseitigung von Abfällen im Bilanzzeitraum ist die mangelnde Verwertbarkeit dieser Abfälle gesondert zu begründen.

(4) Die Übertragung ist zu befristen. Sie kann mit Nebenbestimmungen versehen werden, insbesondere unter Bedingungen erteilt und mit Auflagen oder dem Vorbehalt eines Widerrufs verbunden werden.

§ 17
Wahrnehmung von Aufgaben durch Verbände

(1) Die Erzeuger und Besitzer von Abfällen aus gewerblichen sowie sonstigen wirtschaftlichen Unternehmen oder öffentlichen Einrichtungen können Verbände bilden, die von den Erzeugern oder Besitzern von Abfällen mit der Erfüllung ihrer Verwertungs- und Beseitigungspflichten beauftragt werden können. § 16 Abs. 1 Satz 2 und 3 gilt entsprechend.

(2) Die öffentlich-rechtlichen Entsorgungsträger und die Selbstverwaltungskörperschaften der Wirtschaft können auf die Bildung der Verbände hinwirken und sich an ihnen beteiligen.

(3) Die zuständige Behörde kann mit Zustimmung der öffentlich-rechtlichen Entsorgungsträger im Sinne des § 15 den Verbänden auf deren Antrag die Erzeuger- und Besitzerpflichten ganz oder teilweise übertragen, wenn

1. auf andere Weise der Verbandszweck nicht erfüllt werden kann,

2. die Erfüllung der übertragenen Pflichten sichergestellt ist, insbesondere die Sicherheit der Abfallbeseitigung für den übertragenen Aufgabenbereich im Einklang mit den Abfallwirtschaftsplänen der Länder (§ 29) gewährleistet ist, und

3. keine überwiegenden öffentlichen Interessen entgegenstehen.

§ 16 Abs. 3 und 4 gilt entsprechend.

(4) Die zuständige Behörde kann den Verband im Rahmen des übertragenen Aufgabenbereichs und Verbandszwecks in einem ausgewiesenen Gebiet zur Beseitigung aller Abfälle, insbesondere von Abfällen zur Beseitigung weiterer Erzeuger und Besitzer verpflichten, soweit

1. dies zur Wahrung der Belange des Wohles der Allgemeinheit geboten ist und
2. die Erzeuger und Besitzer ihre Pflichten nicht selbst wahrnehmen.

(5) Die Verbände können Gebühren erheben. Die Gebührensatzung bedarf der Genehmigung der zuständigen Behörde.

(6) Für die übertragenen Verwertungs- und Beseitigungspflichten gilt § 15 Abs. 1 und 3 entsprechend. Soweit es zur Erfüllung der übertragenen Pflichten erforderlich ist, bestehen die Überlassungs- und Duldungspflichten gegenüber den Verbänden; § 13 Abs. 1 und 3 und § 14 gelten entsprechend. Zur Erfüllung der übertragenen Pflichten können die Verbände von den Erzeugern und Besitzern verlangen, die Abfälle getrennt zu halten und zu bestimmten Sammelstellen oder Behandlungsanlagen zu bringen. Die Befugnis des Erzeugers und Besitzers, die Abfälle selbst zu entsorgen, bleibt unberührt.

§ 18
Wahrnehmung von Aufgaben durch Selbstverwaltungskörperschaften der Wirtschaft

(1) Die Industrie- und Handelskammern, Handwerkskammern und Landwirtschaftskammern (Selbstverwaltungskörperschaften der Wirtschaft) können Einrichtungen bilden, die von den Erzeugern und Besitzern von Abfällen mit der Erfüllung ihrer Verwertungs- und Beseitigungspflichten beauftragt werden können. § 16 Abs. 1 Satz 2 und 3 gilt entsprechend.

(2) Auf Antrag der Selbstverwaltungskörperschaften der Wirtschaft kann die zuständige Behörde den Einrichtungen in einem ausgewiesenen Gebiet die Pflichten der Erzeuger und Besitzer von Abfällen ganz oder teilweise übertragen. § 17 Abs. 3 bis 6 gilt entsprechend.

§ 19
Abfallwirtschaftskonzepte und Abfallbilanzen

Die öffentlich-rechtlichen Entsorgungsträger im Sinne des § 15 haben Abfallwirtschaftskonzepte und Abfallbilanzen über die Verwertung und die Beseitigung der in ihrem Gebiet anfallenden und ihnen zu überlassenden Abfälle zu erstellen. Die Anforderungen an die Abfallwirtschaftskonzepte und Abfallbilanzen regeln die Länder.

§ 20
– aufgehoben –

§ 21
Anordnungen im Einzelfall

Die zuständige Behörde kann im Einzelfall die erforderlichen Anordnungen zur Durchführung dieses Gesetzes und der auf Grund dieses Gesetzes erlassenen Rechtsverordnungen treffen.

DRITTER TEIL
Produktverantwortung

§ 22
Produktverantwortung

(1) Wer Erzeugnisse entwickelt, herstellt, be- und verarbeitet oder vertreibt, trägt zur Erfüllung der Ziele der Kreislaufwirtschaft die Produktverantwortung. Zur Erfüllung der Produktverantwortung sind Erzeugnisse möglichst so zu gestalten, dass bei deren Herstellung und Gebrauch das Entstehen von Abfällen vermindert wird und die umweltverträgliche Verwertung und Beseitigung der nach deren Gebrauch entstandenen Abfälle sichergestellt ist.

(2) Die Produktverantwortung umfasst insbesondere
1. die Entwicklung, Herstellung und das Inverkehrbringen von Erzeugnissen, die mehrfach verwendbar, technisch langlebig und nach Gebrauch zur ordnungsgemäßen und schadlosen Verwertung und umweltverträglichen Beseitigung geeignet sind,
2. den vorrangigen Einsatz von verwertbaren Abfällen oder sekundären Rohstoffen bei der Herstellung von Erzeugnissen,
3. die Kennzeichnung von schadstoffhaltigen Erzeugnissen, um die umweltverträgliche Verwertung oder Beseitigung der nach Gebrauch verbleibenden Abfälle sicherzustellen,
4. den Hinweis auf Rückgabe-, Wiederverwendungs- und Verwertungsmöglichkeiten oder -pflichten und Pfandregelungen durch Kennzeichnung der Erzeugnisse und
5. die Rücknahme der Erzeugnisse und der nach Gebrauch der Erzeugnisse verbleibenden Abfälle sowie deren nachfolgende Verwertung oder Beseitigung.

(3) Im Rahmen der Produktverantwortung nach den Absätzen 1 und 2 sind neben der Verhältnismäßigkeit der Anforderungen entsprechend § 5 Abs. 4, die sich aus anderen Rechtsvorschriften ergebenden Regelungen zur Produktverantwortung und zum Schutz der Umwelt sowie die Festlegungen des Gemeinschaftsrechts über den freien Warenverkehr zu berücksichtigen.

(4) Die Bundesregierung bestimmt durch Rechtsverordnungen auf Grund der §§ 23 und 24, welche Verpflichteten die Produktverantwortung nach den Absätzen 1 und 2 zu erfüllen haben. Sie legt zugleich fest, für welche Erzeugnisse und in welcher Art und Weise die Produktverantwortung wahrzunehmen ist.

§ 23
Verbote, Beschränkungen und Kennzeichnungen

Zur Festlegung von Anforderungen nach § 22 wird die Bundesregierung ermächtigt, nach Anhörung der beteiligten Kreise (§ 60) durch Rechtsverordnung mit Zustimmung des Bundesrates zu bestimmen, dass
1. bestimmte Erzeugnisse, insbesondere Verpackungen und Behältnisse nur in bestimmter Beschaffenheit oder für bestimmte Verwendungen, bei denen eine ordnungsgemäße Verwertung oder Beseitigung der anfallenden Abfälle gewährleistet ist, in Verkehr gebracht werden dürfen,

2. bestimmte Erzeugnisse überhaupt nicht in Verkehr gebracht werden dürfen, wenn bei ihrer Entsorgung die Freisetzung schädlicher Stoffe nicht oder nur mit unverhältnismäßig hohem Aufwand verhindert werden könnte oder die umweltverträgliche Entsorgung nicht auf andere Weise sichergestellt werden kann,
3. bestimmte Erzeugnisse nur in bestimmter, die Abfallentsorgung spürbar entlastender Weise, insbesondere in einer die mehrfache Verwendung oder die Verwertung erleichternden Form in Verkehr gebracht werden dürfen,
4. bestimmte Erzeugnisse in bestimmter Weise zu kennzeichnen sind, um insbesondere die Erfüllung der Grundpflichten nach § 5 nach Rücknahme zu sichern (Kennzeichnungspflicht),
5. bestimmte Erzeugnisse wegen des Schadstoffgehaltes der nach bestimmungsgemäßem Gebrauch in der Regel verbleibenden Abfälle nur mit einer Kennzeichnung in den Verkehr gebracht werden dürfen, die insbesondere auf die Notwendigkeit einer Rückgabe an Hersteller, Vertreiber oder bestimmte Dritte hinweist, mit der die erforderliche besondere Verwertung oder Beseitigung sichergestellt wird,
6. für bestimmte Erzeugnisse, für die eine Rücknahme oder Rückgabepflicht nach § 24 verordnet wurde, an der Stelle der Abgabe oder des Inverkehrbringens auf die Rückgabemöglichkeit hinzuweisen ist oder die Erzeugnisse entsprechend zu kennzeichnen sind,
7. bestimmte Erzeugnisse, für die die Erhebung eines Pfandes nach § 24 verordnet wurde, entsprechend zu kennzeichnen sind, gegebenenfalls mit Angabe der Höhe des Pfandes.

§ 24
Rücknahme- und Rückgabepflichten

(1) Zur Festlegung von Anforderungen nach § 22 wird die Bundesregierung ermächtigt, nach Anhörung der beteiligten Kreise (§ 60) durch Rechtsverordnung mit Zustimmung des Bundesrates zu bestimmen, dass Hersteller oder Vertreiber

1. bestimmte Erzeugnisse nur bei Eröffnung einer Rückgabemöglichkeit abgeben oder in Verkehr bringen dürfen,
2. bestimmte Erzeugnisse zurückzunehmen und die Rückgabe durch geeignete Maßnahmen, insbesondere durch Rücknahmesysteme oder durch Erhebung eines Pfandes, sicherzustellen haben,
3. bestimmte Erzeugnisse an der Abgabe- oder Anfallstelle zurückzunehmen haben,
4. gegenüber dem Land, der zuständigen Behörde oder den Entsorgungsträgern im Sinne des § 15, 17 oder 18 Nachweis zu führen über Art, Menge, Verwertung und Beseitigung der zurückgenommenen Abfälle, Belege einzubehalten und aufzubewahren und auf Verlangen vorzuzeigen haben.

(2) In einer Rechtsverordnung nach Absatz 1 kann zur Festlegung von Anforderungen nach § 22 sowie zur ergänzenden Festlegung von Pflichten der Erzeuger und Besitzer von Abfällen und der Entsorgungsträger im Sinne der §§ 15, 17 und 18 im Rahmen der Kreislaufwirtschaft weiter bestimmt werden,

1. wer die Kosten für die Rücknahme, Verwertung und Beseitigung der zurückzunehmenden Erzeugnisse zu tragen hat,
2. dass die Besitzer von Abfällen diese dem nach Absatz 1 verpflichteten Hersteller oder Vertreiber zu überlassen haben,
3. die Art und Weise der Überlassung, einschließlich der Maßnahmen im Sinne des § 4 Abs. 5 zum Bereitstellen, Sammeln und Befördern sowie Bringpflichten der unter Nummer 1 genannten Besitzer,
4. dass die Entsorgungsträger im Sinne der §§ 15, 17 und 18 durch Erfassung der Abfälle als ihnen übertragene Aufgabe bei der Rücknahme mitzuwirken und die erfassten Abfälle dem nach Absatz 1 Verpflichteten zu überlassen haben.

§ 25
Freiwillige Rücknahme

(1) Die Bundesregierung kann für die freiwillige Rücknahme von Abfällen nach Anhörung der beteiligten Kreise (§ 60) Zielfestlegungen treffen, die innerhalb einer angemessenen Frist zu erreichen sind. Sie veröffentlicht die Festlegungen im Bundesanzeiger.

(2) Hersteller und Vertreiber, die Erzeugnisse und die nach Gebrauch der Erzeugnisse verbleibenden Abfälle freiwillig zurücknehmen, haben dies der zuständigen Behörde vor Beginn der Rücknahme anzuzeigen.

(3) Die nach Absatz 2 zuständige Behörde soll auf Antrag den Hersteller oder Vertreiber, der von ihm hergestellte oder vertriebene Erzeugnisse nach deren Gebrauch als gefährliche Abfälle in eigenen Anlagen oder Einrichtungen oder in Anlagen oder Einrichtungen von ihm beauftragter Dritter freiwillig zurücknimmt, von Pflichten zur Nachweisführung nach § 43 über die Entsorgung gefährlicher Abfälle bis zum Abschluss der Rücknahme der Abfälle sowie von Verpflichtungen nach § 49 freistellen, wenn
1. die freiwillige Rücknahme zur Erfüllung der Pflichten der Produktverantwortung im Sinne des § 22 erfolgt,
2. durch die Rücknahme die Ziele der Kreislaufwirtschaft im Sinne der §§ 4 und 5 gefördert werden und
3. die ordnungsgemäße Entsorgung der Abfälle gewährleistet bleibt.

Die Rücknahme nach Satz 1 gilt spätestens mit der Annahme der Abfälle an einer Anlage zur weiteren Entsorgung, ausgenommen Anlagen zur Zwischenlagerung der Abfälle, als abgeschlossen, soweit in der Freistellung kein früherer Zeitpunkt bestimmt wird. Der Antrag auf Befreiung kann mit der Anzeige nach Absatz 2 verbunden werden.

(4) Die Freistellung nach Absatz 3 gilt für die Bundesrepublik Deutschland, soweit keine beschränkte Geltung beantragt wird. Sie kann unter Bedingungen sowie unter dem Vorbehalt des Widerrufs erteilt, mit Auflagen verbunden und befristet werden, soweit dies zur Sicherstellung der in Absatz 3 genannten Freistellungsvoraussetzungen erforderlich ist. Die für die Freistellung zuständige Behörde übersendet je eine Ablichtung des Freistellungsbescheides an die zuständigen Behörden der Länder, in denen die Abfälle zurückgenommen werden.

(5) Erzeuger, Besitzer, Beförderer oder Entsorger gefährlicher Abfälle sind bis zum Abschluss der Rücknahme nach Absatz 3 von Nachweispflichten nach § 43 befreit, soweit sie die Abfälle an einen Hersteller oder Vertreiber zurückgeben oder in dessen Auftrag entsorgen, der für solche Abfälle nach Absatz 3 von Nachweispflichten freigestellt ist. Absatz 4 Satz 2 findet entsprechende Anwendung.

(6) Die nach Absatz 2 zuständige Behörde stellt auf Antrag des Herstellers oder Vertreibers fest, dass eine angezeigte Rücknahme von Abfällen zur Erfüllung der Pflichten der Produktverantwortung nach § 22 erfolgt, wenn die Voraussetzungen nach Absatz 3 Satz 1 erfüllt sind. Absatz 4 Satz 1 bis 3 findet entsprechende Anwendung.

§ 26
Besitzerpflichten nach Rücknahme

Hersteller und Vertreiber, die Abfälle auf Grund einer Rechtsverordnung nach § 24 oder freiwillig zurücknehmen, unterliegen den Pflichten eines Besitzers von Abfällen nach den §§ 5 und 11.

VIERTER TEIL
Planungsverantwortung

1. ABSCHNITT
Ordnung und Planung

§ 27
Ordnung der Beseitigung

(1) Abfälle dürfen zum Zwecke der Beseitigung nur in den dafür zugelassenen Anlagen oder Einrichtungen (Abfallbeseitigungsanlagen) behandelt, gelagert oder abgelagert werden. Darüber hinaus ist die Behandlung von Abfällen zur Beseitigung in Anlagen zulässig, die überwiegend einem anderen Zweck als der Abfallbeseitigung dienen und die einer Genehmigung nach § 4 des Bundes-Immissionsschutzgesetzes bedürfen. Die Lagerung oder Behandlung von Abfällen zur Beseitigung in den diesen Zwecken dienenden Abfallbeseitigungsanlagen ist auch zulässig, soweit diese als unbedeutende Anlagen nach dem Bundes-Immissionsschutzgesetz keiner Genehmigung bedürfen und in Rechtsverordnungen nach § 12 Abs. 1 oder nach § 23 des Bundes-Immissionsschutzgesetzes oder in allgemeinen Verwaltungsvorschriften nach § 12 Abs. 2 nichts anderes bestimmt ist.

(2) Die zuständige Behörde kann im Einzelfall unter dem Vorbehalt des Widerrufs Ausnahmen von Absatz 1 Satz 1 zulassen, wenn dadurch das Wohl der Allgemeinheit nicht beeinträchtigt wird.

(3) Die Landesregierungen können durch Rechtsverordnung die Beseitigung bestimmter Abfälle oder bestimmter Mengen dieser Abfälle außerhalb von Anlagen im Sinne des Absatzes 1 Satz 1 zulassen, soweit hierfür ein Bedürfnis besteht

und eine Beeinträchtigung des Wohles der Allgemeinheit nicht zu besorgen ist. Sie können in diesem Fall auch die Voraussetzungen und die Art und Weise der Beseitigung durch Rechtsverordnung bestimmen. Die Landesregierungen können die Ermächtigung durch Rechtsverordnung ganz oder teilweise auf andere Behörden übertragen.

§ 28
Durchführung der Beseitigung

(1) Die zuständige Behörde kann den Betreiber einer Abfallbeseitigungsanlage verpflichten, einem Beseitigungspflichtigen nach § 11 sowie den Entsorgungsträgern im Sinne der §§ 15, 17 und 18 die Mitbenutzung der Abfallbeseitigungsanlage gegen angemessenes Entgelt zu gestatten, soweit dieser auf eine andere Weise den Abfall nicht zweckmäßig oder nur mit erheblichen Mehrkosten beseitigen kann und die Mitbenutzung für den Betreiber zumutbar ist. Kommt eine Einigung über das Entgelt nicht zustande, wird es durch die zuständige Behörde festgesetzt. Die Zuweisung darf nur erfolgen, wenn Rechtsvorschriften dieses Gesetzes nicht entgegenstehen; die Erfüllung der Grundpflichten gemäß § 11 muss sichergestellt sein. Die zuständige Behörde hat die Vorlage von Abfallwirtschaftskonzepten des durch die Zuweisung Begünstigten zu verlangen und ihrer Entscheidung zugrunde zu legen. Auf Antrag des nach Satz 1 Verpflichteten kann der durch die Zuweisung Begünstigte verpflichtet werden, Abfälle gleicher Art und Menge nach Fortfall der Gründe für die Zuweisung zu übernehmen.

(2) Die zuständige Behörde kann dem Betreiber einer Abfallbeseitigungsanlage, der Abfälle wirtschaftlicher als die Entsorgungsträger im Sinne der §§ 15, 17 und 18 beseitigen kann, die Beseitigung dieser Abfälle auf seinen Antrag übertragen. Die Übertragung kann mit der Auflage verbunden werden, dass der Antragsteller alle in dem von den Entsorgungsträgern erfassten Gebiet angefallenen Abfälle gegen Erstattung der Kosten beseitigt, wenn die Entsorgungsträger die verbleibenden Abfälle nicht oder nur mit unverhältnismäßigem Aufwand beseitigen können; dies gilt nicht, wenn der Antragsteller darlegt, dass die Übernahme der Beseitigung unzumutbar ist.

(3) Der Abbauberechtigte oder Unternehmer eines Mineralgewinnungsbetriebes sowie der Eigentümer, Besitzer oder in sonstiger Weise Verfügungsberechtigte eines zur Mineralgewinnung genutzten Grundstückes kann von der zuständigen Behörde verpflichtet werden, die Beseitigung von Abfällen in freigelegten Bauten in seiner Anlage oder innerhalb seines Grundstückes zu dulden, den Zugang zu ermöglichen und dabei, soweit dies unumgänglich ist, vorhandene Betriebsanlagen oder Einrichtungen oder Teile derselben zur Verfügung zu stellen. Die ihm dadurch entstehenden Kosten hat der Beseitigungspflichtige zu erstatten. Die zuständige Behörde bestimmt den Inhalt dieser Verpflichtung. Der Vorrang der Mineralgewinnung gegenüber der Abfallbeseitigung darf nicht beeinträchtigt werden. Für die aus der Abfallbeseitigung entstehenden Schäden haftet der Duldungspflichtige nicht.

(4) Das Einbringen von Abfällen in die Hohe See sowie die Verbrennung von Abfällen auf Hoher See ist nach Maßgabe des Gesetzes über das Verbot der Einbringung von Abfällen und anderen Stoffen von Gegenständen in die Hohe See

vom 25. August 1998 (BGBl. I S. 2455) verboten. Das Einbringen von Baggergut in die Hohe See darf nach Maßgabe des in Satz 1 genannten Gesetzes unter Berücksichtigung der jeweiligen Inhaltsstoffe erfolgen.

§ 29
Abfallwirtschaftsplanung

(1) Die Länder stellen für ihren Bereich Abfallwirtschaftspläne nach überörtlichen Gesichtspunkten auf. Die Abfallwirtschaftspläne stellen dar
1. die Ziele der Abfallvermeidung und -verwertung sowie
2. die zur Sicherung der Inlandsbeseitigung erforderlichen Abfallbeseitigungsanlagen.

Die Abfallwirtschaftspläne weisen aus
1. zugelassene Abfallbeseitigungsanlagen und
2. geeignete Flächen für Abfallbeseitigungsanlagen zur Endablagerung von Abfällen (Deponien) sowie für sonstige Abfallbeseitigungsanlagen.

Die Pläne können ferner bestimmen, welcher Entsorgungsträger vorgesehen ist und welcher Abfallbeseitigungsanlage sich die Beseitigungspflichtigen zu bedienen haben.

(2) Bei der Darstellung des Bedarfs sind zukünftige, innerhalb eines Zeitraumes von mindestens zehn Jahren zu erwartende Entwicklungen zu berücksichtigen. Soweit dies zur Darstellung des Bedarfs erforderlich ist, sind Abfallwirtschaftskonzepte und Abfallbilanzen auszuwerten.

(3) Eine Fläche kann als geeignet im Sinne des Absatzes 1 Satz 3 Nr. 2 angesehen werden, wenn ihre Lage, Größe und Beschaffenheit im Hinblick auf die vorgesehene Nutzung in Übereinstimmung mit den abfallwirtschaftlichen Zielsetzungen im Plangebiet steht und Belange des Wohles der Allgemeinheit nicht offensichtlich entgegenstehen. Die Flächenausweisung nach Absatz 1 ist nicht Voraussetzung für die Planfeststellung oder Genehmigung der in § 31 aufgeführten Abfallbeseitigungsanlagen.

(4) Die Ausweisungen im Sinne des Absatzes 1 Satz 3 Nr. 2 und Satz 4 können für die Beseitigungspflichtigen für verbindlich erklärt werden.

(5) Bei der Abfallwirtschaftsplanung sind die Ziele der Raumordnung zu beachten, die Grundsätze und sonstigen Erfordernisse der Raumordnung zu berücksichtigen. § 7 Abs. 3 Satz 1 und 2 Nr. 3 des Raumordnungsgesetzes bleiben unberührt.

(6) Die Länder sollen ihre Abfallwirtschaftsplanungen aufeinander und untereinander abstimmen. Ist eine die Grenze eines Landes überschreitende Planung erforderlich, sollen die betroffenen Länder bei der Aufstellung der Abfallwirtschaftspläne die Erfordernisse und Maßnahmen im Benehmen miteinander festlegen.

(7) Bei der Aufstellung der Abfallwirtschaftspläne sind die Gemeinden oder deren Zusammenschlüsse und die Entsorgungsträger im Sinne der §§ 15, 17 und 18 zu beteiligen.

(8) Die öffentlich-rechtlichen Entsorgungsträger im Sinne des § 15, die Dritten sowie die privaten Entsorgungsträger im Sinne der §§ 16 bis 18, denen Pflichten der Erzeuger oder Besitzer zur Entsorgung von Abfällen übertragen worden sind, haben die von ihnen zu erstellenden und fortzuschreibenden Abfallwirtschaftskonzepte und Abfallbilanzen auf Verlangen der zuständigen Behörde zur Auswertung für die Abfallwirtschaftsplanung vorzulegen; § 29a bleibt unberührt.

(9) Die Länder regeln das Verfahren zur Aufstellung der Pläne und zu deren Verbindlicherklärung.

(10) Die Pläne sind erstmalig zum 31. Dezember 1999 zu erstellen und alle fünf Jahre fortzuschreiben.

§ 29a
Öffentlichkeitsbeteiligung bei Abfallwirtschaftsplänen

Bei der Aufstellung oder Änderung von Abfallwirtschaftsplänen nach § 29 Abs. 1, einschließlich besonderer Kapitel oder gesonderter Teilpläne insbesondere über die Entsorgung von gefährlichen Abfällen, Altbatterien und Akkumulatoren oder Verpackungen und Verpackungsabfällen, ist die Öffentlichkeit von der zuständigen Behörde zu beteiligen. Die Aufstellung oder Änderung eines Abfallwirtschaftsplans sowie Informationen über das Beteiligungsverfahren sind in einem amtlichen Veröffentlichungsblatt und auf andere geeignete Weise bekannt zu machen. Der Entwurf des neuen oder geänderten Abfallwirtschaftsplans ist einen Monat zur Einsicht auszulegen. Natürliche und juristische Personen sowie sonstige Vereinigungen, insbesondere Vereinigungen zur Förderung des Umweltschutzes, deren Belange oder deren satzungsgemäßer Aufgabenbereich durch den Entwurf berührt werden, haben innerhalb einer Frist von sechs Wochen Gelegenheit zur schriftlichen Stellungnahme gegenüber der zuständigen Behörde; der Zeitpunkt des Fristablaufs ist bei der Bekanntmachung nach Satz 2 mitzuteilen. Fristgemäß eingegangene Stellungnahmen der Öffentlichkeit werden von der zuständigen Behörde bei der Entscheidung über die Annahme des Plans angemessen berücksichtigt. Die Annahme des Plans ist von der zuständigen Behörde in einem amtlichen Veröffentlichungsblatt und auf andere geeignete Weise öffentlich bekannt zu machen; dabei ist in zusammengefasster Form über den Ablauf des Beteiligungsverfahrens und über die Gründe und Erwägungen, auf denen die getroffene Entscheidung beruht, zu unterrichten. Der angenommene Plan ist zur Einsicht für die Öffentlichkeit auszulegen, hierauf ist in der öffentlichen Bekanntmachung nach Satz 6 hinzuweisen. § 29a findet keine Anwendung, wenn es sich bei dem Abfallwirtschaftsplan nach § 29 Abs. 1 um einen Plan handelt, für den nach dem Gesetz über die Umweltverträglichkeitsprüfung eine Strategische Umweltprüfung durchzuführen ist. § 29a gilt für Verfahren zur Aufstellung oder Änderung von Abfallwirtschaftsplänen, die nach dem 25. Juni 2005 eingeleitet worden sind.

2. ABSCHNITT
Zulassung von Abfallbeseitigungsanlagen

§ 30
Erkundung geeigneter Standorte

(1) Eigentümer und Nutzungsberechtigte von Grundstücken haben zu dulden, dass Beauftragte der zuständigen Behörde oder der Entsorgungsträger im Sinne der §§ 15, 17 und 18 zur Erkundung geeigneter Standorte für Deponien und öffentlich zugängliche Abfallbeseitigungsanlagen Grundstücke mit Ausnahme von Wohnungen betreten und Vermessungen, Boden- und Grundwasseruntersuchungen oder ähnliche Arbeiten ausführen. Die Absicht, Grundstücke zu betreten und solche Arbeiten durchzuführen, ist den Eigentümern wie den Nutzungsberechtigten der Grundstücke vorher bekannt zu geben.

(2) Die zuständige Behörde und die Entsorgungsträger im Sinne der §§ 15, 17 und 18 haben nach Abschluss der Arbeiten den vorherigen Zustand unverzüglich wiederherzustellen. Sie können verlangen, dass bei der Erkundung geschaffene Einrichtungen aufrechtzuerhalten sind. Die Einrichtungen sind zu beseitigen, wenn sie für die Erkundung nicht mehr benötigt werden oder wenn eine Entscheidung darüber nicht binnen zwei Jahren nach Schaffung der Einrichtung getroffen ist und der Eigentümer oder Nutzungsberechtigte dem weiteren Verbleib der Einrichtung gegenüber der Behörde widersprochen hat.

(3) Eigentümer und Nutzungsberechtigte von Grundstücken können von der zuständigen Behörde für Vermögensnachteile, die durch eine nach Absatz 2 zulässige Maßnahme entstehen, Ersatz in Geld verlangen.

§ 31
Planfeststellung und Genehmigung

(1) Die Errichtung und der Betrieb von ortsfesten Abfallbeseitigungsanlagen zur Lagerung oder Behandlung von Abfällen zur Beseitigung sowie die wesentliche Änderung einer solchen Anlage oder ihres Betriebes bedürfen der Genehmigung nach den Vorschriften des Bundes-Immissionsschutzgesetzes; einer weiteren Zulassung nach diesem Gesetz bedarf es nicht.

(2) Die Errichtung und der Betrieb von Deponien sowie die wesentliche Änderung einer solchen Anlage oder ihres Betriebes bedürfen der Planfeststellung durch die zuständige Behörde. In dem Planfeststellungsverfahren ist eine Umweltverträglichkeitsprüfung nach den Vorschriften des Gesetzes über die Umweltverträglichkeitsprüfung durchzuführen.

(3) § 74 Abs. 6 des Verwaltungsverfahrensgesetzes gilt mit der Maßgabe, dass die zuständige Behörde nur dann an Stelle eines Planfeststellungsbeschlusses auf Antrag oder von Amts wegen eine Plangenehmigung erteilen kann, wenn

1. die Errichtung und der Betrieb einer unbedeutenden Deponie beantragt wird, soweit die Errichtung und der Betrieb keine erheblichen nachteiligen Auswirkungen auf ein in § 2 Abs. 1 Satz 2 des Gesetzes über die Umweltverträglichkeitsprüfung genanntes Schutzgut haben kann, oder

2. die wesentliche Änderung einer Deponie oder ihres Betriebes beantragt wird, soweit die Änderung keine erheblichen nachteiligen Auswirkungen auf ein in § 2 Abs. 1 Satz 2 des Gesetzes über die Umweltverträglichkeitsprüfung genanntes Schutzgut haben kann, oder
3. die Errichtung und der Betrieb einer Deponie beantragt wird, die ausschließlich oder überwiegend der Entwicklung und Erprobung neuer Verfahren dient, und die Genehmigung für einen Zeitraum von höchstens zwei Jahren nach Inbetriebnahme der Anlage erteilt werden soll.

Eine Plangenehmigung nach Satz 1 Nr. 1 kann nicht für Anlagen zur Ablagerung von gefährlichen Abfällen erteilt werden; für diese Anlagen kann eine Plangenehmigung nach Satz 1 Nr. 3 höchstens für einen Zeitraum von einem Jahr erteilt werden. Eine Plangenehmigung nach Satz 1 Nr. 1 kann des Weiteren nicht erteilt werden für Deponien zur Ablagerung von nicht gefährlichen Abfällen mit einer Aufnahmekapazität von zehn Tonnen oder mehr pro Tag oder mit einer Gesamtkapazität von 25 000 Tonnen oder mehr; dies gilt nicht für Deponien für Inertabfälle. Die zuständige Behörde soll ein Genehmigungsverfahren durchführen, wenn die Änderung keine erheblichen nachteiligen Auswirkungen auf ein in § 2 Abs. 1 Satz 2 des Gesetzes über die Umweltverträglichkeitsprüfung genanntes Schutzgut hat und den Zweck verfolgt, eine wesentliche Verbesserung für diese Schutzgüter herbeizuführen.

(4) § 15 Abs. 1 und 2 des Bundes-Immissionsschutzgesetzes gilt entsprechend. Satz 1 findet auch auf die in § 35 genannten Deponien Anwendung.

(5) Für nach Absatz 4 anzeigebedürftige Änderungen kann der Träger des Vorhabens eine Planfeststellung oder eine Plangenehmigung beantragen.

§ 32
Erteilung, Sicherheitsleistung, Nebenbestimmungen

(1) Der Planfeststellungsbeschluss nach § 31 Abs. 2 oder die Genehmigung nach § 31 Abs. 3 dürfen nur erteilt werden, wenn

1. sichergestellt ist, dass das Wohl der Allgemeinheit nicht beeinträchtigt wird, insbesondere

    a) Gefahren für die in § 10 Abs. 4 genannten Schutzgüter nicht hervorgerufen werden können,

    b) Vorsorge gegen die Beeinträchtigungen der Schutzgüter, insbesondere durch bauliche, betriebliche oder organisatorische Maßnahmen entsprechend dem Stand der Technik getroffen wird und

    c) Energie sparsam und effizient verwendet wird,

2. keine Tatsachen vorliegen, aus denen sich Bedenken gegen die Zuverlässigkeit der für die Errichtung, Leitung oder Beaufsichtigung des Betriebes oder der Nachsorge der Deponie verantwortlichen Personen ergeben,

3. diese Personen und das sonstige Personal die erforderliche Fach- und Sachkunde besitzen,

4. keine nachteiligen Wirkungen auf das Recht eines anderen zu erwarten sind und

5. die für verbindlich erklärten Feststellungen eines Abfallwirtschaftsplanes dem Vorhaben nicht entgegenstehen.

(2) Der Erteilung einer Planfeststellung oder Genehmigung stehen die in Absatz 1 Nr. 3 genannten nachteiligen Wirkungen auf das Recht eines anderen nicht entgegen, wenn sie durch Auflagen oder Bedingungen verhütet oder ausgeglichen werden können oder der Betroffene ihnen nicht widerspricht. Absatz 1 Nr. 3 gilt nicht, wenn das Vorhaben dem Wohl der Allgemeinheit dient. Wird in diesem Fall die Planfeststellung erteilt, ist der Betroffene für den dadurch eingetretenen Vermögensnachteil in Geld zu entschädigen.

(3) Die zuständige Behörde kann verlangen, dass der Inhaber einer Deponie für die Rekultivierung sowie zur Verhinderung oder Beseitigung von Beeinträchtigungen des Wohles der Allgemeinheit nach Stilllegung der Anlage Sicherheit leistet oder ein gleichwertiges Sicherungsmittel erbringt.

(4) Der Planfeststellungsbeschluss und die Genehmigung nach Absatz 1 können unter Bedingungen erteilt, mit Auflagen verbunden und befristet werden, soweit dies zur Wahrung des Wohles der Allgemeinheit erforderlich ist. Die zuständige Behörde überprüft regelmäßig sowie aus besonderem Anlass, ob der Planfeststellungsbeschluss und die Genehmigung nach Absatz 1 dem neuesten Stand der in Absatz 1 Nr. 1 bis 3 und 5 genannten Anforderungen entsprechen. Die Aufnahme, Änderung oder Ergänzung von Auflagen über Anforderungen an die Deponie oder ihren Betrieb ist auch nach dem Ergehen des Planfeststellungsbeschlusses oder nach der Erteilung der Genehmigung zulässig. Die Bundesregierung wird ermächtigt, nach Anhörung der beteiligten Kreise (§ 60) durch Rechtsverordnung mit Zustimmung des Bundesrates zu bestimmen, wann die zuständige Behörde Überprüfungen vorzunehmen und die in Satz 3 genannten Auflagen zu erlassen hat.

§ 33
Zulassung vorzeitigen Beginns

(1) In einem Planfeststellungs- oder Genehmigungsverfahren kann die für die Feststellung des Planes oder Erteilung der Genehmigung zuständige Behörde unter dem Vorbehalt des Widerrufes für einen Zeitraum von sechs Monaten zulassen, dass bereits vor Feststellung des Planes oder der Erteilung der Genehmigung mit der Errichtung einschließlich der Maßnahmen, die zur Prüfung der Betriebstüchtigkeit der Deponie erforderlich sind, begonnen wird, wenn

1. mit einer Entscheidung zugunsten des Trägers des Vorhabens gerechnet werden kann,
2. an dem vorzeitigen Beginn ein öffentliches Interesse besteht und
3. der Träger des Vorhabens sich verpflichtet, alle bis zur Entscheidung durch die Ausführung verursachten Schäden zu ersetzen und, falls das Vorhaben nicht planfestgestellt oder genehmigt wird, den früheren Zustand wiederherzustellen.

Diese Frist kann auf Antrag um weitere sechs Monate verlängert werden.

(2) Die zuständige Behörde hat die Leistung einer Sicherheit zu verlangen, soweit dies erforderlich ist, um die Erfüllung der Verpflichtungen des Trägers des Vorhabens zu sichern.

§ 34
Planfeststellungsverfahren und weitere Verwaltungsverfahren

(1) Für das Planfeststellungsverfahren gelten die §§ 72 bis 78 des Verwaltungsverfahrensgesetzes. Die Bundesregierung wird ermächtigt, durch Rechtsverordnung mit Zustimmung des Bundesrates weitere Einzelheiten des Planfeststellungs- und Plangenehmigungsverfahrens, insbesondere Art und Umfang der Antragsunterlagen, die näheren Einzelheiten für das Anzeigeverfahren nach § 31 Abs. 4 und das Verfahren zur Feststellung der Stilllegung nach § 36 Abs. 3 und zur Feststellung des Abschlusses der Nachsorgephase nach § 36 Abs. 5 zu regeln.

(2) Einwendungen im Rahmen des Zulassungsverfahrens können innerhalb der gesetzlich festgelegten Frist nur schriftlich erhoben werden.

§ 35
Bestehende Abfallbeseitigungsanlagen

(1) Die zuständige Behörde kann für Deponien, die vor dem 11. Juni 1972 betrieben wurden oder mit deren Errichtung begonnen war, für deren Betrieb Befristungen, Bedingungen und Auflagen anordnen. Sie kann den Betrieb dieser Anlagen ganz oder teilweise untersagen, wenn eine erhebliche Beeinträchtigung des Wohles der Allgemeinheit durch Auflagen, Bedingungen oder Befristungen nicht verhindert werden kann.

(2) In dem in Artikel 3 des Einigungsvertrages genannten Gebiet kann die zuständige Behörde für Deponien, die vor dem 1. Juli 1990 betrieben wurden oder mit deren Errichtung begonnen war, Befristungen, Bedingungen und Auflagen für deren Errichtung und Betrieb anordnen. Absatz 1 Satz 2 gilt entsprechend.

§ 36
Stilllegung

(1) Der Inhaber einer Deponie hat ihre beabsichtigte Stilllegung der zuständigen Behörde unverzüglich anzuzeigen. Der Anzeige sind Unterlagen über Art, Umfang und Betriebsweise sowie die beabsichtigte Rekultivierung und sonstige Vorkehrungen zum Schutz des Wohles der Allgemeinheit beizufügen.

(2) Soweit entsprechende Regelungen noch nicht in dem Planfeststellungsbeschluss nach § 31 Abs. 2, der Genehmigung nach § 31 Abs. 3, in Bedingungen und Auflagen nach § 35 oder den für die Deponie geltenden umweltrechtlichen Vorschriften enthalten sind, hat die zuständige Behörde den Inhaber der Deponie zu verpflichten,
1. auf seine Kosten das Gelände, das für eine Deponie nach Absatz 1 verwandt worden ist, zu rekultivieren,
2. auf seine Kosten alle sonstigen erforderlichen Vorkehrungen, einschließlich der Überwachungs- und Kontrollmaßnahmen während der Nachsorgephase, zu treffen, um die in § 32 Abs. 1 bis 3 genannten Anforderungen auch nach der Stilllegung zu erfüllen, und

3. der zuständigen Behörde alle Überwachungsergebnisse zu melden, aus denen sich Anhaltspunkte für erhebliche nachteilige Umweltauswirkungen ergeben.

Besteht der Verdacht, dass von einer stillgelegten Deponie nach Absatz 1 schädliche Bodenveränderungen oder sonstige Gefahren für den Einzelnen oder die Allgemeinheit ausgehen, so finden für die Erfassung, Untersuchung, Bewertung und Sanierung die Vorschriften des Bundes-Bodenschutzgesetzes Anwendung.

(3) Die zuständige Behörde hat den Abschluss der Stilllegung festzustellen (endgültige Stilllegung).

(4) Die Verpflichtung nach Absatz 1 besteht auch für Inhaber von Anlagen, in denen gefährliche Abfälle anfallen.

(5) Die zuständige Behörde hat auf Antrag den Abschluss der Nachsorgephase festzustellen.

§ 36a
Emissionserklärung

(1) Der Betreiber einer Deponie ist verpflichtet, der zuständigen Behörde innerhalb einer von ihr zu setzenden Frist oder zu dem in der Rechtsverordnung nach Absatz 2 festgesetzten Zeitpunkt Angaben zu machen über Art, Menge, räumliche und zeitliche Verteilung der Emissionen, die von der Anlage in einem bestimmten Zeitraum ausgegangen sind, sowie über die Austrittsbedingungen (Emissionserklärung); er hat die Emissionserklärung nach Maßgabe der Rechtsverordnung nach Absatz 2 entsprechend dem neuesten Stand zu ergänzen. Dies gilt nicht für Betreiber von Deponien, von denen nur in geringem Umfang Emissionen ausgehen können.

(2) Die Bundesregierung wird ermächtigt, durch Rechtsverordnung mit Zustimmung des Bundesrates zu bestimmen, für welche Deponien die Verpflichtung zur Emissionserklärung gilt, sowie Inhalt, Umfang, Form und Zeitpunkt der Abgabe der Emissionserklärung und das bei der Ermittlung der Emissionen einzuhaltende Verfahren zu regeln. In der Rechtsverordnung wird auch bestimmt, welche Betreiber nach Absatz 1 Satz 2 von der Pflicht zur Abgabe einer Emissionserklärung befreit sind.

(3) § 27 Abs. 1 Satz 2, Abs. 2 und 3 des Bundes-Immissionsschutzgesetzes gilt entsprechend.

(4) Die Verpflichtung zur Abgabe der Emissionserklärung nach Absatz 1 entsteht mit Inkrafttreten der Rechtsverordnung nach Absatz 2.

§ 36b
Zugang zu Informationen

Planfeststellungsbeschlüsse nach § 31 Abs. 2, Genehmigungen nach § 31 Abs. 3, Anordnungen nach § 35 und alle Ablehnungen und Änderungen dieser Entscheidungen sowie die bei der zuständigen Behörde vorliegenden Ergebnisse der Überwachung der von einer Deponie ausgehenden Emissionen sind nach den Bestimmungen des Umweltinformationsgesetzes mit Ausnahme des § 12 der Öffentlichkeit zugänglich; für Landesbehörden gelten die landesrechtlichen Vorschriften.

§ 36c
Rechtsverordnungen über Anforderungen an Deponien

(1) Die Bundesregierung wird ermächtigt, nach Anhörung der beteiligten Kreise durch Rechtsverordnung mit Zustimmung des Bundesrates vorzuschreiben, dass die Errichtung, die Beschaffenheit, der Betrieb, der Zustand nach Stilllegung und die betreibereigene Überwachung von Deponien zur Erfüllung des § 32 Abs. 1, der §§ 35 und 36 sowie zur Umsetzung von bindenden Beschlüssen der Europäischen Gemeinschaften zu dem in § 1 genannten Zweck bestimmten Anforderungen genügen müssen, insbesondere, dass

1. die Standorte bestimmten Anforderungen entsprechen müssen,
2. die Deponien bestimmten betrieblichen, organisatorischen und technischen Anforderungen entsprechen müssen,
3. die in Deponien zur Ablagerung gelangenden Abfälle bestimmten Anforderungen entsprechen müssen,
4. die von Deponien ausgehenden Emissionen bestimmte Grenzwerte nicht überschreiten dürfen,
5. die Betreiber während des Betriebs und in der Nachsorgephase bestimmte Mess- und Überwachungsmaßnahmen vorzunehmen haben oder vornehmen lassen müssen,
6. die Betreiber durch einen Sachverständigen bestimmte Prüfungen
    a) während der Errichtung oder sonst vor der Inbetriebnahme der Deponie,
    b) nach deren Inbetriebnahme oder einer Änderung im Sinne des § 31 Abs. 2 oder 5,
    c) in regelmäßigen Abständen oder
    d) bei oder nach der Stilllegung
    vornehmen lassen müssen,
7. die Betreiber erst nach einer Abnahme durch die zuständige Behörde
    a) die Deponie in Betrieb nehmen,
    b) eine wesentliche Änderung in Betrieb nehmen oder
    c) die Stilllegung abschließen
    dürfen,
8. welche Maßnahmen getroffen werden müssen, um Unfälle zu verhindern und deren Auswirkungen zu begrenzen,
9. die Betreiber der zuständigen Behörde während des Betriebs und in der Nachsorgephase unverzüglich alle Überwachungsergebnisse, aus denen sich Anhaltspunkte für erhebliche nachteilige Umweltauswirkungen ergeben, sowie Unfälle, die solche Auswirkungen haben können, zu melden und der zuständigen Behörde regelmäßig einen Bericht über die Ergebnisse der in der Rechtsverordnung vorgeschriebenen Mess- und Überwachungsmaßnahmen vorzulegen haben.

Bei der Festlegung der Anforderungen sind insbesondere mögliche Verlagerungen von nachteiligen Auswirkungen von einem Schutzgut auf ein anderes zu berücksichtigen; ein hohes Schutzniveau für die Umwelt insgesamt ist zu gewährleisten.

(2) In der Rechtsverordnung kann bestimmt werden, inwieweit die nach Absatz 1 zur Vorsorge gegen Beeinträchtigungen der in § 10 Abs. 4 genannten Schutzgüter festgelegten Anforderungen nach Ablauf bestimmter Übergangsfristen erfüllt werden müssen, soweit zum Zeitpunkt des Inkrafttretens der Rechtsverordnung in einem Planfeststellungsbeschluss, einer Genehmigung oder einer landesrechtlichen Vorschrift geringere Anforderungen gestellt worden sind. Bei der Bestimmung der Dauer der Übergangsfristen und der einzuhaltenden Anforderungen sind insbesondere Art, Beschaffenheit und Menge der abgelagerten Abfälle, die Standortbedingungen, Art, Menge und Gefährlichkeit der von den Deponien ausgehenden Emissionen sowie die Nutzungsdauer und technische Besonderheiten der Deponien zu berücksichtigen. Die Sätze 1 und 2 gelten für die in § 35 Abs. 1 und 2 genannten Deponien entsprechend.

(3) Die Bundesregierung wird ermächtigt, nach Anhörung der beteiligten Kreise durch Rechtsverordnung mit Zustimmung des Bundesrates vorzuschreiben, welche Anforderungen an die Zuverlässigkeit und Fachkunde der für die Errichtung, Leitung oder Beaufsichtigung des Betriebs der Deponie verantwortlichen Personen und die Sachkunde des sonstigen Personals, einschließlich der laufenden Fortbildung dieser Personen, zur Erfüllung des § 32 Abs. 1 Nr. 2 und 3 sowie zur Umsetzung von bindenden Beschlüssen der Europäischen Gemeinschaften zu stellen sind.

(4) Die Bundesregierung wird ermächtigt, durch Rechtsverordnung mit Zustimmung des Bundesrates zu bestimmen, dass die Inhaber bestimmter Deponien eine Sicherheit leisten oder ein anderes gleichwertiges Sicherungsmittel erbringen müssen sowie Vorschriften über Art, Umfang und Höhe der nach § 32 Abs. 3 zu leistenden Sicherheit oder einem anderen gleichwertigen Sicherungsmittel zu erlassen und zu bestimmen, wie lange die Sicherheit geleistet oder ein anderes gleichwertiges Sicherungsmittel erbracht werden muss.

(5) Für die Rechtsverordnungen nach den Absätzen 1 bis 3 gilt § 7 Abs. 3 entsprechend.

(6) Soweit die Länder bis zum 3. August 2001 Vorschriften über die betreibereigene Überwachung erlassen haben, gelten diese bis zum Inkrafttreten einer Rechtsverordnung nach Absatz 1 fort.

§ 36d
Kosten der Ablagerung von Abfällen

(1) Die vom Betreiber für die Ablagerung von Abfällen in Rechnung zu stellenden privatrechtlichen Entgelte müssen alle Kosten für die Errichtung und den Betrieb der Deponie, einschließlich der Kosten einer vom Betreiber zu leistenden Sicherheit oder einem zu erbringenden gleichwertigen Sicherungsmittel, sowie die geschätzten Kosten für die Stilllegung und die Nachsorge für einen Zeitraum von mindestens 30 Jahren abdecken. Soweit das nach Satz 1 durch Freistellungen nach Artikel 4 § 3 des Umweltrahmengesetzes gewährleistet ist, entfällt eine entsprechende Veranlagung der Kosten für die Stilllegung und Nachsorge sowie der Sicherheitsleistung bei der Berechnung der Entgelte.

(2) Die Länder stellen sicher, dass die Bestimmungen des Artikels 10 der Richtlinie 1999/31/EG des Rates vom 26. April 1999 über Abfalldeponien, ABl. EG Nr. L 182 S. 1 (Deponierichtlinie), in den landesrechtlichen Abgabevorschriften umgesetzt werden.

(3) Die in den Absätzen 1 und 2 genannten Betreiber und öffentlich-rechtlichen Entsorgungsträger haben die in Absatz 1 genannten Kosten zu erfassen und der zuständigen Behörde innerhalb einer von der Behörde zu setzenden Frist Übersichten über die Kosten und die erhobenen Entgelte, öffentlichen Abgaben und Auslagen zur Verfügung zu stellen.

(4) Die Absätze 1 bis 3 gelten entsprechend für die Abdeckung der Kosten genehmigungsbedürftiger Anlagen im Sinne des Bundes-Immissionsschutzgesetzes, die vom Anwendungsbereich der Richtlinie 1999/31/EG des Rates vom 26. April 1999 für Abfalldeponien (ABl. EG Nr. L 182 S. 1) erfasst werden.

FÜNFTER TEIL
Absatzförderung

§ 37
Pflichten der öffentlichen Hand

(1) Die Behörden des Bundes sowie die der Aufsicht des Bundes unterstehenden juristischen Personen des öffentlichen Rechts, Sondervermögen und sonstigen Stellen sind verpflichtet, durch ihr Verhalten zur Erfüllung des Zweckes des § 1 beizutragen. Insbesondere haben sie unter Berücksichtigung der §§ 4 und 5 bei der Gestaltung von Arbeitsabläufen, der Beschaffung oder Verwendung von Material und Gebrauchsgütern, bei Bauvorhaben und sonstigen Aufträgen zu prüfen, ob und in welchem Umfang Erzeugnisse eingesetzt werden können, die sich durch Langlebigkeit, Reparaturfreundlichkeit und Wiederverwendbarkeit oder Verwertbarkeit auszeichnen, im Vergleich zu anderen Erzeugnissen zu weniger oder zu schadstoffärmeren Abfällen führen oder aus Abfällen zur Verwertung hergestellt worden sind.

(2) Die in Absatz 1 genannten Stellen wirken im Rahmen ihrer Möglichkeiten darauf hin, dass die Gesellschaften des privaten Rechts, an denen sie beteiligt sind, die Verpflichtungen nach Absatz 1 beachten.

(3) Besondere Anforderungen, die sich für die Verwendung von Erzeugnissen oder Materialien aus Rechtsvorschriften oder aus Gründen des Umweltschutzes ergeben, bleiben unberührt.

SECHSTER TEIL
Informationspflichten

§ 38
Abfallberatungspflicht

(1) Die Entsorgungsträger im Sinne der §§ 15, 17 und 18 sind im Rahmen der ihnen übertragenen Aufgaben in Selbstverwaltung zur Information und Beratung über Möglichkeiten der Vermeidung, Verwertung und Beseitigung von

Abfällen verpflichtet. Zur Beratung verpflichtet sind auch die Selbstverwaltungskörperschaften der Wirtschaft. Die Verpflichteten können mit dieser Aufgabe Dritte nach § 16 Abs. 1 beauftragen.

(2) Die zuständige Behörde hat den zur Beseitigung nach diesem Gesetz Verpflichteten auf Anfrage Auskunft über vorhandene geeignete Abfallbeseitigungsanlagen zu erteilen.

§ 39
Unterrichtung der Öffentlichkeit

Die Länder sollen die Öffentlichkeit über den erreichten Stand der Vermeidung und Verwertung von Abfällen sowie die Sicherung der Abfallbeseitigung unterrichten. Die Unterrichtung enthält unter Beachtung der bestehenden Geheimhaltungsvorschriften eine zusammenfassende Darstellung und Bewertung der Abfallwirtschaftspläne, einen Vergleich zum vorangehenden sowie eine Prognose für den folgenden Unterrichtungszeitraum.

SIEBENTER TEIL
Überwachung

§ 40
Allgemeine Überwachung

(1) Die Vermeidung nach Maßgabe der auf Grund der §§ 23 und 24 erlassenen Rechtsverordnungen, die Verwertung und Beseitigung von Abfällen unterliegt der Überwachung durch die zuständige Behörde.

(2) Auskunft über Betrieb, Anlagen, Einrichtungen und sonstige der Überwachung unterliegende Gegenstände haben den Beauftragten der Überwachungsbehörde auf Verlangen zu erteilen:

1. Erzeuger und Besitzer von Abfällen,
2. Entsorgungspflichtige,
3. Inhaber oder Betreiber sowie frühere Inhaber oder Betreiber von Unternehmen oder Anlagen, auch wenn diese stillgelegt sind, die Abfälle in einem Verfahren nach Anhang IIA oder IIB entsorgen oder entsorgt haben, sowie
4. Anlagen oder Unternehmen, welche gewerbsmäßig Abfälle einsammeln oder befördern, für Dritte Abfallverbringungen gewerbsmäßig vermitteln oder mit Abfällen gewerbsmäßig handeln.

Die Auskunftspflichtigen haben von der zuständigen Behörde dazu beauftragten Personen zur Prüfung der Einhaltung ihrer Verpflichtungen nach den §§ 5 und 11 das Betreten der Grundstücke, Geschäfts- und Betriebsräume, die Einsicht in Unterlagen und die Vornahme von technischen Ermittlungen und Prüfungen zu gestatten. Die Auskunftspflichtigen sind ferner verpflichtet, zu diesen Zwecken das Betreten der Wohnräume zu gestatten, wenn dies zur Verhütung einer dringenden Gefahr für die öffentliche Sicherheit oder Ordnung erforderlich ist. Das Grundrecht auf Unverletzlichkeit der Wohnung (Artikel 13 des Grundgesetzes) wird insoweit eingeschränkt.

(3) Betreiber von Verwertungs- und Abfallbeseitigungsanlagen oder von Anlagen, in denen Abfälle mitverwertet oder mitbeseitigt werden, haben die Anlagen zugänglich zu machen, die zur Überwachung erforderlichen Arbeitskräfte, Werkzeuge und Unterlagen zur Verfügung zu stellen und nach Anordnung der zuständigen Behörde Zustand und Betrieb der Anlage auf ihre Kosten prüfen zu lassen.

(4) Der zur Erteilung einer Auskunft Verpflichtete kann die Auskunft auf solche Fragen verweigern, deren Beantwortung ihn selbst oder einen der in § 383 Abs. 1 Nr. 1 bis 3 der Zivilprozessordnung bezeichneten Angehörigen der Gefahr strafgerichtlicher Verfolgung oder eines Verfahrens nach dem Gesetz über Ordnungswidrigkeiten aussetzen würde.

§ 41
Abfallbezeichnung, Gefährliche Abfälle

An die Entsorgung sowie die Überwachung gefährlicher Abfälle sind nach Maßgabe dieses Gesetzes besondere Anforderungen zu stellen. Zur Umsetzung von Rechtsakten der Europäischen Gemeinschaften wird die Bundesregierung ermächtigt, nach Anhörung der beteiligten Kreise (§ 60) durch Rechtsverordnung mit Zustimmung des Bundesrates die Bezeichnung von Abfällen sowie gefährliche Abfälle zu bestimmen und die Bestimmung gefährlicher Abfälle durch die zuständige Behörde im Einzelfall zuzulassen.

§ 42
Registerpflichten

(1) Die Betreiber von Anlagen oder Unternehmen, welche Abfälle in einem Verfahren nach Anhang IIA oder IIB entsorgen (Entsorger), haben ein Register zu führen, in dem hinsichtlich der Vorgänge nach den Anhängen IIA oder IIB
1. die Menge, die Art, der Ursprung und
2. soweit diese Angaben zur Gewährleistung einer ordnungsgemäßen Entsorgung von Bedeutung sind, die Bestimmung, die Häufigkeit des Einsammelns, das Beförderungsmittel sowie die Art der Behandlung der Abfälle verzeichnet werden.

(2) Entsorger, welche Abfälle behandeln oder lagern, haben die nach Absatz 1 erforderlichen Angaben, insbesondere die Bestimmung der behandelten oder gelagerten Abfälle, auch für die weitere Entsorgung zu verzeichnen, soweit dies auf Grund der Zweckbestimmung der Abfallentsorgungsanlage zur Gewährleistung einer ordnungsgemäßen Entsorgung erforderlich ist. Entsorger nach Satz 1 werden durch Rechtsverordnung nach § 45 bestimmt.

(3) Die Pflichten zur Führung von Registern nach Absatz 1 gelten auch für die Erzeuger, Besitzer, Einsammler und Beförderer gefährlicher Abfälle.

(4) Auf Verlangen der zuständigen Behörde sind die Register vorzulegen oder Angaben aus diesen Registern mitzuteilen.

(5) Die Eintragung oder die Einstellung eines Belegs über die Entsorgung gefährlicher Abfälle in ein Register sind mindestens drei Jahre, die Eintragung

oder die Einstellung eines Belegs über die Beförderung gefährlicher Abfälle in ein Register sind mindestens zwölf Monate jeweils ab dem Zeitpunkt der Eintragung oder Einstellung in das Register gerechnet aufzubewahren, soweit eine Rechtsverordnung nach § 45 keine längere Frist vorschreibt.

(6) Die Registerpflichten nach den Absätzen 1 bis 3 gelten nicht für private Haushaltungen.

§ 43
Nachweispflichten

(1) Die Erzeuger, Besitzer, Einsammler, Beförderer und Entsorger gefährlicher Abfälle haben der zuständigen Behörde und untereinander die ordnungsgemäße Entsorgung gefährlicher Abfälle nachzuweisen. Der Nachweis wird geführt

1. vor Beginn der Entsorgung in Form einer Erklärung des Erzeugers, Besitzers oder Einsammlers zur vorgesehenen Entsorgung, einer Annahmeerklärung des Abfallentsorgers sowie der Bestätigung der Zulässigkeit der vorgesehenen Entsorgung durch die zuständige Behörde und
2. über die durchgeführte Entsorgung oder Teilabschnitte der Entsorgung in Form von Erklärungen der nach Satz 1 Verpflichteten über den Verbleib der entsorgten Abfälle.

(2) Die Nachweispflichten nach Absatz 1 gelten nicht für die Entsorgung gefährlicher Abfälle, welche die Erzeuger oder Besitzer in eigenen Abfallentsorgungsanlagen entsorgen, wenn diese Entsorgungsanlagen in einem engen räumlichen und betrieblichen Zusammenhang mit den Anlagen oder Stellen stehen, in denen die zu entsorgenden Abfälle angefallen sind. Die Registerpflichten nach § 42 bleiben unberührt.

(3) Die Nachweispflichten nach Absatz 1 gelten nicht bis zum Abschluss der Rücknahme oder Rückgabe von Erzeugnissen oder der nach Gebrauch der Erzeugnisse verbleibenden gefährlichen Abfälle, die einer verordneten Rücknahme oder Rückgabe nach § 24 unterliegen. Eine Rücknahme oder Rückgabe von Erzeugnissen und der nach Gebrauch der Erzeugnisse verbleibenden Abfälle gilt spätestens mit der Annahme an einer Anlage zur weiteren Entsorgung, ausgenommen Anlagen zur Zwischenlagerung der Abfälle, als abgeschlossen, soweit die Verordnung, welche die Rückgabe oder Rücknahme anordnet, keinen früheren Zeitpunkt bestimmt.

(4) Die Nachweispflichten nach Absatz 1 gelten nicht für private Haushaltungen.

§ 44
Anordnungen im Einzelfall

(1) Die zuständige Behörde kann anordnen, dass die Erzeuger, Besitzer, Einsammler, Beförderer oder Entsorger von Abfällen, jedoch ausgenommen private Haushaltungen,

1. Register oder Nachweise zu führen und vorzulegen oder Angaben aus den Registern mitzuteilen haben, soweit Pflichten nach den §§ 42 und 43 nicht mehr bestehen oder
2. bestimmten Anforderungen entsprechend § 7 Abs. 3 nachzukommen haben.

Durch Anordnung nach Satz 1 kann auch zugelassen oder angeordnet werden, dass insbesondere Nachweise und Register in elektronischer Form oder elektronisch geführt werden.

(2) Ist der Abfallbesitzer Entsorgungsfachbetrieb im Sinne des § 52 Abs. 1 oder auditierter Unternehmensstandort im Sinne des § 55a, so hat die zuständige Behörde dies bei Anordnungen nach Absatz 1, insbesondere auch im Hinblick auf mögliche Beschränkungen des Umfangs oder des Inhalts der Nachweispflicht zu berücksichtigen. Dies umfasst insbesondere die Berücksichtigung der vom Umweltgutachter geprüften und im Rahmen der Teilnahme an dem Gemeinschaftssystem für das Umweltmanagement und die Umweltbetriebsprüfung (EMAS) erstellten Unterlagen.

§ 45
Anforderungen an Nachweise und Register

(1) Die Bundesregierung wird ermächtigt, nach Anhörung der beteiligten Kreise (§ 60) durch Rechtsverordnung mit Zustimmung des Bundesrates zur Erfüllung der sich aus den §§ 42, 43 und 44 ergebenden Pflichten die näheren Anforderungen an die Form, den Inhalt sowie das Verfahren zur Führung und Vorlage der Nachweise, Register und der Mitteilung bestimmter Angaben aus den Registern festzulegen sowie die nach § 42 Abs. 2 Satz 1 verpflichteten Anlagen oder Unternehmen zu bestimmen. In der Rechtsverordnung kann insbesondere auch bestimmt werden, dass

1. der Nachweis nach § 43 Abs. 1 Nr. 1 nach Ablauf einer bestimmten Frist als bestätigt gilt oder eine Bestätigung entfällt, soweit die ordnungsgemäße Entsorgung gewährleistet bleibt,
2. für bestimmte Kleinmengen, die nach Art und Beschaffenheit der Abfälle auch unterschiedlich festgelegt werden können, oder für einzelne Abfallarten oder Abfallgruppen bestimmte Anforderungen nicht oder abweichende Anforderungen gelten, soweit die ordnungsgemäße Entsorgung gewährleistet bleibt,
3. die zuständige Behörde unter dem Vorbehalt des Widerrufs auf Antrag oder von Amts wegen Verpflichtete ganz oder teilweise von der Führung von Nachweisen oder Registern freistellen kann, soweit die ordnungsgemäße Entsorgung gewährleistet bleibt,
4. die Register in Form einer sachlich und zeitlich geordneten Sammlung der vorgeschriebenen Nachweise oder in der Entsorgungspraxis gängiger Belege geführt werden sowie
5. die Nachweise und Register bis zum Ablauf bestimmter Fristen aufzubewahren sind.

(2) Durch Rechtsverordnung nach Absatz 1 kann zugelassen oder angeordnet werden, dass

1. Nachweise und Register in elektronischer Form oder elektronisch geführt,
2. die zur Erfüllung der unter Nummer 1 genannten Pflichten erforderlichen Voraussetzungen geschaffen und vorgehalten sowie

3. den zuständigen Behörden oder den beteiligten Nachweispflichtigen bestimmte Angaben zu den technischen Voraussetzungen nach Nummer 2, insbesondere die erforderlichen Empfangszugänge sowie Störungen der für die Kommunikation erforderlichen Einrichtungen mitgeteilt werden.

§§ 46 bis 48

– aufgehoben –

§ 49
Transportgenehmigung

(1) Abfälle zur Beseitigung dürfen gewerbsmäßig nur mit Genehmigung (Transportgenehmigung) der zuständigen Behörde eingesammelt oder befördert werden. Dies gilt nicht
1. für die Entsorgungsträger im Sinne der §§ 15, 17 und 18 sowie für die von diesen beauftragten Dritten,
2. für die Einsammlung oder Beförderung von Erdaushub, Straßenaufbruch oder Bauschutt, soweit diese nicht durch Schadstoffe verunreinigt sind,
3. für die Einsammlung oder Beförderung geringfügiger Abfallmengen im Rahmen wirtschaftlicher Unternehmen, soweit die zuständige Behörde auf Antrag oder von Amts wegen diese von der Genehmigungspflicht nach Satz 1 freigestellt hat.

(2) Die Genehmigung ist zu erteilen, wenn keine Tatsachen bekannt sind, aus denen sich Bedenken gegen die Zuverlässigkeit des Antragstellers oder der für die Leitung und Beaufsichtigung des Betriebes verantwortlichen Personen ergeben und der Einsammler, Beförderer und die von ihnen beauftragten Dritten die notwendige Sach- und Fachkunde besitzen. Die Genehmigung kann mit Auflagen verbunden werden, soweit dies zur Wahrung des Wohls der Allgemeinheit erforderlich ist. Die Erteilung der Transportgenehmigung befreit nicht von der Pflicht, vor Beginn des Einsammlungs- oder Beförderungsvorganges die auf Grund von Rechtsverordnungen nach den §§ 12, 24 und 48 vorgeschriebenen Nachweise zu erbringen.

(3) Die Bundesregierung wird ermächtigt, durch Rechtsverordnung mit Zustimmung des Bundesrates Vorschriften zu erlassen über die Antragsunterlagen sowie Form und Inhalt der Transportgenehmigung. In der Rechtsverordnung können auch die Anforderungen an die Fach- und Sachkunde gemäß Absatz 2 Satz 1 bestimmt, Auflagen vorgesehen sowie bestimmt werden, dass die Wirksamkeit der Genehmigung in bestimmten Fällen von der Erbringung der in Absatz 2 Satz 3 genannten Nachweise abhängt.

(4) Die Genehmigung gilt für die Bundesrepublik Deutschland. Zuständig ist die Behörde des Landes, in dem der Beförderer oder Einsammler seinen Hauptsitz hat.

(5) Rechtsvorschriften, die aus Gründen der Sicherheit im Zusammenhang mit der Beförderung gefährlicher Güter erlassen sind, bleiben unberührt.

(6) Soweit eine Genehmigungspflicht nach Absatz 1 besteht, müssen Fahrzeuge, mit denen Abfälle auf öffentlichen Straßen befördert werden, mit zwei rechteckigen rückstrahlenden weißen Warntafeln von 40 Zentimeter Grundlinie und mindestens 30 Zentimeter Höhe versehen sein; die Warntafeln müssen in schwarzer Farbe die Aufschrift „A" (Buchstabenhöhe 20 Zentimeter, Schriftstärke 2 Zentimeter) tragen. Die Warntafeln sind während der Beförderung vorn und hinten am Fahrzeug senkrecht zur Fahrzeugachse und nicht höher als 1,50 Meter über der Fahrbahn deutlich sichtbar anzubringen. Bei Zügen muss die zweite Tafel an der Rückseite des Anhängers angebracht sein. Für das Anbringen der Warntafeln hat der Fahrzeugführer zu sorgen.

§ 50
Genehmigung für Vermittlungsgeschäfte und in sonstigen Fällen

(1) Wer, ohne im Besitz der Abfälle zu sein, für Dritte Verbringungen gewerbsmäßig vermitteln will, bedarf der Genehmigung der zuständigen Behörde. Die Genehmigung ist zu erteilen, wenn nicht Tatsachen die Annahme der Unzuverlässigkeit des Antragstellers oder einer mit der Leitung oder Beaufsichtigung des Betriebes (oder einer Zweigniederlassung) beauftragten Person rechtfertigen. Die Genehmigung kann inhaltlich beschränkt und mit Auflagen verbunden werden, soweit dies zum Schutze der Allgemeinheit oder der Umwelt erforderlich ist; unter denselben Voraussetzungen ist auch die nachträgliche Aufnahme, Änderung oder Ergänzung von Auflagen zulässig. Sind der Genehmigungsbehörde entsprechende Tatsachen bekannt, obliegt es dem Antragsteller, diese zu widerlegen. Die Genehmigung ist zu widerrufen, wenn entsprechende Tatsachen nachträglich bekannt werden. Widerspruch und Anfechtungsklage haben keine aufschiebende Wirkung.

(2) Die Bundesregierung wird ermächtigt, nach Anhörung der beteiligten Kreise (§ 60) durch Rechtsverordnung mit Zustimmung des Bundesrates vorzuschreiben, dass derjenige,

1. der bestimmte gefährliche Abfälle zur Verwertung einsammelt oder befördert, in entsprechender Anwendung von § 49 Abs. 1 bis 5 hierzu einer Genehmigung bedarf,

2. der bestimmte nicht gefährliche oder bestimmte gefährliche Abfälle, an deren schadlose Verwertung nach Maßgabe der §§ 4 bis 7 zum Schutze der Belange des Wohles der Allgemeinheit besondere Anforderungen zu stellen sind, in den Verkehr bringt oder verwertet, dazu einer Erlaubnis bedarf oder seine Zuverlässigkeit oder Sachkunde in einem näher festzulegenden Verfahren nachzuweisen hat.

(3) Wenn eine Genehmigung nach Absatz 1 oder 2 nicht erforderlich ist, haben beauftragte Dritte im Sinne des § 16 Abs. 1 ihre Tätigkeit bei der zuständigen Behörde anzuzeigen.

§ 51
Verzicht auf die Transportgenehmigung und die Genehmigung für Vermittlungsgeschäfte

(1) Einer Genehmigung nach § 49 Abs. 1 und § 50 Abs. 1 bedarf nicht, wer Entsorgungsfachbetrieb im Sinne des § 52 Abs. 1 ist und die beabsichtigte Aufnahme der Tätigkeit unter Beifügung des Nachweises der Fachbetriebseigenschaft der zuständigen Behörde angezeigt hat.

(2) Die zuständige Behörde kann für die Durchführung der anzuzeigenden Tätigkeiten Auflagen vorsehen, soweit dies erforderlich ist, um die Erfüllung der Pflichten nach den §§ 5 und 11 sicherzustellen. Die zuständige Behörde hat die Durchführung der anzuzeigenden Tätigkeiten zu untersagen, wenn Tatsachen bekannt sind, aus denen sich Bedenken gegen die Zuverlässigkeit des Anzeigepflichtigen oder der für die Leitung und Beaufsichtigung des Betriebes verantwortlichen Personen ergeben oder die Einhaltung der in den §§ 5 und 11 genannten Pflichten anders nicht zu gewährleisten ist.

§ 52
Entsorgungsfachbetriebe, Entsorgergemeinschaften

(1) Entsorgungsfachbetrieb ist, wer berechtigt ist, das Gütezeichen einer nach Absatz 3 anerkannten Entsorgergemeinschaft zu führen oder einen Überwachungsvertrag mit einer technischen Überwachungsorganisation abgeschlossen hat, der eine mindestens einjährige Überprüfung einschließt. Überwachungsverträge bedürfen der Zustimmung der für die Abfallwirtschaft zuständigen obersten Landesbehörde oder der von ihr bestimmten Behörde; die Zustimmung kann auch allgemein erteilt werden.

(2) Die Bundesregierung wird ermächtigt, nach Anhörung der beteiligten Kreise (§ 60) durch Rechtsverordnung mit Zustimmung des Bundesrates Anforderungen an Entsorgungsfachbetriebe vorzuschreiben. Dabei können insbesondere Mindestanforderungen an die Fachkenntnisse festgelegt, der Nachweis der persönlichen Zuverlässigkeit und einer ausreichenden Haftpflichtversicherung gefordert und Anforderungen an Geräte und Ausrüstungen bestimmt werden. Sie kann darüber hinaus auch eine besondere Anerkennung der Entsorgungsfachbetriebe vorschreiben, das Verfahren und die Voraussetzungen für die Anerkennung, ihren Widerruf, ihre Rücknahme und ihr Erlöschen sowie für Prüfungen, die Bestellung und Zusammensetzung der Prüforgane und des Prüfverfahrens regeln.

(3) Entsorgergemeinschaften bedürfen der Anerkennung durch die für die Abfallwirtschaft zuständige oberste Landesbehörde oder die von ihr bestimmte Behörde. Die Anerkennung kann widerrufen werden, insbesondere um drohenden Beschränkungen des Wettbewerbs entgegenzuwirken. Die Tätigkeit der Entsorgergemeinschaften ist nach einheitlichen Richtlinien, die vom Bundesministerium für Umwelt, Naturschutz und Reaktorsicherheit mit Zustimmung des Bundesrates erlassen werden, durchzuführen. In ihnen können auch die Voraussetzungen für die Anerkennung und deren Widerruf sowie das Überwachungszeichen und die Form seiner Erteilung und seines Entzugs geregelt werden.

ACHTER TEIL
Betriebsorganisation, Beauftragter für Abfall und Erleichterungen für auditierte Unternehmensstandorte

§ 53
Mitteilungspflichten zur Betriebsorganisation

(1) Besteht bei Kapitalgesellschaften das vertretungsberechtigte Organ aus mehreren Mitgliedern oder sind bei Personengesellschaften mehrere vertretungsberechtigte Gesellschafter vorhanden, so ist der zuständigen Behörde anzuzeigen, wer von ihnen nach den Bestimmungen über die Geschäftsführungsbefugnis für die Gesellschaft die Pflichten des Betreibers einer genehmigungsbedürftigen Anlage im Sinne des § 4 des Bundes-Immissionsschutzgesetzes oder des Besitzers im Sinne des § 26 wahrnimmt, die ihm nach diesem Gesetz und nach den auf Grund dieses Gesetzes erlassenen Rechtsverordnungen obliegen. Die Gesamtverantwortung aller Organmitglieder oder Gesellschafter bleibt hiervon unberührt.

(2) Der Betreiber einer genehmigungsbedürftigen Anlage im Sinne des § 4 des Bundes-Immissionsschutzgesetzes, der Besitzer im Sinne des § 26 oder im Rahmen ihrer Geschäftsführungsbefugnis die nach Absatz 1 Satz 1 anzuzeigende Person hat der zuständigen Behörde mitzuteilen, auf welche Weise sichergestellt ist, dass die der Vermeidung, Verwertung und umweltverträglichen Beseitigung von Abfällen dienenden Vorschriften und Anordnungen beim Betrieb beachtet werden.

§ 54
Bestellung eines Betriebsbeauftragten für Abfall

(1) Betreiber von genehmigungsbedürftigen Anlagen im Sinne des § 4 des Bundes-Immissionsschutzgesetzes, Betreiber von Anlagen, in denen regelmäßig gefährliche Abfälle anfallen, Betreiber ortsfester Sortier-, Verwertungs- oder Abfallbeseitigungsanlagen sowie Besitzer im Sinne des § 26 haben einen oder mehrere Betriebsbeauftragte für Abfälle (Abfallbeauftragte) zu bestellen, sofern dies im Hinblick auf die Art oder die Größe der Anlagen wegen der
1. in den Anlagen anfallenden, verwerteten oder beseitigten Abfälle,
2. technischen Probleme der Vermeidung, Verwertung oder Beseitigung oder
3. Eignung der Produkte oder Erzeugnisse, bei oder nach bestimmungsgemäßer Verwendung Probleme hinsichtlich der ordnungsgemäßen und schadlosen Verwertung oder umweltverträglichen Beseitigung hervorrufen,

erforderlich ist. Das Bundesministerium für Umwelt, Naturschutz und Reaktorsicherheit bestimmt nach Anhörung der beteiligten Kreise (§ 60) durch Rechtsverordnung mit Zustimmung des Bundesrates Anlagen nach Satz 1, deren Betreiber Abfallbeauftragte zu bestellen haben.

(2) Die zuständige Behörde kann anordnen, dass Betreiber von Anlagen nach Absatz 1 Satz 1, für die die Bestellung eines Abfallbeauftragten nicht durch Rechtsverordnung vorgeschrieben ist, einen oder mehrere Abfallbeauftragte zu bestellen haben, soweit sich im Einzelfall die Notwendigkeit der Bestellung aus den in Absatz 1 Satz 1 genannten Gesichtspunkten ergibt.

(3) Ist nach § 53 des Bundes-Immissionsschutzgesetzes ein Immissionsschutzbeauftragter oder nach § 21a des Wasserhaushaltsgesetzes ein Gewässerschutzbeauftragter zu bestellen, so können diese auch die Aufgaben und Pflichten eines Abfallbeauftragten nach diesem Gesetz wahrnehmen.

§ 55
Aufgaben

(1) Der Abfallbeauftragte berät den Betreiber und die Betriebsangehörigen in Angelegenheiten, die für die Kreislaufwirtschaft und die Abfallbeseitigung bedeutsam sein können. Er ist berechtigt und verpflichtet,

1. den Weg der Abfälle von ihrer Entstehung oder Anlieferung bis zu ihrer Verwertung oder Beseitigung zu überwachen,
2. die Einhaltung der Vorschriften dieses Gesetzes und der auf Grund dieses Gesetzes erlassenen Rechtsverordnungen sowie die Erfüllung erteilter Bedingungen und Auflagen zu überwachen, insbesondere durch Kontrolle der Betriebsstätte und der Art und Beschaffenheit der in der Anlage anfallenden, verwerteten oder beseitigten Abfälle in regelmäßigen Abständen, Mitteilung festgestellter Mängel und Vorschläge über Maßnahmen zur Beseitigung dieser Mängel,
3. die Betriebsangehörigen aufzuklären über Beeinträchtigungen des Wohls der Allgemeinheit, welche von den Abfällen ausgehen können, die in der Anlage anfallen, verwertet oder beseitigt werden, und über Einrichtungen und Maßnahmen zu ihrer Verhinderung unter Berücksichtigung der für die Vermeidung, Verwertung und Beseitigung von Abfällen geltenden Gesetze und Rechtsverordnungen,
4. bei genehmigungsbedürftigen Anlagen im Sinne des § 4 des Bundes-Immissionsschutzgesetzes oder solchen Anlagen, in denen regelmäßig gefährliche Abfälle anfallen, zudem auf die Entwicklung und Einführung
   a) umweltfreundlicher und abfallarmer Verfahren, einschließlich Verfahren zur Vermeidung, ordnungsgemäßen und schadlosen Verwertung oder umweltverträglichen Beseitigung von Abfällen, sowie
   b) umweltfreundlicher und abfallarmer Erzeugnisse, einschließlich Verfahren zur Wiederverwendung, Verwertung oder umweltverträglichen Beseitigung nach Wegfall der Nutzung, hinzuwirken und
   c) bei der Entwicklung und Einführung der unter den Buchstaben a und b genannten Verfahren mitzuwirken, insbesondere durch Begutachtung der Verfahren und Erzeugnisse und den Gesichtspunkten der Kreislaufwirtschaft und Beseitigung,
5. bei Anlagen, in denen Abfälle verwertet oder beseitigt werden, zudem auf Verbesserungen des Verfahrens hinzuwirken.

(2) Der Abfallbeauftragte erstattet dem Betreiber jährlich einen Bericht über die nach Absatz 1 Nr. 1 bis 5 getroffenen und beabsichtigten Maßnahmen.

(3) Auf das Verhältnis zwischen dem zur Bestellung Verpflichteten und dem Abfallbeauftragten finden die §§ 55 bis 58 des Bundes-Immissionsschutzgesetzes entsprechende Anwendung.

§ 55a
Erleichterungen für auditierte Unternehmensstandorte

(1) Die Bundesregierung wird ermächtigt, zur Förderung der privaten Eigenverantwortung für Unternehmen, die in ein Verzeichnis gemäß Artikel 6 in Verbindung mit Artikel 7 Abs. 2 Satz 1 der Verordnung (EG) Nr. 761/2001 des Europäischen Parlaments und des Rates vom 19. März 2001 über die freiwillige Beteiligung von Organisationen an einem Gemeinschaftssystem für das Umweltmanagement und die Umweltbetriebsprüfung (ABl. EG Nr. L 114 S. 1) eingetragen sind, durch Rechtsverordnung mit Zustimmung des Bundesrates Erleichterungen zum Inhalt der Antragsunterlagen im Genehmigungsverfahren sowie überwachungsrechtliche Erleichterungen vorzusehen, soweit die diesbezüglichen Anforderungen der Verordnung (EG) Nr. 761/2001 gleichwertig mit den Anforderungen sind, die zur Überwachung und zu den Antragsunterlagen nach diesem Gesetz oder den auf Grund dieses Gesetzes erlassenen Rechtsverordnungen vorgesehen sind oder soweit die Gleichwertigkeit durch die Rechtsverordnung nach dieser Vorschrift sichergestellt wird. Dabei können auch weitere Voraussetzungen für die Inanspruchnahme und die Rücknahme von Erleichterungen oder die ganze oder teilweise Aussetzung von Erleichterungen, wenn Voraussetzungen für deren Gewährung nicht mehr vorliegen, geregelt werden. Ordnungsrechtliche Erleichterungen können gewährt werden, wenn der Umweltgutachter die Einhaltung der Umweltvorschriften geprüft hat, keine Abweichungen festgestellt hat und dies in der Gültigkeitserklärung bescheinigt. Dabei können insbesondere Erleichterungen zu

1. Kalibrierungen, Ermittlungen, Prüfungen und Messungen,
2. Messberichten sowie sonstigen Berichten und Mitteilungen von Ermittlungsergebnissen,
3. Aufgaben des Abfallbeauftragten,
4. Mitteilungspflichten zur Betriebsorganisation und
5. der Häufigkeit der behördlichen Überwachung

vorgesehen werden.

(2) Die Bundesregierung wird ermächtigt, durch Rechtsverordnung mit Zustimmung des Bundesrates Erleichterungen im Genehmigungsverfahren sowie überwachungsrechtliche Erleichterungen für Entsorgungsfachbetriebe entsprechend Absatz 1 vorzusehen.

NEUNTER TEIL
Schlussbestimmungen

§ 56
Geheimhaltung und Datenschutz

Die Rechtsvorschriften über Geheimhaltung und Datenschutz bleiben unberührt.

§ 57
Umsetzung von Rechtsakten der Europäischen Gemeinschaften

Zur Umsetzung von Rechtsakten der Europäischen Gemeinschaften kann die Bundesregierung zu dem in § 1 genannten Zweck mit Zustimmung des Bundesrates Rechtsverordnungen zur Sicherstellung der ordnungsgemäßen und schadlosen Verwertung sowie umweltverträglichen Beseitigung erlassen. In den Rechtsverordnungen kann auch geregelt werden, wie die Bevölkerung zu unterrichten ist.

§ 58
Vollzug im Bereich der Bundeswehr

(1) Im Geschäftsbereich des Bundesministeriums der Verteidigung obliegt der Vollzug des Gesetzes und der darauf gestützten Rechtsverordnungen für die Verwertung und Beseitigung militäreigentümlicher Abfälle dem Bundesminister der Verteidigung und den von ihm bestimmten Stellen.

(2) Das Bundesministerium der Verteidigung wird ermächtigt, für die Verwertung oder die Beseitigung von Abfällen im Sinne des Absatzes 1 aus dem Bereich der Bundeswehr Ausnahmen von diesem Gesetz und den auf dieses Gesetz gestützten Rechtsverordnungen zuzulassen, soweit zwingende Gründe der Verteidigung oder die Erfüllung zwischenstaatlicher Pflichten dies erfordern.

§ 59
Beteiligung des Bundestages beim Erlass von Rechtsverordnungen

Rechtsverordnungen nach § 6 Abs. 1, § 7 Abs. 1 Nr. 1 und 4 und den §§ 23, 24 und 57 dieses Gesetzes sind dem Bundestag zuzuleiten. Die Zuleitung erfolgt vor der Zuleitung an den Bundesrat. Die Rechtsverordnungen können durch Beschluss des Bundestages geändert oder abgelehnt werden. Der Beschluss des Bundestages wird der Bundesregierung zugeleitet. Hat sich der Bundestag nach Ablauf von drei Sitzungswochen seit Eingang der Rechtsverordnung nicht mit ihr befasst, so wird die unveränderte Rechtsverordnung dem Bundesrat zugeleitet.

§ 60
Anhörung beteiligter Kreise

Soweit Ermächtigungen zum Erlass von Rechtsverordnungen und allgemeinen Verwaltungsvorschriften die Anhörung der beteiligten Kreise vorschreiben, ist ein jeweils auszuwählender Kreis von Vertretern der Wissenschaft, der Betroffenen, der beteiligten Wirtschaft, der für die Abfallwirtschaft zuständigen obersten Landesbehörden, der Gemeinden und Gemeindeverbände zu hören.

§ 61
Bußgeldvorschriften

(1) Ordnungswidrig handelt, wer vorsätzlich oder fahrlässig
1. Abfälle, die er nicht verwertet, außerhalb einer Anlage nach § 27 Abs. 1 Satz 1 behandelt, lagert oder ablagert,

2. entgegen § 27 Abs. 1 Satz 1 Abfälle zur Beseitigung außerhalb einer dafür zugelassenen Abfallbeseitigungsanlage behandelt, lagert oder ablagert,

2a. ohne Planfeststellungsbeschluss nach § 31 Abs. 2 Satz 1 oder ohne Plangenehmigung nach § 31 Abs. 3 Satz 1 eine Deponie errichtet oder wesentlich ändert,

2b. einer vollziehbaren Auflage nach § 32 Abs. 4 Satz 1 oder 3 oder § 35 Abs. 1 Satz 1 oder Abs. 2 Satz 1 zuwiderhandelt,

2c. einer mit einer Zulassung nach § 33 Abs. 1 Satz 1 verbundenen vollziehbaren Auflage zuwiderhandelt,

3. ohne Genehmigung nach § 49 Abs. 1 Satz 1 Abfälle zur Beseitigung einsammelt oder befördert, oder einer vollziehbaren Auflage nach § 49 Abs. 2 Satz 2 zuwiderhandelt,

4. ohne Genehmigung nach § 50 Abs. 1 die Vermittlung von Verbringungen von Abfällen vornimmt,

5. einer Rechtsverordnung nach § 6 Abs. 1, § 7 Abs. 1, 2 oder 3 Satz 1 Nr. 1 Buchstabe a, Nr. 2 bis 6 oder 7, jeweils auch in Verbindung mit § 8 Abs. 2 Satz 1 Nr. 3, § 12 Abs. 1 Nr. 3 oder § 36c Abs. 5, nach § 8 Abs. 1, 2 Satz 1 Nr. 1 oder 2, Satz 2 oder Abs. 3, § 12 Abs. 1 Nr. 1 oder 2, § 23, § 24, § 27 Abs. 3 Satz 1 und 2, § 36c Abs. 1 Satz 1 Nr. 1 bis 5, 7, 8 oder 9, § 49 Abs. 3 oder § 50 Abs. 2 oder einer vollziehbaren Anordnung auf Grund einer solchen Rechtsverordnung zuwiderhandelt, soweit die Rechtsverordnung für einen bestimmten Tatbestand auf diese Bußgeldvorschrift verweist.

(2) Ordnungswidrig handelt, wer vorsätzlich oder fahrlässig

1. entgegen § 25 Abs. 2 eine Anzeige nicht, nicht richtig, nicht vollständig oder nicht rechtzeitig erstattet,

2. entgegen § 30 Abs. 1 Satz 1 das Betreten eines Grundstückes oder die Ausführung von Vermessungen, Boden- oder Grundwasseruntersuchungen nicht duldet,

2a. entgegen § 36 Abs. 1 Satz 1 eine Anzeige nicht, nicht richtig oder nicht rechtzeitig erstattet,

2b. entgegen § 36a Abs. 1 Satz 1 in Verbindung mit einer Rechtsverordnung nach Absatz 2 Satz 1 eine Emissionserklärung nicht, nicht richtig, nicht vollständig oder nicht rechtzeitig abgibt oder nicht, nicht richtig, nicht vollständig oder nicht rechtzeitig ergänzt,

3. entgegen § 40 Abs. 2 Satz 1 eine Auskunft nicht, nicht richtig, nicht vollständig oder nicht rechtzeitig erteilt,

4. entgegen § 40 Abs. 2 Satz 2 oder 3 das Betreten eines Grundstückes, eines Wohn-, Geschäfts- oder Betriebsraumes, die Einsicht in Unterlagen oder die Vornahme von technischen Ermittlungen oder Prüfungen nicht gestattet,

5. entgegen § 40 Abs. 3 Arbeitskräfte, Werkzeuge oder Unterlagen nicht zur Verfügung stellt,

6. einer vollziehbaren Anordnung nach § 40 Abs. 3, § 44 Satz 1 auch in Verbindung mit einer Rechtsverordnung nach § 45 Abs. 1 Satz 1 oder § 54 Abs. 2 zuwiderhandelt,

7. entgegen §42 Abs. 1, auch in Verbindung mit §42 Abs. 3 oder einer Rechtsverordnung nach §7 Abs. 3 Satz 1 Nr. 1 Buchstabe b oder §45 Abs. 1 Satz 1 oder 2 Nr. 2 oder 4, ein Register nicht, nicht richtig oder nicht vollständig führt,
8. entgegen §42 Abs. 2 Satz 1 in Verbindung mit einer Rechtsverordnung nach §45 Abs. 1 Satz 1 eine Angabe nicht, nicht richtig, nicht vollständig oder nicht rechtzeitig verzeichnet,
9. entgegen §42 Abs. 4, auch in Verbindung mit einer Rechtsverordnung nach §7 Abs. 3 Satz 1 Nr. 1 Buchstabe b oder §45 Abs. 1 Satz 1 oder 2 Nr. 2, ein Register nicht, nicht richtig, nicht vollständig oder nicht rechtzeitig vorlegt oder eine Mitteilung nicht, nicht richtig, nicht vollständig oder nicht rechtzeitig macht,
10. entgegen §42 Abs. 5, auch in Verbindung mit einer Rechtsverordnung nach §45 Abs. 1 Satz 2 Nr. 5, ein Register nicht oder nicht für die vorgeschriebene Dauer aufbewahrt,
11. entgegen §43 Abs. 1 in Verbindung mit einer Rechtsverordnung nach §45 Abs. 1 Satz 1, jeweils auch in Verbindung mit einer Rechtsverordnung nach §7 Abs. 3 Satz 1 Nr. 1 Buchstabe b oder §45 Abs. 1 Satz 2 Nr. 2, einen Nachweis nicht, nicht richtig, nicht vollständig oder nicht rechtzeitig führt,
12. entgegen §49 Abs. 6 eine Warntafel nicht oder nicht in der vorgeschriebenen Weise anbringt,
13. entgegen §54 Abs. 1 Satz 1 in Verbindung mit einer Rechtsverordnung nach Satz 2 einen Abfallbeauftragten nicht bestellt oder
14. einer Rechtsverordnung nach §36c Abs. 1 Satz 1 Nr. 6 oder §45 Abs. 1 Satz 1 oder 2 Nr. 5 oder Abs. 2 Nr. 2 oder 3 oder einer vollziehbaren Anordnung auf Grund einer solchen Rechtsverordnung zuwiderhandelt, soweit die Rechtsverordnung für einen bestimmten Tatbestand auf diese Bußgeldvorschrift verweist.

(3) Die Ordnungswidrigkeit nach Absatz 1 kann mit einer Geldbuße bis zu fünfzigtausend Euro, die Ordnungswidrigkeit nach Absatz 2 mit einer Geldbuße bis zu zehntausend Euro geahndet werden.

(4) Verwaltungsbehörde im Sinne des §36 Abs. 1 Nr. 1 des Gesetzes über Ordnungswidrigkeiten ist das Bundesamt für Güterverkehr, soweit es sich um Ordnungswidrigkeiten nach Absatz 1 Nr. 3 und 5 oder Absatz 2 Nr. 1, 6 bis 12 und 14 handelt und die Zuwiderhandlung im Zusammenhang mit der Beförderung von Abfall mit Fahrzeugen zur Güterbeförderung in einem Unternehmen begangen wird, das seinen Sitz im Ausland hat.

§ 62
Einziehung

Ist eine Ordnungswidrigkeit nach §61 Abs. 1 Nr. 2, 2a, 2b, 2c, 3, 4 oder 5 begangen worden, so können Gegenstände,
1. auf die sich die Ordnungswidrigkeit bezieht oder
2. die zur Begehung oder Vorbereitung gebraucht wurden oder bestimmt gewesen sind,

eingezogen werden. §23 des Gesetzes über Ordnungswidrigkeiten ist anzuwenden.

§ 63
Zuständige Behörden

Die Landesregierung oder die von ihnen bestimmten Stellen bestimmen die für die Ausführung dieses Gesetzes zuständigen Behörden, soweit die Regelung nicht durch Landesgesetz erfolgt.

§ 63a
Bestimmungen zum Verwaltungsverfahren

Von den in diesem Gesetz und auf Grund dieses Gesetzes getroffenen Regelungen des Verwaltungsverfahrens kann durch Landesrecht nicht abgewichen werden.

§ 64
Übergangsvorschriften

Die §§ 5a und 5b des Gesetzes über die Vermeidung und Entsorgung von Abfällen bleiben in Kraft, bis sie durch entsprechende Rechtsverordnungen nach den §§ 7 und 24 dieses Gesetzes abgelöst worden sind.

V.1 Kreislaufwirtschafts- und Abfallgesetz

Anhang I
Abfallgruppen

- Q1 Nachstehend nicht näher beschriebene Produktions- und Verbrauchsrückstände
- Q2 Nicht den Normen entsprechende Produkte
- Q3 Produkte, bei denen das Verfalldatum überschritten ist
- Q4 Unabsichtlich ausgebrachte oder verlorene oder von einem sonstigen Zwischenfall betroffene Produkte einschließlich sämtlicher Stoffe, Anlageteile usw., die bei einem solchen Zwischenfall kontaminiert worden sind
- Q5 Infolge absichtlicher Tätigkeiten kontaminierte oder verschmutzte Stoffe (z. B. Reinigungsrückstände, Verpackungsmaterial, Behälter usw.)
- Q6 Nichtverwendbare Elemente (z. B. verbrauchte Batterien, Katalysatoren usw.)
- Q7 Unverwendbar gewordene Stoffe (z. B. kontaminierte Säuren, Lösungsmittel, Härtesalze usw.)
- Q8 Rückstände aus industriellen Verfahren (z. B. Schlacken, Destillationsrückstände usw.)
- Q9 Rückstände von Verfahren zur Bekämpfung der Verunreinigung (z. B. Gaswaschschlamm, Luftfilterrückstand, verbrauchte Filter usw.)
- Q10 Bei maschineller und spanender Formgebung angefallene Rückstände (z. B. Dreh- und Frässpäne usw.)
- Q11 Bei der Förderung und der Aufbereitung von Rohstoffen anfallende Rückstände (z. B. im Bergbau, bei der Erdölförderung usw.)
- Q12 Kontaminierte Stoffe (z. B. mit PCB verschmutztes Öl usw.)
- Q13 Stoffe oder Produkte aller Art, deren Verwendung gesetzlich verboten ist
- Q14 Produkte, die vom Besitzer nicht oder nicht mehr verwendet werden (z. B. in der Landwirtschaft, den Haushaltungen, Büros, Verkaufsstellen, Werkstätten usw.)
- Q15 Kontaminierte Stoffe oder Produkte, die bei der Sanierung von Böden anfallen
- Q16 Stoffe oder Produkte aller Art, die nicht einer der oben erwähnten Gruppen angehören

Anhang IIA

Beseitigungsverfahren

Dieser Anhang führt Beseitigungsverfahren auf, die in der Praxis angewandt werden. Nach Artikel 4 der Richtlinie 75/442/EWG des Rates vom 25. Juli 1975 über Abfälle (ABl. EG Nr. L 194 S. 39), geändert durch die Richtlinie 91/156/EWG (ABl. EG Nr. L 78 S. 32), zuletzt geändert durch die Richtlinie 91/692/EWG (ABl. EG Nr. L 377 S. 48), angepasst durch die Entscheidung der Kommission 96/350/EG vom 24. Mai 1996 (ABl. EG Nr. L 135 S. 32)[1], müssen die Abfälle beseitigt werden, ohne dass die menschliche Gesundheit gefährdet wird und ohne dass Verfahren oder Methoden verwendet werden, welche die Umwelt schädigen können.

D 1 Ablagerungen in oder auf dem Boden (z. B. Deponien usw.)

D 2 Behandlung im Boden (z. B. biologischer Abbau von flüssigen oder schlammigen Abfällen im Erdreich usw.)

D 3 Verpressung (z. B. Verpressung pumpfähiger Abfälle in Bohrlöcher, Salzdome oder natürliche Hohlräume usw.)

D 4 Oberflächenaufbringung (z. B. Ableitung flüssiger oder schlammiger Abfälle in Gruben, Teiche oder Lagunen usw.)

D 5 Speziell angelegte Deponien (z. B. Ablagerung in abgedichteten, getrennten Räumen, die gegeneinander und gegen die Umwelt verschlossen und isoliert werden, usw.)

D 6 Einleitung in ein Gewässer mit Ausnahme von Meeren/Ozeanen

D 7 Einleitung in Meere/Ozeane einschließlich Einbringung in den Meeresboden

D 8 Biologische Behandlung, die nicht an anderer Stelle in diesem Anhang beschrieben ist und durch die Endverbindungen oder Gemische entstehen, die mit einem der in D 1 bis D 12 aufgeführten Verfahren entsorgt werden

D 9 Chemisch/physikalische Behandlung, die nicht an anderer Stelle in diesem Anhang beschrieben ist und durch die Endverbindungen oder Gemische entstehen, die mit einem in D 1 bis D 12 aufgeführten Verfahren entsorgt werden (z. B. Verdampfen, Trocknen, Kalzinieren usw.)

D 10 Verbrennung an Land

D 11 Verbrennung auf See

D 12 Dauerlagerung (z. B. Lagerung von Behältern in einem Bergwerk usw.)

D 13 Vermengung oder Vermischung vor Anwendung eines in D 1 bis D 12 aufgeführten Verfahren

D 14 Rekonditionierung vor Anwendung eines der in D 1 bis D 13 aufgeführten Verfahren

D 15 Lagerung bis zur Anwendung eines der in D 1 bis D 14 aufgeführten Verfahren (ausgenommen zeitweilige Lagerung – bis zum Einsammeln – auf dem Gelände der Entstehung der Abfälle)

---

1) **Anm. d. Verlages:**
Die RL 75/442/EWG wurde durch Art. 20 der RL 2006/12/EG vom 5.4.2006 über Abfälle (ABl. L 114 S. 9) aufgehoben. Gemäß Art. 20 der RL 2006/12/EG gilt dieser Verweis jetzt als Verweis auf Art. 4 der RL 2006/12/EG.

Anhang IIB
Verwertungsverfahren

Dieser Anhang führt Verwertungsverfahren auf, die in der Praxis angewandt werden. Nach Artikel 4 der Richtlinie 75/442/EWG des Rates vom 25. Juli 1975 über Abfälle (ABl. EG Nr. L 194 S. 39), geändert durch die Richtlinie 91/156/EWG (ABl. EG Nr. L 78 S. 32), zuletzt geändert durch die Richtlinie 91/692/EWG (ABl. EG Nr. L 377 S. 48), angepasst durch die Entscheidung der Kommission 96/350/EG vom 24. Mai 1996 (ABl. EG Nr. L 135 S. 32)[1]), müssen die Abfälle verwertet werden, ohne dass die menschliche Gesundheit gefährdet und ohne dass Verfahren oder Methoden verwendet werden, welche die Umwelt schädigen können.

R 1   Hauptverwendung als Brennstoff oder andere Mittel der Energieerzeugung

R 2   Rückgewinnung/Regenerierung von Lösemitteln

R 3   Verwertung/Rückgewinnung organischer Stoffe, die nicht als Lösemittel verwendet werden (einschließlich der Kompostierung und sonstiger biologischer Umwandlungsverfahren)

R 4   Verwertung/Rückgewinnung von Metallen und Metallverbindungen

R 5   Verwertung/Rückgewinnung von anderen anorganischen Stoffen

R 6   Regenerierung von Säuren oder Basen

R 7   Wiedergewinnung von Bestandteilen, die der Bekämpfung der Verunreinigungen dienen

R 8   Wiedergewinnung von Katalysatorenbestandteilen

R 9   Ölraffination oder andere Wiederverwendungsmöglichkeiten von Öl

R 10 Aufbringung auf den Boden zum Nutzen der Landwirtschaft oder der Ökologie

R 11 Verwendung von Abfällen, die bei einem der unter R 1 bis R 10 aufgeführten Verfahren gewonnen werden

R 12 Austausch von Abfällen, um sie einem der unter R 1 bis R 11 aufgeführten Verfahren zu unterziehen

R 13 Ansammlung von Abfällen, um sie einem der unter R 1 bis R 12 aufgeführten Verfahren zu unterziehen (ausgenommen zeitweilige Lagerung – bis zum Einsammeln – auf dem Gelände der Entstehung der Abfälle)

---

1) **Anm. d. Verlages:**
Die RL 75/442/EWG wurde durch Art. 20 der RL 2006/12/EG vom 5.4.2006 über Abfälle (ABl. L 114 S. 9) aufgehoben. Gemäß Art. 20 gilt dieser Verweis jetzt als Verweis auf Art. 4 der RL 2006/12/EG.

Anhang III
Kriterien zur Bestimmung des Standes der Technik

Bei der Bestimmung des Standes der Technik sind unter Berücksichtigung der Verhältnismäßigkeit zwischen Aufwand und Nutzen möglicher Maßnahmen sowie des Grundsatzes der Vorsorge und der Vorbeugung, jeweils bezogen auf Anlagen einer bestimmten Art, insbesondere folgende Kriterien zu berücksichtigen:

1. Einsatz abfallarmer Technologie,
2. Einsatz weniger gefährlicher Stoffe,
3. Förderung der Rückgewinnung und Wiederverwertung der bei den einzelnen Verfahren erzeugten und verwendeten Stoffe und gegebenenfalls der Abfälle,
4. vergleichbare Verfahren, Vorrichtungen und Betriebsmethoden, die mit Erfolg im Betrieb erprobt wurden,
5. Fortschritte in der Technologie und in den wissenschaftlichen Erkenntnissen,
6. Art, Auswirkungen und Menge der jeweiligen Emissionen,
7. Zeitpunkte der Inbetriebnahme der neuen oder der bestehenden Anlagen,
8. für die Einführung einer besseren verfügbaren Technik erforderliche Zeit,
9. Verbrauch an Rohstoffen und die Art der bei den einzelnen Verfahren verwendeten Rohstoffe (einschließlich Wasser) sowie Energieeffizienz,
10. Notwendigkeit, die Gesamtwirkung der Emissionen und die Gefahren für den Menschen und die Umwelt so weit wie möglich zu vermeiden oder zu verringern,
11. Notwendigkeit, Unfällen vorzubeugen und deren Folgen für den Menschen und die Umwelt zu verringern,
12. Informationen, die von der Kommission der Europäischen Gemeinschaften gemäß Artikel 16 Abs. 2 der Richtlinie 96/61/EG des Rates vom 24. September 1996 über die integrierte Vermeidung und Verminderung der Umweltverschmutzung (ABl. EG Nr. L 257 S. 26) oder von internationalen Organisationen veröffentlicht werden.

2.
Richtlinie 94/62/EG des Europäischen Parlaments und des Rates über Verpackungen und Verpackungsabfälle

vom 20.12.1994 (ABl. L 365 S. 10),
zuletzt geändert durch Art. 1 RL 2005/20/EG vom 9.3.2005 (ABl. L 70 S 17)

DAS EUROPÄISCHE PARLAMENT UND DER RAT DER EUROPÄISCHEN UNION –

gestützt auf den Vertrag zur Gründung der Europäischen Gemeinschaft, insbesondere auf Artikel 100a[1]),

auf Vorschlag der Kommission[2]),

nach Stellungnahme des Wirtschafts- und Sozialausschusses[3]),

gemäß dem Verfahren des Artikel 189b[4]) des Vertrags[5]),

in Erwägung nachstehender Gründe:

Die unterschiedlichen Maßnahmen der Mitgliedstaaten im Bereich der Verpackungen und der Verpackungsabfallbewirtschaftung sind zu harmonisieren, um einerseits Auswirkungen dieser Abfälle auf die Umwelt zu vermeiden oder solche Auswirkungen zu verringern und so ein hohes Umweltschutzniveau sicherzustellen und andererseits das Funktionieren des Binnenmarkts zu gewährleisten und zu verhindern, dass es in der Gemeinschaft zu Handelshemmnissen und Wettbewerbsverzerrungen und -beschränkungen kommt.

Die beste Art, Verpackungsabfall zu vermeiden, ist die Verringerung der Gesamtmenge an Verpackungen.

Angesichts der Ziele dieser Richtlinie ist es wichtig, grundsätzlich darauf zu achten, dass die zum Schutz der Umwelt getroffenen Maßnahmen eines Mitgliedstaats die anderen Mitgliedstaaten nicht daran hindern, die Ziele der Richtlinie zu erreichen.

Die Verringerung der Abfallmengen ist eine unabdingbare Voraussetzung für das ausdrücklich im Vertrag über die Europäische Union genannte beständige Wachstum.

Diese Richtlinie soll alle Arten von im Verkehr befindlichen Verpackungen und alle Verpackungsabfälle erfassen. Deshalb ist die Richtlinie 85/339/EWG des Rates vom 27. Juni 1985 über Verpackungen für flüssige Lebensmittel[6]) aufzuheben.

---

1) **Anm. d. Verlages:**
 Nunmehr Art. 95 Vertrag zur Gründung der Europäischen Gemeinschaft (EG).
2) ABl. Nr. C 263 vom 12.10.1992, S. 1 und ABl. Nr. C 285 vom 21.10.1993, S. 1.
3) ABl. Nr. C 129 vom 10.5.1993, S. 18.
4) **Anm. d. Verlages:**
 Nunmehr Art. 251 Vertrag zur Gründung der Europäischen Gemeinschaft (EG).
5) Stellungnahme des Europäischen Parlaments vom 23. Juni 1993 (ABl. Nr. C 194 vom 19.7.1993, S. 177), gemeinsamer Standpunkt des Rates vom 4. März 1994 (ABl. Nr. C 137 vom 19.5.1994, S. 65) und Beschluss des Europäischen Parlaments vom 4. Mai 1994 (ABl. Nr. C 205 vom 25.7.1994, S. 163). Bestätigt am 2. Dezember 1993 (ABl. Nr. C 342 vom 20.12.1993, S. 15). Gemeinsamer Entwurf des Vermittlungsausschusses vom 8. November 1994.
6) ABl. Nr. L 176 vom 6.7.1985, S. 18. Richtlinie geändert durch die Richtlinie 91/629/EWG (ABl. Nr. L 377 vom 31.12.1991, S. 48).

V.2 EU-Verpackungsrichtlinie

Verpackungen sind von grundlegender sozialer und wirtschaftlicher Bedeutung; deshalb dürfen die in dieser Richtlinie vorgesehenen Maßnahmen andere wichtige Rechtsvorschriften nicht berühren, die die Qualität und die Beförderung von Verpackungen und verpackten Erzeugnissen regeln.

Entsprechend der in der Entschließung des Rates vom 7. Mai 1990 über die Abfallpolitik[1]) enthaltenen Gemeinschaftsstrategie für die Abfallbewirtschaftung sowie der Richtlinie 75/442/EWG des Rates vom 15. Juli 1975 über Abfälle[2]) umfasst die Verpackungs- und die Verpackungsabfallwirtschaft als erste Priorität die Vermeidung von Verpackungsabfall und als weitere Hauptprinzipien die Wiederverwendung der Verpackungen, die stoffliche Verwertung und die anderen Formen der Verwertung der Verpackungsabfälle sowie als Folge daraus eine Verringerung der einer endgültigen Beseitigung zuzuführenden Abfälle.

Bis wissenschaftliche und technologische Ergebnisse im Bereich der Verwertung vorliegen, sind die Wiederverwendung und die stoffliche Verwertung hinsichtlich ihrer Umweltauswirkungen vorzuziehen. Aus diesem Grunde sind in den Mitgliedstaaten Rückgabesysteme für gebrauchte Verpackungen und/oder Verpackungsabfälle einzurichten. Lebenszyklusuntersuchungen müssen so bald wie möglich abgeschlossen werden, um eine klare Rangfolge der wiederverwendbaren, der stofflich und der anderweitig verwertbaren Verpackungen zu rechtfertigen.

Zur Vermeidung von Verpackungsabfällen sind geeignete Maßnahmen zu ergreifen, die die in den Mitgliedstaaten in Übereinstimmung mit den Zielen dieser Richtlinie ergriffenen Initiativen einschließen.

Die Mitgliedstaaten können Systeme für die Wiederverwendung von Verpackungen, die umweltverträglich wiederverwendet werden können, im Einklang mit dem Vertrag fördern, und damit den Beitrag dieser Methode zum Umweltschutz ausnutzen.

Aus umweltpolitischer Sicht ist die stoffliche Verwertung als ein wesentlicher Teil der Verwertung anzusehen, insbesondere um dem Verbrauch an Energie und an Primärrohstoffen zu verringern und die einer endgültigen Beseitigung zuzuführenden Abfälle zu reduzieren.

Die energetische Verwertung ist eine wirksame Methode zur Verwertung von Verpackungsabfällen.

Für die Zielvorgaben der Mitgliedstaaten in Bezug auf die Verwertung und die stoffliche Verwertung von Verpackungsabfällen sollten Spannen vorgesehen werden, um den unterschiedlichen Situationen in den Mitgliedstaaten Rechnung zu tragen und zu vermeiden, dass Handelshemmnisse und Wettbewerbsverzerrungen geschaffen werden.

Damit mittelfristig Ergebnisse erzielt und Marktteilnehmern, Verbrauchern und Behörden die erforderlichen längerfristigen Perspektiven gegeben werden, ist es angemessen, eine mittlere Frist zur Erreichung der oben genannten Zielvorgaben und eine längere Frist für Zielvorgaben vorzusehen, die zu einem späteren Zeitpunkt festgelegt werden sollten, damit eine erhebliche Erhöhung dieser Zielvorgaben erfolgen kann.

---
1) ABl. Nr. C 122 vom 18.5.1990, S. 2.
2) ABl. Nr. L 194 vom 25.7.1975, S. 39. Richtlinie geändert durch die Richtlinie 91/156/EWG (ABl. Nr. L 78 vom 26.3.1991, S. 32).

Der Rat und das Europäische Parlament sollten aufgrund von Berichten der Kommission die Erfahrungen, die in den Mitgliedstaaten bei der Verwirklichung der vorgenannten Zielvorgaben gesammelt wurden, sowie die Ergebnisse der wissenschaftlichen Forschung und der Evaluierungstechniken wie beispielsweise der Ökobilanzen prüfen.

Den Mitgliedstaaten, die Programme aufgestellt haben oder aufstellen werden, die über diese Zielvorgaben hinausgehen, ist zu gestatten, diese Zielvorgaben im Interesse eines hohen Umweltschutzniveaus unter der Bedingung weiterzuverfolgen, dass die Maßnahmen nicht zu Verzerrungen des Binnenmarktes führen und die anderen Mitgliedstaaten nicht daran hindern, ihren Verpflichtungen aus dieser Richtlinie nachzukommen. Die Kommission sollte solche Maßnahmen nach angemessener Prüfung billigen.

Auf der anderen Seite kann bestimmten Mitgliedstaaten aufgrund ihrer besonderen Situation gestattet werden, niedrigere Zielvorgaben zu beschließen, sofern sie innerhalb der normalen Frist eine Mindestzielvorgabe für die Verwertung und nach einer längeren Frist die einheitlichen Zielvorgaben erfüllen.

Die Vermeidung und Verwertung von Verpackungen und Verpackungsabfällen erfordert die Einrichtung von Rücknahme-, Sammel- und Verwertungssystemen in den Mitgliedstaaten. An diesen Systemen können sich alle betroffenen Seiten beteiligen. Sie müssen so beschaffen sein, dass Importprodukte keine Benachteiligung erfahren und gemäß dem Vertrag keine Handelshemmnisse oder Wettbewerbsverzerrungen entstehen und dass die größtmögliche Rückgabe von Verpackungen und Verpackungsabfall sichergestellt wird.

Die Frage der Kennzeichnung von Verpackungen auf Gemeinschaftsebene bedarf weiterer Prüfung, sollte von der Gemeinschaft jedoch in naher Zukunft entschieden werden.

Um die Auswirkungen von Verpackungen und Verpackungsabfällen auf die Umwelt möglichst gering zu halten und Handelshemmnisse und Wettbewerbsverzerrungen zu vermeiden, ist es ferner erforderlich, die grundlegenden Anforderungen an die Zusammensetzung der Verpackungen und die Möglichkeiten für ihre Wiederverwendung und – auch stoffliche – Verwertung festzulegen.

Es ist notwendig, den Gehalt an schädlichen Metallen und sonstigen Substanzen in Verpackungen wegen ihrer Umweltauswirkungen zu begrenzen (da diese insbesondere bei Verbrennung durch Emissionen freigesetzt werden oder in der Asche enthalten sein oder bei Deponierung in Sickerwasser gelangen können). Um die Toxizität von Verpackungsabfällen zu vermindern, ist es notwendig, zunächst die Verwendung schädlicher Schwermetalle zu vermeiden oder zu kontrollieren, dass sich diese Elemente nicht in der Umwelt ausbreiten, wobei angemessene Ausnahmen in besonderen Fällen vorgesehen werden, die von der Kommission gemäß dem Ausschussverfahren festgelegt werden.

Die Einzelsortierung von Abfall an der Quelle ist entscheidend, um ein hohes Wiederverwertungsniveau zu erreichen und Gesundheits- und Sicherheitsprobleme für die Personen, die Verpackungsabfälle sammeln und aufbereiten, zu verhindern.

Die Anforderungen für die Herstellung von Verpackungen gelten nicht für Verpackungen, die vor dem Zeitpunkt des Inkrafttretens dieser Richtlinie für die

Herstellung eines bestimmten Erzeugnisses verwendet wurden. Ein Übergangszeitraum für das Inverkehrbringen von Verpackungen ist ebenfalls erforderlich.

Bei der Festlegung des Zeitpunktes für die Durchführung der Vorschrift über das Inverkehrbringen von Verpackungen, die alle grundlegenden Anforderungen erfüllen, ist der Tatsache Rechnung zu tragen, dass derzeit europäische Normen durch das zuständige Normungsgremium aufgestellt werden. Die Vorschriften über den Nachweis der Übereinstimmung der einzelstaatlichen Normen sollten jedoch unverzüglich Anwendung finden.

Die Aufstellung europäischer Normen für die grundlegenden Anforderungen und andere diesbezügliche Größen wird gefördert.

Zu den in dieser Richtlinie vorgesehenen Maßnahmen gehört die Entwicklung von Kapazitäten für die Verwertung — einschließlich der stofflichen Verwertung — und von Absatzmöglichkeiten für verwertete Verpackungsmaterialien.

Die Verwendung von verwertetem Material für Verpackungen darf nicht im Widerspruch zu den einschlägigen Vorschriften in Bezug auf Hygiene, Gesundheits- und Verbraucherschutz stehen.

Gemeinschaftsweite Daten über Verpackungen und Verpackungsabfälle werden benötigt, um dazu beizutragen, dass die Verwirklichung der Ziele dieser Richtlinie überwacht werden kann.

Von größter Wichtigkeit ist, dass allen an der Herstellung, Verwendung, Einfuhr und Verteilung von Verpackungen und verpackten Erzeugnissen Beteiligten stärker bewusst wird, in welchem Maße die Verpackungen zu Abfall werden, und dass sie nach dem Verursacherprinzip die Verantwortung für diesen Abfall übernehmen. Die Ausarbeitung und Durchführung der in dieser Richtlinie vorgesehenen Maßnahmen umfasst und erfordert im gegebenen Fall die enge Zusammenarbeit aller Partner im Geiste geteilter Verantwortung.

Die Verbraucher spielen bei der Vermeidung und Verwertung von Verpackungen und Verpackungsabfällen eine wesentliche Rolle und müssen deshalb angemessen informiert werden, damit sie ihr Verhalten und ihre Haltung anpassen können.

Zur wirksamen Durchführung dieser Richtlinie wird die Aufnahme eines besonderen Kapitels über Verpackungen und Verpackungsabfallbewirtschaftung in die Abfallbewirtschaftungspläne beitragen, die nach der Richtlinie 75/442/EWG erforderlich sind.

Um die Verwirklichung der Ziele dieser Richtlinie zu erleichtern, kann es für die Gemeinschaft und für die Mitgliedstaaten erforderlich sein, auf marktwirtschaftliche Instrumente gemäß dem Vertrag zurückzugreifen, um neue Formen des Protektionismus zu vermeiden.

Unbeschadet der Richtlinie 83/189/EWG des Rates vom 28. März 1983 über ein Informationsverfahren auf dem Gebiet der Normen und technischen Vorschriften[1] sollten die Mitgliedstaaten die Entwürfe der von ihnen geplanten Maßnahmen vor ihrer Annahme der Kommission vorlegen, damit ermittelt werden kann, ob sie dieser Richtlinie entsprechen.

---

1) ABl. Nr. L 109 vom 26.4.1983, S. 8. Richtlinie zuletzt geändert durch die Richtlinie 92/400/EWG (ABl. Nr. L 221 vom 6.8.1992, S. 55).

Die Anpassung des Verpackungs-Identifizierungssystems und der Tabellen für ein Datenbanksystem an den wissenschaftlichen und technischen Fortschritt sollte von der Kommission nach einem Ausschussverfahren sichergestellt werden.

Es ist erforderlich, die Möglichkeit besonderer Maßnahmen zur Lösung etwaiger Schwierigkeiten bei der Durchführung dieser Richtlinie vorzusehen; hierbei sollte gegebenenfalls das gleiche Ausschussverfahren Anwendung finden –
HABEN FOLGENDE RICHTLINIE ERLASSEN:

Artikel 1
Ziele

(1) Diese Richtlinie bezweckt, die Vorschriften der Mitgliedstaaten im Bereich der Verpackungs- und der Verpackungsabfallwirtschaft zu harmonisieren, um einerseits Auswirkungen dieser Abfälle in allen Mitgliedstaaten sowie in dritten Ländern auf die Umwelt zu vermeiden bzw. diese Auswirkungen zu verringern und so ein hohes Umweltschutzniveau sicherzustellen und andererseits das Funktionieren des Binnenmarktes zu gewährleisten und zu verhindern, dass es in der Gemeinschaft zu Handelshemmnissen und Wettbewerbsverzerrungen und -beschränkungen kommt.

(2) Hierzu werden in dieser Richtlinie Maßnahmen vorgeschrieben, die auf Folgendes abzielen: Erste Priorität ist die Vermeidung von Verpackungsabfall; weitere Hauptprinzipien sind die Wiederverwendung der Verpackungen, die stoffliche Verwertung und die anderen Formen der Verwertung der Verpackungsabfälle sowie als Folge daraus eine Verringerung der endgültigen Beseitigung der Abfälle.

Artikel 2
Geltungsbereich

(1) Diese Richtlinie gilt für alle in der Gemeinschaft in Verkehr gebrachten Verpackungen und alle Verpackungsabfälle, unabhängig davon, ob sie in der Industrie, im Handel, in der Verwaltung, im Gewerbe, im Dienstleistungsbereich, in Haushalten oder anderswo anfallen, unabhängig von den Materialien, aus denen sie bestehen.

(2) Diese Richtlinie berührt weder die für Verpackungen geltenden Qualitätsanforderungen, beispielsweise in Bezug auf Sicherheit, Gesundheitsschutz und Hygiene der verpackten Erzeugnisse, noch die geltenden Beförderungsvorschriften noch die Richtlinie 91/689/EWG des Rates vom 12. Dezember 1991 über gefährliche Abfälle[1]).

Artikel 3
Begriffsbestimmungen

Im Sinne dieser Richtlinie bezeichnet der Ausdruck
1. „Verpackungen" aus beliebigen Stoffen hergestellte Produkte zur Aufnahme zum Schutz, zur Handhabung, zur Lieferung und zur Darbietung von Waren,

---
1) ABl. Nr. L 377 vom 31.12.1991, S. 20.

die vom Rohstoff bis zum Verarbeitungserzeugnis reichen können und vom Hersteller an den Benutzer oder Verbraucher weitergegeben werden. Auch alle zum selben Zweck verwendeten „Einwegartikel" sind als Verpackungen zu betrachten.

Unter den Begriff „Verpackungen" fallen ausschließlich

a) Verkaufsverpackungen oder Erstverpackungen, d. h. Verpackungen, die dem Endabnehmer oder -verbraucher in der Verkaufsstelle als eine Verkaufseinheit angeboten werden;

b) Umverpackungen oder Zweitverpackungen, d. h. Verpackungen, die eine bestimmte Anzahl von Verkaufseinheiten enthalten, welche in der Verkaufsstelle zusammen an den Endabnehmer oder -verbraucher abgegeben werden oder allein zur Bestückung der Verkaufsregale dienen; diese Verpackungen können von der Ware entfernt werden, ohne dass dies deren Eigenschaften beeinflusst;

c) Transportverpackungen oder Drittverpackungen, d. h. Verpackungen, welche die Handhabung und den Transport von mehreren Verkaufseinheiten oder Umverpackungen in einer Weise erleichtern, dass deren direkte Berührung sowie Transportschäden vermieden werden. Container für den Straßen, Schienen-, Schiffs- und Lufttransport fallen nicht unter den Begriff der Transportverpackung.

Die Begriffsbestimmung für „Verpackungen" wird ferner durch die nachstehenden Kriterien gestützt. Die in Anhang I aufgeführten Gegenstände sind Beispiele für die Anwendung dieser Kriterien.

i) Gegenstände gelten als Verpackungen, wenn sie der oben genannten Begriffsbestimmung entsprechen, unbeschadet anderer Funktionen, die die Verpackung möglicherweise ebenfalls erfüllt, es sei denn, der Gegenstand ist integraler Teil eines Produkts, der zur Umschließung, Unterstützung oder Konservierung dieses Produkts während seiner gesamten Lebensdauer benötigt wird, und alle Komponenten sind für die gemeinsame Verwendung, den gemeinsamen Verbrauch oder die gemeinsame Entsorgung bestimmt.

ii) Gegenstände, die dafür konzipiert und bestimmt sind, in der Verkaufsstelle gefüllt zu werden, und „Einwegartikel", die in gefülltem Zustand verkauft oder dafür konzipiert und bestimmt sind, in der Verkaufsstelle gefüllt zu werden, gelten als Verpackungen, sofern sie eine Verpackungsfunktion erfüllen.

iii) Verpackungskomponenten und Zusatzelemente, die in eine Verpackung integriert sind, gelten als Teil der Verpackung, in die sie integriert sind. Zusatzelemente, die unmittelbar an einem Produkt hängen oder befestigt sind und eine Verpackungsfunktion erfüllen, gelten als Verpackungen, es sei denn, sie sind integraler Teil des Produkts und alle Komponenten sind für den gemeinsamen Verbrauch oder die gemeinsame Entsorgung bestimmt.

Die Kommission prüft gegebenenfalls nach dem in Artikel 21 genannten Verfahren die Beispiele für die Definition von Gegenständen, die gemäß Anhang I als Verpackung gelten, und ändert sie erforderlichenfalls. Der Vorrang gilt folgenden Artikeln: CD- und Videohüllen, Blumentöpfen, Röhren und Rollen, um die flexibles Material aufgespult ist, Schutzstreifen von Klebeetiketten und Einpack- und Geschenkpapier;

2. „Verpackungsabfälle" Verpackungen oder Verpackungsmaterialien, die unter den Begriff „Abfälle" im Sinne der Richtlinie 75/442/EWG fallen, mit Ausnahme von Produktionsrückständen;

3. „Verpackungsabfallbewirtschaftung" die Bewirtschaftung der Abfälle gemäß der Richtlinie 75/442/EWG;

4. „Vermeidung" die Verringerung der Menge und der Umweltschädlichkeit
   – der in Verpackungen und Verpackungsabfällen enthaltenen Materialien und Stoffe,
   – der Verpackungen und Verpackungsabfälle auf der Ebene des Herstellungsverfahrens, des Inverkehrbringens, des Vertriebs, der Verwendung und der Beseitigung,

   insbesondere durch die Entwicklung umweltverträglicher Produkte und Technologien;

5. „Wiederverwendung" die derselben Zweckbestimmung entsprechende Wiederbefüllung oder Verwendung von Verpackungen – mit oder ohne Unterstützung von auf dem Markt vorhandenen Hilfsmitteln, die das erneute Abfüllen der Verpackung selbst ermöglichen –, deren Beschaffenheit eine Mindestzahl von Kreislaufdurchgängen während ihrer Lebensdauer gestattet; die entsprechenden Verpackungen werden zu Verpackungsabfall, sobald sie nicht mehr wiederverwendet werden;

6. „Verwertung" die Maßnahmen nach Anhang II B der Richtlinie 75/442/EWG;

7. „stoffliche Verwertung" die in einem Produktionsprozess erfolgende Wiederaufarbeitung der Abfallmaterialien für den ursprünglichen Zweck oder für andere Zwecke einschließlich der organischen Verwertung, jedoch mit Ausnahme der energetischen Verwertung;

8. „energetische Verwertung" die Verwendung von brennbarem Verpackungsabfall zur Energieerzeugung durch direkte Verbrennung mit oder ohne Abfall anderer Art, aber mit Rückgewinnung der Wärme;

9. „organische Verwertung" die aerobe Behandlung (biologische Verwertung) oder die anaerobe Behandlung (Biogaserzeugung) – über Mikroorganismen und unter Kontrolle – der biologisch abbaubaren Bestandteile von Verpackungsabfällen mit Erzeugung von stabilisierten organischen Rückständen oder von Methan. Die Deponierung kann nicht als eine Form der organischen Verwertung betrachtet werden;

10. „Beseitigung" die Maßnahmen nach Anhang II A der Richtlinie 75/442/EWG;

11. „Marktteilnehmer" im Zusammenhang mit Verpackungen, Lieferanten von Verpackungsmaterialien, Verpackungshersteller und Verwertungsbetriebe, Abfüller und Benutzer, Importeure, Händler und Vertreiber, staatliche Stellen und öffentlich-rechtliche Organisationen;

12. „freiwillige Vereinbarung" förmliche Vereinbarung zwischen den zuständigen Behörden der Mitgliedstaaten und den betreffenden Wirtschaftszweigen, die allen offen stehen muss, die bereit sind, die Bedingungen der Vereinbarung zu erfüllen, um auf das Erreichen der Ziele dieser Richtlinie hinzuarbeiten.

Artikel 4
Abfallvermeidung

(1) Die Mitgliedstaaten stellen sicher, dass zusätzlich zu den Maßnahmen zur Vermeidung der Entstehung von Verpackungsabfall, die gemäß Artikel 9 getroffen werden, andere Maßnahmen zur Abfallvermeidung durchgeführt werden.

Bei solchen anderen Maßnahmen kann es sich um nationale Programme, Vorhaben zur Einführung der Herstellerverantwortung zur weitestmöglichen Verringerung der Umweltauswirkungen von Verpackungen oder ähnliche Maßnahmen handeln, die gegebenenfalls nach Konsultation der Marktteilnehmer getroffen werden und die darauf abzielen, die zahlreichen in den Mitgliedstaaten zur Abfallvermeidung ergriffenen Initiativen nutzbringend zusammenzufassen. Sie müssen den Zielen dieser Richtlinie gemäß Artikel 1 Absatz 1 entsprechen.

(2) Die Kommission trägt zur Förderung der Abfallvermeidung bei, indem sie die Ausarbeitung sachdienlicher europäischer Normen gemäß Artikel 10 unterstützt. Die Normen haben das Ziel, die Umweltauswirkungen von Verpackungen gemäß den Artikeln 9 und 10 auf ein Minimum zu reduzieren.

(3) Die Kommission legt gegebenenfalls Vorschläge für Maßnahmen zur Stärkung und Ergänzung der Durchsetzung der grundlegenden Anforderungen sowie für Maßnahmen vor, mit denen sichergestellt werden soll, dass neue Verpackungen nur dann in Verkehr gebracht werden, wenn der Hersteller alle notwendigen Maßnahmen ergriffen hat, um ihre Umweltauswirkungen auf ein Minimum zu reduzieren, ohne die wesentlichen Funktionen der Verpackung zu beeinträchtigen.

Artikel 5
Wiederverwendung

Die Mitgliedstaaten können nach Maßgabe des Vertrags Systeme zur Wiederverwendung der Verpackungen, die umweltverträglich wiederverwendet werden können, fördern.

Artikel 6
Verwertung und stoffliche Verwertung

(1) Zur Verwirklichung der Ziele dieser Richtlinie ergreifen die Mitgliedstaaten die erforderlichen Maßnahmen mit folgenden, sich auf ihr gesamtes Hoheitsgebiet beziehenden Zielvorgaben:

a) Spätestens bis 30. Juni 2001 werden zwischen mindestens 50 und höchstens 65 Gewichtsprozent der Verpackungsabfälle verwertet oder in Abfallverbrennungsanlagen mit Energierückgewinnung verbrannt;

b) spätestens bis 31. Dezember 2008 werden mindestens 60 Gewichtsprozent der Verpackungsabfälle verwertet oder in Abfallverbrennungsanlagen mit Energierückgewinnung verbrannt;

c) spätestens bis 30. Juni 2001 werden zwischen mindestens 25 und höchstens 45 Gewichtsprozent des gesamten Verpackungsmaterials, das in Verpackungsabfällen enthalten ist, und mindestens 15 Gewichtsprozent jedes einzelnen Verpackungsmaterials stofflich verwertet;

d) spätestens bis 31. Dezember 2008 werden zwischen mindestens 55 und höchstens 80 Gewichtsprozent der Verpackungsabfälle stofflich verwertet;

e) spätestens bis 31. Dezember 2008 werden die folgenden Mindestzielvorgaben für die stoffliche Verwertung der Materialien, die in Verpackungsabfällen enthalten sind, erreicht:

   i) 60 Gewichtsprozent für Glas,

   ii) 60 Gewichtsprozent für Papier und Karton,

   iii) 50 Gewichtsprozent für Metalle,

   iv) 22,5 Gewichtsprozent für Kunststoffe, wobei nur Material berücksichtigt wird, das durch stoffliche Verwertung wieder zu Kunststoff wird,

   v) 15 Gewichtsprozent für Holz.

(2) Verpackungsabfälle, die im Einklang mit der Verordnung (EWG) Nr. 259/93 des Rates[1]), der Verordnung (EG) Nr. 1420/1999 des Rates[2]) und der Verordnung (EG) Nr. 1547/1999 der Kommission[3]) aus der Gemeinschaft ausgeführt werden, werden für die Erfüllung der Verpflichtungen und Zielvorgaben gemäß Absatz 1 nur berücksichtigt, wenn stichhaltige Beweise vorliegen, dass die Verwertung und/oder stoffliche Verwertung unter Bedingungen erfolgt ist, die im Wesentlichen denen entsprechen, die in den einschlägigen Gemeinschaftsvorschriften vorgesehen sind.

(3) Die Mitgliedstaaten fördern, sofern dies sinnvoll ist, die energetische Verwertung, soweit diese aus Umwelt- und Kosten-Nutzen-Gründen einer stofflichen Verwertung vorzuziehen ist. Dies könnte durch die Berücksichtigung eines ausreichenden Spielraums zwischen den nationalen Zielvorgaben für die stoffliche Verwertung und die Verwertung erreicht werden.

(4) Die Mitgliedstaaten fördern, sofern dies sinnvoll ist, die Verwendung von Materialien aus stofflich verwerteten Verpackungsabfällen bei der Herstellung von Verpackungen und sonstigen Produkten durch

a) die Verbesserung der Marktbedingungen für diese Materialien,

b) die Überarbeitung bestehender Regelungen, die die Verwendung dieser Materialien verhindern.

(5) Spätestens bis 31. Dezember 2007 legen das Europäische Parlament und der Rat mit qualifizierter Mehrheit auf Vorschlag der Kommission die Zielvorgaben

---

1) ABl. L 30 vom 6.2.1993, S. 1. Zuletzt geändert durch die Verordnung (EG) Nr. 2557/2001 der Kommission (ABl. L 349 vom 31.12.2001, S. 1).

2) ABl. L 166 vom 1.7.1999, S. 6. Zuletzt geändert durch die Verordnung (EG) Nr. 2118/2003 der Kommission (ABl. L 318 vom 3.12.2003, S. 5).

3) ABl. L 185 vom 17.7.1999, S. 1. Zuletzt geändert durch die Verordnung (EG) Nr. 2118/2003.

für die dritte Fünfjahresstufe 2009 bis 2014 fest; sie stützen sich dabei auf die in den Mitgliedstaaten bei der Verwirklichung der in Absatz 1 genannten Zielvorgaben gesammelten praktischen Erfahrungen und auf die Ergebnisse der wissenschaftlichen Forschung und der Evaluierungstechniken wie etwa Lebenszyklusanalysen und Kosten-Nutzen-Analysen.

Dieses Verfahren wird alle fünf Jahre wiederholt.

(6) Die in Absatz 1 genannten Maßnahmen und Zielvorgaben werden von den Mitgliedstaaten bekannt gegeben und der breiten Öffentlichkeit und den Marktteilnehmern in einer Informationskampagne zur Kenntnis gebracht.

(7) Griechenland, Irland und Portugal können aufgrund ihrer besonderen Situation, nämlich der großen Zahl kleiner Inseln bzw. der ausgedehnten ländlichen Gebiete und Berggebiete in ihren Ländern sowie des derzeit geringen Verpackungsmaterialverbrauchs, beschließen, dass sie

a) spätestens bis 30. Juni 2001 Zielvorgaben erfüllen, die niedriger als die in Absatz 1 Buchstaben a) und c) genannten sind, jedoch bezüglich der Verwertung oder Verbrennung in Abfallverbrennungsanlagen mit Energierückgewinnung mindestens bei 25 Gewichtsprozenten liegen;

b) zugleich für die Erreichung der Zielvorgaben nach Absatz 1 Buchstaben a) und c) eine längere Frist in Anspruch nehmen, die jedoch spätestens am 31. Dezember 2005 endet;

c) für die Erreichung der Zielvorgaben nach Absatz 1 Buchstaben b), d) und e) nach eigenem Ermessen eine Frist setzen, die jedoch spätestens am 31. Dezember 2011 endet.

(8) Die Kommission legt dem Europäischen Parlament und dem Rat möglichst bald, spätestens jedoch zum 30. Juni 2005 einen Bericht über den Stand der Umsetzung dieser Richtlinie und ihre Auswirkungen auf die Umwelt sowie auf das Funktionieren des Binnenmarkts vor. Die jeweiligen Gegebenheiten in den einzelnen Mitgliedstaaten sind in dem Bericht zu berücksichtigen. In diesem Bericht wird Folgendes behandelt:

a) eine Bewertung der Wirksamkeit, Umsetzung und Durchsetzung der grundlegenden Anforderungen;

b) weitere Präventivmaßnahmen, um die Umweltauswirkungen von Verpackungen so weit wie möglich zu verringern, ohne die grundlegenden Funktionen der Verpackung zu beeinträchtigen;

c) die mögliche Entwicklung eines Verpackungsumweltindikators, um die Vermeidung von Verpackungsabfällen einfacher und effizienter zu gestalten;

d) Pläne zur Vermeidung von Verpackungsabfällen;

e) Förderung der Wiederverwendung und insbesondere Vergleich der Kosten und des Nutzens von Wiederverwendung und stofflicher Verwertung;

f) die Herstellerverantwortung einschließlich der damit verbundenen finanziellen Aspekte;

g) die Bemühungen zur weiteren Verminderung und gegebenenfalls zum stufenweisen Verzicht auf Schwermetalle und andere gefährliche Stoffe in Verpackungen bis 2010.

Mit diesem Bericht werden gegebenenfalls Vorschläge für die Überarbeitung der einschlägigen Bestimmungen dieser Richtlinie vorgelegt, sofern dies bis dahin noch nicht geschehen ist.

(9) Der Bericht behandelt die in Absatz 8 aufgeführten Fragen sowie andere einschlägige Fragen im Rahmen der verschiedenen Elemente des Sechsten Umweltaktionsprogramms, insbesondere die thematische Strategie für die stoffliche Verwertung und die thematische Strategie für die nachhaltige Nutzung der Ressourcen.

Die Kommission und die Mitgliedstaaten fördern gegebenenfalls Studien und Pilotvorhaben im Hinblick auf Absatz 8 Buchstaben b), c), d), e) und f) sowie weitere Abfallvermeidungsinstrumente.

(10) Die Mitgliedstaaten, die Programme aufgestellt haben oder aufstellen werden, welche über die Höchstzielvorgaben von Absatz 1 hinausgehen, und die zu diesem Zweck angemessene Kapazitäten für die Verwertung und die stoffliche Verwertung bereitstellen, dürfen diese Ziele im Interesse eines hohen Umweltschutzniveaus weiterverfolgen, sofern diese Maßnahmen Verzerrungen des Binnenmarkts vermeiden und andere Mitgliedstaaten nicht daran hindern, dieser Richtlinie nachzukommen. Die Mitgliedstaaten unterrichten die Kommission über solche Maßnahmen. Die Kommission bestätigt diese Maßnahmen, nachdem sie in Zusammenarbeit mit den Mitgliedstaaten überprüft hat, dass sie mit den oben genannten Erwägungen in Einklang stehen und weder zu einer willkürlichen Diskriminierung noch zu einer verschleierten Beschränkung des Handels zwischen Mitgliedstaaten führen.

(11) Die Mitgliedstaaten, die der Europäischen Union aufgrund des Beitrittsvertrags vom 16. April 2003 beigetreten sind, können die Erreichung der in Absatz 1 Buchstaben b), d) und e) genannten Ziele auf einen späteren Zeitpunkt ihrer Wahl verschieben, jedoch im Fall der Tschechischen Republik, Estlands, Zyperns, Litauens, Ungarns, Sloweniens und der Slowakei nicht über den 31. Dezember 2012 hinaus, im Fall Maltas nicht über den 31. Dezember 2013 hinaus, im Fall Polens nicht über den 31. Dezember 2014 hinaus und im Fall Lettlands nicht über den 31. Dezember 2015 hinaus.

Artikel 7
Rücknahme-, Sammel- und Verwertungssysteme

(1) Die Mitgliedstaaten ergreifen die erforderlichen Maßnahmen zur Einrichtung von Systemen für

a) die Rücknahme und/oder Sammlung von gebrauchten Verpackungen und/oder Verpackungsabfällen beim Verbraucher oder jedem anderen Endabnehmer bzw. aus dem Abfallaufkommen mit dem Ziel einer bestmöglichen Entsorgung;

b) die Wiederverwendung oder Verwertung – einschließlich der stofflichen Verwertung – der gesammelten Verpackungen und/oder Verpackungsabfälle,

um die Zielvorgaben dieser Richtlinie zu erfüllen.

An diesen Systemen können sich alle Marktteilnehmer der betreffenden Wirtschaftszweige und die zuständigen Behörden beteiligen. Sie gelten auch für Importprodukte, die dabei keine Benachteiligung erfahren, auch nicht bei den

Modalitäten und etwaigen Gebühren für den Zugang zu den Systemen, die so beschaffen sein müssen, dass gemäß dem Vertrag keine Handelshemmnisse oder Wettbewerbsverzerrungen entstehen.

(2) Die Maßnahmen nach Absatz 1 sind Teil einer für alle Verpackungen und Verpackungsabfälle geltenden Politik und berücksichtigen im Besonderen Anforderungen des Umwelt- und Verbraucherschutzes in Bezug auf Gesundheit, Sicherheit und Hygiene, des Schutzes von Qualität, Echtheit und technischer Beschaffenheit des Verpackungsinhalts und der verwendeten Materialien sowie des Schutzes gewerblicher und kommerzieller Eigentumsrechte.

Artikel 8
Kennzeichnungs- und Identifizierungssystem

(1) Der Rat beschließt nach Maßgabe des Vertrags spätestens zwei Jahre nach Inkrafttreten dieser Richtlinie über die Kennzeichnung von Verpackungen.

(2) Um die Sammlung, Wiederverwendung und Verwertung – einschließlich der stofflichen Verwertung – der Verpackungen zu erleichtern, enthält die Kennzeichnung zur Identifizierung und Einstufung des Materials durch das betreffende Gewerbe Angaben über die Art des Materials bzw. der Materialien, die für die Verpackung verwendet worden sind, auf der Grundlage der Entscheidung 97/129/EG der Kommission[1]).

(3) Die Kennzeichnung muss sich auf der Verpackung selbst oder auf dem Etikett befinden. Sie muss deutlich sichtbar und gut lesbar sein. Die Kennzeichnung muss genügend haltbar und beständig sein, auch nach Öffnen der Verpackung.

Artikel 9
Grundlegende Anforderungen

(1) Die Mitgliedstaaten gewährleisten drei Jahre nach Inkrafttreten dieser Richtlinie, dass nur Verpackungen in den Verkehr gebracht werden dürfen, die alle grundlegenden Anforderungen dieser Richtlinie einschließlich des Anhangs II erfüllen.

(2) Die Mitgliedstaaten gehen in folgenden Fällen von dem in Artikel 22 Absatz 1 genannten Zeitpunkt an davon aus, dass eine Verpackung alle in dieser Richtlinie einschließlich des Anhangs II festgelegten grundlegenden Anforderungen erfüllt:

a) Die Verpackung entspricht den einschlägigen harmonisierten Normen, deren Bezugsnummern im *Amtsblatt der Europäischen Gemeinschaften* veröffentlicht worden sind. Die Mitgliedstaaten veröffentlichen die Bezugsnummern der einzelstaatlichen Normen, mit denen sie die harmonisierten Normen umsetzen.

b) Die Verpackung erfüllt die einschlägigen, in Absatz 3 genannten einzelstaatlichen Normen, sofern diese Bereiche nicht durch harmonisierte Normen geregelt sind.

---
1) ABl. L 50 vom 20.2.1997, S. 28.

(3) Die Mitgliedstaaten teilen der Kommission den Wortlaut ihrer in Absatz 2 Buchstabe b) genannten innerstaatlichen Normen mit, die ihrer Ansicht nach den grundlegenden Anforderungen im Sinne dieses Artikels entsprechen. Die Kommission leitet diese Texte umgehend an die übrigen Mitgliedstaaten weiter.

Die Mitgliedstaaten veröffentlichen die Bezugsnummern dieser Normen. Die Kommission sorgt dafür, dass sie im *Amtsblatt der Europäischen Gemeinschaften* veröffentlicht werden.

(4) Ist ein Mitgliedstaat oder die Kommission der Auffassung, dass die in Absatz 2 genannten Normen nicht voll und ganz den grundlegenden Anforderungen nach Absatz 1 entsprechen, kann die Kommission oder der betreffende Mitgliedstaat unter Angabe von Gründen den Ausschuss, der gemäß der Richtlinie 83/189/EWG eingesetzt wurde, mit der Angelegenheit befassen. Dieser Ausschuss gibt unverzüglich eine Stellungnahme ab.

Nach Stellungnahme des Ausschusses unterrichtet die Kommission die Mitgliedstaaten darüber, ob die betreffenden Normen aus den in den Absätzen 2 und 3 genannten Veröffentlichungen zu streichen sind.

Artikel 10
Normung

Die Kommission fördert gegebenenfalls die Aufstellung europäischer Normen für die in Anhang II aufgeführten grundlegenden Anforderungen.

Die Kommission fördert insbesondere die Aufstellung europäischer Normen für

- Kriterien und Methoden für die Analyse des Lebenszyklus von Verpackungen;
- Methoden zur Messung und Feststellung von Schwermetallen und anderen gefährlichen Stoffen in der Verpackung und deren Freisetzung aus der Verpackung oder dem Verpackungsabfall in die Umwelt;
- Kriterien für einen Mindestgehalt an stofflich verwertetem Material bei bestimmten Arten von Verpackungen;
- Kriterien für Verfahren der stofflichen Verwertung;
- Kriterien für Kompostierungsverfahren und produzierten Kompost;
- Kriterien für die Kennzeichnung von Verpackungen.

Artikel 11
Konzentration von Schwermetallen in Verpackungen

(1) Die Mitgliedstaaten gewährleisten, dass die Konzentrationen bei Blei, Kadmium, Quecksilber und Chrom VI in Verpackungen oder Verpackungskomponenten kumulativ die folgenden Werte nicht überschreiten:
- 600 Gewichts-ppm zwei Jahre nach dem in Artikel 22 Absatz 1 genannten Zeitpunkt,
- 250 Gewichts-ppm drei Jahre nach dem in Artikel 22 Absatz 1 genannten Zeitpunkt,
- 100 Gewichts-ppm fünf Jahre nach dem in Artikel 22 Absatz 1 genannten Zeitpunkt.

(2) Die Konzentrationen nach Absatz 1 gelten nicht für vollständig aus Bleikristallglas im Sinne der Richtlinie 69/493/EWG[1] hergestellte Verpackungen.

(3) Nach dem Verfahren des Artikels 21 beschließt die Kommission,
- unter welchen Bedingungen die oben genannten Konzentrationen auf stofflich verwertete Materialien und Produkte in geschlossenen, kontrollierten Kreisläufen keine Anwendung finden;
- welche Arten von Verpackungen von der Anforderung in Absatz 1 dritter Gedankenstrich ausgenommen sind.

Artikel 12
Informationssysteme

(1) Die Mitgliedstaaten treffen die notwendigen Maßnahmen, um auf harmonisiertem Wege die Einrichtung von Datenbanken über Verpackungen und Verpackungsabfälle zu gewährleisten, sofern es noch keine derartige Datenbanken gibt; dies soll dazu beitragen, dass die Mitgliedstaaten und die Kommission die Erreichung der in dieser Richtlinie dargelegten Zielvorgaben überprüfen können.

(2) Zu diesem Zweck liefern die Datenbanken insbesondere Angaben über Umfang, Merkmale und Entwicklung des Verpackungs- und Verpackungsabfallaufkommens (einschließlich Angaben über den giftigen oder gefährlichen Inhalt der Verpackungsmaterialien und der für ihre Herstellung verwendeten Stoffe) in den einzelnen Mitgliedstaaten.

(3) Zur Harmonisierung der Merkmale und der Aufmachung der gelieferten Daten und im Hinblick auf die Kompatibilität der Daten aus den einzelnen Mitgliedstaaten übermitteln die Mitgliedstaaten der Kommission die ihnen vorliegenden Daten unter Benutzung der Tabellen, die die Kommission ein Jahr nach dem Inkrafttreten dieser Richtlinie anhand von Anhang III gemäß dem Verfahren des Artikels 21 festlegt.

(4) Die Mitgliedstaaten berücksichtigen die spezifischen Probleme für kleine und mittlere Unternehmen bei der Bereitstellung detaillierter Daten.

(5) Die gesammelten Daten werden mit den in Artikel 17 genannten einzelstaatlichen Berichten übermittelt und in den Folgeberichten jeweils aktualisiert.

(6) Die Mitgliedstaaten verlangen von allen betroffenen Marktteilnehmern, dass sie den zuständigen Behörden die in diesem Artikel geforderten verlässlichen Daten über ihren Sektor vorlegen.

Artikel 13
Unterrichtung der Verpackungsbenutzer

Die Mitgliedstaaten treffen innerhalb von zwei Jahren nach dem in Artikel 22 Absatz 1 genannten Zeitpunkt Maßnahmen, um zu gewährleisten, dass die Verpackungsverwender, insbesondere die Verbraucher, in der erforderlichen Weise über folgende Punkte unterrichtet werden:

---
[1] ABl. Nr. L 326 vom 29.12.1969, S. 36.

- die den Verwendern zur Verfügung stehende Rücknahme-, Sammel- und Verwertungssysteme;
- Beitrag der Verwender zur Wiederverwendung, Verwertung und stofflichen Verwertung der Verpackungen und Verpackungsabfälle;
- Bedeutung der auf dem Markt anzutreffenden Kennzeichnung auf den Verpackungen;
- die entsprechenden Aspekte der in Artikel 14 genannten Pläne für Verpackungen und die Bewirtschaftung der daraus entstehenden Verpackungsabfälle.

Die Mitgliedstaaten fördern ferner Kampagnen zur Information und Sensibilisierung der Verbraucher.

Artikel 14
Entsorgungspläne

Entsprechend den in dieser Richtlinie genannten Zielen und Maßnahmen sehen die Mitgliedstaaten in den Abfallbewirtschaftungsplänen nach Artikel 7 der Richtlinie 75/442/EWG ein besonderes Kapitel über Verpackungen und die Bewirtschaftung der daraus entstehenden Abfälle, einschließlich der nach den Artikeln 4 und 5 getroffenen Maßnahmen, vor.

Artikel 15
Marktwirtschaftliche Instrumente

Der Rat setzt auf der Grundlage der einschlägigen Bestimmungen des Vertrags marktwirtschaftliche Instrumente zur Erreichung der Ziele dieser Richtlinie ein. Werden keine derartigen Maßnahmen ergriffen, so können die Mitgliedstaaten in Übereinstimmung mit den Grundsätzen der Umweltpolitik der Gemeinschaft, unter anderem dem Verursacherprinzip, und unter Einhaltung der sich aus dem Vertrag ergebenden Verpflichtungen ihrerseits Maßnahmen zur Verwirklichung dieser Ziele erlassen.

Artikel 16
Notifizierung

(1) Unbeschadet der Richtlinie 83/189/EWG teilen die Mitgliedstaaten die Entwürfe der von ihnen im Rahmen der vorliegenden Richtlinie geplanten Maßnahmen – mit Ausnahme steuerlicher Maßnahmen, jedoch einschließlich technischer Spezifikationen, die in der Absicht, die Betreffenden zur Einhaltung dieser Spezifikationen zu bewegen, mit steuerlichen Maßnahmen verknüpft wurden – vor deren Verabschiedung der Kommission mit, damit diese sie unter jeweiliger Anwendung des in der oben genannten Richtlinie vorgesehenen Verfahrens auf ihre Übereinstimmung mit den bestehenden Vorschriften hin überprüfen kann.

(2) Handelt es sich bei der beabsichtigten Maßnahme auch um eine technische Vorschrift im Sinne der Richtlinie 83/189/EWG, so kann der betreffende Mitgliedstaat im Rahmen der Mitteilungsverfahren gemäß der vorliegenden Richtlinie darauf hinweisen, dass die Mitteilung auch für die Richtlinie 83/189/EWG gilt.

Artikel 17
Berichtspflicht

Die Mitgliedstaaten erstatten der Kommission gemäß Artikel 5 der Richtlinie 91/692/EWG des Rates vom 23. Dezember 1991 zur Vereinheitlichung und zweckmäßigen Gestaltung der Berichte über die Durchführung bestimmter Umweltschutzrichtlinien[1]) über die Umsetzung dieser Richtlinie Bericht. Der erste Bericht betrifft die Jahre 1995 bis 1997.

Artikel 18
Freiheit des Inverkehrbringens

Die Mitgliedstaaten dürfen in ihrem Hoheitsgebiet das Inverkehrbringen von Verpackungen, die dieser Richtlinie entsprechen, nicht verbieten.

Artikel 19
Anpassung an den wissenschaftlichen und technischen Fortschritt

Die Änderungen zur Anpassung des in Artikel 8 Absatz 2 und Artikel 10 Absatz 2 letzter Gedankenstrich genannten Kennzeichnungssystems, der in Artikel 12 Absatz 3 und Anhang III genannten Tabellen für die Datenbanken sowie der in Anhang I genannten Beispiele für die Begriffsbestimmung für „Verpackungen" an den wissenschaftlichen und technischen Fortschritt werden nach dem in Artikel 21 Absatz 2 genannten Verfahren vorgenommen.

Artikel 20
Spezifische Maßnahmen

(1) Die Kommission legt nach dem in Artikel 21 genannten Verfahren die technischen Maßnahmen fest, die notwendig sind, um Schwierigkeiten bei der Anwendung der Bestimmungen dieser Richtlinie insbesondere in Bezug auf inerte Verpackungsmaterialien, die in der Europäischen Union in sehr geringen Mengen (d. h. mit einem Anteil von rund 0,1 Gewichtsprozent) in Verkehr gebracht werden, Primärverpackungen für medizinisches Gerät und pharmazeutische Erzeugnisse sowie Klein- und Luxusverpackungen zu begegnen.

(2) Die Kommission übermittelt dem Europäischen Parlament und dem Rat auch einen Bericht über sonstige erforderliche Maßnahmen, gegebenenfalls in Verbindung mit einem Vorschlag.

Artikel 21
Ausschussverfahren

(1) Die Kommission wird von einem Ausschuss unterstützt.

(2) Wird auf diesen Absatz Bezug genommen, so gelten die Artikel 5 und 7 des Beschlusses 1999/468/EG des Rates[2]) unter Beachtung von dessen Artikel 8. Der Zeitraum nach Artikel 5 Absatz 6 des Beschlusses 1999/468/EG wird auf drei Monate festgesetzt.

(3) Der Ausschuss gibt sich eine Geschäftsordnung.

---
1) ABl. Nr. L 377 vom 31.12.1991, S. 48.
2) ABl. L 184 vom 17.7.1999, S. 23.

Artikel 22
Umsetzung

(1) Die Mitgliedstaaten erlassen die erforderlichen Rechts- und Verwaltungsvorschriften, um dieser Richtlinie spätestens ab 30. Juni 1996 nachzukommen. Sie setzen die Kommission unverzüglich davon in Kenntnis.

(2) Wenn die Mitgliedstaaten Vorschriften nach Absatz 1 erlassen, nehmen sie in den Vorschriften selbst oder durch einen Hinweis bei der amtlichen Veröffentlichung auf diese Richtlinie Bezug. Die Mitgliedstaaten regeln die Einzelheiten der Bezugnahme.

(3) Darüber hinaus teilen die Mitgliedstaaten der Kommission alle geltenden Rechts- und Verwaltungsvorschriften mit, die im Anwendungsbereich dieser Richtlinie bestehen.

(3 bis) Sofern die mit Artikel 6 angestrebten Ziele erreicht werden, können die Mitgliedstaaten Artikel 7 durch Vereinbarungen zwischen den zuständigen Behörden und den betroffenen Wirtschaftszweigen umsetzen.

Diese Vereinbarungen müssen den folgenden Anforderungen entsprechen:

a) Die Vereinbarungen müssen durchsetzbar sein;

b) in den Vereinbarungen müssen Ziele und die entsprechenden Fristen für ihre Verwirklichung benannt werden;

c) die Vereinbarungen müssen im Veröffentlichungsblatt des betreffenden Mitgliedstaats oder in einer der Öffentlichkeit gleichermaßen zugänglichen offiziellen Quelle veröffentlicht und der Kommission übermittelt werden;

d) die erzielten Ergebnisse sind regelmäßig zu überwachen, den zuständigen Behörden und der Kommission mitzuteilen und der Öffentlichkeit unter den in der Vereinbarung festgelegten Bedingungen zugänglich zu machen;

e) die zuständigen Behörden sorgen für die Überprüfung der im Rahmen der Vereinbarung erzielten Fortschritte;

f) im Falle der Nichterfüllung der Vereinbarung setzen die Mitgliedstaaten die entsprechenden Bestimmungen dieser Richtlinie durch den Erlass von Rechts- oder Verwaltungsvorschriften um.

(4) Die Vorschriften für die Herstellung von Verpackungen gelten in keinem Fall für Verpackungen, die vor dem Zeitpunkt des Inkrafttretens dieser Richtlinie für ein Erzeugnis verwendet wurden.

(5) Die Mitgliedstaaten erlauben das Inverkehrbringen von Verpackungen, die vor dem Zeitpunkt des Inkrafttretens dieser Richtlinie hergestellt wurden und den geltenden einzelstaatlichen Rechtsvorschriften entsprechen, während eines Zeitraums von höchstens fünf Jahren ab diesem Zeitpunkt.

Artikel 23

Die Richtlinie 85/389/EWG wird mit Wirkung von dem in Artikel 22 Absatz 1 genannten Zeitpunkt aufgehoben.

Artikel 24

Diese Richtlinie tritt am Tag ihrer Veröffentlichung im *Amtsblatt der Europäischen Gemeinschaften* in Kraft.

Artikel 25

Diese Richtlinie ist an die Mitgliedstaaten gerichtet.

Anhang I
Beispiele für die in Artikel 3 Nummer 1 genannten Kriterien
Beispiele für Kriterium i)
Gegenstände, die als Verpackung gelten
Schachteln für Süßigkeiten
Klarsichtfolie um CD-Hüllen
Gegenstände, die nicht als Verpackung gelten
Blumentöpfe, in denen die Pflanze während ihrer Lebenszeit verbleibt
Werkzeugkästen
Teebeutel
Wachsschichten um Käse
Wursthäute

Beispiele für Kriterium ii)
Gegenstände, die als Verpackung gelten, wenn sie dafür konzipiert und bestimmt sind, in der Verkaufsstelle gefüllt zu werden
Tragetaschen aus Papier oder Kunststoff
Einwegteller und -tassen
Frischhaltefolie
Frühstücksbeutel
Aluminiumfolie
Gegenstände, die nicht als Verpackung gelten
Rührgerät
Einwegbestecke

Beispiele für Kriterium iii)
Gegenstände, die als Verpackung gelten
Etiketten, die unmittelbar am Produkt hängen oder befestigt sind
Gegenstände, die als Teil der Verpackung gelten
Wimperntuschebürste als Bestandteil des Packungsverschlusses
Aufkleber, die an einem anderen Verpackungsobjekt befestigt sind
Heftklammern
Kunststoffumhüllung
Dosierhilfe als Bestandteil des Verpackungsverschlusses von Waschmitteln.

Anhang II
Grundlegende Anforderungen an die Zusammensetzung, die Wiederverwendbarkeit und Verwertbarkeit, einschließlich stofflicher Verwertbarkeit, von Verpackungen

1. **Anforderungen an die Herstellung und Zusammensetzung von Verpackungen**
   - Verpackungen sind so herzustellen, dass das Verpackungsvolumen und -gewicht auf das Mindestmaß begrenzt werden, das zur Erhaltung der erforderlichen Sicherheit und Hygiene des verpackten Produkts und zu dessen Akzeptanz für den Verbraucher angemessen ist.
   - Verpackungen sind so auszulegen, zu fertigen und zu vertreiben, dass ihre Wiederverwendung oder -verwertung, einschließlich der stofflichen Verwertung, möglich ist und ihre Umweltauswirkungen bei der Beseitigung von Verpackungsabfällen oder von bei der Verpackungsabfallbewirtschaftung anfallenden Rückständen auf ein Mindestmaß beschränkt sind.
   - Verpackungen sind so herzustellen, dass schädliche und gefährliche Stoffe und Materialien in Verpackungen oder Verpackungsbestandteilen auf ein Mindestmaß beschränkt sind, was ihr Vorhandensein in Emissionen, Asche oder Sickerwasser betrifft, wenn die Verpackungen oder Rückstände aus der Entsorgung oder Verpackungsabfälle verbrannt oder deponiert werden.

2. **Anforderungen an die Wiederverwertbarkeit der Verpackung**

   Nachstehende Anforderungen müssen gleichzeitig erfüllt sein:
   - Die physikalischen Eigenschaften und Merkmale der Verpackung müssen unter den normalerweise vorhersehbaren Verwendungsbedingungen ein mehrmaliges Durchlaufen des Wirtschaftskreislaufs ermöglichen;
   - die gebrauchte Verpackung muss im Hinblick auf die Einhaltung der Gesundheits- und Sicherheitsbedingungen für die betroffenen Arbeitnehmer verarbeitet werden können;
   - die Anforderungen an die Verwertbarkeit der Verpackung nach Beendigung ihrer Verwendung, d. h. als Abfall, müssen erfüllt sein.

3. **Anforderungen an die Verwertbarkeit von Verpackungen**

   a) *Stoffliche Verwertung*

   Die Verpackungen müssen so gefertigt sein, dass ein bestimmter Gewichtsprozentsatz der verwendeten Materialien bei der Herstellung handelsfähiger Produkte stofflich verwertet werden kann, wobei die in der Gemeinschaft geltenden Normen einzuhalten sind. Die Festsetzung dieses Prozentsatzes kann je nach der Art des Materials, aus dem die Verpackung besteht, variieren.

   b) *Verwertung in Form der energetischen Verwertung*

   Verpackungsabfälle, die zum Zwecke der energetischen Verwertung aufbereitet werden, müssen eine Mindestverbrennungswärme haben, die auch beim niedrigsten Wert eine optimale Energienutzung ermöglicht.

c) *Verwertung in Form der biologischen Verwertung*

Zum Zwecke der biologischen Verwertung aufbereitete Verpackungsabfälle müssen separat sammelbar und so biologisch abbaubar sein, dass sie den Vorgang der biologischen Verwertung nicht beeinträchtigen.

d) *Biologisch abbaubare Verpackungen*

Biologisch abbaubare Verpackungsabfälle müssen durch physikalische, chemische, wärmetechnische oder biologische Prozesse so zersetzt werden können, dass der Großteil des Endproduktes sich aufspaltet in Kohlendioxid, Biomasse und Wasser.

Anhang III
Von den Mitgliedstaaten in ihre Datenbanken über Verpackungsabfälle einzugebende Daten (gemäß den nachstehend aufgeführten Tabellen 1 bis 4)

1. Erst-, Zweit- und Drittverpackungen:
   a) Nach den großen Werkstoffgruppen aufgegliederte Mengen der in dem jeweiligen Mitgliedstaat verwendeten Verpackungen (hergestellte + eingeführte − ausgeführte Verpackungen) (Tabelle 1),
   b) wieder verwendete Mengen (Tabelle 2).
2. Verpackungsabfälle aus Haushalten sowie aus anderen Bereichen:
   a) Nach großen Werkstoffgruppen gegliederte, in dem jeweiligen Mitgliedstaat verwertete und beseitigte Mengen (produzierte + eingeführte − ausgeführte Mengen) (Tabelle 3),
   b) nach großen Werkstoffgruppen gegliederte verwertete und – einschließlich stofflich verwerteter – Mengen (Tabelle 4).

Tabelle 1
Mengen der in dem Mitgliedstaat verwendeten (Erst-, Zweit- und Dritt-)Verpackungen

(in Tonnen)

	Hergestellte Verpackungen	− Ausgeführte Verpackungen	+ Eingeführte Verpackungen	= Insgesamt
Glas				
Kunststoff				
Papier und Karton (einschließlich Verbundstoffe)				
Metalle				
Holz				
Sonstige Werkstoffe				
Insgesamt				

Tabelle 2
In dem Mitgliedstaat wiederverwendete Mengen von (Erst-, Zweit- und Dritt-)Verpackungen

	Benutzte Verpackungen (in Tonnen)	Wiederverwendete Verpackungen	
		(in Tonnen)	(in %)
Glas			
Kunststoff			

	Benutzte Verpackungen (in Tonnen)	Wiederverwendete Verpackungen	
		(in Tonnen)	(in %)
Papier und Karton (einschließlich Verbundstoffe)			
Metalle			
Holz			
Sonstige Werkstoffe			
Insgesamt			

Tabelle 3

In dem Mitgliedstaat verwertete und beseitigte Verpackungsabfälle

(in Tonnen)

	Produzierte Abfälle	– Ausgeführte Abfälle	+ Eingeführte Abfälle	= Insgesamt
Abfälle aus Haushalten				
Glas für Verpackungszwecke				
Kunststoff für Verpackungszwecke				
Papier und Karton für Verpackungszwecke				
Kartonverbundstoffe für Verpackungszwecke				
Metalle für Verpackungszwecke				
Holz für Verpackungszwecke				
Verpackungsabfälle aus Haushalten insgesamt				
Abfälle aus anderen Bereichen				
Glas für Verpackungszwecke				

V.2 EU-Verpackungsrichtlinie

	Produzierte Abfälle	− Ausgeführte Abfälle	+ Eingeführte Abfälle	= Insgesamt
Kunststoff für Verpackungszwecke				
Papier und Karton für Verpackungszwecke				
Kartonverbundstoffe für Verpackungszwecke				
Metalle für Verpackungszwecke				
Holz für Verpackungszwecke				
Verpackungsabfälle aus anderen Bereichen insgesamt				

Tabelle 4

Mengen der in dem Mitgliedstaat verwerteten – einschließlich stofflich verwerteter – Verpackungsabfälle

	Verwertete und beseitigte Gesamtmengen (in Tonnen)	Stofflich verwertete Mengen		Verwertete Mengen	
		(in Tonnen)	(in %)	(in Tonnen)	(in %)
Abfälle aus Haushalten					
Glas für Verpackungszwecke					
Kunststoff für Verpackungszwecke					
Papier und Karton für Verpackungszwecke					
Kartonverbundstoffe für Verpackungszwecke					

	Verwertete und beseitigte Gesamtmengen (in Tonnen)	Stofflich verwertete Mengen		Verwertete Mengen	
		(in Tonnen)	(in %)	(in Tonnen)	(in %)
Metalle für Verpackungszwecke					
Holz für Verpackungszwecke					
Verpackungsabfälle aus Haushalten insgesamt					
Abfälle aus anderen Bereichen					
Glas für Verpackungszwecke					
Kunststoff für Verpackungszwecke					
Papier und Karton für Verpackungszwecke					
Kartonverbundstoffe für Verpackungszwecke					
Metalle für Verpackungszwecke					
Holz für Verpackungszwecke					
Verpackungsabfälle aus anderen Bereichen insgesamt					

VI
Stichwortverzeichnis

A

Abfallbeseitigung 58
Abfallverbringungsgesetz 66
Abfallwirtschaftliche Ziele 51
Abfallwirtschaftliche Zielvorgaben 54
Abgabe und Hinterlegung 177
Abgabe- und Hinterlegungspflicht 176
Abstimmung 129
– durch Unterwerfung 132
Additive Flächendeckung 129
Allgemeine Anforderungen an Systeme 210
Allgemeine Anforderungen an Verpflichtete 210
Allgemeine Nachweispflicht 219
Allgemeinverfügung 133
Altverpackungen 206
Andienungspflichten 215
Anforderungen an den Zustand der zurückzunehmenden Verpackungen 96
Anforderungen an die Verwertung 209, 213
Anforderungen an Systeme 216
Anhang V 73
Anpassung der Abstimmung 132
Anpflanztöpfe 77
Anwendungsbereich 51
APV 116
Audiokassetten 77
Ausfuhren 63
Ausschreibungen 10, 136
Außereuropäisches Ausland 13
Automaten 187

B

Bagatellgrenze 180
BAW 206
Beauftragung Dritter 183
Bedarfsgegenständeverordnung 65
Begriffsbestimmungen 51, 68
Beipackzettel 77
Bekanntmachung 134
Belange der öffentlich-rechtlichen Entsorgungsträger 130
Bereitstellung von Sammelgefäßen 201
Berichtspflicht der Bundesregierung 60
Bescheinigungsverfahren 125
Beschränkung von Umweltauswirkungen 189
Bestätigung der Systembeteiligung 218
Bestimmtheitsgrundsatz 200
Beteiligung am bundesweiten Pfandsystem 166
Beteiligung an Systemen 211
Beteiligungspflicht 117, 172, 184
Biogaserzeugung 57
Biologisch abbaubare Werkstoffe 206
Biologische Verwertung 57
Bleikristall 192
Blockpackung 84
Boykottverfahren 10
Branchenbezogene Erfassungsstrukturen 126
Branchenbezogene Selbstentsorgungslösung 123, 172, 184, 202
Branchenverträge 101

Briefumschläge 77
Bundeskartellamt 7
Bundes-Seuchengesetz 66

C

CD-, DVD-Hüllen 77
Chemikalien-Verbotsverordnung 65, 85, 155

D

DEGI 7
Delegierbare Pflichten 184
„Der Grüne Punkt" 142
Der Grüne Punkt – Duales System Deutschland GmbH 141
Deutsche Pfandsystem GmbH 166
Differenzlizenzierungspflicht 127
DIHK 181
Dokumentationspflicht 160, 219
Dosengroschen 8
Dosierhilfen 77
Dritte Änderungsverordnung 5
Duale Systeme 185
„Düsseldorfer Erklärung" 101

E

Eigenlizenzierung 121
Eigenmarken 115
Einfuhren 63
Einschränkung der Rücknahmepflicht 168
Einwegbestecke 80
Einweggeschirr 80
Einweggetränkeverpackungen 161, 164
Einzugsgebiet 90
Endverbraucher 90
Endverbrauchernähe 128
Energetische Verwertung 58, 99
Entfernungspflicht des Vertreibers 104

Entnahmehilfen 77
Entsorgungsunternehmen 185
Erfassungs- und Verwertungsnachweis 216
Erneute Verwendung 106, 140, 159
Erneute Verwertung 159
Erstinverkehrbringer 115, 176
Erzeugnishersteller 88
Etiketten 77
EU-Notifizierungsverfahren 206
Europa 12
Europäische Kommission 9
EU-Verpackungsrichtlinie 3

F

Fälligkeit der Rücknahmepflicht 97
Flächendeckung 128
Flugzeuge 64
Flüssige Lebensmittel 81
Folien-Standbodenbeutel 84
Fremdverpackungen 122
Füllvolumen 165
Fünfte Änderungsverordnung 6

G

Gefahrgutverordnung Straße 66
Gefahrstoffverordnung 65
Gelegenheit zum Entfernen 104
Gemeinsame Stelle 135
Gerichtliche Kontrolle 204
Geschäftsführung ohne Auftrag 199
Geschenkkartons 77
Gesetz über die Beförderung gefährlicher Güter 66
Getränkekartonverpackungen 84
Getränke-Polyethylen-Schlauchbeutel-Verpackungen 84
Getränkesegmente 171

Getränkeverpackungen 81
Gewerbe und Industrie 179
Gewerbeschnittstelle 7
Giebelpackung 84
Glasverpackungen 192
Grablichter 77
Großanfallstellen 125
Großhandel 117
Grundsätze der Beauftragung 186
GVM 124

H

Handelslizenzierung 115, 176
Harmonisierung 52
Haushaltungen 117
Hersteller 88, 152
Hinterlegung 181
Hinterlegungsanforderungen 181
Hinweispflichten 139
Hydrierung 56

I

IHK 181
Importeur 89
Indirekte Handelslizenzierung 116
Individualvertragliche Vereinbarungen 100
Informationspflichten 157, 201
Inhalt der Vollständigkeitserklärung 178
Inlandsabsatz 165
internationale Entwicklungen 12
In-Verkehr-Bringen 62

K

Kartellrecht 7
Kennzeichnen von Verpackungen 188
Kennzeichnung 166, 193
– von Umverpackungen 106
– von Verpackungen mit dem „Grünen Punkt" 106

Kennzeichnungspflichten 66, 166
Klarsichtfolien 77
Kleingewerbe 117
Kommunale Spitzenverbände 137
Kommunale Verpackungssteuern 11
Komplementärmeldepflicht 182
Konzentrate 164
Konzentration von Schwermetallen 191
Kostenbeteiligungspflicht 131
Kostenerstattungsanspruch 119
Kostenerstattungspflicht 182
Kostenlast 98
Kreislaufwirtschafts- und Abfallgesetz 3
Kunststoffkästen und -paletten 192

L

Langlebige Verpackungen 75, 77
Lebensmittel- und Bedarfsgegenständegesetz 65
Letztvertreiber 148
Lieferantenlizenzierung 121
Lollystiel 77

M

Mehrphasenpfand 164
Mehrstückverpackung 80
Mehrwegsysteme 192
Mehrwegverpackungen 82, 141
Mengenclearing 136
Mengenschwellen 180
Mengenstromnachweis 202
„Mitbenutzung" Grüner Punkt 9
Mitbenutzung
– der Sammelgefäße 145
– von Einrichtungen 130
– von Systemeinrichtungen 9

N

Nachweis der Kompostierbarkeit 207
Nachweis des Umfangs der Systembeteiligung 218
Nachweiszeitraum 177
Nebenbestimmungen 134
Nebenentgelte 136
Nicht ökologisch vorteilhafte Einweggetränkeverpackungen 170
Nicht-private Endverbraucher 148
Nichtquotierte Materialien 215
Novelle von 1998 4

O

Obliegenheiten der Systembetreiber 216
OECD 14
Öffentlich-rechtliche Pflichten 197
Ökobilanz-Studie 84
Ökologisch vorteilhafte Einweggetränkeverpackungen 83
Ökologische Verantwortung 53
Ordnungswidrigkeiten 194
Ordnungswidrigkeitentatbestände 201
Ordnungswidrigkeitenverfahren 197
Ort der Rücknahme 155, 167

P

Packhilfsmittel 72
Packmittel 72
Partyfässchen für Bier 165
Pfanderstattung 167, 203
Pfandpflichtige Einweggetränkeverpackungen 185
Pflanzenschutzmittel 87, 155
Pflicht zur Kennzeichnung 203
Pflicht zur Pfanderhebung 203
Pflichten dualer Systeme 202
Polyurethan-(PU)Schaumdosen 155
POS 120

Privater Endverbraucher 91
PRO EUROPE 13, 144
Produkt 73
Produktnutzen 75
Produktverantwortung 2
PU-Schaumdosen 87
Pyrolyse 56

Q

Qualitative Zielvorgaben 54
Quantitative Zielvorgaben 60

R

Rechtsnatur des Pfandes 165
Reduktionsmittel 57
Regelmäßige Abholung 128
Rekursiver Steuerungsansatz 53
Restentleerbarkeit 158
Restentleerte Verpackungen 85
Retouren 177
Revisionsklausel 60
Rohstoffliches Recyclingverfahren 56
Rücknahmeort 138, 150
Rücknahmepflicht 149
Rückzahlungsanspruch 121

S

Sachverständigennachweis 125
Schadenersatzanspruch 199
Schadstoffhaltige Füllgüter 85, 155, 217
Schiffe 64
Schnittstelle „O" 8
Schwermetalle 204
Selbstentsorgergemeinschaften 186
Senfgläser 77
Serviceverpackungen 79, 118, 179
Sicherheitsleistung 127, 134
Sirup 164

Sortimentszugehörigkeit 139, 151

Sperrwirkung bundesrechtlicher Vorschriften 67

Spielanleitungen 77

Spielekartons 77

Stoffgleiche Nicht-Verpackungsabfälle 131

Stoffliche Verwertung 56, 98, 106

Systemanforderungen 127

Systemausgestaltung 216

Systembeteiligungspflicht 114

Systemfeststellung 132

Systemwegfall 137

T

Täter einer Ordnungswidrigkeit 201

Tonerkartuschen 77

Transportverpackungen 80, 93, 94, 201

Trennungsmodell 114

U

Übergabe der Umverpackung an den Endverbraucher 105

Übergangsvorschriften 205

Überprüfung 177

Überprüfung durch die Antragsbehörde 218

Umfang der Pfanderhebungspflicht 163

Umfang der Rücknahmepflicht 95, 157

Umverpackungen 80, 103, 201

Unentgeltliche Rücknahme 150

Unentgeltlichkeit 138, 156

Unlauterer Wettbewerb 59

Unmittelbare Nähe 150

Untersagungsverfahren 10

UWG 59

V

Verbot von Einweggeschirr 12

Verbraucherschutzverbände 197

Verbundverpackungen 84

Vergabe im Wettbewerb 131

Vergleichbare Anfallstellen 91, 124

Verkauf aus Automaten 168

Verkaufseinheit 78

Verkaufsverpackungen 78, 108

Verkaufsverpackungen, die nicht beim privaten Endverbraucher anfallen 148

Verkaufsverpackungen schadstoffhaltiger Füllgüter 154

Verkehrsverbot 119

Verlangen der Behörde 181

Verlangen der Pflichtenübernahme 179

Vermeidung 54, 55

Verpackung 72
– aus nachwachsenden Rohstoffen 215
– schadstoffhaltiger Füllgüter 185

Verpackungs- und Packstoffhersteller 88

Verpackungsfunktion 75

Verpackungsminimierung 189

Verpackungsverbrauch 2

Vertreiber 89
– mit geringer Verkaufsfläche 140

Verunreinigungen 158

Verwertung 189

Verwertungsanforderungen 151

Verwertungspflicht 98, 159

Vierte Änderungsverordnung 5

Vollständigkeitserklärung 174, 184, 204

Vorgaben für die stoffliche Verwertung 213
– für Kunststoffe 214
– für Verbunde 213
Vorlagepflicht 126
Vorvertreiber 152

W

Werkstoffliche Verfahren 56
Werkstoffliches Recycling 56
Wettbewerb 145
Widerruf der Freistellung 135
Wiederverwendung 55, 98, 189

Z

Zertifizierung von Sachverständigen 217
Zielsetzungen 52
Zivilrechtliche Ansprüche 198
Zivilrechtliche Ersatzansprüche 199
Zivilrechtliche Gestaltungsmöglichkeiten 100
Zollfreie Bereiche 64
Zumutbare Entfernung 156
Zusammenwirken 153
– von Herstellern und Vertreibern 219
Zuständige Landesbehörden 204
Zuverlässigkeit 187
Zweite Änderungsverordnung 5
Zweitnutzen 75
Zylinderpackung 84